HISTOIRE
DE
JONVELLE
ET DE SES ENVIRONS,

PAR M. L'ABBÉ COUDRIET,
CURÉ DE LODS,

ET M. L'ABBÉ CHATELET,
CURÉ DE BETAUCOURT,

MEMBRES DES SOCIÉTÉS ARCHÉOLOGIQUES DE BESANÇON ET DE VESOUL;

Ouvrage couronné par l'Académie de Besançon, dans sa séance du 23 août 1862.

Jonvelle, autrefois place forte de notre frontière, à l'endroit où elle touchait la Champagne, le Barrois et la Lorraine, fut le chef-lieu d'une baronie qui comprenait encore vingt-deux villages au siècle dernier. L'histoire de ce bourg se rattache à celle de notre province, dont il a subi toutes les vicissitudes, dans ses prospérités comme dans ses malheurs, sous les différents maîtres qui la gouvernèrent.

Ce noble fief, un des plus riches du comté, fut tenu, jusque vers la fin du quatorzième siècle, par une maison de seigneurs indigènes et résidants, qui mêla son sang à celui des plus illustres familles de Bourgogne, de Lorraine et de Champagne.

En 1378, quatre ans après la mort du dernier sire de Jonvelle, cette terre passe aux mains des la Trémouille, sous la suzeraineté des ducs de Bourgogne, et bientôt de la couronne de France. Vers la fin du siècle suivant, elle est englobée dans le domaine direct de nos souverains, et les duchesses et comtesses de Bourgogne, Isabelle de Portugal et Marguerite d'Angleterre, ne dédaignent pas d'ajouter à leurs titres illustres celui de *Dame de Jonvelle*.

Au seizième siècle, la seigneurie de Jonvelle, partageant les destinées du comté, retombe aux mains des rois d'Espagne, qui d'abord l'inféodent à quelques vassaux, comme les Ghénarraz et les d'Andelot, puis l'administrent directement, jusqu'au jour où notre province devient définitivement une conquête française.

Cet aperçu rapide peut donner une idée de l'importance de Jonvelle, dans les siècles passés. Cette ville renfermait un château princier, avec le magnifique entourage de la noblesse, de la puissance et de la justice souveraine, gens d'armes, châtelains ou capitaines, baillis, prévôts, sergents, procureurs, notaires, fourches à quatre piliers, foires et marchés. Elle avait deux églises paroissiales, une chapelle castrale, une familiarité, un prieuré et une maison de carmes, le tout richement doté. Sa communauté de bourgeois, affranchie du servage en 1354, se gouvernait par un maire, deux échevins et un conseil de prud'hommes élus par elle-même.

La place était défendue contre la violence du dehors, par le lit profond de la Saône et par une ceinture de bonnes murailles. Une citadelle et des forts détachés protégeaient la partie septentrionale, qui n'était point couverte par la rivière. Placée, comme une sentinelle avancée, sur les frontières de France et de

Lorraine, cette forteresse commandait les grandes routes de Comté en Lorraine et en Champagne ; elle était la clef du pays sur ce point, et par conséquent des plus exposées aux attaques de l'ennemi, comme aux charges que rendait nécessaires la défense nationale. C'était un poste d'honneur et de danger : vingt fois dans chaque siècle elle vit les armées étrangères qui se présentaient devant ses remparts y trouver une barrière infranchissable. Mais, après avoir été longtemps la terreur des ennemis de la patrie, Jonvelle succomba en 1641, livré à une armée française par son lâche gouverneur. La ville fut brûlée, ses murs, ses forts et son château rasés de fond en comble. Aujourd'hui Jonvelle n'est plus qu'un village ordinaire, où la curiosité, vivement intéressée par l'histoire, cherche en vain quelques débris de tant de force et de splendeur anéanties : *etiam periére ruinæ*. Autour du village moderne assis sur les ruines de la ville du moyen âge, il ne reste plus que les traces des fossés et des remparts. Par delà sont des collines et des plaines bien cultivées, où les souvenirs confus des habitants placent les camps et les stations des armées.

L'histoire de Jonvelle se divise en trois époques principales : 1° *les temps gallo-romains*, 2° *le moyen âge*, 3° *les siècles modernes*.

La première époque donnera le tracé des voies romaines qui sillonnaient les environs de Jonvelle, et la description des monuments de Corre, l'ancienne *Colra*, qui fut, avant Port-Abucin, la capitale du comté des Portusiens, et qui, en s'abîmant sous le flot terrible des invasions barbares, légua toute son illustration et son importance à Jonvelle.

La *seconde époque* comprend cinq siècles; c'est la période féodale. Les documents qui la remplissent ne se bornent pas à relater les fondations pieuses faites par les familles nobles, les transactions des seigneurs entre eux, l'origine et les progrès des maisons religieuses du pays; ils nous font connaître aussi les mœurs de nos aïeux, les noms et les relations des principaux personnages qui ont bâti ces châteaux, qui ont possédé le sol en qualité de maîtres, de vassaux ou d'arrière-vassaux, qui l'ont défriché de leurs mains, comme moines, serfs et manants.

La *troisième époque* commence à l'avènement des seigneurs étrangers au pays (1378). Bientôt, avec le quinzième siècle, l'intérêt grandit et va toujours croissant jusqu'à la fin. C'est alors que l'histoire, mieux renseignée, nous montre le nom et les sires de Jonvelle mêlés à toutes les guerres, à toutes les négociations, à tous les traités, à tous les malheurs de notre province, surtout dans les invasions de Tremblecourt et dans la *guerre de dix ans*.

Outre Jonvelle et Corre, ces recherches intéressent à un haut degré non-seulement les villages de l'ancienne seigneurie, mais Jussey, Faverney, Amance, Scey-sur-Saône, Port-sur-Saône, les deux Chauvirey et, hors de la Franche-Comté, Voisey, Châtillon et Bourbonne.

L'*Histoire de Jonvelle et de ses environs* formera 1 vol. in-8° de 5 à 600 pages, orné de cartes, plans et dessins, et dont le prix sera de 5 fr. pour les souscripteurs.

On souscrit chez les auteurs, et, à Besançon, chez J. Jacquin, imprimeur de l'*Union franc-comtoise*.

BESANÇON, IMPR. DE J. JACQUIN.

HISTOIRE
DE LA SEIGNEURIE
DE JONVELLE
ET DE SES ENVIRONS,

PAR M. L'ABBÉ COUDRIET,
CURÉ DE LODS,

ET M. L'ABBÉ CHATELET,
CURÉ DE BETAUCOURT,

MEMBRES DE PLUSIEURS SOCIÉTÉS SAVANTES.

Ouvrage couronné par l'Académie de Besançon, dans sa séance du 23 août 1862.

Cassiodore a dit quelque part : « Interrogez la mémoire des anciens, le berceau des races, les monuments du passé, car il est honteux d'être dans sa propre patrie comme un étranger. »

Ce conseil ne s'applique pas seulement à l'histoire nationale, mais encore à l'histoire locale, et c'est faute de l'avoir compris et pratiqué en temps utile que nous avons déjà perdu tant de trésors et défiguré tant de souvenirs. Notre province n'a pas eu dans tous les âges des hommes jaloux de n'être pas des étrangers dans leur propre pays. Après les hagiographes du septième et du neuvième siècle, il faut presque venir jusqu'au seizième pour trouver quelques érudits mêlant au goût des antiquités grecques celui des antiquités locales. Les deux siècles suivants donnèrent à l'histoire une foule de noms illustres, d'ouvrages savants, de résultats heureux; mais ce mouvement s'arrêta en 1789, et l'arrêt dura cinquante ans. Ce n'était pas assez que la révolution eût confondu dans ses anathèmes les priviléges avec les chartes qui les constataient, ni qu'elle eût brûlé les titres pour mieux détruire les droits. Il ne fut guère permis de parler d'un manuscrit, de le montrer ou de le demander, que lorsque la conscience publique eût été pleinement rassurée sur la vente des biens de l'Eglise ou de l'émigration. La corvée, la dime, les droits ecclésiastiques ou seigneuriaux, apparaissaient comme des fantômes, au fond des recherches les plus inoffensives. Il n'y a pas vingt ans que nous avons vu trembler de fort honnêtes gens, à la seule pensée qu'on venait voir et visiter leurs vieux papiers. Ils croyaient qu'on voulait les traduire devant les tribunaux, leur demander en monnaie courante le prix de la vieille église qu'ils habitaient, et leur rendre les assignats avec lesquels ils l'avaient payée.

Que d'excellents livres cette défiance nous a fait perdre ! Que de pièces curieuses échappées aux bûchers de 1789 ont été brûlées par la main trop discrète et trop prévoyante de quelque acquéreur de biens nationaux ! Ne rions pas trop d'Omar et de son fameux raisonnement sur la bibliothèque d'Alexandrie. Le farouche conquérant déclarait inutile ou dangereux tout ce qui n'était point le Coran. C'est de cet œil-là que beaucoup de gens ont vu bien longtemps titres, papiers et médailles, regardant comme compromettant pour leurs intérêts tout ce qui inquiétait leur ignorance.

Par un de ces retours soudains auxquels les choses de ce monde sont assujetties, depuis que l'on ne tremble plus pour les acquisitions révolutionnaires, on s'est passionné avec une aveugle ardeur pour les vieilles chartes et les vieux sous. N'attendons de certains érudits ni discernement ni mesure. Nos pères avaient tout condamné au feu; pour nous, avec la manie que nous avons de tout mettre en lumière, nous ne savons plus distinguer l'érudition utile de l'érudition ennuyeuse, un contrat de vente d'un traité politique, une guerre d'une querelle de paroisse. L'histoire locale descend, de détail en détail, à des noms sans valeur et à des dates sans intérêt. On écrit d'énormes volumes sur des sujets qui devraient remplir à peine un mémoire de cent pages. L'intérêt, le goût, le style, tout se perd. On finira par réputer savant tout ce qui sera long, et profond tout ce qui sera ennuyeux.

Ce n'est pas à l'*Histoire de Jonvelle et de ses environs* que je viens chercher querelle. Je veux, au contraire, féliciter les auteurs de cet ouvrage d'avoir évité presque toujours l'excès que je signale et de s'être tenus dans les sévères limites de l'histoire. Ils n'en ont pas moins donné un volume de 600 pages, dont la matière est neuve, le plan bien fait, le style correct, clair, soutenu. Toujours instructifs, ils s'animent toutes les fois que le sujet le comporte, et ils relèvent par des réflexions mises à propos les détails les plus arides.

On jugerait mal de l'importance du livre par l'importance actuelle du lieu qui en est l'objet. Jonvelle fut au moyen âge un de nos châteaux les plus célèbres et de nos meilleurs fiefs. Placé, comme une sentinelle avancée, sur les frontières de France et de Lorraine, il commandait au loin les grandes routes du pays, et il paya plus d'une fois par le sang de ses défenseurs et les richesses de son territoire, l'honneur de porter les clefs de la Comté. Après avoir été tenu par une maison de seigneurs indigènes et résidants, ce fief passa, comme par surprise, aux mains des la Trémouille, pendant le gouvernement desquels les villes de Jonvelle et de Châtillon-sur-Saône furent le siége des conférences tenues pour la paix, entre Philippe le Bon et René de Lorraine (1440). Peu de temps après, Jean de la Trémouille ayant trahi le duc de Bourgogne, pour se donner au roi de France Charles VII, perdit la terre de Jonvelle. Mais Georges de Craon la Trémouille, digne précurseur de Charles d'Amboise et non moins digne ministre du farouche Louis XI, vengea cruellement sa maison dépossédée, en ravageant la seigneurie confisquée et tout le bailliage d'Amont.

Sur la fin du quinzième siècle, cette seigneurie entra dans le domaine direct des ducs de Bourgogne, puis des rois d'Espagne, qui l'inféodèrent aux Ghénarraz et aux d'Andelot. Sous l'administration de ces derniers seigneurs, Jonvelle donna le noble exemple de la plus courageuse résistance contre les bandes luthériennes de Wolfgang et du prince d'Orange. Mais, vingt-cinq ans plus tard, la trahison livra cette place et presque tout le bailliage aux armes de Tremblecourt, qui agissait pour Henri IV (1595). Cet épisode de nos malheurs, incomplètement raconté par dom Grappin, a reçu, dans l'histoire que nous analysons, les détails les plus intéressants, fournis en grande partie par les *Mémoires inédits du comte de Champagney-Granvelle*.

Enfin dans la guerre de dix ans, après avoir été longtemps la terreur du Langrois et du Bassigny, Jonvelle tomba devant le canon du comte de Grancey : la ville fut brûlée, ses murs s'écroulèrent, et on rasa le château de fond en comble. Depuis la date fatale de 1641, Jonvelle ne s'est jamais relevé : *etiam periere ruinæ*.

Cet épisode d'une guerre si désastreuse est le morceau le plus neuf et le plus intéressant du volume. Deux sortes de documents inédits ont servi à le composer : *Le journal de messire Clément Macheret, curé d'Hortes*, manuscrit in-folio de 165 feuillets, communiqué aux auteurs par M. Thiberge, membre du conseil général de la Haute-Marne, et les *Correspondances du parlement de Franche-Comté*, conservées aux archives du Doubs. C'est beaucoup que d'avoir ajouté cent pages inédites aux pages déjà connues de cette époque fameuse, telles que l'*Histoire de la guerre de dix ans* de Girardot de Beauchemin, le *Siége de Dole*, par Boyvin, et les *Lettres* du conseiller Petrey de Champvans. En recommandant aux érudits ces chapitres d'un intérêt si saisissant et si soutenu, nous sommes certain que leur curiosité ne sera pas déçue et qu'ils nous sauront gré de leur avoir signalé une lecture aussi instructive qu'agréable.

A côté de ces détails, qui entreront désormais dans l'histoire générale des trois provinces de Franche-Comté, de Champagne et de Lorraine, se trouvent les annales plus modestes de la commune de Jonvelle. C'était une communauté de bourgeois, affranchie du servage en 1354, gouvernée par quatre ou six échevins aussi nommés prud'hommes. Là vous retrouvez tous les éléments de la petite ville au moyen âge : deux églises paroissiales, un prieuré, une familiarité, une maison de carmes, le bailli, le prévôt, les tabellions et les sergents du seigneur, les fourches à quatre piliers, les foires et les marchés. Il y a dans ce tableau une sorte d'école pour la vie commune. Ces *règlements, concessions et abonnements* que Philippe de Jonvelle octroie à la ville et à toute la châtellenie, rappellent ce que M. de Tocqueville a dit des institutions municipales : « Elles sont à la liberté ce que les écoles primaires sont à la science, en faisant goûter aux citoyens son usage paisible et les habituant à s'en servir. » A dater de 1354, Jonvelle jouit, sous l'autorité du château, de la liberté restreinte telle qu'on la concevait alors. Les mainmortables y furent affranchis sans aucune réserve; nulle saisie pour dette ne pouvait être opérée hors de Jonvelle et de son territoire, sans autorisation du seigneur; celui-ci ne pouvait contraindre ses habitants à porter des lettres, excepté en temps de guerre, et en payant deux deniers estevenants par lieue, soit pour aller, soit pour revenir. La charte règle aussi le crédit accordé dans les foires et les marchés, la quantité de bois abandonnée aux habitants pour la réparation des maisons, haies et palissades, les amendes et les peines encourues par les maraudeurs.

Les moindres faits de l'histoire municipale sont dignes d'attention. Nos ancêtres du moyen âge avaient deux choses qui nous manquent, l'idée nette de ce qu'ils voulaient et l'art de le vouloir toujours. C'est en nourrissant en soi cette volonté longue, persévérante, toujours identique à elle-même, qu'ils ont fondé, dans chaque bourgade, une tradition et des souvenirs. Quelque petite qu'ait été la scène, quelque modestes qu'aient été les charges et les fonctions, cela suffisait pour créer, entretenir et perpétuer l'esprit d'administration et de gouvernement dans les familles et dans la commune. Cet esprit ne manqua pas à Jonvelle, et quand l'édit de Marly, rendu en 1765, détermina les conditions auxquelles une communauté pouvait s'administrer elle-même sous le titre de ville, les habitants rappelèrent avec un certain orgueil les services de leurs ancêtres et les vieilles franchises que les souverains leur avaient octroyées. Mais leurs réclamations furent inutiles, et Jonvelle descendit du rang de cité à celui de simple commune.

Ces souvenirs s'effaçaient, ces ruines allaient périr, quand deux savants ecclésiastiques ont associé, par amour du pays, leurs efforts et leur travail pour peindre, dans leur dernière esquisse, ces restes épars ou presque enfouis d'un des boulevards de notre province. Ils ont pensé que les villes florissantes trouveraient assez de plumes pour écrire leurs annales, les archives bien classées assez d'yeux pour les lire. Sachons-leur gré de leur courage, de leur patriotisme et de leur talent, et faisons une place dans notre bibliothèque à l'histoire de ce qui n'est plus : ce sera tout à la fois honneur, justice et profit.

Je ne terminerai pas sans signaler les notices qui complètent le volume. C'est l'histoire des villages de la châtellenie de Jonvelle et la généalogie des principales familles du pays. Souvenirs moins intéressants, il est vrai, que ceux de Jonvelle, mais glorieux encore pour quelques noms et utiles pour toute la contrée. Bougey, Bourbévelle, Bourbonne, Châtillon, Chauvirey, Corre, Demangevelle, Enfonvelle, Montdoré, Oigney, Raincourt, Richecourt, Saint-Marcel, Villars-Saint-Marcellin, Voisey, etc., n'ont qu'à consulter le volume que nous recommandons à leur attention. Ils apprendront en cinq ou six pages, dans un style simple et concis, les traits principaux de leurs annales, les chartes qui mentionnent leur nom dès la plus haute antiquité, les seigneurs qui ont possédé sur leur territoire des droits féodaux, les établissements religieux qui faisaient l'honneur et la richesse de la contrée. Ces notices sont de petits chefs-d'œuvre. Nous souhaitons qu'on les prenne pour modèle en recueillant dans chaque commune les derniers souvenirs des temps anciens et en rédigeant, à la tête des registres municipaux, une étude historique et statistique du même genre. Mettons les gens du jour en présence du passé, jusque dans les plus petits villages. Accoutumons-les à regarder, sans haine et sans terreur, un temps où il y a eu moins de bien-être qu'aujourd'hui; j'en conviens, mais autant de liberté et plus de vertu. C'est aimer et servir son pays que de lui dire ce qu'il a été; on le flatte et on le perd quand on ne lui parle à tort et à travers que de ce qu'il sera un jour.

L. BESSON.
(Extrait de l'Union franc-comtoise.)

L'*Histoire de Jonvelle*, formant un fort volume in-8° avec planches et fac-similé, se trouve chez les auteurs, et chez J. Jacquin, imprimeur à Besançon. — Prix, 5 fr.; franco par la poste, 6 fr.

BESANÇON, IMPRIMERIE DE J. JACQUIN.

HISTOIRE

DE LA SEIGNEURIE

DE JONVELLE.

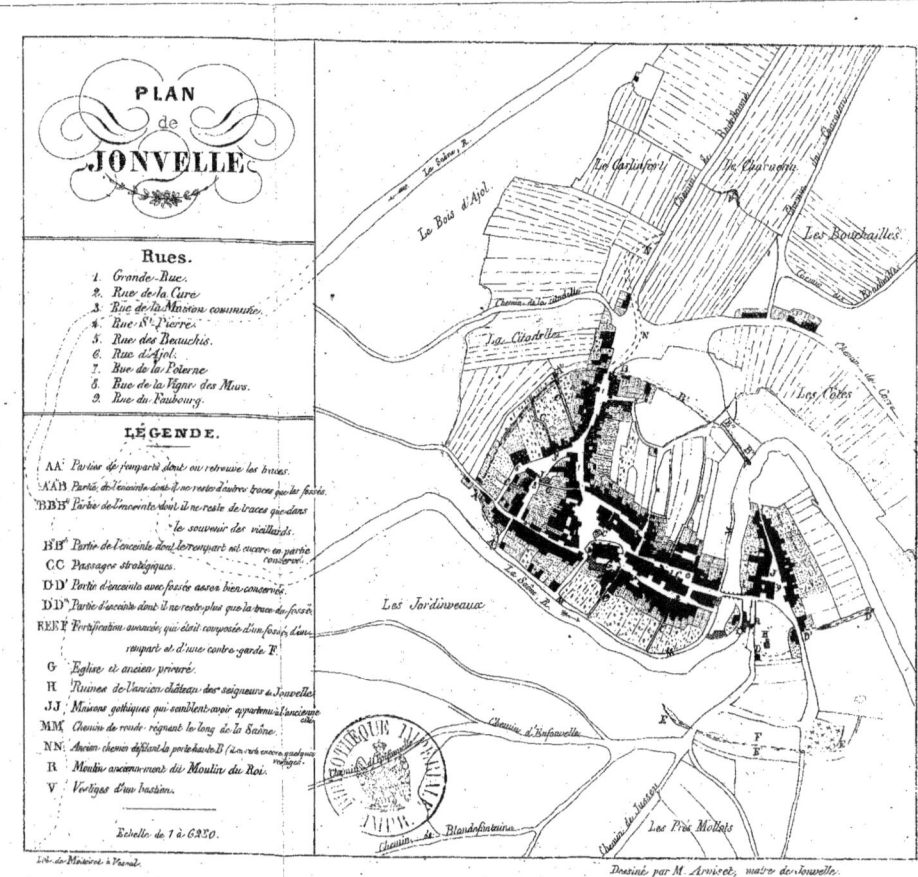

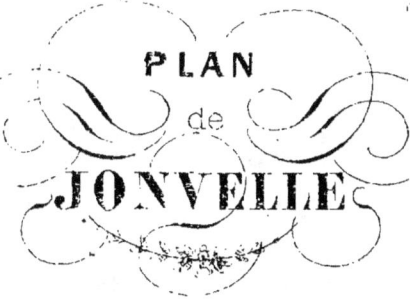

Rues.

1. Grande Rue.
2. Rue de la Cure.
3. Rue de la Maison communale.
4. Rue St Pierre.
5. Rue des Beauchis.
6. Rue d'Ajol.
7. Rue de la Poterne.
8. Rue de la Vigne des Murs.
9. Rue du Faubourg.

LÉGENDE.

AA Parties de remparts dont on retrouve les traces
A'A'B Partie de l'enceinte dont il ne reste d'autres traces q...
B'B'B' Partie de l'enceinte dont il ne reste de traces qu...
    « le souvenir des vieillar...
B'B'' Partie de l'enceinte dont le rempart est encore e...
CC Passages stratégiques.
D'D' Partie d'enceinte avec fossés assez bien conservé...
D'D'' Partie d'enceinte dont il ne reste plus que la trace d...
EEEF Fortification avancée, qui était composée d'un foss...
    rempart et d'une contre-garde F.
G Église et ancien prieuré.
H Ruines de l'ancien château des seigneurs de J...
JJ Maisons gothiques qui semblent avoir appartenu à d...
MM Chemin de ronde régnant le long de la Saône
NN Ancien chemin defilant la porte haute B (... reste encore...
R Moulin anciennement dit Moulin du Roi.
V Vestiges d'un bastion.

Échelle de 1 à 6250.

Lith. de Moiteirel à Vesoul.

HISTOIRE

DE LA SEIGNEURIE

DE JONVELLE

ET DE SES ENVIRONS,

PAR

M. L'ABBÉ COUDRIET,

CURÉ DE LODS,

ET M. L'ABBÉ CHATELET,

CURÉ DE BETAUCOURT,

MEMBRES DE PLUSIEURS SOCIÉTÉS SAVANTES.

Ouvrage couronné par l'Académie de Besançon, dans sa séance du 23 août 1862.

Scrutare patrum memorias, gentis cunabula, res gestas et annalium monumenta ; turpe est enim in patriâ suâ peregrinum agere.
(CASSIODORE, *Variar. Orat.*, VII.)

BESANÇON,

IMPRIMERIE ET LITHOGRAPHIE DE J. JACQUIN,

Grande-Rue, 14, à la Vieille-Intendance.

1864.

PRÉFACE.

Jonvelle est situé à l'extrémité du département de la Haute-Saône, dans le canton de Jussey, et sur les limites de la Haute-Marne et des Vosges. Là venaient se toucher autrefois la Grande Séquanaise, la Première Belgique et la Première Lyonnaise, et plus tard la Franche-Comté, la Lorraine, le Barrois et la Champagne. « C'est ainsi, dit Pratbernon, que les petits Etats, différents des grands Etats, changent plus souvent de maîtres et de noms que de limites (1). »

Chef-lieu d'une baronie des plus célèbres au moyen âge, Jonvelle se rattache étroitement à l'histoire du comté de Bourgogne, dont il subit toutes les vicissitudes, sous les différents maîtres qui gouvernèrent cette province. Ce noble fief, un des plus riches du comté, fut tenu, jusque vers la fin du quatorzième siècle, par une maison de seigneurs indigènes et résidants, qui mêla son sang à

---

(1) Mémoire manuscrit sur les antiquités des cantons de Jussey, Vitrey et Combeaufontaine.

celui des plus illustres familles de Bourgogne, de Lorraine et de Champagne. Les sires de Jonvelle comptèrent dans leurs alliances les maisons de Saissefontaine, de Neufchâteau, de Dampierre (sur Salon), de Novillars, de Chauvirey, de Chesnel, de Baon, de la Fauche, de Vienne, de Granson, de Charny, de Vergy, de Bauffremont, d'Apremont (Lorraine), de Granvelle, d'Oiselay, etc.

En 1378, quatre ans après la mort du dernier sire de Jonvelle, cette terre passe aux mains des la Trémouille, sous la suzeraineté des ducs de Bourgogne, et bientôt de la couronne de France. Vers la fin du siècle suivant, elle est englobée dans le domaine direct de nos souverains ; les duchesses et comtesses de Bourgogne, Isabelle de Portugal et Marguerite d'Angleterre, ne dédaignent pas d'ajouter à leurs titres pompeux celui de *dame de Jonvelle*.

Au seizième siècle, la seigneurie de Jonvelle, partageant les destinées du comté, retombe aux mains des rois d'Espagne, qui d'abord l'inféodent à quelques vassaux, comme les Ghénarraz et les d'Andelot, puis l'administrèrent directement, jusqu'au jour où notre province devient définitivement une conquête française.

Cet aperçu rapide peut donner une idée de l'importance de Jonvelle dans les siècles passés. Cette ville renfermait un château princier, avec le magnifique entourage de la noblesse, de la puissance et de la justice souveraine, gens d'armes, châtelains ou capitaines, baillis, prévôts, sergents, procureurs, notaires, fourches à quatre piliers, foires et marchés. Elle avait deux églises paroissiales, une chapelle seigneuriale, une familiarité, un prieuré et une maison de carmes, le tout richement doté. Sa communauté de bourgeois, affranchie du servage en 1354, était gouvernée par un maire, deux échevins et un conseil de prud'hommes élus par elle-même.

La place était défendue contre la violence du dehors par le lit profond de la Saône et par une ceinture de bonnes murailles. Une citadelle et des forts détachés protégeaient la partie septentrionale, qui n'était point couverte par la rivière. Placée comme une sentinelle avancée sur les frontières de France et de Lorraine, cette forteresse commandait les grandes routes de Comté en Lorraine et en Champagne ; elle était la clef du pays sur ce point, et par conséquent des plus exposées aux attaques de l'ennemi, comme aux charges que rendait nécessaires la défense nationale. C'était un poste d'honneur et de danger : vingt fois dans chaque siècle elle vit les armées étrangères se présenter devant ses remparts et y trouver une barrière infranchissable. Mais, après avoir été longtemps la terreur des ennemis de la patrie, Jonvelle succomba en 1641, livré à une armée française par son lâche gouverneur. La ville fut brûlée, ses murs, ses forts et son château rasés de fond en comble. Aujourd'hui Jonvelle n'est plus qu'un village ordinaire, où la curiosité, vivement intéressée par l'histoire, cherche en vain quelques débris de tant de force et de splendeur anéanties : *Etiam periêre ruinæ*. Autour du village moderne assis sur les ruines de la ville du moyen âge, il ne reste plus que les traces des fossés et des remparts. Par delà sont des collines et des plaines bien cultivées, où les souvenirs confus des habitants placent les camps et les stations des armées.

Ainsi, à l'histoire de Jonvelle et de sa seigneurie se rattache celle de tous les environs de cette ville, en Lorraine et en Bassigny comme en Comté. Nous la diviserons en trois époques principales : 1° *les temps gallo-romains*, 2° *le moyen âge*, 3° *les siècles modernes*.

La *première époque* fera connaître le nom et les premiers temps de Jonvelle, les antiquités du pays voisin, le tracé des voies romaines qui le sillonnaient, la double voie nautique de la Saône et du Coney, les *castella* ou points fortifiés qui servaient à protéger la contrée, enfin les monuments curieux de Corre et de Bourbonne. Mais dans cette excursion archéologique à travers la contrée que nous étudions, nous devons une attention toute spéciale à Corre, l'ancienne *Colra*, qui fut, avant Port-Abucin, la capitale du canton des Portusiens, selon Perreciot, et qui, en s'abîmant sous le flot terrible des premières invasions barbares, légua toute son illustration et son importance à Jonvelle.

La *seconde époque* comprendra trois siècles ; c'est l'époque féodale. Cette période n'offre pour l'histoire de la province qu'un petit nombre de faits intéressants, perdus dans une série de chartes arides, qui se bornent le plus souvent à constater les fondations pieuses faites par les familles nobles, les transactions des seigneurs entre eux ou avec les maisons religieuses, les mouvances de fiefs, etc. Ces chartes, rédigées par des moines, sauvées ensuite, comme par miracle, de leurs monastères dévalisés par le vandalisme révolutionnaire, et laborieusement exhumées des archives départementales, sont à peu près les seuls témoins qui nous parlent de cette époque, et les seuls matériaux qui nous restent sous la main pour reconstruire les premiers âges de notre histoire féodale. A ce titre, ces documents sont encore précieux pour nous; car ils nous font connaître les mœurs de nos aïeux, les noms et les rapports mutuels des principaux personnages qui ont bâti ces châteaux, dont les ruines attestent la force et la splendeur d'autrefois. Ces documents nous rappellent ceux qui ont possédé, en qualité de maîtres, de vassaux ou d'arrière-vassaux, le sol que nous cultivons aujourd'hui, ou qui l'ont défriché de leurs mains, en qualité de moines, serfs et manants. Au milieu de ces détails intéressants, on voit dominer, avec une certaine majesté, les nobles figures des sires de Jonvelle, à qui l'importance de leur fief accordait naturellement le rôle principal.

L'affranchissement de Jonvelle, octroyé par Philippe,

le dernier de sa race et des seigneurs indigènes, termine la *seconde époque*. Cette charte importante intéressera vivement les amateurs d'histoire nationale.

La *troisième époque* commence à l'avènement des seigneurs étrangers au pays (1378). Bientôt, avec le quinzième siècle, l'intérêt grandit. L'histoire, mieux renseignée, nous montre le nom et les sires de Jonvelle mêlés à toutes les guerres, à toutes les négociations, à tous les traités, à tous les malheurs de notre province. A la fin du quinzième siècle, les terribles invasions de Charles d'Amboise et de Craon la Trémouille, lieutenant de Louis XI ; au seizième, les passages non moins funèbres de Wolfgang et de Tremblecourt ; au dix-septième, la lutte héroïque de la Franche-Comté contre la France, contre les partisans, contre la peste et la famine, ennemis plus cruels encore ; les ravages des Suédois, de Gallass, notre allié, et du comte de Grancey ; en un mot, les désastres inouïs de la guerre de dix ans : tels sont les graves événements dont la petite ville de Jonvelle a été le premier théâtre, et qui ont amené par degrés sa décadence et sa ruine.

Encouragés par les suffrages de l'Académie de Besançon, nous offrons au public cet essai d'histoire, comme le fruit de longues et patientes recherches, faites à la Bibliothèque impériale, dans les archives de la province et des départements voisins. Plusieurs personnes, qui s'intéressent à l'histoire de notre pays, nous ont prêté leur concours avec autant de zèle que de bienveillance, soit en nous communiquant des documents précieux, soit en nous traçant les cartes et dessins nécessaires à notre ouvrage. Nous leur en témoignons ici notre vive reconnaissance, et nous nous sommes fait un devoir, dans le cours du récit, de citer leurs noms et d'indiquer les documents qu'ils nous ont procurés. Nous devons également remercier nos honorables souscripteurs, dont l'adhésion sympathique et généreuse nous a fourni les moyens de publier notre travail. Puisse-t-il répondre à leur attente! C'est notre désir, et ce serait notre plus douce récompense.

Parmi les nombreuses chartes inédites que nous avons étudiées, nous avons fait un choix des plus importantes, et nous les publions aux Pièces justificatives. Les autres seront suffisamment connues par les analyses et les extraits que nous en donnons dans le corps de l'ouvrage.

HISTOIRE
DE LA SEIGNEURIE
DE JONVELLE ET DE SES ENVIRONS.

PREMIÈRE ÉPOQUE.
TEMPS GALLO-ROMAINS.

CHAPITRE Ier.
DÉNOMINATIONS, IMPORTANCE DES LIEUX PRINCIPAUX.
Jonvelle, Corre et Bourbonne.

§ 1er.

JONVELLE.

Le premier titre qui mentionne Jonvelle est de l'an 1224. Au delà de cette date, il est inutile d'invoquer les chartes, les légendes ou les chroniques : tout est muet pour l'histoire ; tout a disparu dans les invasions des barbares qui, pendant plus de six cents ans, n'ont cessé de promener le fer et la flamme dans nos contrées. Quelques vestiges de constructions et de routes romaines, quelques débris épars de monuments funèbres, des étymologies plus ou moins hasardées, des médailles que l'on retrouve à Jonvelle et dans les alentours, voilà tout ce qui nous reste pour retracer l'histoire de ces temps reculés.

Au moyen âge Jonvelle est appelé *Jovis Villa, Juncivilla, Jonvilla, Joinville*, enfin *Jonvelle* à partir du commencement du quatorzième siècle. Gollut en conclut que Jonvelle vient de *Junonis villa*, ville de Junon [1]. M. Lonchamp adopte l'étymologie donnée par Bullet, *gon, jon*, roc, rivière [2] ; mais Perreciot y trouve le nom du premier maître de cette bourgade. « Je ne crois pas, dit-il, qu'on puisse regarder cette petite ville comme moderne. Elle avait anciennement deux églises paroissiales, qui furent unies en 1608. Quand on considère qu'aux treizième, quatorzième et quinzième siècles, il n'y avait dans la province, outre Jonvelle, que les villes de Besançon, Salins, Pontarlier, Baume et peu d'autres, qui eussent plusieurs paroisses, on est volontiers porté à croire que Jonvelle était anciennement une ville peuplée, et que diverses circonstances, qu'il serait facile d'exposer, ont amené sa décadence par degrés. Elle n'est pourtant pas de la haute antiquité ; elle paraît s'être formée des débris de Corre. Cette ville voisine ayant été ruinée par les barbares, sous l'empire romain, la plupart de ses habitants se retirèrent à Jonvelle, *Juncivilla*, comme dans un lieu de meilleure défense, et donnèrent naissance à la ville. *Juncus*, à qui ce terrain appartenait, est un nom romain. »

---

[1] Livre I, chap. XV.
[2] *Glanures*, au mot *Jonvelle*.

Telle est l'opinion de ce savant sur l'étymologie de Jonvelle ; nous préférons celle de *Jovis villa*, que nous trouvons dans la chronique de Bèze (1134) [1]. A un kilomètre du village actuel est un lieu dit *Jouvilotte* ou *Jovilotte*, déjà mentionné dans une charte de 1369 [2]. Cet endroit, tourné au levant, est gracieusement incliné sur la rive droite de la Saône. Voisin des ruines du château de Bourbévelle, et dominé par celles d'un *castellum*, Jouvilotte était placé au centre des routes romaines de Corre à Chatillon, et de Jussey vers les Vosges. C'est là, sans doute, que fut établi le premier *Jovis villa*, emporté par le flot des barbares, en même temps que la cité de *Colra*. Plus tard les habitants de ces deux bourgades dévastées se sont fixés plus en amont, dans la double presqu'île formée par les sinuosités de la Saône, où la nature leur présentait un point des plus faciles à retrancher. Quoi qu'il en soit, ce lieu fut habité de bonne heure par les Gallo-Romains, puisque l'on y retrouve le ciment et les tuileaux de cette époque [3]. D'ailleurs, il

---

[1] ACHERY, II, 453.

[2] Item, une faulcie de prey séant derrière Jouvilotte. (Archives de la Haute-Saône.)

[3] La terminaison de Jonvelle indique assez que les Gallo-Romains y avaient une colonie. Les terminaisons les plus ordinaires des noms de ville, de village et de hameau dans notre province, sont au nombre de trois : *ey, court* et *velle*. La première paraît être celtique et par conséquent la plus ancienne. Les chroniques et les chartes latines la traduisent communément par *essum, esum, iacum, eium, eius* et *eia :* ainsi Aisey, *Altessum* ; Voisey, *Vogesum* ; Gevigney, *Joviniacus* ; Bougey, *Bugiacus* ; Jussey, *Jussiacus, Jusseium* ; Oigney, *Oigneum*, etc.

Dans le principe la dénomination en *court* désigne simplement une maison rustique, avec les terres de son exploitation ; et cette désinence s'ajoutait à l'ancien nom du lieu, ou bien à celui du maître de la colonie. Exemple : Vougécourt, *Vogesi-curtis* ; Godoncourt, *Godonis-curtis* ;

n'est pas étonnant qu'ils aient choisi cette position, soit comme un séjour d'agrément, soit comme une forteresse, pour commander le passage de la rivière, le barrer au besoin et en surveiller le péage. Au reste, quel qu'ait été ce lieu sous la domination du peuple-roi, après la ruine de Corre, toute l'illustration de cette dernière cité fut transférée à Jonvelle; et c'est ce qui explique l'importance acquise par celle-ci au moyen âge, et conservée par elle jusqu'à la fin du dix-huitième siècle.

§ II.

CORRE.

A sept kilomètres en aval de Jonvelle, au confluent de la Saône et du Coney, est situé le village de Corre. Son paysage, vu des hauteurs de la route de Jussey, est des plus pittoresques. De là, le regard embrasse les deux rivières qui arrosent ses jardins, fertilisent ses prairies et favorisent son commerce. Son faubourg, disséminé dans une forêt de peupliers, et ses maisons groupées au-

---

Aboncourt, *Abonis-curtis*; Renaucourt et Raincourt, *Reginaldi-curtis*, etc.

Quant à la terminaison *velle* ou *ville*, qui a le même sens que *court*, elle vient du latin *villa*. Elle désignerait généralement des lieux où les Gallo-Romains ont établi des métairies et des maisons de campagne, autour desquelles se sont insensiblement groupés les hameaux, les villages et même des villes. Comme la désinence *curtis*, elle modifiait le nom du lieu, d'un chef de curie, d'un prince, d'une divinité, d'une autre ville, etc. Exemple : Martinvelle, *Martini-villa*; Enfonvelle, *Offonis-villa*; Jonvelle, *Jovis* ou *Junci-villa*; absolument comme dans les temps modernes on a formé *Vesoul-Bénian*; *Orléans-ville*; *Philippe-ville*, etc.

Les terminaisons *villey*, *villiers*, *villers*, *villars*, ont la même origine que *velle* ou *ville*, d'où sont venus les noms vulgaires de *ville* et *village*, qui désignent des agglomérations plus ou moins considérables d'habitations.

tour du clocher roman de sa vieille église, et à demi voilées par un rideau de verts sapins, ouvrent leurs avenues aux routes de Vesoul, Jussey, Bourbonne, Darnay et Luxeuil. Vis-à-vis s'étend le vallon du Coney, accidenté de coteaux, où se dessinent en profil Vougécourt et Demangevelle avec la dernière de ses quatre tours féodales. Au fond du tableau apparaît l'immense forêt de Passavant, dont les dômes imposants vont, du nord à l'est, se confondre avec les ballons de l'Alsace. A gauche, Bourbévelle, Jonvelle, Grignoncourt, Bousseraucourt, Ameuvelle et Moncourt s'échelonnent en amphithéâtre sur des collines enveloppées dans les contours gracieux de la Saône. Mais ce n'est pas seulement à cette charmante position que Corre est redevable de l'intérêt qu'il inspire. Les antiquités qu'on y trouve attestent l'établissement et le séjour de la nation puissante qui, après ses conquêtes, a laissé là, comme partout, les marques de sa grandeur.

Au moyen âge Corre est appelé *Corra* (1130, 1160, 1172, 1257), *Chore* (1195, 1198), *Corria* (1210, 1520), et, dans des temps plus reculés, *Colra* (1150), *Coldrinicum* (1). Ces dernières dénominations ont fait penser à Perreciot (2) que Corre avait donné son nom au *pagus Colerensis*, et que cette ville, autrefois considérable, avait cessé, après sa ruine, d'être le chef-lieu de ce canton, pour léguer cet honneur à Port-Abucin. Voici comment ce savant expose les motifs de son opinion. Selon Frédégaire, Brunehaut, aïeule de Thierry, roi de Bourgogne,

---

(1) *Histoire du comté de Bourgogne*, I, 92 et 592.
(2) Ebauches manuscrites, au mot *Albiniacum*.

et Sichilde, épouse de Théodebert II, roi d'Austrasie, choisirent un endroit situé *inter Colerensem* et *Suentensem pagum*, pour traiter les différends qui divisaient les deux princes (608). Les érudits conviennent que l'un des pays désignés dans Frédégaire était dans la Bourgogne, et l'autre dans l'Austrasie. Or, les chartes les plus anciennes ne signalent aucun *pagus* du nom de *Colerensis*, et la position de ce dernier a paru si incertaine, que les commentateurs se sont contentés de l'appeler *pagus ignotus*. Mais, les pays qui confinaient le Saintois appartenant tous à l'Austrasie, excepté le Portois, il résulte évidemment que c'est ce dernier qui se nommait *Colerensis*. La comparaison de plusieurs textes anciens semble confirmer cette opinion. Pérard cite un titre de 579, dans lequel on lit que Godin et Lautrude, son épouse, donnèrent à l'abbaye de Saint-Bénigne de Dijon leur domaine allodial d'*Albiniacum*, situé dans le canton Collatin, *in pago Collatinensi* [1]. Or cet *Albiniacum*, souvent enlevé, puis restitué à l'abbaye, et par conséquent souvent mentionné dans les chartes du moyen âge, n'est pas autre que Saint-Marcel-lez-Jussey. Tous les titres postérieurs à la donation de Godin le placent dans le Portois, *in pago Portuensi*, autrefois nommé *Colatunsis*, dit la chronique de Saint-Bénigne [2]. Il y a sans doute une grande différence entre *Collatinensis*, *Colatunsis* et *Colerensis*. Mais ce dernier nom a pu être changé dans Frédégaire, par l'inadvertance des copistes; et d'ailleurs chacun sait que, dans la première

---

[1] Pérard, dans l'*Hist. de Saint-Etienne* de Dijon, pag. 274.
[2] « Gaudinus quidam ex primatibus Burgundiæ, unà cum conjuge

partie du moyen âge surtout, les noms des *pagi* ont varié à l'infini, principalement dans les syllabes finales. On en pourrait citer plusieurs exemples où le radical est à peine conservé.

M. Lonchamp, dans sa notice sur Vesoul [1], pense aussi que cette substitution eut lieu dès le sixième siècle; mais il prétend, d'après Roger de Belloguet, que le pagus *Collatinensis* ou *Decolatensis*, n'était autre que le *Vesolatensis*, remplacé plus tard par le *pagus Portuensis*.

Ptolémée ne nomme que quatre villes de la Séquanie : *Dittatium*, *Vesuntium*, *Equestris*, *Aventicum*. C'étaient les cités de premier ordre. Les itinéraires et les notices en indiquent plusieurs autres d'un rang inférieur. Depuis longtemps on est d'accord sur la position de ces villes, excepté pour *Dittatium*. Bergier le place à Dole ; le P. Joly avec le P. Dunod, à Verdun ; d'Anville, près de Passavant, dans un lieu qu'il ne nomme pas, mais qui n'est autre que *Corre :* le docteur Humblot et le baron de Walckenaer se rangent à cette opinion [2].

Quoi qu'il en soit de ces différents systèmes, l'état du sol sur lequel Corre est bâti ne permet pas de douter de sa haute antiquité. Les routes, les médailles, les débris de statues et d'architecture, les monuments funèbres

---

suâ, nomine Lautrude, dedit Sancto Benigno alodium juris sui, cui vocabulum est Albiniacum, situm in pago de Colatunse, quod nunc generaliter Portuensis dicitur » L'abbé Fyot, rapportant la même charte, écrit *Collatiense*. (Voir Chronique de Saint-Bénigne ; PÉRARD, pag. 154 ; Script. rerum gallic., tom. XI, p. 558 ; Cartul. de Saint-Bénigne, année 887 ; Annales de Bèze ; Cartul. et pouillé de Saint-Marcel, aux archives du Doubs.)

(1) Mémoires de la Commission archéol., 3e livraison, pag. 40.
(2) Géographie ancienne des Gaules.

que l'on met chaque jour à découvert, appartiennent, pour la plupart, à la première période de l'empire romain. La ruine de cette ville remonte à la fin du troisième siècle, époque des premières invasions germaniques. En effet, l'absence totale de symboles chrétiens, même sur les tombeaux, fait assez connaître que le flambeau de l'Evangile n'avait pas encore éclairé les habitants de Corre à l'arrivée des barbares. Si la foi chrétienne avait déjà été prêchée en Séquanie par nos saints Ferréol et Ferjeux, ses progrès ne s'étaient pas étendus bien loin au delà de Besançon, et le paganisme demeura la religion officielle jusqu'à la conversion de Constantin.

En second lieu, les médailles les plus nombreuses ne dépassent guère l'année 275. Il en est de même d'un groupe de 400 petits bronzes découverts à Melincourt il y a quelques années, et qui appartiennent au règne de Gallien (260). Les monnaies trouvées dans les environs de Corre, et surtout à Biémont, bourgade ruinée, près de Vitrey, s'arrêtent généralement à la même époque.

Ajoutons enfin que la position géographique de Corre destinait cette ville à périr des premières. Placée au centre des routes qui convergeaient des bords du Rhin et de la Moselle vers la cité des Lingons, par Mandeure, Luxeuil et Port-Abucin, elle fut nécessairement ensevelie sous le flot de la première invasion que la vengeance divine déchaîna sur les frontières occidentales de l'empire. Ainsi finit *Colra :* sa gloire et son opulence, ses temples et ses dieux, ses citoyens et ses palais, ses bains, ses aqueducs et même ses tombeaux, tout fut la proie des farouches dévastateurs.

§ III.

BOURBONNE.

Cette ville se reliait par une voie romaine avec Corre et Jonvelle; son nom est mêlé à notre histoire, dans tous les événements principaux du moyen âge et des siècles modernes. Ses riches antiquités doivent donc arrêter ici notre attention.

Bourbonne, que les anciens titres appellent *Borbone, Borbona, Vervona,* dérive de *Borvo,* qui en langue celtique signifie source thermale (*verv,* chaud ; *oue,* fontaine). Ce n'était point d'abord le nom de la ville, mais celui de son dieu protecteur; car chaque ville et chaque tribu, chez les Gaulois, avait sa divinité tutélaire particulière. Ou plutôt *Borvo* était la source thermale divinisée, selon la coutume de ce peuple, qui divinisait de même les rivières, les montagnes, les rochers et les forêts. C'est ainsi que les eaux de Luxeuil sont devenues le dieu *Lussovius*, et le Breuchin, *Brixia*. Le nom primitif de Bourbonne paraît avoir été *Indesina,* que l'on trouve dans la carte de Peutinger, seul monument ancien qui mentionne cette ville. En effet, cet itinéraire fait partir de *Noviomagus* (Pompierre), une voie qui aboutit à un petit édifice entourant une cour, signe indicateur d'eaux thermales. Au-dessus on lit *Indesina* et le chiffre XVI, marquant la distance d'un lieu à l'autre.

Or, cet édifice ne peut désigner que Bourbonne. En effet, il est exactement figuré sur la carte comme ceux des autres localités qui possèdent aussi des eaux chaudes; on y trouve indiquée la source de la Meuse sortant, pour ainsi dire, sous les murs de l'édifice, et de fait les eaux thermales de Bourbonne sont les seules rapprochées de la source de cette rivière. Il n'existe dans le voisinage aucune voie, aucun autre nom, auxquels on puisse rattacher l'établissement d'*Indesina*. Enfin, le chiffre XVI désigne parfaitement en lieues gauloises la distance de *Noviomagus* à Bourbonne. Il faut en conclure que le nom de *Borvo* n'a été ajouté à celui d'*Indesina* que pour signifier que cette ville possédait des eaux thermales. Plus tard, à la suite de circonstances qu'il serait difficile de déterminer, le nom principal fut abandonné et remplacé simplement par celui de *Borvo*, d'où sont venus plusieurs dérivés. Ces sortes de substitutions ne sont pas rares, surtout aux époques de transformations sociales telles qu'en produisit la chute de l'empire romain. En effet, nous trouvons l'appellation *Borvo* seule employée dans une inscription récemment découverte à Port-sur-Saône, et faisant partie de la riche collection d'antiquités que M. Galaire exhume tous les jours du vieux sol de *Portus Abucinus*, avec un zèle si méritoire aux yeux de la science. Sous le fond circulaire d'un vase de verre blanc, on lit en relief cette épigraphe également circulaire : G. LEVPONI BORVONICI. Cette curieuse inscription nous apprend donc que, sous la domination romaine, G. Leuponus, de Bourbonne, exploitait une verrerie dans cette ville, ou peut-être sur les rives du Coney. A ce point de vue, ce fragile débris est un monument précieux pour l'histoire de Bourbonne et pour l'histoire générale de l'industrie française.

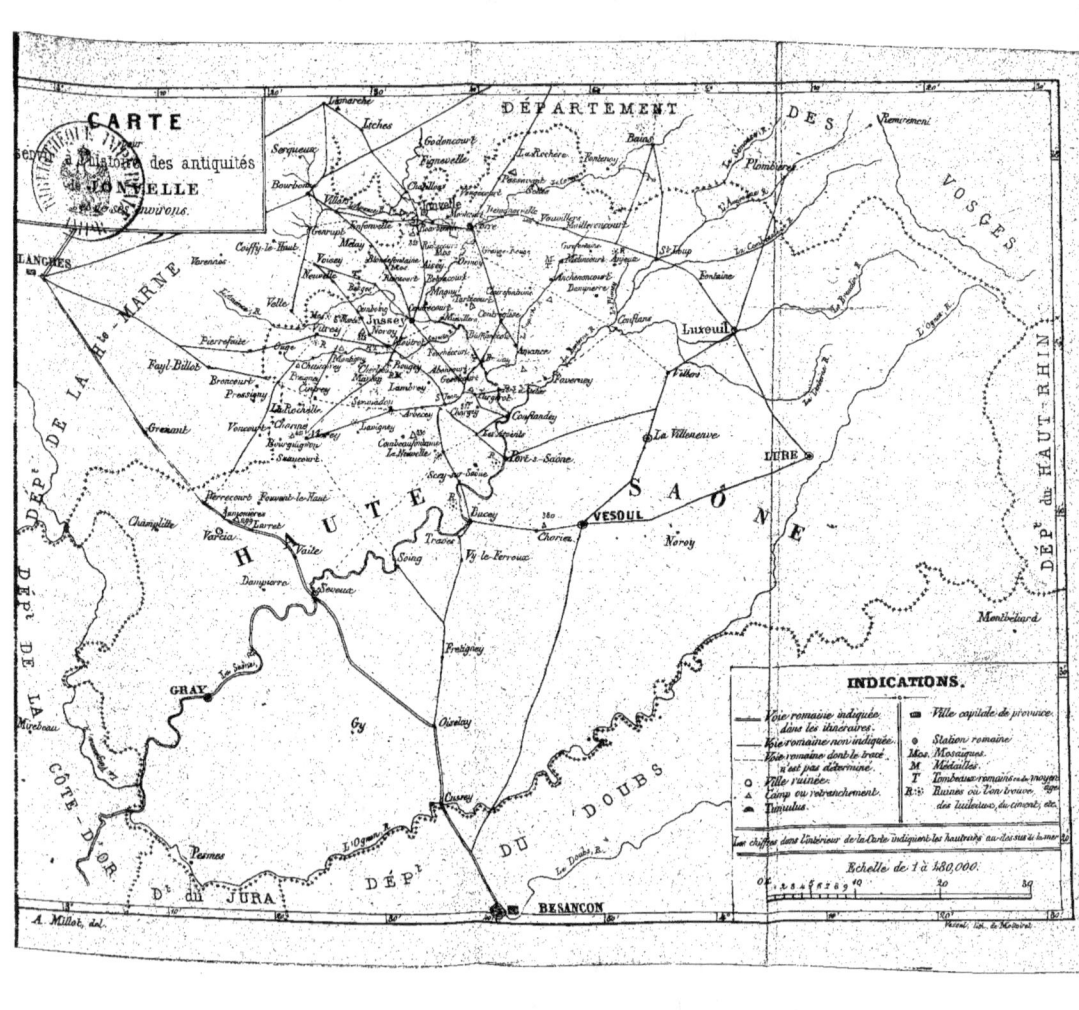

CHAPITRE II.

VOIES ROMAINES, VOIE NAUTIQUE.

Les chemins publics furent un des grands objets de l'activité administrative du peuple-roi. Le savant ouvrage de M. Clerc fait connaître les voies romaines de notre province, leur mode de construction, les différents noms qui leur ont été donnés et les études antérieures qui en ont été faites [1]. Nous allons décrire plus amplement ceux dont on retrouve les traces sur le sol de Jonvelle et de son voisinage.

I. *Route de Luxeuil à Langres par Corre, Jonvelle et Bourbonne.* Cette route, en quittant Luxeuil, traverse le bois de la *Manche* [2], où elle laisse quelques vestiges vers la fontaine *des Romains*, descend au *Champ-Fras*, sur le territoire de Fontaine. Là, elle se divise en deux rameaux, dont l'un se dirige sur Plombières ; l'autre, traversant le village, laisse à droite Saint-Loup

---

[1] *La Franche-Comté à l'époque romaine.*
[2] *Manche* ou *Mange*, mot qui dérive de *mansio*, habitation. On le trouve à Betaucourt, à *Magny*, à Cemboing, à Enfonvelle, à Baulay, à Anchenoncourt, au Vernoy. A *Membrey*, c'est dans les bois de la Mange que l'on a découvert la *villa* aux superbes mosaïques.

avec un embranchement sur Bains, et arrive sur le territoire d'Anjeux. Les nombreuses antiquités que l'on découvre ici, les lieux dits *Chemin-Ferré*, la *Brossote* (1), la *Sarrasinière* (2), enfin un autre tronçon de route qui s'étend vers Bains, tout semble indiquer que les Romains avaient à Anjeux un établissement important. De là notre route se prolonge vers Girefontaine, Mailleroncourt, Vauvillers, Demangevelle, et arrive ainsi à Corre, où elle passait le Coney sur un pont dont on voyait encore les vestiges au siècle dernier. De Corre cette voie se dirige sur Bourbévelle, Jonvelle, Enfonvelle, Villars-Saint-Marcellin, Bourbonne et Langres.

II. *Route de Besançon à Charmes-sur-Moselle, par Scey-sur-Saône et Corre.* La route de Besançon à Langres par Seveux jetait à Oiselay un rameau vers le nord; c'était la route des Vosges. Elle arrivait à Scey-sur-Saône, par Fretigney, Vy-le-Ferroux et Bucey, et à la sortie de ce bourg, dans le canton appelé *Pérouse*, elle suivait le tracé de la route actuelle, sur un parcours de deux kilomètres, laissait à gauche Neuvelle (*nova villa*), où abondent les tuiles romaines, passait devant le retranchement de *Chatey,* sur le territoire de Combeaufon-

---

(1) Cette dénomination, qui signifie ordinairement un terrain pierreux, est synonyme de *Perrouse*, *Parrois*, *Proux*, *Prouse*, *Perrière*, *Petrosa*. Elle indique souvent le passage d'une voie romaine, par exemple, à Betaucourt, à Magny, à Saponcourt, à Girefontaine, à Augicourt, à Blondefontaine, entre Corre et Passavant, entre Baulay et Buffignécourt, à la Villeneuve, à Neurey, etc.

(2) Les dénominations sarrasines, indiquant le passage des farouches enfants de Mahomet, sont nombreuses en Franche-Comté. On les trouve en particulier à Anjeux, à Semmadon, à Arbecey, à Oigney, à Coiffy-le-Château.

taine, et traversait les bois d'Arbecey et de Purgerot, au milieu des monuments celtiques de *Creuseil.* C'est près de là qu'elle coupait la grande ligne de Port à Langres. Après avoir côtoyé le plateau de Saint-Jean-d'Anrosey, cette voie laisse à droite le retranchement de Châtelard, traverse les territoires de Gesincourt et d'Aboncourt, et arrive à la Saône devant Baulay.

Un fait remarquable, c'est que tout le territoire d'Arbecey et des alentours est sillonné par des lignes pavées en hérisson, sur une largeur de quatre mètres, et désignées vulgairement sous les noms de *Chemins ferrés*, *Chemins des Sarrasins, Chemins des Romains.* Ces traces sont quelquefois apparentes, et plus souvent recouvertes d'une couche légère de l'épaisseur du labour. Dans toute la Séquanie, M. E. Clerc ne connaît pas de localité où les voies romaines se multiplient autant que sur ce point. Le Mémoire sur les antiquités de Port-Abucin et de Purgerot, présenté à l'Académie de Besançon en 1859, a donné la raison de cette convergence remarquable de tant de lignes à un même centre.

La route que nous décrivons n'a point été pavée sur tout son parcours. En quittant la Saône, elle pénètre dans les bois de Baulay et de Buffignécourt, appelés les *Brosses,* passe à 300 mètres de Contréglise (1), gagne les fermes de *Grange-Rouge* et de *Villars* et arrive à Corre. En sortant de ce village, près du cimetière gallo-romain, elle entre dans les *Perrières,* où elle sert de limites aux bois de Demangevelle et de Vougécourt, passe à la ferme

---

(1) Une donation de Guy de Jonvelle à Clairefontaine mentionne ce vieux chemin de Contréglise : *veterem viam.*

de la *Nava* et à Passavant, dont elle traverse la forêt, aux pieds du mont *Parron* et du retranchement appelé le *Haut-de-Langres*, et prend sa direction sur Vioménil, Escles et Charmes, remarquables par leurs nombreuses antiquités.

III. *Route de Morey à Jonvelle par Jussey.* Cette voie peu connue prend naissance au camp de Morey, d'où elle descend à la *Pérouse,* traverse les bois de Cintrey, de Preigney et celui de Cherlieu, appelé *Charlemagne.* Sur le territoire de Marlay (commune de Montigny), elle nous est indiquée par une charte de l'an 1127, en ces termes : *Ab antiquâ viâ quâ itur ad Jussiacum* (1); puis elle prend successivement les dénominations de *Prouse*, de *Grande Voie*, de *Voie Blanche*, et arrive à *Chazel*, où fut bâtie l'ancienne ville de *Laître*, aujourd'hui Jussey. De là elle descend au nord-ouest, en côtoyant la colline, et se bifurque en deux rameaux, dont l'un se prolonge sur Cemboing, Barges, Voisey, et l'autre sur Jonvelle, par Betaucourt. Ce dernier embranchement était appelé le *Chemin de la Poste, le Chemin de France.*

Sur le territoire de Betaucourt, la route traverse le *rupt de Prou.* Au fond du vallon on voit encore les vestiges d'un château féodal qui appartenait, en 1290, à Vichard de Bourbonne, bailli d'Amont, époux d'Agnès, dame de Betaucourt. Au sommet du coteau, d'où l'on jouit d'un point de vue magnifique, est érigé de temps immémorial un oratoire en l'honneur de

---

(1) Cartul. de Cherlieu, à la Bibl. impériale.

Notre-Dame de Pitié. Non loin du petit monument, on trouve les lieux dits le *Fendey* (*fanum Dei*), le *Martimont* (*Martis mons*), et en plusieurs endroits du finage, des tuileaux romains de la première époque. Le Grand et le Petit *Magny* forment le village de Betaucourt.

IV. *Route de Mandeure à Noviomagus, par Corre, Jonvelle, Châtillon et Lamarche.* Cette voie, que M. Pistolet de Saint-Ferjeux appelle *voie de Conflans à Lamarche*, se détache du grand réseau qui rayonne autour de Luxeuil vers Belfort, Mandeure et Port-sur-Saône. On en trouve des traces à Visoncourt, à Conflans, entre Dampierre et Anchenoncourt. Le bois de la *Mange*, voisin de ruines romaines, ceux de *Dimont* et des *Perrières*, le *Chazel*, l'abbaye de *Clairefontaine* et *Damoncourt*, indiquent assez sa direction. De Corre elle passe à Jonvelle dans les lieux dits les *Châteaux*, la *Chemenée*, la *Paulouse*, la *Malpierre*, les *Parrois;* ensuite par Châtillon, Iche, Lamarche, Rocourt, et va rejoindre, à *Noviomagus* [1], la grande voie consulaire de Trèves à Langres.

V. *Route de Corre à Miévillers.* Une petite voie descendant la Saône jusqu'à Ormoy se dirigeait au bac de Miévillers, par le Magny, où elle traversait le bois de la *Mange*, parsemé de tuileaux et de débris romains. Les bois du *Châtelet* et des *Brosses*, les autres lieux dits *Planches de la Perrière* et des *vieilles Voies*, en indi-

---

(1) Aujourd'hui Pompierre, *Pons petræus*, lieu célèbre par l'entrevue que Gontran eut avec son neveu Childebert, en 577. Ce village était alors situé sur les frontières des royaumes de Bourgogne et d'Austrasie.

quent le tracé sur le territoire de ce village. D'autre part, une charte de l'abbaye de Cherlieu constate qu'en 1324 et 1360, le bac de Miévillers était un passage très fréquenté, pour les communications entre la France et le comté de Bourgogne [1]. Dans le bois qui domine ce passage, on a trouvé des statues gallo-romaines et d'autres antiquités qui ont disparu, sauf quelques vestiges incrustés dans les murs de la maison Vincent. Les études faites jusqu'à ce jour sur cette ligne ne permettent pas encore de la suivre plus loin, d'une manière certaine.

VI. *Route de Port-sur-Saône à Langres.* Cette voie traverse les bois de Port-sur-Saône et de Chargey, puis ceux de Purgerot, qu'elle sépare ensuite du territoire d'Arbecey. Dans la forêt de Purgerot, elle est pavée de pierres si dures qu'elles se montrent, en certains endroits, plutôt polies qu'usées par le frottement. La route se dirige sur Lambrey et sur le moulin de la *Perrière*, territoire de Bougey, où elle est bien visible. De là on peut la suivre facilement à travers le *Pré Romain*, les *Étrapeux*, le *Champ de Villars*, le *Longeapas*, les *Chemenées* et le *Souillenne*, jusqu'à la hauteur du *Montrot*. On trouve en cet endroit solitaire, sur une vaste étendue de terrain, des tuileaux romains et des débris de constructions mêlés de sculptures en demi-bosse. Au fond de la vallée, on voit encore un petit édifice élevé sur les ruines d'un ancien oratoire dédié à saint

---

[1] En allant dèz le réalme à l'empire, et en venanz dèz l'empire au réalme, franchement et quittement, sans délays. (Archives de la Haute-Saône.)

Martin, et à l'entour, des fragments de cercueils en pierre et de tombes du quatorzième siècle. Ce lieu célèbre attirait jadis de nombreux pèlerins et servait de sépulture aux paroisses voisines. D'ailleurs, la convergence de plusieurs routes vers ce point, le voisinage d'un *castellum*, ces ruines nombreuses, ce pèlerinage, ce cimetière, la tradition, tout fait présumer qu'il était habité dès les temps les plus reculés, et qu'il ne devint désert qu'après les invasions des premiers siècles et surtout après les guerres et les calamités du moyen âge. Ici la route se divise en deux rameaux : l'un, en quittant le Montrot, sépare les territoires de Noroy et de Montigny, comme l'indique une charte de 1157 [1]. Arrivée sur le territoire de ce dernier village, elle disparaît, mais on en retrouve les traces sous la charrue, en *Vie Vigne*, en *Châtelot*, aux *Prés du Chemin*, à la *Citadelle* et surtout à *Biémont*, lieu dit de Vitrey *(via strata)*, remarquable par sa belle position et par ses antiquités. De là cette voie se dirige sur Langres par Rougeux, où elle se relie avec celle de Fayl-Billot. L'autre embranchement se détache de la voie principale du Montrot, passe à Noroy, à Saint-Marcel, et arrive à Coiffy-le-Château, où aboutissaient plusieurs autres routes. On a trouvé dans ce bourg des médailles romaines, des inscriptions et des tombeaux. Sur l'un d'eux étaient gravés ces caractères : D. M. AVRELIO ..... SACRO ..... REM. D'ailleurs, cette position élevée a dû frapper les généraux de l'empire et servir à leurs combinaisons stratégiques. L'importance de ce point

---

[1] Ab antiquâ viâ lapidibus constructâ, quæ terminus est territorii de Noeriaco... usque ad territorium de Monteniaco. (Archives de la Haute-Saône : Cherlieu.)

s'est conservée jusqu'à la conquête de notre province.

VII. *Voie nautique de Corre et de Jonvelle.* Dès les temps celtiques, la Saône était la rivière par excellence, la mère du commerce. Aussi la possession de cette rivière et la question des péages allumèrent ces fatales discordes qui livrèrent la Gaule aux Romains. Ceux-ci étaient frappés de la combinaison merveilleuse et providentielle des trois bassins du Rhône, du Doubs et de la Saône, qui leur permettait de lancer d'un seul trait leurs marchandises et leurs soldats jusqu'à Besançon et à Mandeure par le Doubs, jusqu'à Seveux, Port-Abucin et Corre par la Saône. Ils confièrent la navigation de l'Arar à une classe d'hommes choisis parmi les nobles des Eduens et des Séquanais, et comblés par eux des plus grands honneurs [1]. Le préteur Lucius Antistitius Vetus, campé sur les frontières de la Germanie, sous le règne de Néron, proposa le creusement d'un canal de la Saône à la Moselle. Le Coney en était l'intermédiaire, et Corre devenait par là même une tête de ligne, qui mettait en communication directe la Méditerranée avec la mer du Nord, Rome, Lyon, Besançon, avec Trèves, capitale de la Gaule Belgique. Mais survint un conseil plein de malice et d'envie, de la part du gouverneur de cette ville : Elius Gracilis persuada à Vetus qu'il allait perdre l'affection des Gaulois, en appelant chez eux les légions d'une province étrangère pour l'exécution des travaux, et qu'il ne manquerait pas d'exciter la terrible jalousie de l'empereur. Il n'en fallut pas davantage pour faire

---

(1) *La Franche-Comté à l'époque romaine,* 82-83.

échouer l'entreprise (¹). Un savant a prouvé, par les monuments, par l'histoire et l'examen des lieux, qu'il existait, au troisième siècle, une communication facile entre la Méditerranée et Trèves, résidence du préfet des Gaules (²). On aurait donc continué alors et exécuté le projet de Vetus. Quoi qu'il en soit, il fut repris au dix-neuvième siècle, mais pour demeurer inachevé.

Cependant Corre ne fut pas tout à fait déshérité, sous les Romains, des avantages que lui promettait le projet de Vetus. Touchant, par sa position topographique, aux vastes forêts et aux établissements industriels des Leuques et du nord de la Séquanie, il conserva son comptoir et fut toujours un centre commercial. Ses deux rivières, autant que les routes nombreuses qui rayonnaient à l'entour, en favorisaient le mouvement et l'activité.

L'importance de sa navigation, qui commençait à Châtillon et à Selles, diminua sans doute et se perdit même, pendant la longue période des invasions successives qui vinrent l'affliger ; mais elle reparut au moyen âge, et nous verrons plus tard (1465) avec quelle générosité nos comtes souverains enrichirent de priviléges la navigation de la Saône et du Coney, et avec quel zèle les bateliers, successeurs des Arariques, surent les défendre contre des prétentions rivales.

(1) TACITE, *Annales*, liv. XIII, chap. LIII.
(2) *Constitutionnel*, octobre 1821.

CHAPITRE III.

CASTELLA, CHATEAUX, RETRANCHEMENTS.

Les Romains, en faisant la conquête des Gaules, s'établirent d'abord dans les camps fortifiés des peuples vaincus, et en élevèrent encore d'autres, pour assurer leur domination, soit à l'intérieur, soit sur les frontières des provinces. Les uns, servant à protéger les haltes de leurs troupes, consistaient dans un simple rempart de terre ou de pierres avec un fossé extérieur. Les autres, beaucoup plus considérables, étaient établis pour défendre les légions en présence de l'ennemi, pour y placer des garnisons destinées à la surveillance, enfin pour loger celles qui prenaient leurs quartiers d'hiver. Ces camps, appelés *stativa*, étaient nombreux dans la Séquanie, surtout dans cette partie qui correspond au département de la Haute-Saône. Tels sont ceux d'Amage, de Cita, de Charriez, de Morey, de Montarlot et de Montverrat, décrits par M. Edouard Clerc.

Mais lorsque les peuples qui habitaient au delà du Rhin commencèrent à envahir nos contrées, ces anciens camps devinrent insuffisants. D'ailleurs, les routes, qui sillonnaient le pays en si grand nombre, et qui avaient contribué à sa prospérité pendant la paix, étaient devenues elles-mêmes une cause de ruine, aux jours de l'invasion. Les soixante mille barbares que Constance-Chlore défit sous les murs de Langres, et tant d'autres ennemis dont les ravages, à la même époque, firent de nos belles campagnes un vaste désert, y étaient venus par toutes ces routes qui, partant des bords du Rhin et de la Moselle, aboutissaient à Luxeuil, Port-Abucin, Purgerot, Morey, Corre, Jonvelle et Bourbonne. Alors les Romains, pour couvrir les camps principaux, les routes, les passages, les frontières, et arrêter ainsi dans leur marche les ennemis qui se précipitaient comme un torrent sur la province, élevèrent partout de nouveaux retranchements, des forteresses et des tours. Ces retranchements, appelés aujourd'hui *Chazel*, *Châtel*, *Châtelet*, *Châtelard*, *Chatillon*, etc., plus importants que des camps volants, ne diffèrent souvent des camps *stativa* que par une moindre étendue. Malgré les modifications que la main des hommes et du temps y ont apportées dans quinze siècles, on en retrouve encore un grand nombre autour de Jonvelle ; et bientôt, cela n'est pas douteux, on pourra se rendre compte de la stratégie que les Romains et les peuples leurs successeurs avaient adoptée, pour la défense du pays que nous habitons. Indiquons-en sommairement les principaux.

I. *Chatelard de Purgerot.* Ce retranchement, situé au sommet d'un plateau escarpé qui domine au loin la contrée, et protégé du côté accessible par un gros mur et un fossé, communiquait avec les camps de Noroy et de Morey, par des signaux en usage chez les Gaulois et les Romains. Sa proximité de Port-d'Atelier, de Port-Abucin et de Creuseil, endroit si remarquable par ses antiquités celtiques, fait présumer que la forteresse avait été établie pour protéger les passages de la Saône et le réseau des routes qui venaient s'y rencontrer, de tous les points de la province. Ainsi l'on croit que le *Châtelard*, après avoir servi aux Gaulois, devint un des points stratégiques les plus importants, sous la domination de leurs vainqueurs [1].

II. *Châtelet de Noroy-lez-Jussey.* Ce *castellum*, établi sur la montagne de Noroy appelée *Bridelle*, a une superficie d'environ deux hectares et demi. Il était défendu par un mur de circonvallation construit avec ciment, et présentant des angles aigus au nord et au levant et un rectangle au couchant. On y a trouvé des ossements humains et des armures. Du haut de ce retranchement, on aperçoit vingt-deux villages. Il commandait, ainsi que le *Châtelard* de Purgerot, les routes nombreuses qui arrivaient à ses pieds et se croisaient au Montrot, à deux kilomètres de la montagne.

III. *Châtillon-sur-Saône.* C'est le *castellum* le plus intéressant pour nous, parce qu'il s'est relevé de ses ruines et que, voisin de Jonvelle, il a été comme lui, pendant tout le moyen âge, le boulevard de la province à laquelle il appartenait. Bâti sur un roc escarpé et enveloppé dans une ceinture de murailles hérissées de tours, dont on voit encore des vestiges imposants, Châtillon

---

[1] Il a été décrit dans le Mémoire sur les antiquités de Purgerot.

s'avance à l'est comme un promontoire, au confluent de l'Apance et de la Saône. Les débris de constructions anciennes mêlés de tuiles à rebords, les vestiges de castramétation encore visibles dans le bois dit le *Rouvrois*, les sarcophages que l'on a découverts à la *Riépotte (Ripella)*, contenant trois ou quatre cadavres à la fois, sa situation au centre des routes qui venaient y aboutir, les médailles que le sol a rendues, son nom lui-même, tout se réunit pour attester l'établissement et le séjour des Romains à Châtillon. On y voit encore les vestiges d'une porte, creusée dans la pierre et récemment détruite, qui conduisait à la *Romaine*, espèce de citadelle avancée, en face de la ville, et totalement ruinée pendant la guerre de dix ans.

IV. *Autres retranchements*. A quatre kilomètres de là, sur le coteau qui domine Jonvilotte, la voie de Corre à Châtillon et celle de Jussey à Jonvelle, on retrouve les ruines d'un petit retranchement, destiné aussi à protéger les alentours.

On rencontre aussi un petit fort à l'entrée du bois de Passavant, non loin de la route romaine de Corre à Châtel-sur-Moselle. Il est appelé le *Haut de Langres*, sans doute parce que, depuis ce lieu culminant, la vue plonge sur les remparts de la métropole des Lingons.

Des retranchements analogues, quoique moins considérables, existaient à Montigny, à Vitrey, à Ouge, à Charmes, dans les bois d'Amance et de Faverney, à Combeaufontaine, à Jussey, à Tartécourt, à Anchenoncourt. Nous les indiquons dans la carte des antiquités. Comme la plupart se trouvent dans les bois et sur des plateaux peu cultivés, il est à croire que ceux qui avaient été construits dans la plaine ou dans les autres lieux cultivés aujourd'hui, ont dû disparaître, nivelés par la charrue. Mais on voit, par cette simple énumération, combien les Romains avaient multiplié leurs moyens de défense, surtout dans le voisinage des routes qui de la Germanie amenèrent les Barbares au sein de notre province.

CHAPITRE IV.

MONUMENTS.

Damoncourt, Corre et Bourbonne.

§ I. DAMONCOURT.

Comme souvenirs des temps celtiques dans les environs de Jonvelle, signalons d'abord la pierre monumentale de *Damoncourt*. Cette localité, appelée aujourd'hui *Grange-Rouge,* est située sur le territoire de Polaincourt. Un petit oratoire y avait été érigé de temps immémorial, en l'honneur de sainte Félicie. Une grande dalle, vulgairement dite la *Pierre percée,* à cause de l'ouverture circulaire pratiquée au milieu, passait pour être le tombeau de cette vierge martyre, et attirait une foule de pèlerins, qui venaient lui demander la santé, surtout pour les yeux. Mais ce petit édifice ayant subi les ravages du temps et des révolutions qui signalèrent le onzième siècle, le bienheureux Lambert, premier abbé de Clairefontaine, dont la sollicitude s'étendait à tout, le fit relever de ses ruines, et il en confia la garde et le service à deux de ses religieux. Dès lors, le pèlerinage, interrompu pendant quelque temps, fut remis en honneur jusqu'à l'invasion des huguenots, qui renversèrent la chapelle. Restauré de nouveau, grâce aux soins de l'abbaye et à la piété des fidèles, l'antique sanctuaire disparut sans retour, à l'époque de la révolution française, avec la pierre merveilleuse qu'il renfermait [1].

Il n'est pas douteux que ce pèlerinage n'ait succédé, comme tant d'autres, à des superstitions païennes. Cette *pierre percée* n'était qu'un monument druidique; et le nom de *Damoncourt* (*Damonæ-curtis*) peut bien rappeler celui de *Damona*, divinité celtique honorée à Bourbonne et figurant dans ses inscriptions.

Les autres *pierres percées* que l'on voit encore sur les territoires de Dampvalley, de Traves, d'Aroz et de Fouvent; la *Pierre qui vire*, lieu dit de Bougey et de Molay; les hachettes en jade trouvées dans ce dernier village et à Rosières-sur-Amance; *Bourbonne*, dérivé de *Borvo*, autre divinité celtique; *Baulay*, nommé *Baaler* dans une charte de l'abbaye de Cherlieu (1209); *Baslières*, près de Port-d'Atelier; *Baslenière*, fontaine sur le territoire de Port-sur-Saône; *Belin*, ancien moulin de Betaucourt; quelques statues revêtues de la saie gauloise et trouvées près du bac de Miévillers; enfin les monuments de *Creuseil*, dans les bois de Purgerot : tels sont les derniers vestiges qui rappellent des souvenirs celtiques autour de Jonvelle. Car les ravages du temps, les violences des hommes dévastateurs et surtout les conquêtes plus pacifiques de l'agriculture, ont peu respecté, dans nos pays, les monuments du premier âge.

§ II. CORRE.

Les antiquités de Corre ont été de bonne heure si-

---

[1] Mémoire de M. l'abbé Brultey sur Clairefontaine.

gnalées à l'attention de la Société des Antiquaires de France (1). Elles ont fourni à MM. Marc (1806), Pratbernon (1819), Humblot (1824), et Eusèbe Salverte (1829), la matière de plusieurs Mémoires remplis d'érudition. Mais il est nécessaire de les dégager de certaines erreurs, que les entraînements de l'imagination et du patriotisme y ont introduites, d'en classer les matériaux avec plus de méthode, et d'y ajouter le résultat de nouvelles découvertes.

Monuments religieux. Dans la plaine dite le *Parge*, située entre le village et la jonction des deux rivières, sur la place Saint-Maurice et dans les ruines de l'église, on a découvert une quantité considérable de débris d'autels, de statues et d'architecture, provenant sans doute du temple de la petite cité. On peut juger de ses dimensions par un chapiteau d'ordre corinthien qu'on a conservé. Ce morceau précieux, qui orne le kiosque de M. Barbey, mesure 37 centimètres à la base, et suppose par conséquent un piédestal de 1 mètre 30 centimètres, un fût de 3 mètres 90 centimètres et un entablement de 90 centimètres. Quoique bien endommagé, il porte encore les feuilles d'acanthe et des vestiges de figure humaine entre les volutes. Quelques autres fragments de bas-reliefs et d'ornements de style incertain, un reste de corniche à feuillage vigoureusement fouillé, deux tronçons de colonnes de petites proportions, dont l'une, reposant sur une base attique, est enlacée dans une sculpture de vigne légère et élégante, nous révèlent

(1) Tome III, pag. 20 et 21.

le travail énergique, l'art sévère et même grandiose, qui ont présidé à la décoration de cet édifice religieux.

On voit encore dans le jardin de M. Villers une pierre de 44 centimètres de hauteur et de largeur, sur 76 de longueur, dont la base est ciselée, et la face supérieure creusée en bassin, avec une entaille en forme de rigole. Humblot et Eugène Salverte pensent que c'était un autel, ainsi disposé pour recueillir les libations et le sang des victimes. Une seconde pierre, qu'ils regardaient comme le complément de la première, ayant 1 mètre 50 centimètres de longueur sur 1 mètre de largeur, présentait une ouverture carrée de 40 à 50 centimètres et servait aux sacrifices. Chacun sait que l'autel païen était une sorte de piédestal, qui empruntait différentes formes, d'abord très simples et plus tard ornées de bas-reliefs et d'inscriptions. Chez les Romains, les autels consacrés aux dieux terrestres ou demi-dieux, étaient placés sur le sol et se nommaient *arœ*. Les autels consacrés aux grands dieux étaient placés sur quelque construction élevée et s'appelaient *altaria*. Pour le culte des dieux infernaux, on faisait un trou en terre, appelé *scrobiculus*, sur lequel on égorgeait les victimes.

Plusieurs statues remarquables ont été trouvées à Corre. Chevalier, dans ses *Mémoires sur Poligny*, rapporte que, vers le milieu du siècle dernier, on déterra une belle statue de Vénus en marbre blanc, de grandeur colossale, bien conservée et absolument nue. Son indécence la fit mutiler, et l'abdomen servit à faire le bénitier que l'on voit à l'entrée de l'église actuelle.

Une autre statue non moins remarquable, quoique en grès rougeâtre du pays, a fourni le torse dont M. Barbey a enrichi le musée de Besançon. La grandeur et l'élégance des proportions, la bandelette qu'il porte en sautoir de droite à gauche, ses cheveux qui flottaient sur ses épaules, caractérisent la belle époque de l'art qui l'a produit.

Le P. Dunod, et après lui M. Marc, racontent qu'en 1702 un laboureur trouva une statue équestre mutilée, dont le piédestal, d'un mètre de large, portait cette inscription : PAV.... A.. INNAM. FIL., que le premier avait lue : PAN. L. I. AP.INNAM. FIL.A. (1). M. Marc (2) en conclut que Corre était une colonie romaine, et que ce monument se rapportait à un certain *Paulus Cinnamus*, chevalier romain, qui vivait sous l'empereur Vespasien.

Des fouilles, pratiquées dans le même endroit, mirent à découvert une statue pédestre également endommagée, et un piédestal sur lequel on lisait :

SV
SAMBATLOLE.

Cette légende a-t-elle été fidèlement reproduite? ou bien faut-il, avec M. Marc, admettre une inversion de lettres, si familière aux Romains, surtout à cette époque, et attribuer ce monument à Lollien, l'un des tyrans qui se partagèrent le gouvernement des Gaules? La question est difficile à résoudre.

Monuments funèbres. Au commencement de la république, tous les Romains avaient leur sépulture dans

---

(1) *Découverte de la ville d'Antre.*
(2) *Mémoire sur les antiquités de la Haute-Saône.*

l'intérieur des villes ; mais au nom de la salubrité publique, la loi des douze tables ordonna d'inhumer au dehors. A dater de cette époque, on vit les tombeaux s'élever au bord des grands chemins. C'était une leçon publique donnée à l'homme, pour lui rappeler qu'il est mortel, et pour le porter à l'imitation des grandes vertus célébrées par les monuments funèbres.

Selon cette coutume, le cimetière de Corre avait été placé le long de la route qui se dirigeait vers Châtel-sur-Moselle. On y a trouvé une grande quantité de médailles, d'urnes et de pierres tumulaires. Ces tombeaux, la plupart endommagés, sont en pierre de grès, assez commune dans le pays. Ils mesurent 2 mètres de hauteur, sur une largeur de 70 centimètres à 1 mètre. Ils sont taillés en forme de niches, d'où ressortent, en demi-bosses plus ou moins détachées, une ou plusieurs figures d'hommes, de femmes et d'enfants, dans des attitudes consacrées par les traditions religieuses. Ces monuments, d'un style rudimentaire, étaient debout et ordinairement isolés. La plupart offrent trois faces, ornées de dessins variés, tels que guirlandes, palmettes, vases de fleurs et même figures enfantines. Les personnages sont revêtus de la tunique, plus souvent de la toge romaine, dont les plis perpendiculaires descendent jusqu'aux chevilles. Un mantelet jeté sur la robe couvre le buste plus bas que le coude. Le cou est découvert et l'on ne voit paraître que les mains, qui portent les attributs symboliques. La robe de quelques-uns est étagée et frangée dans le bas ; le mantelet plus ample et plus long. Les cheveux symétriquement bouclés autour du front, une attitude simple et modeste, impriment à ces images un air de jouissance et de gravité, symbole de la paix du tombeau.

S'il n'y a qu'une figure, elle élève de la main gauche, appuyée sur la poitrine, une coupe en forme de calice. A la main droite est suspendu par l'anse un panier ou coffre conique, la pointe en bas, ou bien une sorte de réchaud. Le vase de forme conique, au rapport de Servius, se nommait *futita*, et servait à contenir l'eau pour les sacrifices de Vesta. Comme c'était une irréligion de le déposer à terre, on lui avait donné cette forme, afin que le ministre pût le porter sans danger de renverser le contenu.

Quand il y a deux figures, la première unit la main droite à la main gauche de la seconde, pour soutenir ensemble la coupe, tandis qu'elles portent chacune, de la main restée libre, le vase conique ou le réchaud. Ceci est remplacé par une bourse dans un seul monument. Quels que soient l'âge et le sexe des personnes, toutes portent ces attributs.

Au fronton de l'édicule, ou dans la main des personnages, on aperçoit quelquefois des emblèmes, qui rappelaient sans doute la profession du défunt. Un peu plus bas se trouvent les sigles D. M., *Diis Manibus*, et enfin l'inscription qui fait connaître les noms du défunt et ceux des parents qui lui ont érigé le monument votif.

Dans l'une de ces niches funèbres, découvertes en 1820, on voit la figure d'un jeune homme tenant les vases symboliques ; à la partie supérieure sont les initiales D. M., et dans l'enfoncement l'inscription : LI..... SOLINI CESTI, ou CISTI. Ne pourrait-on pas admettre que *Solini* est le nom de famille, et que *Costi* ou *Cisti*, qui vient de *cista*, urne, indique la fonction du jeune homme? On sait que les Romains avaient deux sortes d'urnes pour les votes : l'une, appelée *cista*, présentait une large ouverture et contenait les bulletins offerts aux électeurs; l'autre, nommée *cistella*, avait l'ouverture très étroite et servait à les recueillir. Peut-être ce jeune défunt était-il questeur au sénat.

Une seconde niche, qui appartient également à un adolescent, porte ces mots écrits autour de la tête : O RAMIOR. Une troisième représente une femme au cou allongé, à la chevelure tressée en limaçon, sans aucune légende ni attributs funèbres. Une quatrième, très grossière, porte l'inscription : D. M. MEMORIE CVCVMILE FILIE. Dans le tympan sont sculptées deux figurines d'un aussi mauvais style, séparées par un objet qu'elles semblent frapper. Une cinquième est un bas-relief, dont il ne reste que la tête en partie mutilée, autour de laquelle on peut encore distinguer ces mots : ADITIE DTOTIAN. C'était, suivant le docteur Humblot, de Jussey, une anagramme où sont compris les mots *Dittationi*, *Dittationœ* et *Didattitionœ*, d'où il concluait, en s'étayant d'ailleurs sur d'autres conjectures moins hasardées, que le village de Corre est l'ancien *Dittatium* [1].

Comme type de ces monuments funéraires et d'une

---

[1] Les auteurs de la *Nouvelle Diplomatique* disent que cette manière d'intervertir les lettres a été en usage dans tous les temps. Selon saint Jérôme, le prophète Jérémie s'est servi quelquefois de ce genre d'écriture; et Suétone nous apprend que Jules-César employait aussi ces caractères, qu'il appelait *cœcas litteras*.

Pratbernon et Humblot mentionnent encore dans leurs Mémoires un fragment d'inscription trouvé dans le cimetière gallo-romain. On y lit : D. M. TIBER. MASC. AVOANA.

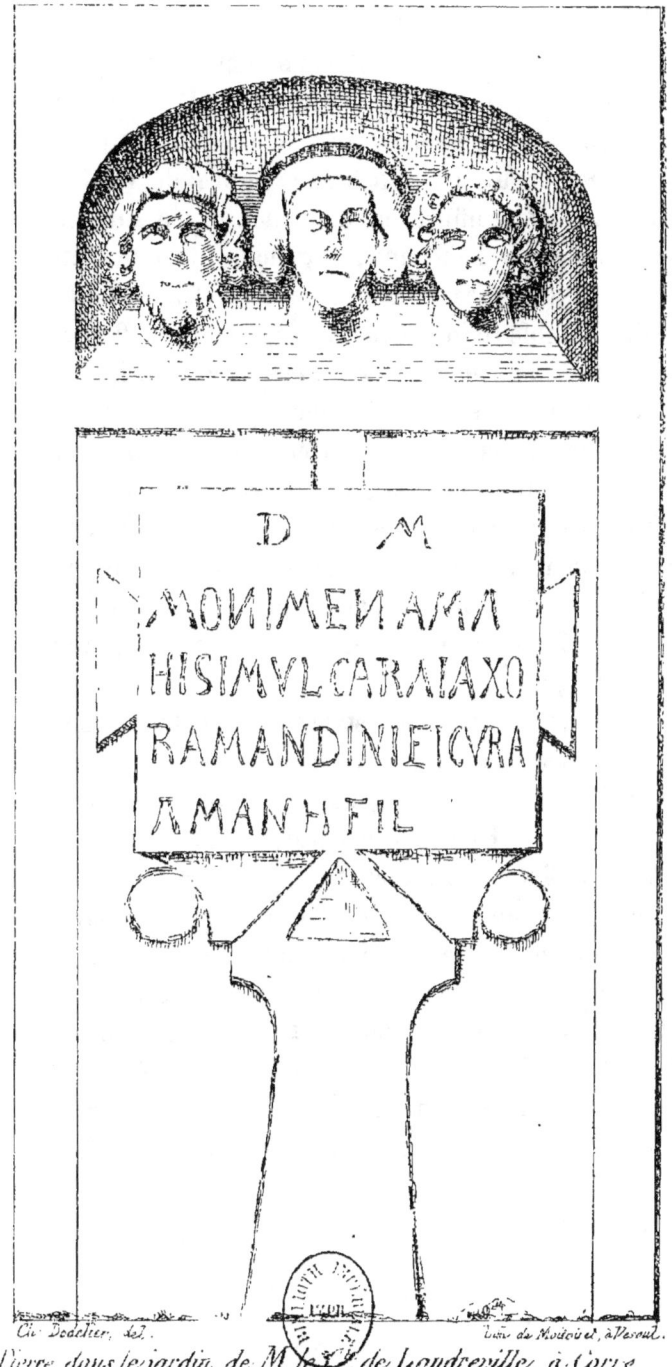

exécution toujours grossière et élémentaire, nous présentons une tombe [1], dont le dessus, excavé en forme de voussure, laisse ressortir trois têtes, à droite celle d'un homme barbu, au milieu une figure de femme avec une sorte de coiffure en diadème, posée sur ses cheveux roulés en bandeaux ; à gauche, la tête d'un jeune homme imberbe, avec des cheveux frisés. Cette disposition semble réunir le père, la mère, ou la fille et le fils. Au-dessous, sur la tablette, est une inscription votive, qui a été copiée avec les incorrections de l'ouvrier graveur. A la partie inférieure est sculpté un cippe funèbre entre deux patères.

Cette pierre tumulaire, presque exclusivement taillée à la pointe du marteau et incrustée dans le mur du jardin de M. Villers, est brisée par le pied et mesure encore 1 mètre 75 centimètres de hauteur sur 80 centimètres de largeur.

Tous ces monuments, d'un style peu caractéristique, ne sont que les essais d'un art encore peu avancé, ou déjà tombé en décadence. Cependant il en est deux, dans les bosquets de M. Barbey, qui paraissent offrir un modèle plus complet entre toutes ces ébauches. C'est d'abord une figure de jeune fille, dont le relief très saillant a été détaché de la niche à laquelle il était adossé. Cette image est assez gracieusement posée, et respire un sentiment de candeur heureusement exprimé, quoique par des moyens fort simples. Elle est enveloppée dans un manteau étroit, et tient dans sa main droite le vase symbolique. Bien que ce débris ne soit pas à beaucoup

---

[1] Planche I.

près un ouvrage fini, c'est cependant le morceau qui nous a paru le plus digne de fixer l'attention (1).

Le second est un bloc de grès, qui devait avoir de 1 mètre 50 à 1 mètre 80 de hauteur. Brisé par la base et réduit à 1 mètre 30 c. de hauteur avec 75 centimètres de largeur, il est creusé en forme de niche et couronné par une pyramide accostée de deux saillies curvilignes, ou cornes caractéristiques du monument. Dans l'enfoncement de la niche, un homme et une femme ressortent en relief : la femme est reconnaissable à sa coiffure, partagée sur le front et très relevée sur les tempes. La tête de l'homme accuse une certaine rondeur de formes qui lui donne de l'expression. Il est vêtu d'une tunique à larges manches montant jusqu'au cou, et par dessus d'un manteau drapé, qui est relevé sur le pli du bras. De la main gauche il porte par son anse une sorte de panier. La main droite est étendue pour saisir un vase de forme longue, *poculum*, que tient aussi la main droite de la femme. Celle-ci est vêtue elle-même d'une tunique et d'un manteau, dont les plis sont ramenés sur la poitrine de gauche à droite (2).

Ce monument a sans doute été élevé à la mémoire de deux époux, qui sont représentés dans la force de l'âge, se partageant la coupe de la vie. Il y a dans cette communauté d'action l'image d'une idée dont la moralité est frappante : cette coupe simultanément partagée et soutenue, ce panier symbolique, dont le mari seul est chargé, sont évidemment l'expression

---

(1) Planche II.
(2) Planche III.

Planche 11.

Ch. Dodelier, del.

*Figure de jeune fille, grand relief,
détachée de la niche d'une tombe antique
dans le jardin de Mr Barbé à Corre.*
Au dixième de grandeur.

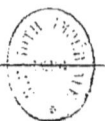

Lith. de Moitoiret, à Vesoul.

d'un beau trait de la religion antique, dont le côté philosophique est mis en relief d'une manière bien sentie.

Urnes funéraires. Urne, du latin *urere*, brûler, signifie récipient d'un corps réduit en cendres, et partant d'une dépouille mortelle. On en faisait en métal, en verre et en terre, de couleurs variées. Les urnes vulgaires étaient plus grandes, parce qu'on prenait moins de soins de la *crémation* pour les pauvres que pour les riches ; souvent on y mêlait les cendres de plusieurs personnes. Quelques-unes portaient les sigles D. M. et une inscription ; d'autres renfermaient des médailles, des ossements d'animaux, des défenses de sanglier, des bois de cerf et autres objets de prédilection du défunt.

Les urnes exhumées des sépultures de Corre et déposées au musée de Besançon, attestent l'antiquité de cette ville et l'usage de renfermer des vases cinéraires dans les tombeaux. Cette coutume, connue même des Gaulois, existait encore sous le Bas-Empire. Elle se conserva chez les païens et même chez les chrétiens, qui, malgré les lumières de la foi nouvelle, faisaient ce qu'ils avaient vu pratiquer par leurs pères. Il a fallu toute l'autorité des conciles pour combattre et détruire cet usage idolâtrique.

On voit qu'à cette époque, dans la vie publique comme dans la vie privée, les habitants de Corre sont tout romains. La langue latine est celle des inscriptions et de la haute société ; sur les tombeaux on reconnaît la religion, la coutume, la toge et jusqu'à la barbe des Romains. Les urnes et les sarcophages d'une seule pierre, trouvés à Corre et dans le voisinage, rappellent le double usage où ils étaient, tantôt de brûler les corps, tantôt de les ensevelir sans les brûler. Un fragment de poterie (1), dont le travail est embelli d'ornements et de bas-reliefs, atteste aussi dans les ustensiles une élégance inconnue de nos jours.

Bains et thermes. Chacun sait que les bains et les thermes ont excité au plus haut degré la sollicitude des Romains. Nous en avons pour preuve la magnificence que leur génie a déployée dans ceux de Bourbonne, de Bains, de Luxeuil et de Plombières. Portiques, galeries, statues, bassins de marbre, de granit et de porphyre, salles ornées de fleurs et d'animaux en mosaïque, vases précieux d'huiles et de parfums à l'usage des baignants, rien de ce qui peut nourrir le luxe et la volupté n'était épargné chez ce peuple, devenu tout sensuel. Mais à défaut de sources thermales, chaque cité, chaque *villa* même avait ses bains artificiels. Dans le siècle dernier, Corre offrait aux regards des curieux les vestiges de ses anciens bains, pareils à ceux de Jallerange, de Saint-Sulpice, de Coligny, d'Antre, d'Osselle, de Poligny, de Mandeure, de Baignes, etc. Le savant religieux couronné en 1777 par l'académie de Besançon, a décrit ces somptueux édifices avec le riche mobilier qu'ils renfermaient. Il est vraisemblable que les mosaïques de Membrey, de Port-sur-Saône, de Vitrey, de Voisey, de Blondefontaine, d'Aisey,

---

(1) Nous l'avons donné au musée de Besançon, avec trois urnes funéraires et deux clefs, dont l'une est en cuivre et l'autre en fer.

A Biémont, territoire de Vitrey, on trouve une grande quantité de morceaux de poterie de couleurs variées, qui accusent des vases d'une grandeur considérable.

Tombe Gallo-Romaine à Corre.

dans le jardin de M. Barbé.

Au dixième de grandeur.

de Charmes-Saint-Valbert, etc., sont des restes d'anciens établissements de ce genre.

Aqueducs. Les eaux étaient amenées et distribuées dans les villes par des canaux souterrains, pour l'usage des habitants, pour les bains et pour les temples des dieux. Tels étaient les aqueducs d'Arcier, de Luxeuil, de Port-sur-Saône, de Baignes, de Bourbonne. « Celui de Corre, dit M. Marc [1], situé du côté de Demangevelle, avait environ un mètre de hauteur dans œuvre, sur neuf décimètres d'ouverture. Il était revêtu, dans sa partie inférieure, d'un ciment de deux décimètres d'épaisseur. La voûte est composée de longues pierres plates rejointoyées avec un ciment de chaux, de sable et de briques pilées. L'intérieur est cimenté de même. L'enveloppe de l'aqueduc est un massif de pierres, qui font parement vers le centre concave de ce canal, dont l'ensemble présente la plus grande solidité. » Ce travail, dont on ne trouve plus aucune trace, avait beaucoup de ressemblance avec celui du canal d'Arcier. Il faudrait donc en faire remonter aussi la construction jusqu'au règne de Marc-Aurèle.

Une autre fontaine, qui prend sa source à la jonction des routes de Jussey et de Jonvelle, paraît avoir été distribuée dans la ville par différents canaux. Les fondations du récipient sont encore visibles à un mètre au-dessous du sol actuel, et la tuile romaine a été trouvée en grande quantité dans le voisinage.

---

[1] *Dissertation sur les antiquités de la Haute-Saône*, pag. 171.

§ III. BOURBONNE.

Cette ville possède deux monuments gallo-romains, d'autant plus intéressants qu'on y trouve son nom.

Le premier, exhumé des ruines du château et déjà connu au seizième siècle, est un bloc de marbre assez mutilé, reste d'un autel votif; il porte l'inscription suivante, attestant la reconnaissance d'un père pour la guérison de sa fille.

```
        ...ORVONI. T
     (A) MONÆ. C. IA
        TINIVS. RO
        MANUS. IN
        G. PRO. SALV
     (T) E. COCILE
        FIL. EX VOTO
```

Ce qui signifie : « A Borvo et à Damone, Caius Jatinius, Romain, venu dans les Gaules pour la guérison de sa fille Cocilla, *ex voto*. » M. Jolibois traduit : « Carius Jatinius, noble Romain *(Romanus ingenuus)*, s'est acquitté de son vœu envers Borvo et Damona, pour la santé de sa fille Cocilla [1]. » Cette inscription se trouve dans l'antichambre de l'établissement thermal.

Le second monument est une petite plaque de marbre blanc, trouvée en 1833 sous les décombres d'une maison incendiée. L'inscription, gravée en beaux caractères, porte :

---

(1) *La Haute-Marne ancienne et moderne.*

DEO. APOL
LINI. BORVONI
ET. DAMONÆ
C. DAMINIVS
FEROX CIVIS
LINGONV. EX VOTO

C'est-à-dire : « Caius Dominius Ferox, citoyen de Langres, au dieu Apollon, à Borvo et à Damone, pour l'accomplissement d'un vœu. » Cette pièce remarquable appartient à M. le docteur Ath. Renard.

Cette dernière découverte semblait destinée à jeter un grand jour sur la manière de compléter et d'interpréter l'inscription citée plus haut. Les savants ont donc pensé que le nom d'Apollon devait toujours être suppléé à celui de Borvo, qui n'en serait que l'épithète. Mais une étude plus attentive nous conduit à une conclusion tout opposée. Les deux inscriptions sont entières et complètes. La première n'exprime point le nom d'Apollon, le dieu de la médecine, mais seulement ceux de *Borvo* et de *Damone*, autres divinités protectrices des thermes. Ainsi Borvo n'est point une épithète, mais le véritable nom d'une divinité celtique, d'un génie bienfaiteur des eaux.

Sur la plaine, à l'extrémité de la colline qui s'avance au sud comme un promontoire, s'élevaient trois temples d'ordre corinthien, dont le plus important avait un portique en granit vosgien, tandis que les deux autres avaient des portiques en pierre du pays. C'est là qu'on invoquait *Apollon*, *Borvo* et *Damone*, divinités tutélaires des thermes.

Le sol antique de Bourbonne a rendu en tout temps un grand nombre de monuments et de débris romains ; mais rarement ils ont été recueillis par des mains conservatrices, et plus rarement décrits avec quelque certitude archéologique. Les ouvrages publiés sur les eaux de Bourbonne, depuis bientôt trois siècles, indiquent vaguement comme produits des fouilles successives, des pierres de taille quelquefois ornées, des briques et des tuiles romaines, des restes de pavés en mosaïque, des traces de chaussées, des médailles, des inscriptions, des bas-reliefs, des statues dont quelques-unes en marbre blanc, etc.

Quant aux constructions qui peuvent avoir fait partie des bains antiques, « ce qu'il y a de certain, dit M. Ath. Renard, c'est qu'à l'occasion des fouilles exécutées de 1732 à 1785, au voisinage de ces sources, on a trouvé certains vestiges de travaux, dont les plus anciens étaient situés à plus de quinze mètres au-dessous du sol actuel. Une si grande profondeur, qui ne peut être le résultat des atterrissements produits par une longue suite de siècles, autorise à penser que les eaux de Bourbonne étaient connues et employées, même longtemps avant l'invasion des Romains. C'est à ces derniers que l'on attribue la construction postérieure d'un aqueduc et de certains ouvrages en pierre et en briques, découverts à l'occasion des mêmes fouilles, et plus élevés de neuf mètres environ. Du reste, le nom du *Bain Patrice*, sous lequel on distingue encore aujourd'hui la source de l'hôpital militaire, et les débris d'un ancien pavé de marbre, que l'on a trouvés à deux mètres de profondeur, assis sur une couche épaisse de ciment, permettent de supposer que les Romains possédaient autrefois dans cet emplacement des bains dignes de leur magnificence. »

Pour compléter cette courte notice sur les antiquités de Bourbonne, signalons en dernier lieu deux autres petits monuments recueillis par le même savant. L'un, peu important, mais bien conservé, est un petit bouc en bronze, comme on en connaît beaucoup : l'autre est un débris mutilé d'un monument orné de sculptures, qui fut le tombeau d'un acteur nommé *Maronus* et surnommé *Rocabaius,* peut-être de l'un de ses rôles. C'est ce que nous apprend l'épitaphe inscrite dans le tympan d'un fronton de mauvais style. M. Berger de Xivrey la lit ainsi en suppléant quelques lettres :

MARONV | S
HISTRIO RACABA
IVS DIC | I VIXI | T ANN XXX

M. de Monbret, membre de l'Institut, a lu : *Maronus, histrio, Racabajus dictus*, *vixit ann.* xxx. Ce comédien était-il venu en ce lieu pour y rétablir sa santé, ou bien pour y donner des représentations théâtrales ? Ces deux hypothèses sont également vraisemblables. On sait, d'ailleurs, que les malades et les oisifs, réunis pendant la saison des eaux, ont toujours été fort avides de spectacles et de plaisirs.

SECONDE ÉPOQUE.

MOYEN AGE.

CHAPITRE Ier.

CHATEAUX FORTS ÉLEVÉS APRÈS LA DOMINATION ROMAINE.
Description du château de Jonvelle.

A l'imitation des Romains, les barbares élevèrent des châteaux forts, pour assurer leur domination dans les pays conquis. La garde en était confiée à des capitaines appelés *ducs, marquis, comtes, sergents,* etc., qui devaient en rendre les clefs, lorsque le prince leur ôtait leur charge ou les envoyait ailleurs. Aussi nul n'en pouvait bâtir de nouveaux qu'avec l'agrément du souverain et pour son service. Mais les derniers Mérovingiens, et après eux les fils de Charlemagne, virent partout s'élever un grand nombre de forteresses, au mépris de leur autorité. C'étaient autant de places élevées pour la résistance, contre l'injustice ou contre les lois, et dans lesquelles chaque seigneur avait sa bannière et sa cour de justice, comme un petit souverain, guerroyant à son gré, levant tailles et impôts, battant monnaie et disant *mes sujets.*

Dans nos contrées, l'histoire ne cite d'abord que Luxeuil et Annegray qui aient été fortifiés, au commencement du quatrième siècle, pour protéger les passages des Vosges. Mais ils succombèrent l'un et l'autre dans les invasions multipliées qui signalèrent la seconde moitié de ce siècle ; et quand saint Colomban vint s'établir dans ces déserts, il trouva les deux *castrum* entièrement renversés. Aussi la Notice des Gaules ne mentionne-t-elle que Port-Abucin et le petit *castrum Rauracense* (1).

Jussey, cité dans la *Vie de saint Agile,* écrite au septième siècle, y est appelé simplement *Jussiacus ;* mais on voit, par les circonstances du récit, qu'il était déjà un lieu d'une certaine importance. Ce n'est que vers l'an 1180, dans la *Vie de saint Pierre de Tarentaise,* qu'il est appelé *oppidum, place fortifiée.*

Dès le commencement du septième siècle, Bourbonne eut aussi son château, que Thierry, roi de Bourgogne, fit élever pour défendre cette frontière de ses Etats, contre son frère Théodebert, roi d'Austrasie. Aymoin, auteur du neuvième siècle, le nomme *Vervona castrum* (2).

Vesoul était fortifié dès l'an 889, puisqu'une légende de cette époque raconte la guérison miraculeuse d'une jeune fille du château de Vesoul, *è castro Vesulio.*

C'est dans cette longue période d'invasions, de guerres,

(1) *La Franche-Comté à l'époque romaine,* p. 132.
(2) Huic petitioni assentiente Clothario, Theodoricus anno XVII regni sui, mense maio, universos ditionis suæ ad bella promptissimos Lingonis coadunari præcipiens, ac per *Vervonam castrum* (tunc temporis ædificari cœptum) iter faciens, Tullum devenit..... (AYMOIN, *De gestis Francorum,* lib. III, cap. XCVIII.)

de calamités successives et de transformations sociales, que s'élevèrent la plupart de nos châteaux, tels que Jonvelle, Châtillon, Passavant, Montdoré, Demangevelle, Richecourt, Gevigney, Jussey, Chauvirey, etc. L'étymologie romaine de quelques-uns, leurs débris et l'appareil de construction qu'ils présentent à leur partie inférieure, font penser qu'ils ont été construits sur les ruines d'anciennes forteresses. Ces caractères se retrouvent dans celui de Jonvelle en particulier. D'ailleurs, l'aspect de ses tours carrées (1), les fragments de colonnes doriques encore gisants sur le sol, l'épaisseur et la force de ses murs, tout prouve sa haute antiquité. Bâti sur un plateau de forme ovale et contourné par la Saône, comme un promontoire, il protégeait le passage de cette rivière et les routes qui se croisaient au pied de ses murailles. Il avait double enceinte de fossés et de remparts. Au bâtiment principal étaient adossées de nombreuses dépendances, où se retiraient, en cas de péril imminent, les serfs et manants du seigneur, arrivant de Voisey, de Villars, d'Ormoy, de Polaincourt, en un mot de toutes les parties de ses domaines, avec ce qu'ils avaient de plus précieux. Au milieu de la cour, on voit encore un souterrain de quatre mètres carrés, sur cinq de profondeur, qui a pu servir de cellier ou de prison. Il y en avait de très profonds, comme à Richecourt, fermés par des trappes et appelés *oubliettes*. Au-dessus de ces souterrains, on trouvait, soutenus sur de

---

(1) Le dessin que nous avons fait copier sur une estampe de la Bibliothèque impériale et qui figure aux Pièces justificatives de notre mémoire manuscrit, représente trois tours ruinées, de trois, quatre ou cinq étages et de forme carrée.

gros piliers, les corps de garde, la cuisine, la salle à manger, la chambre de justice où le chatelain tenait ses plaids, la chapelle dédiée à saint Barthélemi, où chaque matin se disait la messe pour sa famille, enfin la salle d'armes, où il recevait, aux grandes fêtes, les hommages des sires de Bourbévelle, de Raincourt, de Demangevelle et de ses autres petits vassaux. C'est ici qu'étaient conservés les trophées de guerre et les anciennes armures, et que l'on voyait, peints aux plafonds et sur les murailles, les blasons du seigneur et de ses alliés, les sires de Saissefontaine, de Neufchâteau, de Chauvirey, de Vienne, de la Fauche, etc. Au premier étage étaient encore une quantité de chambres destinées à la famille du maître, ainsi qu'aux principaux officiers de sa maison. Toutes ces pièces étaient séparées par de sombres corridors, dont les fenêtres étroites, garnies de barreaux épais, laissaient à peine pénétrer dans l'intérieur un jour douteux; et pour tout mobilier elles n'avaient qu'un prie-dieu, des siéges de bois sculptés, et un lit de douze pieds de large, où plusieurs personnes pouvaient dormir à l'aise. A l'étage supérieur, étaient déposées les provisions de toute espèce, avec le terrier et les diplômes, chartes, titres de propriété et de noblesse et les archives de la justice seigneuriale. Tel était, en quelques mots, l'intérieur du château de Jonvelle, aux douzième et treizième siècles. Cette population, si nombreuse et si diverse, composée de chevaliers, de nobles dames, de gens de justice et de paysans; cet appareil guerrier, ce tribunal, ce gibet élevé à l'ombre de la forteresse, tout nous révèle un âge où la vie était dure et grandiose, où des alarmes continuelles troublaient les jours et les nuits ; car c'était le temps des guerres, des invasions et des soulèvements perpétuels ; c'était le temps où les pauvres manants d'alentour, appuyant timidement leur chaumière à l'abri des murs de Jonvelle, y trouvaient la protection et la sûreté, en échange du joug et du servage sous lesquels ses redoutables créneaux les tenaient silencieusement courbés. Aujourd'hui encore tout rappelle ces souvenirs, dans les ruines affaissées ou debout qui couvrent cette terre, autrefois cuirassée et respirant à peine sous le poids des armes et des boucliers.

CHAPITRE II.

PREMIÈRE MAISON DE JONVELLE.

Guy Ier. — Fondation de Clairefontaine. — Plaids de Faverney. — Duel entre Olivier de Jonvelle et Louis de Jussey. — Bertrand. — Guy II. — Formalités nombreuses des actes de donations.

(1124. — 1224.)

Le premier sire de Jonvelle mentionné dans les chartes est Guy Ier, sans que l'on puisse dire son origine ou celle de sa maison. Du reste, il en est de même pour la plupart des grandes familles seigneuriales de notre province, qui ont rempli un rôle si illustre au moyen âge. Ce qu'il y a de certain, c'est que cette baronnie a toujours relevé des comtes de Bourgogne [1]. Elle n'a dû être, dans le principe, qu'un démembrement des domaines du comte souverain, en faveur de quelque noble et puissant seigneur, qui pouvait être de sa maison. Ce qui appuie cette conjecture, c'est que les

---

[1] Pierre, abbé de Faverney, dit dans une charte de 1258 : « Nous savons et havons oy et veu, tant comme il nous peut remembrer, que les fieds li conte de Bourgoigne sont tous environ Leceu (Luxeuil), si comme Falcoingney, Jonville-sur-Sone et Foulvaney et aces d'autres fieds. (Archives de Vesoul.)

armes de Jonvelle portaient *le lion rampant sur fond plain,* aussi bien que celles des comtes de Bourgogne [1]. Or, selon Dunod [2], les armoiries sont ordinairement historiques : elles peuvent servir à confirmer ou à faire conjecturer les faits et gestes, quelquefois même l'origine des familles. La Champagne eut dans le même temps ses illustres *Joinville.* Or les nombreux rapports qui ont existé entre ces deux maisons sembleraient indiquer une origine commune. Les noms de l'une et de l'autre sont écrits de la même manière, dans un grand nombre de chartes anciennes. Jusqu'au quinzième siècle, les chartes françaises de Jonvelle écrivent indifféremment *Joinville* et *Jonville.* De plus, les armes des deux familles étaient les mêmes ; et comme les Joinville, au lieu de porter les armes plaines, les coupaient d'azur à trois broyes d'or, n'est-il pas permis d'en conclure qu'ils n'étaient qu'une branche cadette de Jonvelle [3] ? Quoi qu'il en soit, les sires de Jonvelle comptèrent parmi les grands vassaux du pays. On les voit, en 1132, prendre le pas sur les puissants seigneurs de Rougemont et de Jussey. Quelques années après, ils sont qualifiés *princes,* dans une sentence rendue par le comte Renaud III, au plaid de Faverney (1140). Leur seigneurie avait aussi le nom de *châtellenie,* qui ne se donnait qu'aux grands fiefs.

---

[1] Les armes de la maison de Jonvelle étaient d'argent au lion de gueules, armé et lampassé d'azur. Tel était le sceau de Guy III (1289). Les armes des comtes, à partir d'Othon IV (1279-1303), portèrent de gueules au lion d'or, couronné, lampassé et armé de gueules, la queue nouée en sautoir. (Dunod, *Hist. du Comté,* II, 185, 211 et 431.)

[2] *Nobiliaire,* pag. 24, 32, 34.

[3] Bulletin du Comité historique, juin 1849 ; M. Longchamp, *Glanures,* au mot *Jonvelle.*

Guy Iᵉʳ eut pour frères Henri et Olivier, et pour femme Elisabeth. De ce mariage naquirent deux fils, Bertrand et Mathieu. L'existence de cette famille, qui ne nous est révélée que par des œuvres pies, s'annonce par une donation faite aux chanoines de Saint-Etienne de Dijon (1124) (1). Trois ans après, ses libéralités s'unissaient à celles des nobles de Jussey, de Pesmes et de Dampierre, pour doter le prieuré de Cherlieu (2). Quand ce prieuré fut un monastère de cisterciens, enfants de saint Bernard, ayant à leur tête le bienheureux Guy, le sire de Jonvelle fut un des plus zélés à imiter la munificence du comte envers eux. Pour avoir part à leurs prières, il leur abandonna tous ses domaines de Jussey, de Cray, de Marlay (3), de Montigny et de Saponcourt (1137, 1145, 1152).

Mais parmi toutes les œuvres que leur inspira la piété, l'œuvre capitale des premiers seigneurs de Jonvelle fut assurément la fondation de l'abbaye de Clairefontaine, dixième fille de Morimond. C'était l'âge d'or des communautés cisterciennes, et l'auréole de gloire qui entourait alors saint Bernard, se reflétait sur tous ses frères et ses disciples. L'ordre de Cîteaux était alors en si grande réputation, que de toutes parts les princes, les seigneurs, les évêques et même les anciens monastères d'ordres différents, lui demandaient des colonies. Déjà dans le seul comté de Bourgogne, la maison de Clair-

---

(1) *Hist. des sires de Salins*, I, 31-32.
(2) Preuve I.
(3) Cray, territoire de Jussey ; Marlay, territoire de Montigny-lez-Cherlieu.

vaux avait fourni celles de Bellevaux, de Balerne et de Cherlieu. Morimond avait fondé Theuley, Lieu-Croissant ou les Trois-Rois, Rosières et Bithaine. C'est à Vauthier, abbé de ce monastère, que s'adressa Guy de Jonvelle. Bientôt le prélat arrive au manoir du noble baron, qui le fait conduire à travers les domaines de sa vaste châtellenie, pour y choisir l'emplacement de la maison de Dieu. Les saints fondateurs de Cîteaux, craignant pour leurs disciples la dissipation et le bruit, avaient réglé qu'ils s'établiraient loin des villes, dans des lieux cachés et favorables au recueillement. Sous ce double rapport, on pouvait difficilement trouver une retraite plus convenable que la vallée de Clairefontaine, gorge solitaire, étroitement resserrée entre deux collines que couvraient d'épaisses forêts. Une source abondante et limpide y jaillit de la base d'un rocher : cette circonstance fournit à l'abbé le nom du nouvel établissement. Les propriétaires du sol et des alentours applaudirent à son choix et lui firent la remise de leurs droits [1]. Dès que les premiers travaux furent terminés, Vauthier regagna Morimond, où il mourut la même année (1131). Othon de Fressingue, son successeur, désigna Lambert pour gouverner la colonie de Clairefontaine. Celui-ci acheva les bâtiments, et l'installation des religieux se fit le 4 juin 1133.

[1] Ces donateurs étaient Guy, clerc d'Aillevillers ; Guy, prêtre de Menoux ; Arnould, clerc de Cubry ; Hugues, prêtre de Saint-Loup ; Ascelin de Dombrot (Vosges) ; Albéric, prêtre de Polaincourt, et huit autres bourgeois de ce lieu ; Théodoric, prévôt d'Ormoy ; Olivier, Kalo et Rufus de Jussey ; Licinius de Port ; Théodoric d'Anchenoncourt ; Pierre de Faucogney ; Guyon de Gevigney ; Guyon, sergent de Jonvelle, etc. (Archives de la Haute-Saône, H, 345, et Mémoire manuscrit sur Clairefontaine, pag. 65.)

Parmi les bienfaiteurs nombreux qui dotèrent cette maison, aucun ne se montra plus généreux que le seigneur de Jonvelle. Nous le voyons sans cesse exciter par son zèle, et plus encore par ses exemples, le dévouement de ses vassaux envers ses religieux bien-aimés. Avec la cession de quelques meix dans le voisinage, ils reçurent de lui les droits les plus illimités, dans toute l'étendue de ses domaines, pour la pêche des étangs et des rivières, l'usage des forêts, la paisson des animaux et la construction des édifices. Différentes chartes énumèrent et confirment ces bienfaits, que le fondateur eut soin de consolider encore, en les faisant autoriser par son épouse Elisabeth, par son fils Bertrand et par sa belle-fille Comitissa, femme de Bertrand (1). Nous verrons plus tard les sires et les dames de Jonvelle, issus de Guy Ier, rivaliser de zèle pour la dotation du monastère qu'il avait fondé. Clairefontaine fut ainsi comme la caisse d'épargne où ils entassèrent des trésors de bonnes œuvres, pour leur servir dans la vie future. Grâce à toutes ces libéralités et surtout à la ferveur des religieux, ce monastère devint à son tour la providence des pauvres, des malades et des affligés, une maison de prière, une école de vertu, de science et d'agriculture, en un mot le plus grand bienfait pour toute la contrée. C'est dans son église que les seigneurs de Jonvelle ont choisi le lieu de leur dernier repos en ce monde, afin que leur sépulture entendît nuit et jour la psalmodie suppliante et les chants pieux des cénobites, priant pour le repos éternel de leurs âmes. C'est là qu'ils ont dormi en paix,

---

(1) Archives de la Haute-Saône, ibid.

durant sept siècles et demi, à côté des plus nobles barons de Comté, de Champagne, de Lorraine et du Barrois, jusqu'à ce que l'effroyable tempête, commencée en 1789, chassât les enfants du bienheureux Lambert de leur asile et de leurs domaines, et même les illustres défunts de leurs tombeaux. L'église de Clairefontaine a disparu : ses cloîtres élégants, convertis en ateliers de faïencerie, ne retentissent plus des chants de la prière ; et la curiosité, intéressée par l'histoire, cherche en vain quelques débris de ce magnifique monument du douzième siècle, quelque fragment de pierre où soit gravé le souvenir d'un seigneur de Jonvelle (1).

Cependant les sires de Jonvelle, en même temps qu'ils honoraient leur nom par des libéralités sans bornes envers les cisterciens, se laissaient entraîner à la déprédation sur les domaines de deux autres monastères, Faverney et Saint-Marcel, et cela par une singulière contradiction, que présente souvent la noblesse de cette époque encore demi-barbare. Anséric, archevêque de Besançon, informé de l'état déplorable dans lequel était tombée l'abbaye de Faverney, occupée jusqu'alors par des religieuses sous la direction de l'abbesse Odiarde, s'était transporté sur les lieux pour mieux connaître le mal et pour y apporter un remède efficace (2). Or, ce mal était grand : les nonnes avaient déserté leur cloître, envahi par les violentes injustices des seigneurs, de ceux-là

---

(1) C'est encore au temps de Guy Ier qu'il faut placer la fondation des prieurés de Jonvelle et de Voisey. (Voir à la fin du volume les notices sur l'église de Jonvelle et sur Voisey.)
(2) *Vie des Saints de Franche-Comté*, IV, 275.

même qui avaient charge de protéger les biens de la communauté. Ces avoués ou gardiens de l'abbaye étaient le comte de Bourgogne, et, sous sa délégation, Guy de Jonvelle, Henri, son frère, Thiébaud de Rougemont, Richard de Montfaucon, Humbert et Louis de Jussey. A l'envi tous les sous-gardiens avaient traité les biens de ce monastère comme leur propre héritage. Convoqués à l'église du couvent par l'archevêque et par le comte (1132), Guy de Jonvelle et ses collègues reconnurent franchement leurs torts, en présence des religieuses et devant une assemblée d'ecclésiastiques et de laïques. Ils se dépouillèrent, entre les mains de Renaud, de tous les fruits de leurs déprédations, et renoncèrent pour l'avenir à tous leurs droits d'avouerie. Le comte remit ce désistement à l'archevêque, qui s'empressa de le consacrer, en le plaçant sur l'autel, pour l'offrir à Dieu et à la bienheureuse Vierge Marie, avec de grandes actions de grâces.

Mais le plaid de Faverney avait un second but non moins important, la réforme du monastère. Pour l'opérer, on ne vit point d'autre moyen que de changer le personnel; et l'empressement des nonnes à subir ce projet ne prouva que trop à quel point elles avaient perdu l'esprit de leur vocation. Anséric proposa donc d'offrir leur maison aux bénédictins de la Chaise-Dieu en Auvergne. « Aussitôt, dit-il dans sa lettre à Etienne, abbé de ce monastère, religieuses, clergé, peuple, barons et avoués, tous applaudissant d'une voix unanime, ont été d'avis que l'église de Faverney fût unie à votre église. » La charte du prélat qui nous donne ces détails fut scellée à Besançon, avec l'approbation du chapitre de Saint-

Jean, le 21 septembre 1132, quelques jours après la tenue des assises de Faverney. Parmi les témoins de l'acte figurent Guy, abbé de Cherlieu, Guy et Henri de Jonvelle, Humbert et Louis de Jussey, Pierre de Traves, doyen de Saint-Etienne, Hugues de Faverney, archidiacre, Hugues, abbé de Luxeuil, et Lambert, abbé de Clairefontaine [1].

Cependant la paix jurée devant l'archevêque, au sujet de Faverney, ne fut pas de longue durée; et le principal auteur des nouveaux troubles fut Bernard, le nouvel abbé, prélat indigne, qui, non content de dilapider les biens de son monastère, osa porter ses mains violentes sur les terres de Cherlieu et de Clairefontaine [2]. Henri et Olivier de Jonvelle se crurent sans doute engagés par l'honneur à venger les injures et les vexations faites à deux maisons qui étaient si chères à leur famille; et ils s'attaquèrent non-seulement aux bénédictins de Faverney, mais encore au prieuré de Saint-Marcel [3], qui sans doute avait pris part dans le débat, d'une manière hostile à Cherlieu. Le prieur de Saint-Marcel était Halinard. Non-seulement il eut à souffrir les plus violentes rapines, mais il vit encore sa juridiction entièrement usurpée. Louis de Jussey fut accusé d'avoir été le complice de ces excès. La plainte sur cette affaire fut portée au tribunal du comte Renaud, qui l'entendit dans un nouveau plaid, à Faverney (vers 1140). Or, dans ce dé-

---

(1) *Annales* de MABILLON, VI, 633 ; D. GRAPPIN, *Histoire de Faverney*.
(2) *Vie des Saints de Franche-Comté*, IV, 140 et suivantes.
(3) Voir la Notice sur Saint-Marcel.

bat, pour un motif que l'acte du jugement n'explique pas, Louis et Olivier subirent contradictoirement le duel, comme épreuve judiciaire, sans doute parce qu'ils auraient rejeté l'un sur l'autre l'accusation présente, ou du moins parce que chacun d'eux aurait voulu la décliner pour soi-même. En cela ils manquaient également à la franchise, et ils oubliaient la noble loyauté qu'eux-mêmes, avec les autres avoués de Faverney, avaient montrée dans un cas semblable, quelques années auparavant. Toujours est-il qu'Olivier de Jonvelle fut vaincu dans ce duel, et que son adversaire se vit en conséquence libéré de toute répétition, quand même il avait eu sa part d'injustice. Guy, chef de la maison de Jonvelle, qui était, aux yeux du comte souverain, l'avoué responsable pour Faverney et pour Saint-Marcel, se vit condamné à réparer toutes les injustices faites aux deux maisons, et à les rétablir dans leur ancienne paix. Il accepta la sentence et jura sur les saints Evangiles d'en remplir les conditions, donnant pour cautions de sa parole Renaud de Traves et l'abbé de Cherlieu. Cet acte eut pour témoins Gaucher de Salins, le doyen Garin, Renaud de Traves, Guillaume de Pesmes, Odillon de Montbozon, Henri de Purgerot et Etienne, maire de Vesoul.

Plus tard, Olivier de Jonvelle se transporta encore devant le comte, au plaid de Luxeuil, où, après avoir réparé complétement ses torts et ses usurpations, il fit serment, avec tous ses gens, de ne plus rien entreprendre à l'avenir sur les biens des églises, ni par lui-même, ni par la main d'autrui, s'engageant, en cas fortuit de nouveau dommage, à le réparer dans les sept jours qui suivraient la vérification du délit (1).

Peu d'années après (1145), Guy de Jonvelle eut l'honneur de recevoir chez lui Humbert, archevêque de Besançon, accompagné de Godefroid, évêque de Langres, et des abbés de Cherlieu et de Clairefontaine (2). Douze ans plus tard, le manoir de Jonvelle reçut de nouveau les hôtes les plus illustres, l'archevêque Humbert, Mathieu, duc de Lorraine, une foule de gentilshommes et tous les supérieurs des abbayes filles de Morimond, établies dans le comté de Bourgogne. Mais tout ce que les documents historiques nous apprennent au sujet de cette nouvelle assemblée, c'est qu'elle sanctionna les donations faites à Clairefontaine par Philippe d'Achey, seigneur de Saint-Remy, Menoux et Senoncourt, et régla les limites entre les possessions du donateur et celles du monastère (3).

Les descendants de Guy Ier se distinguèrent, à son imitation, par leur zèle pieux en faveur des maisons saintes, et par leur ascendant conciliateur, qui les rendait arbitres de toutes les querelles. Les chartes qui rappellent ces actes honorables de leur bienfaisance, avec celles qui mettent en relief l'autorité de leur consentement ou de leur simple témoignage, nous donnent presque au complet la généalogie et les alliances de la maison de Jonvelle, avec la série de ses diverses mou-

---

(1) Preuve II.
(2) *Histoire du diocèse de Besançon*, I, 360.
(3) Archives de la Haute-Saône, ibid.

vances ⁽¹⁾. Du reste, ces titres sont à peu près les seuls qui les signalent à l'attention de l'histoire pendant trois siècles. Mais ils sont bien plus glorieux et plus méritoires, aux yeux de l'humanité et de la foi, que les annales sanglantes qui nous font connaître les terribles hommes de bataille et de dévastation ; car ces titres nous démontrent que, dans leur opulence, les seigneurs de Jonvelle se sont complu uniquement à faire le bonheur de la contrée soumise à leur domination.

C'est dans ces pensées que Guy II, fils et successeur de Bertrand, fonda par ses donations à Clairefontaine un service annuel, pour le repos éternel d'Elisabeth, sa première femme, et de ses ancêtres (1208). Il cédait pour cela un battoir ou moulin à foulon, avec les moulins situés sur la Saône, entre Corre et Ormoy, et deux autres moulins placés sur le ruisseau de Bosserenville. « Ce service anniversaire, ajoute le donateur, se célébrera le lendemain de la fête de saint Mathieu. En ce jour, le seigneur défraiera la table des moines ; tous les pêcheurs porteront au couvent le poisson qu'ils prendront pendant la semaine de la fête dudit apôtre, soit dans la partie de la Saône comprise entre le ruisseau de Bosserenville et celui du Champ-Fromond, soit dans le cours de ces deux ruisseaux ⁽²⁾. »

Les donations de ce genre étaient ordinairement pourvues des garanties les plus solennelles de paisible jouissance. De plus, on les trouve bien souvent revêtues du consentement authentique des héritiers directs ou colla-

---

(1) Archives de la Haute-Saône, H, 360.
(2) Ibidem.

téraux. Il fallait toutes ces précautions, dans un temps où, la cupidité, la force et le brigandage remplaçant le plus souvent tous les droits, les engagements personnels offraient seuls quelque sûreté pour l'avenir. Encore de quel luxe de formalités ne les entourait-on pas, afin de les rendre plus sacrés ! Telle était l'investiture de la propriété cédée ; cette investiture se donnait ou par le vêtement, dont le vendeur et le donateur se dépouillaient pour en revêtir l'acquéreur, ou par la porrection de petits bâtons, qui, en passant d'une main à une autre, signifiaient et consacraient la transmission de la chose. Tels étaient ensuite les serments échangés sur le livre ouvert des saints Evangiles ; la présence des témoins, choisis parmi les personnes les plus honorables et les mieux qualifiées ; la rédaction de l'acte, faite quelquefois dans l'église, et toujours au nom d'un grand seigneur ou d'un officier distingué, d'un évêque, d'un abbé ou de quelque autre dignitaire ecclésiastique ; l'apposition de leurs sceaux ; enfin, au besoin, la confirmation de l'acte par le seigneur suzerain ou par le dignitaire supérieur, le comte, l'empereur, l'évêque, le pape lui-même. Bientôt les chancelleries, les officialités, les prévôtés et les tabellions ou notaires donnèrent aux chartes de vente, de donation, de transactions quelconques, la solennité et la garantie de stabilité que l'on demande aujourd'hui aux bureaux de l'enregistrement et des hypothèques. Cependant, malgré cet appareil, malgré les stipulations de perpétuité les plus expresses, les donataires sentaient le besoin de faire confirmer leurs titres par les héritiers du donateur, et souvent par un second acte du donateur lui-même.

Il serait trop long de mentionner en détail les chartes où figure le nom des sires de Jonvelle. Presque toutes regardent les abbayes, les prieurés et les églises de la contrée, Cherlieu, Clairefontaine, Luxeuil, Enfonvelle, Faverney, Vaux-la-Douce, Bithaine, Villars-Saint-Marcellin, etc. Elles mettent en relief les sires d'Achey, de Rougemont, de Traves, de Deuilly, de Bar, de Novillars, de Chauvirey, de la Roche, de Cantecroix, de la Chassagne, de Lomont, de Gilley, de Chesnel, de Baon, de la Fauche, etc. ; et pareillement les nobles, les bourgeois, les curés et les clercs de Jonvelle, de Jussey, de Corre, de Demangevelle, de Voisey, de Blondefontaine, de Raincourt, d'Ormoy, de Bourbévelle, de Gevigney, de Vauvillers, de Montdoré, de Saponcourt, de Polaincourt, de Dampierre (lez Conflans), de Villars, de Bourbonne, de Senoncourt, de Chazel, de Richecourt, de Vougécourt, de Purgerot, de Faverney, en un mot de tous les bourgs et villages de la seigneurie et du voisinage.

CHAPITRE III.

AUTRES BRANCHES DE LA MAISON DE JONVELLE.

ELISABETH de Jonvelle épouse SIMON Ier de Saissefontaine. — Etat du commerce. — Elisabeth remariée à Thiébaud de Neufchâteau. — Chartes de Villars-Saint-Marcellin, d'Anchenoncourt et d'Enfonvelle. — SIMON II de Saissefontaine. — GUY III. — GUY IV et SIMON III. — Château de Richecourt.

(1224 — 1300.)

Elisabeth, fille unique de Guy II, avait épousé Simon de Saissefontaine [1], qui commença la seconde branche des seigneurs de Jonvelle (1224). Gollut le range au nombre des vassaux les plus marquants du comte Othon II. Son origine était des plus illustres; car les chartes lui donnent pour frère Richard II de Dampierre. Leur père fut le célèbre Richard Ier, qui se croisa en 1201, avec ses trois frères, Odet, Renaud et Guy, et se couvrit de gloire, comme eux, dans la conquête de Constantinople et de l'empire byzantin. Revenu d'Orient, il continua de remplir un rôle important dans les affaires de son pays, alors bouleversé par les guerres sanglantes

---

[1] Arrondissement de Chaumont.

que Jean de Chalon, Etienne, comte d'Auxonne, son père, et Thiébaud IV, comte de Champagne, soutenaient contre Othon II de Méranie, comte palatin de Bourgogne. Celui-ci, ayant enfin obtenu la paix de ses redoutables adversaires, en profita pour se rattacher ses vassaux plus étroitement encore, en faisant renouveler l'hommage de chacun d'eux. C'est en ces termes que Simon de Saissefontaine-Jonvelle s'acquitta de son devoir, par sa charte testamentaire de 1230 : « J'atteste par ces présentes lettres que le duc Othon de Méranie m'a donné Jonvelle et sa châtellenie en fief et seigneurie, et que je suis son homme-lige, sauf la fidélité que je dois au comte de Champagne. » Simon faisait cette réserve pour sa terre de Saissefontaine en Bassigny. Mais son dévouement au palatin ne se borna pas à un stérile hommage; car il termina son testament par lui céder son fief de Jonvelle, dans le cas où il mourrait sans enfant [1]. Plus tard il eut un fils de même nom que lui, et la donation fut sans résultat. Après sa mort (1238), Elisabeth, son épouse, s'empressa de fonder une messe à Clairefontaine pour lui et pour son père, moyennant une rente de quarante sols estevenants, qu'elle constitua aux religieux sur les marchés et les foires de Jonvelle et sur l'écluse du faubourg Sainte-Croix. Ce service anniversaire devait se célébrer à la fête de saint Gal (16 octobre); et ce jour-là tous les pêcheurs de Jonvelle, de Corre et d'Ormoy, étaient requis de porter au couvent le poisson réservé au seigneur [2].

---

[1] Aux Preuves.
[2] Archives de Vesoul, H, 360.

Comme on le voit, Jonvelle avait alors ses foires et ses marchés, et cela sans doute depuis que cette ville avait l'importance d'un chef-lieu de châtellenie et de résidence seigneuriale. Les foires qui se tenaient dans nos villes et dans nos bourgs, étaient le principal moyen d'écoulement pour les produits indigènes, qui du reste étaient assez peu variés. Dans les foires comtoises connues le plus anciennement, on ne voit figurer que des draps, des bœufs, des chevaux, des porcs, des salaisons, de la toile, des cuirs, du fil, de la poterie, de la poix, de la cire et autres matières de moindre valeur; c'était alors l'enfance du commerce et de l'industrie. Les arts mécaniques, les divers genres de fabrication, la production industrielle, la circulation des marchandises par les voies de terre et d'eau, toutes ces sources de la richesse publique ne se sont ouvertes pour nous que dans les temps modernes, ou plutôt ne sont devenues réellement fécondes que depuis la réunion définitive de notre pays à la France. Au moyen âge, la partie nord du comté de Bourgogne ne comptait guère que des forges, des salines, des verreries, des fabriques de poterie, des tanneries, des métiers à faire la toile et le droguet [1]; et les produits de ces divers ateliers ne sortaient pas de la province; car on ne voit nulle part dans nos chartes qu'ils aient été, avant le quinzième siècle, l'objet d'un commerce d'exportation [2].

---

[1] Dans notre province, c'est à Gray (1318) que fut établie la première manufacture de drap ou droguet. (MM. GATIN et BESSON, *Hist. de Gray*, p. 36.)

[2] D. GRAPPIN, *Essai sur les monnaies*; M. LONCHAMP, *Glanures*, au mot *Vellefaux*.

La veuve de Simon Ier épousa Thiébaud de Neufchâteau, et fit ainsi entrer cette troisième branche dans la maison de Jonvelle. Parmi les chartes nombreuses qui signalent le nouveau seigneur et sa dame, citons celles qui intéressent Villars-Saint-Marcellin, Anchenoncourt et Enfonvelle.

1248. Les temps calamiteux, la guerre, les folles dépenses, la mauvaise gestion des affaires, les malheurs, toutes ces causes de ruine pour les maisons les plus riches et les plus nobles, profitèrent souvent aux maisons religieuses, à cette époque, aussi bien que la piété générale des fidèles. Nous en avons la preuve dans la charte suivante, donnée sous le sceau de Thiébaud, sire de Jonvelle et de Montjustin : « Nous attestons, dit-il, qu'Olivier, damoiseau de Villars-Saint-Marcellin, présent devant nous, contraint par la nécessité, a vendu au couvent de Clairefontaine, pour 80 livres estevenantes, payées comptant et duement quittancées, tout ce qu'il possédait au village et au territoire d'Anchenoncourt, hommes, terres, prés, bois, dîmes, usages, justices et droits quelconques. Si le domaine vaut davantage, il abandonne à perpétuité cette mieux-value en aumône à Dieu, à l'abbé et au monastère. Ledit seigneur s'est donc dessaisi de toute la propriété en question, et il en a investi personnellement l'abbé et sa maison (1), en lui assurant qu'elle était jusqu'ici franche et libre de toute vente, donation, hypothèque ou autre engagement, et en lui garantissant par son serment exprès

---

(1) De omnibus iis se devestivit, et ipsum abbatem et conventum corporaliter vestivit.

de ne jamais contrevenir, ni par lui-même ni par d'autres, au présent contrat, qui oblige également ses héritiers ; car il est approuvé par Elisabeth, sa femme, par le seigneur Viard, prévôt de Voisey, père de la dame, et par Rossin, fils dudit prévôt [1]. »

Comme on le voit, Olivier de Villars était d'autant plus libre d'aliéner sa terre d'Anchenoncourt, qu'il était sans enfants et n'avait que des héritiers collatéraux. Encore prend-il leur consentement et le fait-il constater authentiquement, précaution que l'abbé de Clairefontaine avait dû requérir contre les dangers de l'avenir. Il paraît que plus tard Olivier se tira de peine et remonta ses affaires ; car, devenu chevalier, nous le voyons, à l'exemple de ses pères, doter de ses largesses le prieuré de Villars, tenu par les religieux de l'abbaye de Saint-Vincent. Ils possédèrent là dès lors la moitié du four seigneurial et quarante-cinq émines de blé, mesure de Bourbonne, à prendre chaque année sur les moutures ou coupes du moulin [2].

En 1250, c'est Elisabeth de Jonvelle qui intervient elle-même, dans une espèce de plaid tenu en faveur de l'abbaye de Saint-Bénigne et du prieuré d'Enfonvelle, qui en dépendait [3]. La dame est assistée de Richard, prieur de Jonvelle, et de Hugon, prieur de Bourbonne. Un habitant d'Enfonvelle, du nom de Perrenet, s'était rendu coupable de méfaits envers la communauté et refusait de reconnaître ses torts. Inutilement cité à com-

---

(1) Archives de la Haute-Saône, H, 353.
(2) Archives du Doubs, Cartul. de Saint-Vincent, charte de 1289.
(3) Voir la notice sur Saint-Marcel.

paroir devant l'abbé ou devant le prieur, il fut arrêté et condamné, devant les parties plaignantes, à la réparation de tout le dommage commis. Sa femme Jeannette, Parisot son fils, Herbelet et Baudouin ses frères, Félice femme d'Herbelet, et Besancenet leur fils, tous constitués solidaires dans la cause, furent tenus d'engager, par serment sur les saints Evangiles, tous leurs biens meubles et immeubles entre les mains de l'abbé, pour garantir que le coupable réparerait son dommage passé et qu'il n'en commettrait plus à l'avenir. De plus, ils s'obligèrent par les mêmes serments à faire sceller cet arrêt par le seigneur de Jonvelle [1].

Deux ans plus tard, nouvelle intervention en faveur des mêmes religieux. Cette fois Thiébaud de Jonvelle paraît lui-même. Bérault de Gilley, chevalier, prétendait à la possession héréditaire de la terre de la Mothe [2], au préjudice du monastère de Saint-Bénigne et du prieuré d'Enfonvelle. Il reconnaît enfin l'injustice de ses prétentions, et pour couper court à toute difficulté dans l'avenir, et non moins pour le salut de son âme et de ses parents défunts, du consentement de sa femme Adeline et de ses enfants, Odon, Pierre et Adeline, il abandonne à Dieu et aux églises de Saint-Bénigne et d'Enfonvelle tous les droits qu'il pourrait avoir sur le domaine en litige. L'acte est affirmé par lui et par les siens, en face des saints autels, dans l'église de Châtillon-sur-Saône, puis scellé par Thiébaud de Jon-

---

(1) Aux Preuves.
(2) Petite montagne escarpée de tous côtés, située sur la route de Bourbonne à Neufchâteau. La place forte qui la couronnait fut rasée en 1645. (Voir troisième époque, chap. v.)

velle, seigneur de Châtillon, et par Etienne, curé du même lieu [1].

Thiébaud de Neufchâteau-Jonvelle mourut sans enfants, et sa veuve garda la seigneurie. Quant au jeune Simon II de Saissefontaine, qu'Elisabeth avait eu de son premier époux, il n'est jamais mentionné dans les chartes de son beau-père : le second mariage de sa mère l'ayant éloigné de Jonvelle, il s'était retiré en Bassigny, dans les terres de son patrimoine, où il épousa Agnès de Chesnel. La mort de Thiébaud fut le signal des réclamations les plus vives et des plus orageux démêlés entre le fils et la mère. Le comte Othon, la comtesse Alix, Thierry de Montbéliard, Amé de Montfaucon son frère, et l'abbé de Saint-Vincent de Besançon, réussirent enfin à les arranger (1263).

Rendue à la paix, Elisabeth voulut aussitôt reconnaître les bons offices de l'abbé de Saint-Vincent par ses libéralités envers le prieuré de Villars-Saint-Marcellin. La charte qui les a consacrées est remarquable par la sollicitude éminemment pieuse que l'amour filial et les sentiments de la foi suggérèrent à la donatrice. « Uniquement guidée par la crainte de Dieu, dit-elle, entièrement saine et libre d'esprit et de corps, je cède en aumône au prieuré de Villars tous les droits que j'y percevais annuellement, avec tous mes revenus de ce village, en argent, blé, tènements, corvées ou autres; et cela pour le salut de mon âme, pour celui de mes ancêtres et surtout de ma mère Nicholette, d'heureuse mémoire, qui a longtemps exercé les mêmes droits et levé les mêmes

---

[1] Aux Preuves.

cens à Villars. Que si, ce qu'à Dieu ne plaise! son âme est encore liée dans les châtiments de l'autre vie, pour avoir ici-bas froissé la justice envers le prieuré, sciemment ou involontairement, soit par elle-même, soit par tout autre en son nom, l'abbé, le prieur et leur communauté lui font remise aujourd'hui de tous ses torts, autant qu'il est en eux; et ils vont supplier le Seigneur de hâter son entière délivrance. Les donataires jouiront absolument comme ma mère et moi nous avons joui, excepté qu'ils ne pourront jamais rien aliéner de la présente donation, que de mon consentement ou de celui de mes héritiers (1264) (1). »

Une charte de 1268, la dernière qu'Elisabeth nous ait laissée, nous apprend la mort de son fils. La mère du défunt, oubliant le passé et n'écoutant que la voix de la nature et de la religion, s'empressa de fonder à Clairefontaine des services funèbres pour lui et ses ancêtres, par une rente sur son four de Corre. Simon de Saissefontaine laissait deux fils, Guy et Simon, et deux filles, Elisabeth et Alix. Les quatre orphelins, à qui la succession de leur aïeule devait naturellement revenir, furent appelés par elle à ratifier cette donation, en présence d'Agnès, leur mère, de Pierre de la Fauche, leur oncle, et de Bertrand, curé d'Ormoy et doyen de Faverney (2). Elisabeth de Jonvelle mourut peu d'années après. Mariée à deux seigneurs des plus distingués, l'un de Champagne et l'autre de Lorraine, elle avait fourni une carrière pleine d'années et d'illustration. L'empressement affec-

---

(1) Preuves, années 1263 et 1264.
(2) Archives de la Haute-Saône, H, 360.

tueux des princes de Bourgogne et des plus grands barons à lui rendre service, est une preuve de la haute considération que lui avaient acquise ses qualités et ses vertus, jointes à la noblesse de son nom et de ses alliances.

Trop jeunes encore à la mort de leur père, les quatre enfants de Simon II de Saissefontaine, héritiers de la belle châtellenie de Jonvelle, furent placés sous la tutelle de leurs oncles, Jacques, seigneur de Baon et de la Fauche, et Jean, seigneur de Chesnel. En 1282, Guy III, l'aîné, et Jacques de Baon, accompagnèrent le comte de Bourgogne, Othon IV, conduisant ses vassaux en Italie, au secours de Charles d'Anjou, après le massacre des Vêpres siciliennes. Ils se joignirent aux barons français, en Languedoc. Mais, arrivés à Carcassonne, ils apprirent que Charles d'Anjou avait consenti à se mesurer en champ clos avec Pierre d'Aragon, son compétiteur, et ils revinrent sur leurs pas. Rentré dans ses foyers, le jeune sire de Jonvelle recueillit l'héritage que lui laissait Simon, son frère, mort sans enfants, et fonda pour lui et les siens des prières à Clairefontaine, en assurant au monastère une rente annuelle de soixante sols estevenants, à prendre sur les tailles de Jonvelle (1284). L'année suivante, il fit alliance avec une des plus illustres maisons du pays, en se mariant à Marguerite, fille de défunt Philippe de Chauvirey, qui lui apporta en dot une partie de cette riche seigneurie, dont la terre de Soilly *(Soilliacus)*, en Champagne, faisait partie [1].

(1) Voir la Notice sur Chauvirey.

Aussi se nomme-t-il dans ses chartes « Guy de Jonvelle, sire de Chauvirey et de Soilly [1]. » Quant à ses sœurs Alix et Elisabeth, elles ne se marièrent pas moins noblement que lui ; car elles épousèrent, l'une Hugues de Vienne, sire de Pagny [2], et l'autre Jean de la Fauche, son cousin.

L'année même de son mariage, Guy III eut l'honneur d'intervenir comme arbitre, avec Jacques de Baon, son oncle, et Hugues de Vellefaux, sire de la Rochelle, pour concilier Foulques de Rigny avec Jean de Chalon et son neveu le comte Othon IV, qui lui réclamaient huit livres estevenantes [3]. Mais le vieux sire de Rigny ne fut guère reconnaissant de ce bon office ; car, peu de temps après, ayant marié son petit-fils Hugues à l'héritière de Richecourt [4], qui faisait alors partie de la châtellenie de Jonvelle, il fronda l'autorité du suzerain en bâtissant, contre sa défense, un château fort dans ce lieu. Guy porta plainte au comte, et il en obtint l'ordonnance suivante : « La coutume générale de notre comté de Bourgogne est que nul ne peut élever de forteresse dans la

---

[1] Une de ces chartes (1289), conservée aux archives du Doubs, porte encore appendu le sceau de Guy, en cire jaunâtre, pointu par le bas et tronqué en haut, comme les écus de ce temps-là. Il porte un lion rampant, sur fond plain, comme les armes de Bourgogne, avec cette légende : *Seel de segnor de Jonville*. Le revers est un contre-sceau semblable à la face, mais plus petit. Presque tous les sceaux de cette époque présentent ce petit contre-sceau du revers. (V. *Hist. des sires de Salins*, I, 122, 222 et 334.) Voir aux Preuves cette charte de 1289.

[2] Il était fils de Philippe, comte de Vienne, et d'Agnès, une des sept enfants du comte Hugues et de la comtesse Alix. Il épousa en secondes noces Marguerite de Ruffey (Jura). Les généalogistes n'ont pas connu son premier mariage.

[3] Cartul. de Bourgogne, fol. 405.

[4] Voir aux Preuves la notice sur Richecourt.

châtellenie d'un autre, sans sa permission. Si le fait arrive, le seigneur offensé dans ses droits peut de son chef abattre la forteresse; s'il ne le fait pas et qu'il en reçoive du dommage, tant pis pour le cher sire. Guy de Jonvelle, faites donc votre devoir contre le coupable, sinon vous en répondrez vous-même devant moi (1290) (1). » Mais l'autorité du comte fut méconnue comme celle du suzerain immédiat, trop faible pour entreprendre contre son puissant adversaire, et le château de Richecourt demeura debout. Plus tard même, cette terre devint une seigneurie indépendante de Jonvelle.

Foulques de Rigny avait pris l'exemple de l'insubordination sur la famille même du souverain. La comtesse Alix n'était plus; malgré son testament, qui avait réglé les partages avec tant de sagesse et de précision, ses fils se livrèrent à des luttes fratricides, qui mirent la province en état permanent de ravage et de désolation (2). Cependant quelques traités intervinrent (1292-1293), dans lesquels Jean de Bourgogne se fit céder par le comte Othon, son frère, la suzeraineté des fiefs de Jonvelle,

---

(1) Voir aux Preuves.
(2) Ecoutons à ce sujet les doléances de l'archevêque Odon de Rougemont, intervenant comme pacificateur (1293) : « Li pahis se destruoit et perdoit et chaçoit à mal, et li homes et li églises maismes, que sont faites en révérence de Deu et en son nom, et pour lui honorer et servir, en espirituel bien et en temporel soffroient grant lésion et domaige ; pourquoy plusiours fois convenoit que ses très-sanctissimes et très-glorieulx et très-dignes services en fut destorbés et lassiés, etc... » (Cartul. de Bourgogne, fol. 451.) Entre autres excès, cette année avait vu les sévices de Hugues de Bourgogne contre l'abbaye de Luxeuil, dont l'église fut brûlée avec une partie du monastère. (M. Ed. CLERC, *Essai sur l'hist. de Franche-Comté*, 1, 487; *Hist. des sires de Salins*, pag. 98 et 99, notes.)

Jussey, Passavant, Chauvirey, Bourbonne, Amance [1], Baulay, Contréglise et Scey-sur-Saône. Les autres fiefs de la contrée restèrent sous la souveraineté immédiate du comte palatin [2]. Mais bientôt survint le traité de Vincennes (2 mars 1295), par lequel Othon livrait à Philippe le Bel son comté, ses fiefs, ses hommages, tous ses droits, avec ses deux filles et sa femme pour sûreté du contrat. Après cette honteuse transaction, le comte ne reparut plus dans sa patrie si lâchement trahie : notre province ne reçut que sa dépouille mortelle, pour laquelle il avait demandé un tombeau dans l'église de Cherlieu [3]. Jeanne, sa fille aînée, devint l'épouse de Philippe le Long, et notre province fut successivement annexée au royaume de France et au duché de Bourgogne, jusqu'en 1493.

Guy III de Jonvelle mourut sur ces entrefaites (1296), laissant deux filles, Catherine et Marguerite, et deux fils, Guy et Simon ; ceux-ci moururent jeunes et sans postérité.

---

(1) Le bourg d'Amance était autrefois chef-lieu d'une terre considérable, qui comprenait Colombier, Montigny-les-Nonnes, Montaigu, Bougnon et Faverney. En 1276, il fut l'objet d'un acte de société passé entre le monastère de Faverney et la comtesse Alix, en vertu duquel fut bâti le château fort d'Amance, destiné à protéger l'abbaye. (*Annuaire de la Haute-Saône* ; M. LONCHAMP, *Glanures*, au mot *Quincey*.)

(2) Cartul. de Bourgogne, fol. 442, 454, 460 et 471.

(3) *Mémoire sur Cherlieu*, pag. 54 et suivantes.

CHAPITRE IV.

QUATRIÈME MAISON DE JONVELLE ; BRANCHE DE CHAUVIREY.

CATHERINE, JEAN et PHILIPPE. — Charte de l'abbaye de Saint-Vincent. — Affranchissement de Jonvelle et de sa seigneurie. — Guerres du quatorzième siècle ; ravages des Grandes Compagnies. — Jean de Bourgogne. — La comtesse Marguerite. — GUILLEMETTE DE CHARNY, dame de Jonvelle. — Le fief est confisqué. — Violences exercées par Thomas de la Rochelle. — La terre de Jonvelle donnée à GUY DE LA TRÉMOUILLE.

(1300 — 1378.)

Par la mort de ses deux frères, Catherine, l'aînée des filles de Guy III, se vit titulaire de la seigneurie de Jonvelle. Elle la porta par mariage à Jean de Chauvirey, dont elle eut un fils, nommé Philippe. Devenue veuve, elle épousa le fameux Jean de Vienne, son cousin, le même qui, en 1346 et 1347, gouverna et défendit en héros la place de Calais, assiégée par Edouard, roi d'Angleterre. Epuisé par la maladie et la faim, hors d'état de marcher, il parcourait la ville sur une petite haquenée, soutenant seul tous les courages. Après quatorze mois de résistance, il fallut enfin céder devant l'abandon, la force, la famine et le désespoir, et la capitulation fut demandée. Grâce au dévouement d'Eustache de Saint-Pierre, le sang ne coula point à l'entrée d'Edouard dans Calais ; mais le gouverneur fut conduit prisonnier à Londres, également admiré de l'Angleterre et de la France. Puis, rendu à la liberté, il continua de servir son pays, au nom du duc de Bourgogne, et mourut à Paris le 4 août 1351 (1).

De son second mariage, Catherine de Jonvelle n'eut qu'une fille, du nom de Jeanne, qui épousa Guillaume de Granson-Sainte-Croix.

Philippe, fils et héritier de Jean de Jonvelle, avait épousé Guillemette de Charny. Après la mort du père, les religieux de Saint-Vincent de Besançon sentirent le besoin de faire assurer par le successeur la jouissance tranquille de tout ce qu'ils possédaient dans la seigneurie de Jonvelle. La charte fut rédigée par l'officialité de la cour archiépiscopale et revêtue des formes les plus solennelles de ce temps (12 décembre 1329) (2). Philippe promit que le monastère ne serait point troublé dans ses droits, ni par lui-même ni par les siens. Pour sûreté de ses serments, prêtés pour lui et ses hoirs, il se soumet avec eux à la peine de l'excommunication, et il engage tous ses biens, meubles et immeubles, présents et à venir, à l'abbé Guillaume de Quingey et à ses successeurs, avec droit de les vendre et de les aliéner. Un acte de confirmation si extraordinaire, qui fondait la paisible possession des religieux sur des engagements aussi étran-

---

(1) *Essai*, II, 84. Un autre Jean de Vienne, sire de Roulans, que plusieurs historiens comtois, continuant l'erreur de Feller, ont confondu avec le héros de Calais, ne se rendit pas moins célèbre au service de la France et du duché contre leurs ennemis. Il périt à la désastreuse journée de Nicopolis (1396).

(2) V. aux Preuves.

ges, ne peut s'expliquer que par les envahissements et les brigandages exercés sur les domaines de l'abbaye, pendant les guerres presque continuelles des années précédentes. Ces injustices furent sans doute réparées par Philippe, ou avant lui par ses parents, et ce généreux abandon, qui le mettait comme à la merci de l'abbé, n'aurait été qu'une garantie contre les torts à venir. Au reste, ces concessions lui furent payées soixante livres comptant, de bonne monnaie, à deux deniers l'engrogne du roi.

A part cet acte, les documents historiques sont muets sur Philippe de Jonvelle, jusqu'en 1354. Mais cette date est importante dans notre histoire ; car c'est celle de la charte des franchises accordées par le seigneur aux sujets de sa terre, en particulier à la ville de Jonvelle. Pour en bien comprendre le sens et la portée, il est nécessaire d'entrer préalablement dans quelques appréciations sur la véritable situation civile des classes inférieures, pendant le règne de la féodalité [1].

Il est faux, comme l'ont prétendu quelques historiens et même des jurisconsultes, que les vainqueurs aient réduit en servitude tous les naturels du pays, et que la conquête des Gaules ait eu pour résultat de partager la France en deux classes, celle des Francs, seigneurs et gentilshommes, et celle des Gallo-Romains, leurs esclaves ; en un mot, que le règne féodal ait été la suite immédiate de l'invasion. A la vérité, les rois mérovingiens, que la conquête avait rendus maîtres des domaines con-

---

[1] Voir sur cette question CURASSON, Discours de réception à l'Académie de Besançon (1840), et Discours prononcé à la séance du 28 janvier 1841.

sidérables autrefois possédés par le fisc romain, furent obligés d'en abandonner une partie à leurs officiers, à titre de récompense, ainsi que les empereurs romains l'avaient pratiqué. Mais ces bénéfices demeurèrent longtemps amovibles, aussi bien que les charges; et il faut descendre jusqu'au règne de Charles le Chauve, pour voir commencer l'hérédité de l'un et de l'autre, arrachée à la faiblesse et à l'incapacité de ce monarque, par la nécessité de ménager et de satisfaire l'ambition et la cupidité d'hommes puissants, dont il avait tout à espérer et tout à craindre.

Au reste, les domaines concédés étaient alors dans l'état le plus déplorable. Pour la plus grande partie, ils étaient restés sans culture, faute de bras; tant les guerres, les invasions et surtout l'oppression avaient dépeuplé le pays. Ils présentaient l'aspect de vastes déserts, de forêts impénétrables, de lacs et de marais, le tout percé çà et là de quelques voies militaires, que protégeaient des camps ou retranchements de défense. Pour tirer parti de ces vastes terrains, les concessionnaires eurent donc à opérer le défrichement, et par conséquent il fallut y attirer des colons, leur accorder des usages communs et leur céder le domaine utile des terres, moyennant de légères prestations en reconnaissance du domaine direct. De là, il n'en faut pas douter, sont sorties la plupart de nos communes actuelles.

Mais il en a été de la féodalité comme des autres institutions humaines : toutes finissent par dégénérer. Sous les descendants de Charlemagne, la faiblesse et l'inertie minèrent successivement un édifice que le génie de ce grand prince semblait avoir rendu inébranlable.

L'ambition des vassaux de la couronne prenant chaque jour plus d'accroissement, bientôt leur pouvoir est sans bornes et le faible sans appui contre leur oppression. La féodalité n'a plus de frein : c'est une anarchie qui corrompt et bouleverse tout. Chacun s'arroge le droit de guerre ; le seigneur s'arme contre le seigneur, les villes contre les villes, une abbaye contre une abbaye ; l'esprit d'indépendance est général ; la royauté elle-même n'est plus qu'un vain titre, une magistrature impuissante. C'est dans cette période des dixième et onzième siècles, appelés justement siècles de fer et de barbarie, que fut pratiquée l'oppression des classes ouvrières et indigentes et même des menus propriétaires, par la caste des seigneurs féodaux. Ils firent de leurs vilains de véritables esclaves (1), attachés à la glèbe, ne s'appartenant pas plus que ceux des Grecs et des Romains, et sur lesquels ils avaient fait prévaloir, comme un droit coutumier, tous les genres de vexations, d'arbitraire et de despotisme. Qu'on en juge par les lettres d'affranchissement données aux treizième, quatorzième et quinzième siècles : malgré les droits étranges qu'elles conservaient aux seigneurs, elles furent cependant bénies par les sujets, comme un bienfait signalé et comme une heureuse émancipation. Sous quelle oppression gémissaient-ils donc auparavant ? Mais cet esprit cupide et tyrannique avait reçu sa principale influence des maxi-

---

(1) On distinguait deux sortes de *serfs* : 1° l'homme de *mainmorte* ou *mainmortable*, qui était attaché à la glèbe, c'est-à-dire serf de corps et de biens ; 2° l'homme de *pousté*, *homo potestatis*, dont la servitude se réduisait à payer certains droits ou à faire certaines corvées. (VELLY, *Hist. de France*, III, sous l'an 1137 ; PERRECIOT, *Etat civil*, I, 391.)

mes despotiques du droit romain, qui gouverna la Gaule nouvelle pendant plusieurs siècles.

Heureusement la religion, qui avait procuré l'abolition de l'esclavage ancien, en apprenant aux hommes qu'ils sont tous frères, put adoucir plus d'une fois les rigueurs de l'esclavage féodal. Toutefois les sentiments de mansuétude et d'humanité qu'elle inspire n'eussent pas suffi, de longtemps, à procurer aux peuples l'établissement des communes avec un peu de liberté, si les nobles n'avaient pas fini par comprendre que les affranchissements, condition nécessaire d'accroissement et de prospérité pour les populations, devenaient par là un profit assuré pour le seigneur comme pour le sujet (presque toutes les chartes d'affranchissement préposent ce remarquable considérant), et s'ils n'avaient eu besoin d'acheter ainsi la puissante assistance des milices bourgeoises pour leurs guerres incessantes. Les rois de France, comme Louis le Gros et ses successeurs, qui sentirent ce besoin avant tous les autres, donnèrent aux premiers vassaux l'exemple des concessions ; et par cette générosité intéressée, les grandes villes d'abord eurent leurs communes et leurs franchises. Dans le comté de Bourgogne, l'impulsion de cette politique heureuse et pleine d'humanité fut donnée par les illustres familles de Chalon et de Vienne.

Ce fut à l'exemple de ces hauts et puissants barons, ses alliés pour la plupart, que Philippe de Jonvelle voulut aussi gratifier sa ville d'une charte de franchises, qui du reste ne fut que la confirmation et l'extension de libertés municipales déjà préexistantes et anciennes. En son nom et en celui de ses héritiers, il déclare affranchir de toutes *tailles, débits et servitutes quellesconques*, la ville, le finage et les habitants de Jonvelle, pour le temps présent et à venir. Cet affranchissement est expliqué et modifié comme il suit :

Tout propriétaire ou marchand, ayant feu et ménage, doit annuellement au seigneur dix sous estevenants, payables par moitié dans les semaines de Pâques et de la saint Remi, sous peine de douze deniers d'amende pour chaque jour de délai. Les journaliers et les veuves ne sont imposés que pour la moitié de cette taxe.

Si le seigneur est armé chevalier, les habitants lui doivent cent vingt livres de joyeuse congratulation ; autant, s'il marie sa fille ou sa sœur, mais seulement pour un premier mariage ; autant, s'il achète en une fois quatre cents livrées de terre.

En cas de guerre particulière au dehors, ils doivent un char à trois chevaux *ronssins* (chevaux de trait), et deux chars si le seigneur est obligé de se mettre en campagne pour le service du souverain, le comte de Bourgogne. Il préviendra huit jours à l'avance ; les chevaux seront à ses dépens jusqu'au retour.

Comme du passé, il demeure juge de toutes les causes, tant civiles que criminelles. Les faits de meurtre ou de vol seront punis à discrétion. D'autres délits, comme bris de clôture, tapage nocturne, rupture de ban, violation de scellés, détournement frauduleux de biens saisis, vols commis sur les foires et marchés, vente à faux poids ou fausse mesure, désobéissance au seigneur, au bailli, au châtelain, au prévôt ou sergent, seront dûment constatés et punis de soixante sous d'amende, au profit du seigneur (1).

Il conserve en tout le droit de justice haute, basse et moyenne, c'est-à-dire de totale justice (2).

Les habitants ne pourront dépendre d'aucun seigneur forain. S'ils quittent la seigneurie au préjudice du maître, tous leurs biens seront confisqués à son profit, excepté le seul cas du service pour le comte.

Ils ne pourront former bourgeoisie, ou garde urbaine, que selon le bon plaisir du seigneur. Celui-ci conserve tous les droits anciens de cens, éminage, banvin et autres ventes (3).

(1) La loi Gombette et la législation franque réservaient les amendes à la partie lésée. Insensiblement elles furent transférées au souverain, et cette transformation, loin d'avoir la portée que lui donne la théorie moderne, n'eut sans doute point d'autre but, selon la pensée de ses auteurs, que de substituer, dans la condamnation, le caractère de pénalité proprement dite à celui de vengeance et de réparation privée. (Albert DU BOYS, *Hist. du droit criminel des peuples modernes*, II, 259.)

(2) Presque tout fief, laïque ou ecclésiastique, avait le droit de justice, par cette raison qu'il avait terres. Ce droit était plus ou moins étendu. La *haute justice* était celle qui pouvait condamner à la peine capitale et connaître de toutes les causes, civiles ou criminelles, excepté des *cas royaux*. Le signe caractéristique de ce droit était la potence, à deux, trois ou quatre piliers, dressée dans l'endroit le plus patent du chef-lieu seigneurial, qui avait un tribunal pour informer et prononcer, des archers pour lui prêter main-forte, et un bourreau pour exécuter. La *moyenne justice* connaissait des actes de tutelle et des injures dont l'amende ne pouvait excéder soixante sous. La *basse justice* s'occupait des droits dus au seigneur, des dégâts et injures, dont l'amende n'excédait pas sept sous six deniers. On l'appelait encore justice *féodale* ou *foncière*. Le juge était le prévôt ou sénéchal.

Au temps de Charlemagne, il n'y avait que des juges royaux. Ce n'est que dans la décadence des Carlovingiens, et grâce à leur faiblesse, que les grands seigneurs s'emparèrent de l'autorité judiciaire, pour l'exercer sur leurs vassaux et leurs sujets, en sorte que les justices seigneuriales ont eu à peu près la même origine que les fiefs, c'est-à-dire que, légalement constituées dans le principe, elles sont ensuite tombées dans l'empiétement, l'usurpation et l'abus. Voir sur ce point *Dict. de Trévoux*, au mot *Justice*.

(3) *Banvin*, droit exclusif de vendre du vin pendant un temps déter-

Les habitants ne se serviront que de ses moulins, fours et pressoirs, sous peine de cinq sous d'amende, sans compter la redevance ordinaire. Celui qui serait allé ailleurs par la faute des fermiers, serait excusable, mais seulement sur la foi de son serment et d'un témoin. Ils paieront une *écuelle* par *penal*, et cette écuelle, tenant le vingt-quatrième du penal, sera attachée à la trémie; ils paieront également au four un vingt-quatrième de pâte, sans compter les peines du *portaige* et *rapportaige* à payer au fournier.

Ils sont chargés d'entretenir les murs, clôtures et fossés de la ville, et d'y faire le guet et garde. Le bois des cloisons sera pris dans les forêts seigneuriales, sans qu'on puisse en couper pour un autre besoin.

En cas de guerre, dix ou douze prudhommes de la ville garderont le château.

Les habitants doivent au seigneur le service militaire à pied et à cheval.

Si quelques-uns d'entre eux se sont engagés pour un duel (en présentant ou en acceptant le gage de bataille, comme de jeter ou de relever le gantelet), ils pourront se dégager avant la prise d'armes et faire accord, moyennant soixante sous d'amende. Elle sera de cent sous, si les champions sont entrés en lice, et de dix livres après la première passe d'armes, appelée le *coup du roi*, avec frais et dépens au profit du seigneur et de son conseil. Si le combat se poursuit jusqu'à la fin, on statuera sur le vaincu d'après le droit coutumier.

miné. Le vin devait être vendu à la maison seigneuriale, et non exporté.

Eminage, redevance sur chaque *émine* de grains vendue.

Chaque feu ou ménage doit la corvée de faucille aux moissons de blé et d'avoine, celle de fourche et de râteau pour les foins. Si elles ne sont pas fournies, elles seront payées chacune six deniers estevenants. Sont exemptés de la corvée : 1° ceux qui la doivent au prieuré ; 2° ceux qui équipent des chevaux pour la milice, ou qui les montent ; 3° ceux qui devront fournir charrois et charrues ; 4° les arbalétriers.

Chaque feu doit également un vendangeur, pour la récolte des vignes de Jonvelle.

Toute charrue fera trois corvées annuelles pour le *bouverot* du seigneur, la première au *tramois*, la seconde au *sombre* et la troisième au *vain* [1].

Tout habitant ayant un chariot doit trois charrois au bouverot seigneurial, un pour les foins, l'autre pour le blé et le troisième pour l'avoine. A Noël chaque harnais de cheval devra amener, pour le *loingnier* (bûcher) du seigneur, une voiture de ses forêts de Jonvelle.

Les habitants ne seront jamais contraints à d'autres corvées, et le seigneur ou ses gens ne prendront jamais leurs harnais pour d'autres besoins. Il ne leur sera jamais pris *gelines*, *poulailles*, blé, vin, chair grasse ou maigre, morte ou vive, ni autres denrées ; tout sera acheté de leur gré et convenablement payé [2].

Ils nommeront tous les ans, à la Saint-Jean, quatre ou six prudhommes ou échevins, qui, après leur élec-

---

[1] *Bouverot* ou *bouveret*, domaine exploité par le seigneur. *Tramois*, semailles du printemps ; *sombre*, premier labour, en juin ; pour les semailles d'automne ou le *vain*.

[2] Cet article ne rappelle que trop la dure condition des pauvres *vilains*, non-seulement *taillables et corvéables à merci*, mais encore exposés à se voir impunément dévaliser par des maîtres iniques.

tion, feront serment en la main du seigneur d'exécuter fidèlement ses ordonnances. Ils veilleront sur les biens communaux et les amodieront selon l'usage du pays. Ils auront droit d'imposer les habitants pour l'entretien des fortifications de la ville. Ce sera toujours à leur requête seule que le seigneur fixera les bans des foins, des moissons et des vendanges; après quoi chacun récoltera selon son bon plaisir.

Le seigneur ne contraindra jamais les habitants à porter des lettres, à moins que dans un cas de guerre, et en payant deux deniers estevenants par lieue, soit pour aller, soit pour revenir.

A la foire ou au marché, l'acheteur aura vingt-quatre heures de crédit; passé ce terme, il devra payer ou laisser un billet avec gage; faute de quoi le vendeur pourra porter plainte devant la justice seigneuriale, qui condamnera le débiteur à soixante sous d'amende.

Nulle saisie pour gage de dette (1) ne pourra être opérée hors de Jonvelle et de son territoire, sans autorisation du seigneur ou du comte. Si le défendeur reconnaît ses obligations, il recevra ordre de les remplir dans la quinzaine, et il laissera pour cela au demandeur un titre exécutoire, le tout sans encourir d'amende. Mais la quinzaine passée, il sera saisi et exécuté, avec trois sous d'amende.

Les habitants ne pourront se citer entre eux que dans le ressort de la cour seigneuriale, excepté pour les causes ressortissant de l'officialité ecclésiastique.

---

(1) « *Item* ne pouront liditz haâns gaigier l'un l'autre, etc. » *Gaigier* la terre, c'était y prendre gens et bétail, jusqu'à satisfaction obtenue.

Les successions de meubles ou d'immeubles passeront aux parents, jusqu'au cinquième degré, nés à Jonvelle, ou du moins y domiciliés [1].

Le seigneur ne peut arrêter personne, ou saisir ses biens, que dans le cas de meurtre, de vol, de rixe violente et d'autre cas criminel, ou pour dettes envers lui et ses officiers. Encore, dans tous ces cas, il sera d'abord procédé par voie d'enquête.

Toute personne venue à Jonvelle d'une autre seigneurie y jouira de la condition commune. Mais elle ne pourra plus quitter la seigneurie sans congé et sans laisser au seigneur le cinquième de ses biens. Si l'on partait sans autorisation, tout ce qu'on laisserait serait confisqué au profit du seigneur.

Tous habitants ayant chariot ou charrue peuvent prendre, entre la Saint-Jean et l'Assomption, pour l'entretien de leurs harnais, deux voitures de bois, hêtre ou chêne, dans la forêt seigneuriale d'Ormoy. En mars, ou

---

[1] Cet article est l'abolition de la *mainmorte* sans restriction. On appelait gens de *mainmorte* ou *mainmortables*, les serfs dont les biens, soit en totalité, soit seulement immeubles, soit seulement meubles, appartenaient au seigneur, quand ils décédaient *sans hoirs issus de leurs corps et procréés en légitime mariage*. Ils ne pouvaient tester sans autorisation que jusqu'à cinq sous. Ainsi *mainmorte* signifiait puissance *morte*, incapable de transmettre, ni par testament, ni par décès. On donne encore cette singulière explication du terme de *mainmorte*. Autrefois, après la mort d'un chef de famille de condition serve, le seigneur envoyait prendre le plus beau meuble de la maison ; ou s'il n'y en avait point à sa convenance, on coupait la *main* droite du défunt, pour la lui offrir, et lui signifier ainsi qu'il ne le servirait plus. (*Dict. de Trévoux.*)

On voit que Philippe de Jonvelle affranchit ses mainmortables sans aucune réserve. Cependant plusieurs chartes nous montrent que les successions des bâtards, décédés sans enfants légitimes, étaient généralement exceptées de cette franchise. En 1349, les barons se firent confirmer dans ce droit par la reine et comtesse Jeanne. (*Essai*, II, 94, note 2. *Documents inédits de l'Académie de Besançon*, II, 539.)

en autre saison, s'il y a nécessité, ils peuvent couper, dans les bois seigneuriaux de Jonvelle, tout le bois nécessaire pour haies, palissades, *bennes* ou *rortes*. En temps de moisson, chacun peut couper où il voudra, dans les bois du seigneur, les liens nécessaires ; le chêne seul est interdit.

A la demande des habitants, le seigneur ordonne que toute femme mariée à Jonvelle obtienne en propriété, au décès de son mari, pour elle et ses héritiers, la moitié des meubles et des immeubles entrés en communauté depuis le mariage. Ce règlement aura force de loi, nonobstant tout usage contraire.

On paiera trois sous d'amende pour une bête trouvée de jour en dommage, et soixante si elle est trouvée de nuit. De plus, le dommage sera payé. L'amende ne sera que de quatre deniers si l'animal était égaré.

Les mêmes peines seront encourues par les maraudeurs.

Pour les délits d'arbres coupés de jour, l'amende sera de soixante sous. Quant aux délits nocturnes, l'amende sera réglée selon la gravité du fait.

Pour leurs propriétés sises hors de Jonvelle, quoique dans la seigneurie, les habitants jouiront des mêmes franchises que pour celles qu'ils ont à Jonvelle. Mais aussi les premières paieront, comme celles-ci, les tailles et impôts de la communauté. Ce dernier article étendait à toute la seigneurie le bénéfice de l'affranchissement.

Tels sont les règlements, concessions et abonnement que Philippe octroie à la ville de Jonvelle et à toute sa châtellenie, en jurant, la main sur les saints Evangiles, pour lui et ses successeurs, que cette charte sera respectée, nonobstant tous droits, coutumes et priviléges contraires (27 avril 1354) (1). Elle fut confirmée la même année par le roi de France, Jean le Bon (2), et trois ans après par Philippe de Rouvres, duc et comte de Bourgogne (3). Ces libertés arrachaient les habitants de la terre à la malheureuse condition des mainmortables, serfs de corps et de biens, attachés à la glèbe et taillables à volonté ; et malgré la servitude de *poosté (potestatis)*, que cette concession substituait à la première, Philippe, en l'accordant, se montrait humain et acquérait tout droit à la reconnaissance de ses sujets. Ces franchises furent respectées à chaque changement de souverain, en vertu de la coutume de Bourgogne (4). De son côté, chaque nouveau seigneur, dans ses propres intérêts, fit renouveler par ses tenanciers et sujets l'aveu de ses droits sur eux et de leurs devoirs à son égard. Du moins nous avons les titres de renouvellements semblables, faits dans les années 1537, 1611, 1665 et 1684. Les droits féodaux, ainsi limités par les chartes seigneuriales et consacrés par les aveux souvent répétés des sujets, subsistèrent presque tous jusqu'à la fin du siècle dernier. Mais c'est à tort que l'on attribue aux états généraux de 1789 l'honneur d'avoir aboli ce qui en restait encore : cette reconnaissance doit remonter à la générosité du bon Louis XVI, qui décréta cette abolition, *motu proprio*, en 1779, dans tous les domaines de la couronne,

(1) Voir aux Preuves.
(2) Trésor des chartes.
(3) Chambre des comptes, J, 99. Philippe de Rouvres était fils du duc Eudes IV et de Jeanne de Boulogne. Celle-ci épousa en secondes noces Jean le Bon, roi de France, et l'investit de la régence du duché et du comté.
(4) V. Droz, *Hist. de Bourgogne*, IV, p. cccxxx.

considérant un tel affranchissement *bien moins comme une aliénation que comme un retour au droit naturel.* « Nous verrons avec satisfaction, ajoute-t-il, que notre exemple amène, sous notre règne, l'abolition générale des droits de mainmorte et de servitude. » Disons donc avec un célèbre publiciste : « Il est bon que les générations n'oublient pas que la main qui a jeté le germe des bienfaits dont elles jouissent, n'est pas celle de la Révolution, qui a tout brisé, mais celle du législateur de 1789, qui voulait tout améliorer (1). »

Nous sommes arrivés, dans notre histoire, au milieu du quatorzième siècle, comparable aux plus mauvais des âges féodaux, pour les désastres qu'il fit peser sur notre malheureuse province. Esquissons-en les événements principaux, parce qu'ils offrent des détails intéressants pour les environs de Jonvelle, et parce qu'ils amenèrent la confiscation de ce beau fief.

Irréconciliables ennemis de la France et des ducs de Bourgogne, que la France leur avait imposés comme souverains, les principaux barons du comté étaient presque toujours en armes contre eux et contre leurs partisans. Le fameux Jean de Chalon-Arlay II était à la tête de la ligue contre le duc Eudes IV. En 1341, l'armée du prince battit les confédérés dans le bailliage d'Amont, et leur enleva Port-sur-Saône, puis la Rochelle, qui se défendit longtemps contre Robert de Chatillon, gardien du comté, assisté du prévôt de Clerval et de Guillaume Mercier, prévôt de Jussey. Celui-ci, en arrivant sur les

---

(1) A. GALITZIN, dans l'*Ami de la Religion*, 31 août 1861.

lieux, avait commencé par le sac de Semmadon, quoique les habitants, sujets de Henri de Bourgogne, se fussent placés sous la protection du souverain, à l'exemple des moines de Cherlieu [1]. Jean de la Rochelle était coupable d'avoir forcé dans son château et fait prisonnier Henri de Conflandey, partisan du duc. Cependant, après un an d'occupation, sa terre et sa maison lui furent rendues, à condition qu'il se tiendrait en paisible obéissance, ou, s'il reprenait les armes contre son rival, que le prince recommencerait la saisie par maïeur et sergents [2]. Bientôt les hostilités recommencèrent, sans autre répression ; car, assez tolérant pour les nombreuses guerres privées de ses vassaux, Eudes IV ne voyait son repos assuré que quand ils se déchiraient entre eux. Seulement il exigeait qu'on s'entretuât et qu'on incendiât en bonne forme. Aussi, dans l'information qu'il ordonna sur les démêlés des sires de la Rochelle et de Conflandey, il se contenta de savoir s'il y avait eu entre eux gage de bataille, c'est-à-dire un défi jeté et accepté par le gantelet ou le chaperon [3]. Du reste, le pays était aussi maltraité par les troupes du parti de l'autorité que par les rebelles ou par les guerres particulières de seigneur

---

[1] Chambre des comptes, B, 866 ; D. PLANCHER, preuve 234.

[2] Archives de la Côte-d'Or.

[3] « Premièrement li généraul et notoire coustume en la contey de Bourgoigne, prescrite et approuvée entre les gentilshomes et les nobles, est que, toutes fois que hung gentilhome et noble court sus hung aultre, et li fait domaige, cil qui hay soffert le domaige, puet court (courir) sus l'aultre, et ly tenir en esgay (assiégé) et faire domaige par luy et par ses aydans, sans aultre deffiance. Item, la coustume gardée et approuvée au duché et contey est que fait qui se puet prover par tesmoins, ne se doibvent prover par gaiges de bataille. (1343, Information du duc sur le pourchaz de Jehan de la Roichelle contre Henri de Conflandey. Archives de la Côte-d'Or.) »

à seigneur. La garnison de Jussey mit à feu et à sang le village de Rignévelle ; mais, sur les réclamations du seigneur, Gauthier de Laweline, le dommage fut payé deux cent cinquante florins d'or (1348) (1).

Sous le gouvernement de Jean le Bon, les malheurs de notre pays vinrent des ennemis de la France. Pendant que le vaincu de Poitiers honorait sa captivité de Londres, les Anglais envahirent les deux Bourgognes. Une de leurs compagnies s'avança par Coiffy jusqu'à Jussey, et joignit ses ravages à ceux des Lorrains, commandés par Etienne de Vy (2). L'abbaye de Cherlieu et toute la frontière furent dévastées, sauf les bonnes places, que le bailli d'Amont, Jean de Cusance, avait réparées à la hâte (3). Il y fit entrer, de gré ou de force, tous les retrahants, et l'on y retira tous les vivres de la campagne; puis l'on abattit et brûla tout ce qui n'était pas tenable, ainsi que les maisons, fours et moulins pouvant servir à l'ennemi (4). Outre les retrahants, le château de Jussey reçut quarante hommes de garnison, pendant que son prévôt conduisait au duché les contingents de cavalerie et d'infanterie levés dans la prevôté (1359) (5). La place de Jonvelle, dont le fief n'était pas tenu directement par le souverain, comme Jussey, dut se suffire à elle-même. Philippe la défendit vaillam-

---

(1) Archives du Doubs, papiers de dépense, collection Duvernoy.
(2) Chambre des comptes, J, 118.
(3) 7 avril 1358, ordre au prévôt de Jussey de réparer le château et d'y contraindre les ressortissants, même par prise de corps et de biens. (Cartul. de Cherlieu, à la Bibl. impériale.) En 1363, défense aux gentilshommes de Jussey de sortir de la ville, sous peine de perdre leur fief. (Ch. des c., J, 122.)
(4) Ch. des c., D, 114.
(5) Ancienne ch. des c., J, 118, 119.

ment, avec le noble concours de ses bourgeois et de ses manants : elle tint bon contre l'ennemi et demeura un refuge inexpugnable pour les religieux de Clairefontaine, expulsés de leur monastère en ruine. Il paraît aussi que Demangevelle et les châteaux voisins offrirent une résistance non moins solide (1). A la fin de juin (1360), une compagnie aux ordres d'Hugues de Vienne, seigneur de Saint-Georges, vint occuper Jussey; mais elle en fut chassée par les Anglais, qui venaient d'emporter d'assaut la ville de Vesoul, d'en massacrer les habitants et d'en raser les murailles (2).

Cependant après le traité de Bretigny, Edouard retira ses troupes; mais ce ne fut que pour faire place à un autre fléau plus long et plus désastreux encore. Aux Anglais succédèrent les *Grandes Compagnies*. C'était une foule de nobles ruinés, de soldats anglais et bretons licenciés par la paix, et d'autres aventuriers, qu'on appela aussi des noms de *Routiers*, *Malandrins*, *Tard-venus*, et qui, après avoir couru et pillé la Champagne et la Lorraine, entrèrent dans les Bourgognes et ravagèrent toute la contrée pendant cinq ans. Leurs bandes les plus nombreuses s'abattirent sur le bailliage d'Amont, et avec eux une peste affreuse, appelée *murie de la bosse*.

La mort du jeune duc Philippe de Rouvres (1361) acheva de livrer ce pays à tous les malheurs. Pendant que Marguerite, sa fille, et Marguerite de Flandres, son aïeule, étaient investies du comté par le roi de France, d'un autre côté, Jean de Bourgogne, sire de Montaigu,

(1) *Mémoire sur Clairefontaine*, p. 189, 195.
(2) M. Ed. Clerc, *Essai sur l'histoire de Franche-Comté*, II, 117.

d'Amance, de Fontenoy, etc., prit le titre de comte palatin, auquel il se croyait tous les droits, comme étant le dernier mâle issu de la branche aînée de Jean de Chalon l'Antique. Les portes de Gray lui sont ouvertes sans résistance, aux acclamations des échevins et du peuple. Jussey reçoit ses troupes, et les deux rives de la Saône saluent à l'envi le nouveau palatin. Mais les hauts barons avaient trop intérêt à ce qu'une femme gouvernât le comté, pour ne point s'armer contre le téméraire usurpateur : bientôt, abandonné et vaincu, Jean de Bourgogne dut renoncer à sa puissance éphémère. Les villes de Gray et de Jussey expièrent l'appui qu'elles lui avaient prêté, l'une par une amende de quatre mille florins, et l'autre par une amende de deux mille (1362) (1).

Cependant les routiers et la guerre civile continuèrent à désoler le pays jusqu'à la paix de 1369, qui fut le résultat du mariage de Philippe le Hardi, fils du roi Jean, avec Marguerite de Bourgogne. La vieille et bonne comtesse douairière en profita pour visiter son peuple (1374), qui gémissait de son absence et qui l'accueillit avec amour et générosité, malgré ses malheurs (2). A travers nos campagnes, ce ne fut pour elle qu'un long spectacle de dévastation. Marguerite ne put retenir ses larmes en voyant les abbayes ruinées et désertes, les terres en friche, les villages presque inhabités et portant les traces profondes de l'incendie, les bêtes fauves peuplant le pays, à la place des hommes. La détresse générale

---

(1) Chambre des comptes, J, 124.
(2) Gray lui offrit 500 florins, Jussey 300, Vesoul 200, Montbozon 140, Charriez 400 et six queues de vin. (M. Ed Clerc, *Essai*, II, 180, note 3.)

était telle, que les grands seigneurs eux-mêmes ne pouvaient payer leurs dettes ni leurs redevances au suzerain, qui souvent était obligé de forcer leurs châteaux pour y saisir leurs meubles. Dépeuplé par cinq ou six pestes et par quarante années de guerre, le comté de Bourgogne n'avait pas alors cent mille habitants, tandis qu'il en renferme aujourd'hui près d'un million (1).

Telle est en quelques mots l'histoire lamentable de notre pays, pendant la vie de Philippe de Jonvelle. Il mourut en 1374, après avoir fondé sa sépulture et son anniversaire à Clairefontaine, par une rente annuelle de vingt livres estevenantes, sur Magny-lez-Jussey (2). Der-

---

(1) *Essai*, II, 140, 180, 184.
(2) Clairefontaine obtint plusieurs chartes bienfaisantes de Philippe de Jonvelle. En 1355, il confirme tous les dons et priviléges accordés à ce monastère par ses prédécesseurs, et il défend à tous ses gens, présents et à venir, de troubler les moines dans leurs possessions, sous peine d'une amende de vingt marcs d'argent. Dans cette charte, Philippe s'appelle *seigneur de Jonvelle et de la Votice*. Le sceau présente un cavalier brandissant une épée, et de l'autre côté le lion.

En 1354, intervention de Philippe en faveur des mêmes religieux, contre les habitants d'Ormoy. Ceux-ci non-seulement refusaient au couvent les cens que le seigneur lui avait donnés sur eux, mais encore ils prétendaient avoir droit de pâturer le grand pré des moines, *le jour qu'ils charroyoient leur chavenne de la Saint-Jehan*. La sentence du seigneur fit rentrer les délinquants dans le devoir. (Archives de Vesoul, II, 358.)

La *chavenne* ou *chavanne*, appelée aussi *foelère*, était un feu de joie qui s'allumait à Noël, le premier dimanche de carême ou dimanche des *brandons*, et à la Saint-Jean. Cet usage est d'origine païenne. Les anciens adorateurs du soleil célébraient ainsi les deux solstices, avec des danses et d'autres divertissements. Ces pratiques idolâtriques, comme plusieurs autres, restèrent bien des siècles encore dans les habitudes des peuples, malgré les efforts de l'Eglise pour les déraciner. De la *chavenne* sont venus sans doute les noms de *Chavanne*, *Eschavanne*, *Echevannes*, donnés à plusieurs villages, hameaux et lieux dits de notre province. Les mots *chavanne* et *foulère* sont encore usités pour désigner un feu de fagots.

nier mâle de sa race, il ne laissait que deux filles, Agnès et Isabelle. La seconde, qualifiée dame d'Argillières, avait épousé Gobert, seigneur d'Apremont et de Busencey en Lorraine (10 février 1358) (1). Agnès, l'aînée, dame de Charny du chef de sa mère, épousa Guillaume de Vergy, seigneur de Mirebeau, Choye, Bourbonne, etc., et en secondes noces Philibert de Beauffremont (2). C'est ainsi que le sang des sires indigènes de Jonvelle, en perdant son nom, féconda l'une des plus illustres familles de Franche-Comté. Nous en verrons sortir de nobles rejetons.

La seigneurie de Jonvelle était restée à la veuve de Philippe, selon l'usage féodal; mais elle en fut dépouillée la même année. Philippe le Hardi avait besoin d'argent, pour suffire à sa prodigue magnificence et aux titres richement pensionnés par lesquels il cherchait à payer les services de ses amis et à se rallier les princi-

---

(1) D. CALMET, *Hist. de Lorraine*, III, généal. de la maison d'Apremont.

(2) Les Beauffremont, originaires du château de Beauffremont, *Belfredimons* (Vosges), sont connus dans notre province depuis les premières années du treizième siècle.

De son premier mariage, Agnès n'eut qu'une fille nommée Jeanne. Remariée à Philibert de Beauffremont, elle lui donna : 1º un fils nommé Jean, qui fut le dernier mâle de la branche aînée de cette maison ; 2º une fille du nom d'Isabelle, qui épousa Richard d'Oiselay, seigneur de la Villeneuve, Frasne-le-Château, etc. Jean de Beauffremont mourut en 1415, à la bataille d'Azincourt, sans laisser de postérité, et ses droits passèrent à la branche cadette, représentée par Henri, son cousin, qui avait épousé Jeanne de Vergy, issue du premier mariage d'Agnès de Jonvelle. De la sorte, Henri de Beauffremont réunit dans sa main les biens de la seconde branche de Vergy et ceux de la maison de Charny, dont Agnès, sa belle-mère, avait hérité. (*Hist. des sires de Vergy*, p. 224 et aux preuves; DUNOD, *Nobiliaire*, p. 263, et *Hist. du comté*, II, 500 à 503.)

paux barons du comté, ses ennemis (1). Déjà possesseur de grands châteaux au bailliage d'Amont, il venait d'acheter, ou plutôt d'extorquer d'une faible femme la terre de Faucogney. L'année précédente (1373), il était venu à Faverney avec les hauts barons, pour les obsèques de son cousin, Jean de Bourgogne, et il n'avait pas dû quitter les bords de la Saône supérieure sans jeter, depuis les donjons d'Amance et de Jussey, un regard de convoitise sur la riche baronie de Jonvelle. En effet, Philippe, son possesseur, n'eut pas plus tôt fermé les yeux, que le duc de Bourgogne se fit vendre le château et la terre par le sire d'Apremont, du consentement d'Isabelle, sa femme, et de Geoffroy, leur fils aîné, pour huit mille florins d'or (2), qui probablement ne furent jamais payés; car les comptes de la seigneurie de Jonvelle, ouverts à la chambre de Dijon cette année-là même, ne présentent, pendant dix ans, que des sommes insignifiantes de cent à deux cents francs, versées à Sandrin de Guines, procureur de Gobert, plutôt comme intérêts que comme à-compte du principal. En tout cas, Isabelle n'avait pu vendre que sa portion : aussi, repoussant une pareille transaction, sa mère et sa sœur refusèrent d'aliéner l'héritage de leurs aïeux. Alors l'ambitieux prince recourut à la force : Guillemette de Jonvelle fut accusée de violences et de pillages exercés de son aveu sur les terres du royaume et ailleurs, par les gens

---

(1) De ce nombre, Olivier de Jussey, longtemps bailli d'Aval, conseiller dévoué de la comtesse Marguerite et gouverneur du bailliage de Dijon. (M. ED. CLERC, *Essai*, II, 173 et *passim* ; D. PLANCHER, *passim*.)

(2) Monnaie de compte, qui valait alors tantôt quinze, tantôt vingt-un sols.

de son château. Ces griefs remontaient au temps du seigneur défunt. En 1372, le châtelain de Jonvelle, Jean de Voisey, avait été arrêté par le bailli du comté, Jean de Montmartin, sans doute pour quelques méfaits de ce genre, et il n'avait recouvré sa liberté que sous la caution de ses amis, Richard de Blondefontaine, Jean de Cemboing et Guillaume de Montigny (1). Quoi qu'il en soit, sur un prétexte aussi vague, le fief de Jonvelle fut enlevé à ses maîtres légitimes, pour être réuni provisoirement au domaine de la comtesse douairière de Bourgogne ; et la confiscation fut sentenciée à Dijon, pendant le séjour qu'elle y fit en revenant du comté. Immédiatement Philippe installa ses officiers dans la châtellenie, dont le capitaine fut Jean de Jussey, et le receveur Jean Millotet, trésorier de Vesoul.

La veuve de Jonvelle, Agnès sa fille et Philibert de Beauffremont son gendre, se voyaient donc chassés de l'héritage de leurs aïeux. Ils protestèrent énergiquement, encouragés dans cette attitude par la maison de Vergy, leur alliée, et surtout par deux autres mécontents, Thomas et Jean de la Rochelle, aussi leurs parents. Ils avaient engagé leur fief à Jean de Vergy III, pour deux cents livres de rente, sans y être autorisés par le souverain ; et pour les punir de cette insubordination, le duc avait saisi terre et château, comme jadis Eudes IV en 1344. Ils se vengèrent sur ses fiefs de Comté, sur le duché même et sur le royaume, et la dame de Jonvelle passa pour leur complice. Poursuivant d'ailleurs une vieille rancune léguée par un père à ses fils, et qui datait

(1) Archives de la Côte-d'Or, *Recueil*, tome II, page 823.

des faits d'armes du prévôt de Jussey et de Guy de Vy contre le château de la Rochelle, Thomas entre à Jussey, y tue plusieurs bourgeois et met la ville au pillage. De là il pousse à Jonvelle, dont il ravage les environs, après avoir brûlé plusieurs maisons du faubourg Sainte-Croix (1). Les terres de Jean de Vy, à Demangevelle, à Bourbévelle, à Corre, à Ranzevelle, furent des plus maltraitées. Ensuite, il entreprit de forcer dans son manoir Barthélemi de l'Etang, beau-frère de Jean de Vy ; mais ici la fortune le trahit et il fut fait prisonnier (1375). Cet échec désarma les rebelles, qui obtinrent le pardon de leurs excès et la remise de tous leurs dommages, par l'intervention du sire d'Apremont. Le bailli du comté signa la charte de grâce et la fit confirmer par la comtesse Marguerite et par le roi de France. Mais Thomas de la Rochelle n'en resta pas moins dans les sombres oubliettes de la Grange de l'Etang (près de Jussey), d'où il ne s'échappa que longtemps après. Le fief de la

---

(1) Quelques-uns de ces détails nous sont révélés par les comptes de la seigneurie de Jonvelle. On lit à l'article des cens imposés aux habitants de Jonvelle pour leurs maisons, terme de la saint Remi 1375 : « Cy-après s'ensuignent cil qui n'ont paié que demi-eschief, 2 sols 6 deniers, pârce que *leur maisons sont arses par Mons. Thomas de la Roichelle*, et quant elles seront refaites, ils paieront entier, 5 sols. (Total, sept incendiés). ... Jacques li borne se fait excuser, parce qu'il est sergent ; Vinez li pourtiers, parce qu'il est pourtiers ; li Bruiers, parce qu'il a demourey au temps passé dessobs nous. Huart de Mandres, et dorez en avant il paiera, car il a acquis une maison sous monseigneur (le duc) ; Jehan Girars, parce que je n'ai pas encoir demourey au ct jour à Jonvelle..... Cy-après sont poures femmes vesves, de quoy l'on ne puet riens avoir, pour pouretey, qui ne tiennent pas de feu, mas sont aubergies por Deu. (Total, sept.) » Dans cette recette figurent quarante-huit sujets payant la redevance entière, dix autres sans héritage, ne payant que la moitié, enfin quatre déclarés francs. (Archives de la Côte-d'Or, B, 4968.)

Rochelle demeura sous le séquestre jusqu'en 1388 [1].

Quant à celui de Jonvelle, la comtesse, rentrée à Gand, s'en dessaisit entre les mains du jeune duc, dans les conditions suivantes. Elle avait en Franche-Comté de grands domaines, provenant de la succession de la reine Jeanne, sa mère, fille du comte Othon IV. Voulant être seule dame suzeraine dans le bailliage d'Aval, elle engagea Philippe à lui laisser Poligny, Grimont et sa châtellenie, avec tout ce qu'il tenait dans cette région du chef de sa femme. En échange, la douairière céda aux jeunes époux les villes, châteaux et seigneuries de Montjustin, Jussey, Vesoul, Charriez, Montbozon, Châtillon-le-Duc et Baume-les-Nonnains, avec les fiefs et arrière-fiefs qui en dépendaient, le tout devant produire un revenu de quatre mille livrées de terre. Puis la charte continue ainsi : « Item est accordé que le chastel, ville et chastellenie de Jonvelle-sur-Soone, qui sont à présent en la main de Madame d'Artois, pour plusieurs *pilleries* et *maléfices* qu'on dit avoir esté faicts dez ledit chastel et par le consentement de la dame de Jonvelle, tant sur le royaume comme en plusieurs autres lieux, se bailleront, avec les choses dessus dites, à mesdits seigneur et dame de Bourgoingne, pour en faire raison et justice... » (Gand, 1er mai 1375) [2].

Philippe le Hardi ne garda que trois ans la terre de Jonvelle. Un favori, son parent, non moins aimé de la duchesse que de lui, convoitait cette riche baronie : c'était Guy de la Trémouille. Déjà le duc, en 1372, lui

---

[1] Chambre des comptes, 5e registre; Archives de la Côte-d'Or, ibid.
[2] D. Plancher, III, 48, 49, et aux preuves, p. XL.

avait assigné une pension de mille livres, en récompense de ses services, en même temps que Guillaume, son frère, en recevait une de cinq cents. De plus, Philippe leur devait encore, depuis quatorze ans, huit mille florins d'or, prix d'un noble captif qu'ils lui avaient vendu (1). La terre de Jonvelle n'était-elle pas pour eux une excellente occasion d'être payés, et pour leur illustre débiteur un moyen facile de s'acquitter envers eux ? Pour déterminer le prince à lui faire cette donation, la Trémouille lui fit entendre que le fief était sans importance et d'une mince valeur de quatre ou cinq cents livres de revenu, tandis qu'il en rapportait trois ou quatre fois plus (2), et qu'il renfermait cent quarante arrière-fiefs de gentilshommes. Sur ces entrefaites, arrive à Dijon le sieur Jean Damville, un des officiers de Jonvelle. La ville et la terre venaient d'être mises en interdit par l'archevêque de Besançon, à la requête d'un chanoine de Belfort, créancier du seigneur défunt pour une somme prêtée. C'était au prince, son successeur, à désintéresser le chanoine en faisant honneur à la dette, et Damville était venu pour cette négociation. Guy de la Trémouille accapara cet homme en lui obtenant la sa-

---

(1) Jean de Neuchatel, pris au siége de Pontaillier (1364). (D. PLANCHER, III, 20, 21.)

(2) On l'estimait de 1,000 à 1,500 livres. Dans ses comptes de 1377, Simon Millotet établit ainsi les recettes ordinaires : « Argent, 712 francs 7 gros et demi ; froment, 7 muids 5 émines une quarteranche ; 3 muids une émine et demie de blé de mouture ; une émine une quarte de seigle ; sept-vingt-une émines et demie avenne ; et vaut l'émine deux poineaux, que sont quatre quartes, et a au bichot six émines. Item, 45 muids de vin, mesure de Jonvelle ; le muid 33 solz, qui sont environ cent et neuf florins. Cire, sept-vingt-six livres trois-quarts et demi. Gelines, nuef-vingt-six, 3 chapons et 4 oisons. » (Archives de la Côte-d'Or, B, 1061.)

tisfaction demandée. Interrogé par Philippe sur la valeur de Jonvelle, Damville ne manqua point de seconder les dires du solliciteur, qui, pour mieux tromper le duc, évita soigneusement devant lui toute relation de connaissance avec l'envoyé. Enfin le prince céda aux prières de la duchesse et il investit son favori du fief tant désiré, pour le récompenser de ses *grands, continuels, bons et agréables services*. La donation, datée de l'abbaye de Maizières (18 juin 1378), comprenait en détail la ville et son château, la châtellenie et toute son autorité de justice haute, basse et moyenne, tous les revenus et tous les droits directs et utiles de la seigneurie, noblesse, fiefs et arrière-fiefs, prés, terres, maisons, bois, grueries, étangs, rivières, moulins, garennes, patronages, abonnements, tailles, corvées, mainmorte, cens et usages. Le duc ordonne à tous les sujets et vassaux d'obéir à leur nouveau maître et de lui prêter hommage, ainsi qu'à ses héritiers, comme ils faisaient envers le souverain lui-même, les délivrant de ce devoir à l'avenir. L'acte fut soumis à la ratification du roi, de la comtesse Marguerite et de Louis de Mâle, son fils. Le consentement de la vieille princesse fut donné deux fois (1379 et 1381). En 1389, une nouvelle charte, confirmative de la première, fut encore octroyée au donataire, par le duc et la duchesse [1], tant il avait de peine à s'établir solidement dans un domaine escamoté à son maître, qui l'avait lui-même volé.

En effet, l'abandon d'une aussi riche baronie ne causa pas une médiocre surprise en Comté ; et l'étonnement

[1] Arch. de la Côte-d'Or, B, 1061, cote 85. D. PLANCHER, III, 53 et suiv., et aux preuves, XLIX.

public n'eut d'égal que le mécontentement des sujets de la seigneurie; car ils furent très mortifiés d'avoir été donnés aussi légèrement, et de passer ainsi de la domination immédiate du souverain à celle d'un vassal étranger, tout grand seigneur et tout brillant gentilhomme qu'il pût être. L'hiver suivant, une circonstance extraordinaire amena Philippe le Hardi en Comté : il s'agissait de mariage entre sa fille et le fils de Léopold, duc d'Autriche. Déjà les articles du contrat avaient été réglés à Remiremont, entre les délégués des deux princes (7 juillet 1378); parmi ceux de Bourgogne figuraient Jean de Ray et Olivier de Jussey. En attendant les noces, dont le projet fut rompu plus tard, les deux cours se réunirent à Montbéliard, où elles passèrent un mois dans les fêtes (12 janvier—12 février 1378, v. s.). A son retour, Philippe le Hardi voulut visiter le bailliage d'Amont, et prit le chemin de Luxeuil avec l'intention de passer par Jonvelle. Toute la noblesse de la seigneurie se réunit au chef-lieu, pour y faire une réception solennelle à l'auguste voyageur. Mais on avait compté sans la Trémouille, qui ne se souciait nullement de laisser connaître à son maître combien il avait été trompé et lésé en lui donnant Jonvelle. Il le dissuada de ce projet, comme devant trop le détourner de sa route, et lui fit prendre le chemin de Vesoul. Ce ne fut que vingt-six ans plus tard, après la mort du sire de la Trémouille et de Philippe le Hardi, que l'on put savoir à Dijon la vérité sur l'importance de Jonvelle et sur les cupides manœuvres du chambell(1).an Un tel avènement

---

(1) D. PLANCHER. Voir ici aux Preuves, 1404.

était de mauvais augure pour la seigneurie : nous verrons en effet les princes de la Trémouille, entrés dans ce fief par voie de supercherie, en sortir, au bout d'un siècle, chargés de l'exécration du pays.

C'est ainsi que fut consommée la spoliation des héritiers de Jonvelle. Philibert de Beauffremont, après la mort de Guillemette, sa belle-mère, se qualifia bien encore *seigneur de Jonvelle et de Saissefontaine ;* mais ce n'était plus qu'un vain titre, dont on ne prit aucun ombrage. Plus tard, le duc réussit à désintéresser le réclamant et à le gagner par caresses et par faveurs. En effet, en 1402, nous voyons Philibert lui faire hommage, pour sa terre de Villers-les-Pots, près d'Auxonne, et dans cet acte Philippe le Hardi l'appelle *son amé et féal chevalier* (1). Néanmoins, cent ans après (1470), le célèbre Pierre de Beauffremont, son arrière-petit-fils, revendiquait encore le titre de seigneur de Jonvelle, contre Charles le Téméraire.

(1) Dunod, *Nobiliaire*, p. 499.

TROISIÈME ÉPOQUE.

SIÈCLES MODERNES.

CHAPITRE Ier.

SEIGNEURS ÉTRANGERS DE JONVELLE.

Les sires de la Trémouille.

Guy Ier de la Trémouille. — Affaire de Polaincourt. — Désastre de Nicopolis. — Georges Ier de la Trémouille. — Jonvelle occupé par le comte de Savoie. — Conférences de Jonvelle et de Châtillon. — Enquête au sujet de la cession de Jonvelle. — Jean de la Trémouille. — Assassinat de Jean sans Peur. — Guerre de la succession de Lorraine. — Le sire de Jonvelle avec ses frères trahit le duc de Bourgogne. — Dévastations des Ecorcheurs et des Armagnacs. — Nouvelles conférences de Jonvelle et de Châtillon. — Le fief de Jonvelle retiré à la maison de la Trémouille. — Comptes de la seigneurie. — Compositions pour meurtre et vol de gibier.

(1378 — 1448.)

Guy de la Trémouille, devenu seigneur de Jonvelle, fit régir le fief par un gouverneur. C'est à ce titre que Jean Darbo, capitaine général du comté, rendit une sentence qui mettait à néant diverses poursuites exercées par Vincent Bodenot, procureur de la seigneurie, contre l'abbé Guy de Clairefontaine (1383) (1).

L'an 1387 nous fournit un document curieux sur la condition des mainmortables. Ce n'est plus le seigneur, comme autrefois, ce n'est plus même son premier lieutenant, le gouverneur de la terre, qui vont acter sur les sujets : c'est Jean Meleney, curé de Saint-Pierre de Jonvelle, et Renaud Pêcheur, du même lieu, gardien du sceau du tabellionage, assistés des bourgeois et tabellions jurés, Guillaume Braon, N. Demoiget et Guillaume Violet. Devant eux comparaissent d'une part cinquante-sept habitants de Polaincourt, tous hommes de mainmorte, sujets immédiats de l'abbaye de Clairefontaine ; et d'autre part « révérend père en Dieu messire dom Girard de Fontenoy-le-Château, abbé de Clairefontaine, assisté de dom Guillaume de Vesoul, procureur dudit lieu. » Les habitants de Polaincourt se plaignent de ne pouvoir payer les tierces (une gerbe sur trois et quelquefois sur six), que les religieux percevaient sur quelques-unes de leurs terres ; et ils les supplient, au nom du ciel et de la charité, de vouloir réduire ces terres à la dîme, comme toutes les autres. En compensation, ils s'engagent, pour chaque année, à fournir une *prestière*, ou corvée de faucille, aux moissons du couvent, et à payer, à la Saint-Martin, *une gélyne sans défaut*. Les religieux acceptent l'arrangement ; et pour garantie les tenanciers se mettent corps et biens à la merci des religieux, engageant de même leurs héritiers (2).

(1) Aux Preuves.
(2) Archives de la Haute-Saône.

Mais si nos archives ne nous disent rien de plus sur les débats de la nouvelle maison de Jonvelle, l'histoire de France et celle du duché de Bourgogne en particulier nous apprennent quel fut le rôle brillant de Guy de la Trémouille et de son frère Guillaume, à la cour et dans les armées de Philippe le Hardi. Le premier, grand chambellan de Bourgogne et gardien des Juifs dans la province, porta l'oriflamme de France dans les guerres contre la Flandre (1384), et partagea les plus grands honneurs avec le grand amiral Jean de Vienne, aux noces des enfants de Bourgogne (1385). Il reçut la même année quatre mille livres du prince, pour avoir suivi le même amiral en Ecosse et à l'Ecluse [1]. L'année suivante, Philippe fit son testament, qui eut pour témoins principaux les frères la Trémouille et Olivier de Jussey, grand bailli de Dijon. Le prince désire que Guy, son chambellan et son *amé* cousin, repose à ses pieds après sa mort. Pour assister la jeunesse de Jean, son fils, comte de Nevers, il institue un conseil composé des hommes dont il a éprouvé depuis longtemps la fidélité, la sagesse et l'habileté, et il y associe Guy et Guillaume de la Trémouille, Olivier de Jussey et Jean de Vienne, neveu de Catherine de Jonvelle. Il veut qu'après sa mort les deux premiers soient maintenus dans le même office à l'égard de son successeur, et qu'ils soient les exécuteurs testamentaires de ses dernières volontés. De magnifiques largesses avaient précédé ces marques de haute confiance [2]. Dix ans plus tard, les sires de la

---

[1] Dom PLANCHER, III, 61, 88.
[2] D. PLANCHER, III, 93 et suiv., et aux preuves, p. C.

Trémouille étaient devant Nicopolis, contre Bajazet, avec l'élite de la noblesse de France et de Bourgogne. Trahis par la fuite des Hongrois, écrasés par le nombre, ces preux chevaliers succombèrent presque tous, après trois heures d'une lutte désespérée. Du nombre des morts furent Guillaume de la Trémouille, Pierre son fils, Guillaume de Vergy, seigneur de Port-sur-Saône, Morey, etc., et le brave Jean de Vienne, que l'on retrouva sur un tas de cadavres turcs, étreignant encore, dans ses bras roidis par la mort, l'étendard de Notre-Dame de France (1396). Le comte de Nevers, le sire de Jonvelle et vingt-deux autres chevaliers, tombés vifs entre les mains du vainqueur, furent mis en liberté moyennant une rançon de deux cent mille ducats. Ils prirent par mer le chemin de la France; mais Guy de la Trémouille succomba dans l'île de Rhodes (1397). Philippe le Hardi le pleura entre tous, et vers l'an 1400, il envoya chercher sa dépouille mortelle, par Guillaume de l'Aigle, un de ses chambellans (1). Sans doute le duc, selon les intentions manifestées de son testament, le fit placer dans son propre tombeau, déjà préparé dans l'église des chartreux. Sept ans après, il y fut déposé à son tour.

Pendant que le sire de Jonvelle guerroyait, à la suite de Philippe le Hardi, contre les Anglais et les Flamands, Guy de Demangevelle conduisait une troupe de partisans contre le duc Charles de Lorraine. Cette expédition, entreprise au mépris du droit des gens et de la foi des traités, réussit fort mal : Guy fut fait prisonnier, avec Jean et Philibert de Raincourt et plusieurs autres gen-

---

(1) *Essai sur l'histoire de Franche-Comté*, II, 252, 263 et suiv.

tilshommes. Philippe de Bourgogne intervint ensuite auprès de Jean de Vergy, son maréchal, pour mieux faire respecter les alliances et pour empêcher le retour de pareilles hostilités (1391) (1). C'est dans le même but que, plus tard (1440), les ducs de Bourgogne et de Lorraine nommèrent des conservateurs de leurs frontières respectives.

Guy de la Trémouille laissait deux enfants, Georges, qui lui succéda dans ses titres, et Marie, qui épousa Louis, comte d'Auxerre et sire d'Orgelet. Georges, seigneur de la Trémouille, de Sully, de Craon, de Jonvelle, etc., soutint à la cour ducale le rôle brillant de son père. Mais il ne fut pas longtemps paisible possesseur de sa terre de Jonvelle. Dans les démêlés du duc de Bourgogne avec le comte de Savoie, le chancelier de celui-ci avait fait occuper le château de Jonvelle, de Châtillon et de *Cheneves* (2) ; et par représailles, les gens de Philippe occupaient dans la montagne quelques places de son adversaire. Enfin les deux princes se décidèrent à s'arranger. Bon Guichard et Guy Arménier, de Besançon, bailli d'Aval, furent chargés par leur maître (1er avril 1402) de s'aboucher à ce sujet avec les plénipotentiaires de Savoie. Leurs pouvoirs portaient, quant aux places de Jonvelle, Châtillon et Cheneves, qu'ils les feraient remettre entre les mains du maréchal de Bourgogne, et que les détenteurs seraient requis,

---

(1) *Hist. de Vergy*, 183, 184 ; D. CALMET, *Hist. généal. des seigneurs du Châtelet*, p. XXIII.

(2) Châtillon, autre que Châtillon en Barrois. *Cheneves*, lieu inconnu, si ce n'est pas Genève.

dans la semaine de Pâques, de les rendre libres, sous peine, un mois après la signification, d'aller *tenir hosteige en la ville de Châlons*, jusqu'à pleine satisfaction. Mais ce projet d'arrangement, soumis à la chambre des comptes de Dijon, n'obtint pas son approbation, attendu qu'il était préjudiciable aux intérêts de Bourgogne ; et cette cour délégua Erard Dufour, bailli d'Amont, pour procéder à une nouvelle enquête et arrêter une résolution définitive, avec le chancelier de Bourgogne, Pierre de la Trémouille, oncle du sire de Jonvelle [1].

En même temps, Philippe le Hardi, dont les préoccupations se concentraient alors sur Paris, contre le duc d'Orléans, et dans ses États du nord, contre d'autres ennemis, cherchait à se tranquilliser, sur la frontière de Jonvelle, par un traité avec le duc de Lorraine, dont les gens avaient pris et ruiné Châtenoy (Vosges), sur la limite du Comté. Jean de Vergy fut encore chargé de poursuivre la réparation de cet acte d'hostilité, par les voies diplomatiques. Parti de Fouvent le 10 juin, avec une escorte de quinze hommes d'armes, il joignit, à Remiremont, les députés et le conseil du prince de Lorraine. Mais, ceux-ci ayant répondu qu'ils étaient sans instruction pour traiter l'affaire de Châtenoy, le congrès fut ajourné au 29 juillet et transféré à Châtillon-sur-Saône. Le maréchal fut seul exact au rendez-vous, avec les deux baillis du comté, Erard Dufour et Guy Arménier,

---

[1] D. PLANCHER, III, preuves, p. CCVI et CCVII. Il paraît que les officiers du seigneur, au milieu de ces troubles, méconnaissaient les franchises de Jonvelle ; car les deux échevins, accompagnés de deux bourgeois, allèrent à Langres cette année-là même (1402) pour se faire donner une copie de la charte de 1354.

et cent vingt hommes d'armes, chevaliers ou écuyers ; il ne trouva personne des commissaires lorrains à Châtillon. Toutefois il finit, dans le cours de l'automne, par les amener à Jonvelle, où il se rendit de son côté, avec quatre-vingts cavaliers. Mais comme on ne put convenir de rien dans cette nouvelle entrevue, sinon d'une remise du congrès au dernier dimanche d'octobre, le duc de Bourgogne indigné rappela son maréchal et rompit les négociations [1].

Ce prince mourut deux ans après, de la peste, à Hall en Brabant (27 avril 1404). Malgré ses immenses revenus, sa prodigalité l'avait rendu tellement insolvable, que sa veuve, Marguerite de Flandres, fut obligée de renoncer à la communauté des biens, pour sauver son douaire des créanciers. C'est alors que le plus violent orage éclata contre la maison des la Trémouille, les principaux dissipateurs de la fortune ducale. Le premier chef d'accusation contre eux fut la cession de Jonvelle. Le prince défunt n'avait jamais voulu croire aux avis nombreux qu'on lui avait donnés, sur les procédés malhonnêtes employés par Guy pour avoir ce fief. La vérité trouva naturellement tout accès auprès de la duchesse, à qui les seigneurs jaloux n'eurent pas de peine à persuader que la surprise la plus déloyale avait distrait le plus beau domaine de l'héritage de son aïeule, et que sa couronne redemandait avec justice un aussi magnifique joyau. Par ses ordres, Guillaume de Chassey, un de ses conseillers, et Jean de Marsigny, son procureur à Montbozon et autres lieux, informèrent

---

[1] D. Plancher, III, 190, 191.

secrètement sur cette vieille affaire, en interrogeant tous les gens notables qui purent fournir un témoignage assuré (11 septembre 1404). Parmi les témoins figurèrent Jean Guiot, bourgeois de Montbozon, résidant à Jonvelle; Jean Bourgeois, Jean le Béguin, marchand, et Guillaume Brahon, tous les trois de Jonvelle ; Jean de Raincourt, capitaine de la châtellenie, Jean Damville, son receveur depuis vingt ans; Hugues de Saint-Loup, prieur de Jonvelle; Huguenin Goux et Jean Perrot, de Vesoul ; Perrin de Vitrey, prévôt de Jussey ; Jean de Gray, prêtre à Jussey, et Jean Leclerc, d'Amance. Ils s'accordèrent tous à estimer le revenu de la terre de Jonvelle au moins le triple de ce que le duc l'avait cru d'après la Trémouille, sans parler de sa valeur en cens de nature. La peste l'avait bien dépeuplée les années précédentes ; cependant on portait encore son revenu ordinaire en argent à huit ou neuf cents livres estevenantes. Le témoignage le plus considérable fut celui du receveur Damville, qui révéla tout ce qui s'était passé en 1378. Sa déposition fut confirmée de point en point par celle du prieur et du capitaine [1]. Mais les princes de la Trémouille étaient plus puissants à la cour que la douairière elle-même : ils firent tomber à néant toute l'information, et Jean sans Peur leur conserva toute l'estime et toute l'affection dont son père lui avait donné l'exemple, et qu'il lui avait commandée dans son testament [2].

---

(1) Voir aux Preuves.
(2) En 1405, le sire d'Albret, connétable de France, fait hommage au nouveau duc pour le fief de Jonvelle, tant en son nom que comme ayant garde des enfants de feu monseigneur de la Trémouille. (Archives de la Côte-d'Or.)

Nos archives ont conservé quelques actes de Georges Ier de la Trémouille, entre autres deux chartes (1410 et 1412) confirmant toutes les possessions et tous les priviléges concédés à l'abbaye de Clairefontaine par ses prédécesseurs, les anciens seigneurs de Jonvelle, et ordonnant aux officiers de la châtellenie de la protéger contre toute violence et injustice [1]. Mais il eût fallu pour cela autre chose que des parchemins. Pendant que le sire de Jonvelle, qui se qualifiait du titre de gardien de Clairefontaine, demeurait à Paris, trop absorbé dans les sanglants démêlés de son maître avec les Armagnacs [2] pour venir défendre efficacement ses clients sur les lieux mêmes, le monastère se voyait désolé par les marches incessantes des corps armés et par les dévastations des nobles du voisinage, toujours en guerre les uns contre les autres. La peste se joignit à ces fléaux, et le cloître fut désert pendant quinze ans (1410-1425) [3].

Georges Ier de la Trémouille n'était plus en 1414. Jean, son fils aîné et son successeur à Jonvelle, grand chambellan de Jean sans Peur et son premier maître d'hôtel, fut au nombre des seigneurs qui soutinrent si vaillamment le siége d'Arras, avec ce prince, contre une armée de deux cent mille hommes (1414). Parmi les chevaliers comtois figuraient Didier de Cicon, seigneur de Demangevelle, Jacquot de Voisey, Philibert de Poinctes,

---

[1] Archives de la Haute-Saône, H, 358, 360.
[2] Georges de la Trémouille s'était attiré la haine des Parisiens, qu'il avait appelés traîtres et rebelles. En 1413, ils faillirent le tuer, dans une émeute dirigée contre la Bastille. Ce fut le duc de Bourgogne qui lui sauva la vie. (D. PLANCHER, III, 383.)
[3] *Mémoire sur Clairefontaine*, p. 197.

seigneur de Gevigney, et Mathey de Buffignécourt. Parmi les écuyers se trouvaient Jacquot d'Amoncourt, seigneur de Chauvirey, Jean de l'Etang, Jean de Cendrecourt et Pierre de Raincourt, gentilhomme de la maison du sire de Jonvelle [1]. La paix suivit cette brillante campagne, et le duc en profita pour s'occuper de la police et de la pacification intérieure des Bourgognes, aussi souvent désolées par les guerres des châtelains entre eux que par les hostilités étrangères. Une ordonnance rendue à Gray (8 février 1416) renouvela, sous peine de mort ou de confiscation, les défenses de vider les querelles privées par la voie des armes; et comme il y avait alors des rassemblements armés sur les terres de Luxeuil, de Faucogney, de Jonvelle et de Jussey, le prince fit partir immédiatement le bailli d'Amont, avec ordre de publier ses volontés où besoin serait, et de dissiper les attroupements de gré ou de force. Il trouva plusieurs délinquants: à Baudoncourt, c'était Jean de Saint-Loup; à Luxeuil, c'était Jean de Neufchatel, seigneur d'Amance et de Montaigu, le même qui venait de commander les Bourguignons au siége d'Arras; à Richecourt et à Port-sur-Saône, c'était le maréchal de Vergy, seigneur de ces lieux, d'où il menaçait les habitants de Luxeuil et leur élu. A tous fut signifié le décret qui leur commandait de licencier leur monde. De plus, les prévôts et les sergents du bailliage le publièrent dans tous les lieux accoutumés. En huit jours, les commissaires avaient rempli leur mandat. Ils dressèrent procès-

---

[1] *Hist. des sires de Salins*, I, 327; D. PLANCHER, III, 588, note XXXVI; *Essai sur l'histoire de Franche-Comté*, II, 340 et suiv.

verbal de leurs opérations et l'envoyèrent à la duchesse et au chancelier de Bourgogne, Jean de Courtivron.

Dans ces mesures répressives, Jean sans Peur n'avait d'autre but que de réunir les guerroyeurs autour de lui et de poursuivre, à la tête de forces imposantes, ses projets contre le parti des Armagnacs, qui tyrannisaient le roi et le royaume, et qui venaient d'attirer sur la France le désastre d'Azincourt (25 octobre 1415). En effet, l'année suivante, il marcha sur Paris avec une armée de soixante mille hommes, dans laquelle brillait l'élite des Bourgognes, entre autres le sire de Jonvelle à la tête de vingt gentilshommes et de trois arbalétriers [1]. Deux ans après, lorsque le duc, sentant la nécessité de combiner ses forces avec celles de la France contre les Anglais, eut songé sérieusement à se rapprocher du jeune dauphin, Jean de la Trémouille, Pierre de Beauffremont-Charny et les hauts barons du Comté, l'accompagnèrent à l'entrevue de Pouilly-le-Fort, où la paix fut conclue (août 1419). Mais les conseillers du prince royal, Armagnacs forcenés, avaient juré de venger la mort du duc d'Orléans par la mort du duc de Bourgogne. Sous prétexte d'une nouvelle conférence, on l'attira sur le pont de Montereau (10 septembre), où il se rendit sans défiance, avec Antoine et Jean de Vergy, Jean de Neufchatel et sept autres gentilshommes. C'est là qu'il fut assassiné, sous les yeux du dauphin, malgré la courageuse résistance de sa petite escorte, qui fut arrêtée. Pendant que le crime se commettait, le sire de Jonvelle, à la tête de quelques centaines d'hommes,

---

[1] D. Plancher, III, 474.

occupait le château de Montereau, sur la rive gauche de l'Yonne. Quand les canons et les trompettes du dauphin annoncèrent son sanglant triomphe, Jean de la Trémouille vit la plupart de ses hommes l'abandonner. Cependant, sommé de livrer la forteresse, qui se trouvait sans artillerie et sans vivres, il hésitait encore et voulait savoir si son maître était mort. On lui amena un des Comtois prisonniers, Antoine de Vergy, qui, sans rien dire, traça une croix sur la terre. La Trémouille comprit la triste réponse et baissa le pont-levis de la place [1].

La duchesse, Marguerite de Bavière, stupéfaite d'horreur, poursuivit les meurtriers de son époux, et le sire de Jonvelle fut un des procureurs qu'elle nomma pour la servir dans sa vengeance. En même temps, ce zélé serviteur fut envoyé dans le Charolais pour en chasser les Anglais (1420) [2]. L'année suivante, il accompagnait le jeune duc Philippe le Bon en Picardie, contre les Dauphinois, et se distinguait avec lui à la journée de Saint-Riquier [3]. Premier chambellan de ce prince et membre de son conseil, il fut plus tard l'un des premiers chevaliers de l'ordre de la Toison d'or (1430).

Cependant les Anglais menaçaient encore les Bourgognes, par le Beaujolais et la Champagne. La duchesse douairière, laissée seule à leur défense, donna commandement aux deux baillis du comté, Guy Arménier et Guy d'Amange, de fortifier toutes les bonnes places et de démolir les autres. Celui-ci, s'étant transporté à Jussey dans les premiers jours d'août 1420, accompagné

---

[1] *Essai sur l'histoire de Franche-Comté*, II, 376.
[2] D. PLANCHER, III, 508, 545.
[3] GOLLUT, col. 1061.

de Guillaume de Mailley et de Jean de l'Etang, trouva le château de cette ville en assez mauvais état et commandé par un simple sergent, depuis la mort de son capitaine, Gauthier de Châtenoy. Les réparations nécessaires furent commencées [1], et la place reçut pour gouverneur Guyot de Vautravers, auquel fut associé Thiébaud de Raincourt, bailli et gouverneur de Jonvelle [2].

Les années suivantes firent éclater la guerre pour la succession de Charles de Lorraine, entre son frère Antoine de Vaudémont et son beau-frère René d'Anjou, comte de Bar. Philippe le Bon appuya le premier, et la querelle se vida aux portes de notre frontière. Les maréchaux Antoine de Toulongeon et Jean de Vergy, entrant dans le Barrois par Jonvelle et Châtillon, battirent l'armée de René à Bulgnéville près de Neufchâteau, et le firent prisonnier lui-même avec une foule de gentilshommes (2 juillet 1431). Les vainqueurs repassèrent triomphants à Jonvelle et à Jussey, avec leur illustre captif, qui gémit près d'un an à Dijon dans une tour, puis à Salins dans le vieux manoir de Bracon. Erard du Châtelet, seigneur de Coiffy, et Gérard d'Haraucourt, seigneur de Chauvirey, furent les négociateurs de sa liberté, pour laquelle Philippe le Bon retint les fils de René en otages, et se fit livrer quatre de ses châteaux, entre autres celui de Châtillon-sur-Saône (1432).

Le maréchal de Toulongeon survécut peu à son triomphe de Bulgnéville : il mourut en septembre 1432,

---

(1) Le prieuré de Saint-Marcel fut requis de fournir cinquante francs et le travail de ses hommes aux réparations de la forteresse; mais il obtint remise de la contribution d'argent. (Archives du Doubs, cartul. de Saint-Marcel, n° 53.)

(2) D. PLANCHER, III, 548 ; *Histoire des sires de Salins*, I, 323.

et il eut pour successeur Pierre de Beauffremont, arrière-petit-fils de Philippe de Jonvelle, homme d'expérience et de courage, chevalier d'une constitution athlétique et fameux dans les joutes et les tournois. Il était, comme Jean de la Trémouille, de la première promotion de la Toison d'or. C'est à lui que Philippe le Bon dut la découverte et la répression d'une conspiration étrange, dont le but était de livrer aux Français la capitale même de son duché; et Beauffremont mit d'autant plus d'énergie et de patriotisme à poursuivre cette affaire, que les petits-fils de Guy de la Trémouille, le spoliateur de sa famille, figuraient au nombre des complices. Il s'était formé contre le duc un parti de factieux, parmi lesquels se trouvait Jean de la Trémouille-Jonvelle, avec ses deux frères, Guy et Georges, tous également comblés des faveurs du souverain. Bien plus, Georges avait lâchement passé à la France, et, en intrigant habile, il n'avait pas mis longtemps à pénétrer dans le cœur de son nouveau maître, aussi intimement qu'il s'était vu placé jadis dans la confiance de Philippe le Bon. C'est lui que les ministres de Charles VII envoyèrent à Dijon comme ambassadeur, mais avec la mission secrète de s'entendre avec les seigneurs mécontents, pour livrer Dijon aux Français. Grâce à la vigilance de Beauffremont, le complot fut heureusement découvert; toutefois les principaux coupables surent bien se soustraire à la vengeance du duc, et ce ne fut que vingt ans après qu'elle put atteindre Jean de la Trémouille, qui suivit ses frères à la cour du roi de France (1433) [1].

---

[1] D. PLANCHER, IV, 184; *Essai sur l'hist., etc.*, II, 424 et suiv.

La paix d'Arras, conclue entre la France et la Bourgogne (1435), sembla promettre un peu de repos à notre patrie. Mais, hélas ! que l'avenir répondit mal à ces belles espérances! Avec les emprunts écrasants, les pestes et la famine, arrivèrent les *Ecorcheurs*, dont les excès inouis rappelèrent à notre infortuné pays tout ce qu'il avait souffert, dans le siècle précédent, de la part des *Routiers*. Les gendarmeries envoyées du duché contre ces brigands achevèrent elles-mêmes la dévastation, et méritèrent justement le nom de *Retondeurs*. Sur la frontière de Jonvelle, Thiébaud, bâtard de Neufchatel, Jean, bâtard de Vergy, et Galobre de Ponsac, retranchés dans leurs forteresses d'Amance, de Richecourt et de Fougerolles, se montrèrent les dignes émules des Ecorcheurs et des Retondeurs, en ravageant les terres de Jonvelle, de Saint-Loup, de Luxeuil, de Fougerolles et du Val-d'Ajol (1438-1439). Bientôt après, le bâtard de Bourbon n'en fit pas moins autour de Champlitte et de Morey (1441). Les années suivantes, quatre mille aventuriers, conduits par le dauphin, qui fut depuis Louis XI, de si triste mémoire pour la Comté, passèrent et repassèrent dans les mêmes contrées, le fer et la flamme dans les mains. Rien n'égalait la furie de ces écorcheurs Armagnacs, ennemis nés du prince de Bourgogne. Ils attachaient les paysans aux branches des arbres et allumaient du feu sous leurs pieds. Le bâtard de Mailleroncourt fut couché sur le brasier pour être rôti, et il ne s'arracha des mains de ces forcenés qu'en payant une énorme rançon. Tous les monastères du pays, Luxeuil, Bithaine, Faverney et Clairefontaine, furent la proie de leur brigandage (1444). Quelques bandes attardées de ces Dauphinois étaient restées en Alsace. Au printemps (1445), le maréchal Thiébaud de Neuchatel eut le bonheur de les écharper, aux environs d'Altkirch ; mais leurs débris se répandirent encore sur la frontière nord-est du comté, par ordre secret du roi de France. Tout fut pillé et saccagé de nouveau, depuis Jonvelle et Jussey jusqu'à Champlitte. L'abbaye de Cherlieu eut sa part de malheurs. Les places fortes seules purent tenir, comme Demangevelle, Jonvelle, Jussey, Richecourt, Amance. Le maréchal, qui n'avait pu arrêter les ennemis, écrivait à ce sujet à la duchesse de Bourgogne : « Tous les routiers qui étaient en Alsace sont à présent logés en votre comté de Bourgogne et terre de Jussey, où ils font des maux inouis. Ils ont passé près de Jonvelle, au nombre de sept cents environ. Après avoir séjourné deux jours à Bourbonne, ils sont maintenant logés à Percey-le-Grand. Sur leur passage tout a été pillé, brûlé, et les habitants emmenés prisonniers. Le roi et le dauphin leur ont mandé secrètement de vivre en Bourgogne et de faire tant qu'on se plaignît d'eux. » On le devine aisément, le roi de France cherchait des représailles, pour en prendre occasion de se jeter sur le Comté ; et si la terre de Jonvelle, que la protection de Jean de la Trémouille, son seigneur nominal, aurait dû couvrir, fut pourtant courue et dévastée par les Français, comme tout le voisinage, c'est que Philippe lui avait déjà donné un gouverneur à son nom, en attendant l'occasion de la retirer définitivement aux la Trémouille par voie de confiscation. En un mot, pendant huit ou dix ans ce cri sinistre : *Voici les Ecorcheurs !* retentit de toutes parts dans notre malheureux bailliage ;

et comme la peste marchait de compagnie avec la torche et le glaive, le pays fut dépeuplé, de même que cent ans auparavant, et nombre de villages disparurent pour toujours (1).

Pour surcroît de maux, la frontière de Jonvelle était encore visitée par d'autres dévastateurs, les Lorrains du voisinage, qui subissaient à leur tour les hostilités des Comtois, et cela malgré la paix conclue entre Philippe le Bon et René de Lorraine (1437). Il fallait de toute nécessité réprimer ces infractions désordonnées. Pour atteindre ce but, les ducs de Lorraine et de Bourgogne nommèrent des commissaires, qui se réunirent en conférence à Jonvelle, le 13 juin 1440. Ces plénipotentiaires étaient, d'une part Jean de Fénestranges, Erard du Châtelet, Ferry de Parroye, bailli de Nancy, et Gérard d'Haraucourt, pour le prince de Lorraine; et d'autre part, Philibert de Vaudrey, bailli d'Amont, Jean Poinsot et Jean de Salins, son fils, pour Philippe le Bon. Ils rédigèrent le protocole suivant :

« 1° Le traité de paix et d'alliance convenu entre Sa Majesté le roi de Naples (René) et monseigneur le duc de Bourgogne, sera de nouveau publié en tous les lieux accoutumés.

» 2° Pour veiller à son observation de point en point, sont nommés conservateurs : Gérard d'Haraucourt, Erard du Chatelet, le bailli d'Amont, Didier de Cicon, seigneur de Gevigney, et en cas de différend, noble et puissant messire Thiébaud de Neufchatel.

» 3° Ils s'assembleront au moins deux fois par an,

---

(1) *Essai*, II, 435, 466. Les *Ecorcheurs* étaient ainsi nommés parce qu'ils prenaient jusqu'à la chemise. (MONSTRELET.)

dans les quinzaines de Pâques et de la Toussaint, à Jonvelle et à Châtillon-sur-Saône alternativement. S'il arrivait que les conservateurs d'un pays convoquassent plus souvent leurs collègues de l'autre pays, on devra s'assembler un mois après, soit à Jonvelle, si la convocation vient de Lorraine ou de Bar, soit à Châtillon, si elle vient de Bourgogne.

» 4° A la réunion de la Toussaint, les conservateurs feront paraître devant eux tous les plaignants, pour faire ensuite prompte justice, conformément aux clauses des alliances. Ils puniront les transgresseurs, comme bon leur semblera, et ils pourront requérir pour cela le secours de la force publique, aux dépens du pays requérant.

» 5° A la Toussaint prochaine, ils seront tenus de rapporter la ratification du présent protocole, de la part de leurs souverains ; et dans cette conférence, ils feront serment d'entretenir et de sauvegarder les alliances avec fidélité et de tout leur pouvoir (1). »

La commission reçut en outre le droit de régler les limites des trois Etats, assez indécises en certains endroits.

Il n'y avait point alors de tribunaux de justice bien réglés, et presque tout s'y décidait par les armes ou par l'arbitraire des seigneurs particuliers. Cette fois, on nomma des *juges conservateurs* des frontières, pour y juger en commun les sujets des trois provinces. C'est le commencement des assises de bailliage et de cour souveraine (2).

---

(1) D. CALMET, *Hist. généal. des seigneurs du Châtelet*, aux preuves, p. 44 et 51.
(2) Ibid.

Un des premiers actes des cinq conservateurs fut de déclarer le château et la terre de Saint-Loup fief du comté [1]. Cette décision n'ayant point été respectée, par le refus de la ville ou du seigneur, Neufchatel châtia les rebelles d'une manière terrible : la place fut prise d'assaut, mise à sac et rasée de fond en comble [2]. Plus tard, la commission siégeant à Corre fut obligée de revenir sur la question de Saint-Loup ; mais elle maintint son premier jugement [3]. Les conservateurs adjugèrent de même le château de Fougerolles à Philippe de Bourgogne, qui l'occupait déjà depuis 1437. Auparavant, il était au comte de Blamont (Lorraine). Pendant les ravages des Ecorcheurs, il avait servi à les recéler, eux et leur butin, par la complicité du châtelain. C'est alors que Philippe de Vaudrey, l'un de nos conservateurs, attaquant ces brigands dans leur repaire, l'avait pris d'assaut, pour le duc son maître [4].

Les assises de Jonvelle et de Châtillon en étaient à leur seconde année, lorsque les envoyés de Charles VII s'y présentèrent pour y traiter de la frontière française, qui, selon les prétentions du roi, devait absorber toute la châtellenie de Jonvelle, parce qu'elle était fief de Jean de la Trémouille, devenu vassal de la couronne de France. On comprend en effet que celui-ci avait dû pousser son nouveau maître à revendiquer cette terre comme un fief français, s'attendant bien à le perdre, pour sa félonie envers le souverain du Comté. Cependant

---

(1) D. Grappin.
(2) *Essai sur l'histoire de Franche-Comté*, II, 474.
(3) Perreciot, *Ebauches*.
(4) *Essai*, ibid.

la cause de l'honnêteté triompha dans cette contestation; et Charles VII, agréant les remontrances qui lui furent soumises par les ducs de Bourgogne et de Lorraine, voulut bien renoncer à ses prétentions (1). Mais son fils, le néfaste Louis XI, devait dans la suite servir plus efficacement les colères trompées des la Trémouille sur la seigneurie de Jonvelle.

Depuis l'attentat avorté de 1432, le titulaire de ce domaine, Jean de la Trémouille, et ses frères, avaient continué de servir la France; et leur esprit insinuant les avait bien vite élevés au rang de favoris, aussi puissants à la cour de Charles VII qu'on les avait vus auprès des ducs de Bourgogne. C'était assez d'ambition satisfaite, pour empêcher cette famille orgueilleuse de réparer sa félonie et son ingratitude en entrant dans la voie du repentir. Cependant ils connaissaient la clémence de Philippe, que ses contemporains ont qualifié du titre de *Bon* à cause de sa facilité à pardonner sincèrement les plus grands écarts de ses gentilshommes. Ainsi avait-il pardonné à Bernard de Chateauvillain, l'un des chefs du complot de Dijon. Pierre de Beauffremont lui-même, dans un moment d'humeur, avait passé à Charles VII, en 1436, entraîné par les cajoleries de sa cour, et il s'était oublié jusqu'à envoyer un cartel public à son

---

(1) Cette négociation, inconnue de nos historiens, est indiquée dans un titre inédit, à moitié rongé par le temps, que nous avons trouvé dans les archives de la chambre des comptes (C. J, 4). C'est un *vidimus* du 24 décembre 1453, signé Lefebvre et Boisot, notaires à Dijon. Il rappelle un acte daté à Tours du 28 janvier 1441 (v. s.), concernant la procédure ouverte entre le roi de France et le duc de Bourgogne, au sujet de la possession de Jonvelle. Du reste, le roi déclare dans ce titre qu'il s'en rapportera à la décision des quatre conservateurs des frontières.

maître abandonné. Mais un prompt retour au devoir lui avait rendu toutes les faveurs et toute l'estime du prince, qui le fit même entrer dans sa famille, en lui donnant Marie, sa fille naturelle, en mariage (1). Quant aux transfuges la Trémouille, leur défection était consommée pour toujours ; mais Jean retenait son fief de Jonvelle (2). Au reste, le duc de Bourgogne, satisfait pour le moment d'avoir écarté la domination française de cette seigneurie, attendit patiemment la mort du détenteur ; et quand elle fut arrivée, il s'autorisa de ce qu'il ne laissait pas d'enfants et de ce que sa veuve était entrée dans un cloître, pour faire revenir au domaine la terre de Jonvelle par voie de confiscation. Elle fut donnée à la duchesse Isabelle de Portugal, à titre de réméré, pour vingt mille écus d'or (3), et fit partie de son douaire (4). Jacqueline de Lisle-Bouchard, veuve de Georges de la Trémouille, essaya bien de la revendiquer, au nom de ses enfants, héritiers de leur oncle Jean. Mais on était assez fondé pour repousser les prétentions de cette femme, non moins odieuse à la maison de Bourgogne par le nom de son précédent mari que par la félonie du dernier ; car elle avait été femme de Pierre de Giac, fils de la traî-

---

(1) *Essai sur l'histoire de Franche-Comté*, II, 431, 454.

(2) En 1448, il donne en cette qualité le dénombrement de ses terres de Corre, Blondefontaine, etc. A Blondefontaine, il a sept ou huit hommes. La ville de Corre doit guet et garde au château de Jonvelle. (Chambre des comptes, cote C, 287.)

(3) L'écu d'or, du poids de 71 au marc ou demi-livre, valait 27 sous de ce temps-là, ou 12 francs 67 centimes d'aujourd'hui.

(4) Une enquête de 1510, mentionnée plus loin (pages 158 et 159), constate que la terre de Jonvelle fut donnée par Philippe le Bon, avec d'autres fiefs du Comté, tels que Chaussin, etc., à *M*^{me} *Isabeau de Portugal, sa compaigne, pour ses espingles*.

tresse dame de Giac, dont la beauté avait séduit Jean sans Peur, et dont l'empire l'avait entraîné sur le pont fatal de Montereau. Etienne Arménier, seigneur de Belmont, chef du conseil ducal et président des parlements de Bourgogne, assisté de plusieurs autres commissaires, trancha la question de Jonvelle, en déboutant les demandeurs, et nomma des officiers à la seigneurie, au nom de la duchesse, qui leur donna ses lettres-patentes. Le capitaine et bailli fut Thiébaud de Neufchatel, seigneur de Belmont, maréchal de Bourgogne [1], à qui l'on donna pour lieutenant Hélyot Jacquelin, seigneur de Mantoche. Le procureur fut Robert Garnier, le chapelain du château Jean Chrestiennot, chargé de trois messes par semaine, et le receveur de la châtellenie Jean Bézart, de Jussey, qui fournit pour ses cautions Guillaume, son frère, et Pierre Estevenot, aussi de Jussey. Ensuite Arménier fit installer les nouveaux fonctionnaires par les officiers du parlement, qui se rendirent devant le château de Jonvelle en robes de velours cramoisi, accompagnés de leurs huissiers. Ceux-ci jetèrent leurs baguettes blanches par dessus les murailles, en signe de mainmise et de possession reprise (1451) [2]. Ainsi finit la première domination de la maison de la Trémouille à Jonvelle, par une confiscation à peu près semblable à celle qui, quatre-vingt-cinq ans auparavant,

---

[1] Philippe de Neufchatel lui succéda plus tard à Jonvelle, ayant pour lieutenant Guillaume de Saint-Seine, seigneur de Senoncourt.

[2] Archives de la Côte-d'Or, cote B, 4968 et suivantes.

Le *bâton blanc* était l'insigne ordinaire des sergents, qui le remettaient aux parties au moment où se faisait la *récréance* ou réparation du délit. La porrection des petits *bâtons blancs* était aussi un signe de transmission de propriété, dans les ventes ou donations.

avait spolié les héritiers légitimes de Philippe. On croira facilement que le descendant du dernier des Jonvelle, le brillant maréchal Pierre de Beauffremont, devenu premier chambellan de Philippe le Bon à la place de Jean de la Trémouille, ne fut point étranger à une mesure qui frappait une famille enrichie des dépouilles de ses aïeux. Quoi qu'il en soit, les fiers et puissants la Trémouille eurent la hardiesse de protester, de réclamer, d'intriguer, par le moyen du roi de France ; mais ce fut en vain. Nous verrons comment ils se vengèrent plus tard sur le Comté et sur Jonvelle en particulier, qu'ils finirent par ressaisir. En attendant, les duchesses de Bourgogne ajoutèrent le nom de Jonvelle à leurs titres fastueux : Isabelle de Portugal le porta jusqu'à sa mort.

A cette époque et depuis longtemps, les fonctions de capitaine et de bailli se trouvaient cumulées, de sorte que le châtelain ou gouverneur de Jonvelle exerçait la double autorité militaire et civile, par lui-même ou plus ordinairement par un lieutenant tenu à la résidence. Capitaine, il commandait la garnison de la place et conduisait les vassaux de la seigneurie aux expéditions d'armes, sous la bannière du prince. Lorsqu'il s'agissait de renforcer la garnison ou de commander les retrahants, pour y faire le guet et garde dans le cas d'imminent péril, il avait recours au bailli d'Amont et aux officiers du fisc pour infliger aux récalcitrants des amendes convenables. Dans le siècle suivant, Jonvelle eut son capitaine et son bailli distincts ; mais nous verrons, en 1620, revenir l'unité du commandement, sur les réclamations des habitants eux-mêmes.

Les comptes de **Jean Bézart**, premier receveur de

Jonvelle pour la duchesse, figurent dans les cartons de la seigneurie à Dijon ; citons-en quelques extraits qui ne seront pas sans intérêt pour notre histoire, car ils donneront une idée de la valeur de l'argent et du prix des choses au quinzième siècle.

Les gages du bailli-capitaine étaient de soixante francs ; le lieutenant en recevait quarante, le receveur et le chapelain vingt, le procureur huit.

« Pour cire despensée, tant pour une torche comme pour autre luminaire, en la chapelle de monseigneur en son chastel, pour l'an de ce compte (1451), ainsi qu'il est accoustumé, 97 livres.

» En pur don aux compaignons fréquentant le jeu de l'arbalestre, en la ville de Jonvelle, la somme de trois francs, qu'on leur baille annuellement, par mandement de feu monseigneur de Jonvelle [1].

» Payé à Huguenin Largenier, de Jussey, deux francs, pour le scel et contre-scel en cuivre de la chastellenie.

» Réparation du pont sur la Saône, 13 francs.

---

[1] Pour entretenir chez les jeunes gens le goût et l'adresse dans le maniement des armes, les principales villes avaient toutes leurs *compagnies de l'arbalète* ou *arquebuse*, autorisées, encouragées et dotées par les souverains. Le 1er mai de chaque année, on dressait un mât couronné d'un papegay, pour servir de but aux compagnons tireurs. L'heureux chevalier qui abattait l'oiseau, proclamé *roi de l'arquebuse*, devenait, pendant un an, exempt de toutes redevances, et jouissait des droits de chasse, de pêche et d'affouage dans les propriétés domaniales. Trois victoires successives assuraient au héros la possession de ces avantages pendant sa vie tout entière. De temps en temps, il se faisait un concours général entre les diverses compagnies de la province. Les règlements ne toléraient pas le blasphème dans le lieu des exercices : une première faute était punie par une amende assez forte ; la récidive entraînait l'expulsion. L'impiété de se donner au diable dans ses paroles était également réprimée selon la gravité. (MM. GATIN et BESSON, *Hist. de la ville de Gray*, p. 146.)

» Réparation du pont-levis du chastel : pour le renouvellement de la charpente tombée de vétusté, six gros vieux; fourniture de vingt-huit livres de fer, dix gros.

» Au chastel, pour deux verrolz, deux traictoires, deux husseries, une serrure avec sa clef pour la saule, six gros.

» Réparation au toit de la chapelle, quatre sols et trois penaux de froment, payés à Jean Guiot, de Villars-Saint-Marcellin.

» Pour les frais du procès contre noble et puissante dame Jacqueline de Lisle-Bouchard, veuve de messire Georges de la Trémoille, et contre ses enfants, 78 francs. »

La ferme de la prévôté donnait 41 livres estevenantes ; la terre du Corroy, à Bousseraucourt, tenue par Regnaud du Châtelet, 18 gros. En 1456, les biens meubles et immeubles de Girart Pillet, de Cemboing, demeurant à Voisey, lequel fut *ars, brulez et mis en cendres, por ses démérites*, furent vendus vingt et un francs quatre gros (1).

La même année, le blé de la châtellenie se vendit aux enchères le double des années précédentes, quatorze blancs l'émine, l'avoine un gros, et la livre de cire quatre sous deux deniers. L'oison fut remis aux censitaires pour douze deniers, le chapon pour deux blancs et la poule pour six deniers (2).

---

(1) Dans le même compte figurent diverses recettes faites sur les terres de Regnaud Garrel, écuyer, confisquées pour défaut de service féodal. A l'article d'Enfonvelle, il est dit que les habitants du lieu, hommes du prieur, refusaient de donner les deux muids d'avoine dus au seigneur de Jonvelle pour la garde du château, et que la main du roi avait été mise sur ce droit depuis seize ans.

(2) Archives de la Côte-d'Or, ibid. L'émine était de deux penaux, ou

Pour terminer ce chapitre, mentionnons deux faits particuliers accomplis dans la seigneurie de Jonvelle, et dont l'importance relative nous fait connaître le caractère de la législation criminelle de cette époque.

En 1437, un bourgeois de Polaincourt, nommé Perrenot, avait frappé son domestique si brutalement que la mort en était résultée. Le père et la mère du défunt portèrent plainte à Jonvelle, devant le notaire Colin Colesson. Celui-ci condamna le meurtrier à faire célébrer en l'église de Polaincourt quatre messes de *Requiem*, pour le repos éternel de sa victime, et de plus à payer seize francs de dédommagement à ses parents : de tout quoi ceux-ci se tenant pour satisfaits, pardonnèrent complétement la mort de leur fils (1). Au temps de Philippe le Bon, la législation, toute romaine qu'elle fût dans son ensemble, laissait encore dominer les coutumes germaniques, dans la répression des délits et des crimes par la compensation. Ainsi les attentats contre les mœurs, les violences contre les personnes et les propriétés, les meurtres, les injures contre le prince et ses officiers, n'entraînaient que des amendes pécuniaires. Ces souvenirs des peuples du Nord ne s'effacèrent chez nos aïeux que sous la domination espagnole (2).

Le second fait est de 1448. Un mainmortable de Plai-

---

quatre quartes, et le muid de vingt-quatre émines. Le franc avait cours pour 18 sous estevenants, le florin pour 15 sous, le gros tournois d'argent *vieux* pour 18 deniers; il valait 4 blancs. (Ibid.)

Dans le même temps, Guillaume Larmet, curé de Villars-Saint-Marcellin, acheta pour 5 francs et demi deux ouvrées de vigne échues à la duchesse par mainmorte. (Ibid.)

(1) Archives de la Haute-Saône, H, 360.
(2) *Essai sur l'histoire de Franche-Comté*, II, 513.

nemont[1], nommé Thevenot Gredon, avait trouvé à la corvée de la grange d'Airecourt une biche étranglée par un loup. Ce gibier appartenait à l'abbé de Clairefontaine ; mais Gredon le vendit à Aimé Suilley, capitaine du château de Conflans, et commit en cela un double délit, celui d'avoir pris une épave du monastère, et celui, plus grave encore, d'avoir fait acte de désaveu et de rébellion envers son seigneur, en livrant l'animal à un seigneur étranger. L'abbé, l'ayant inutilement réclamé de l'acheteur, envoya deux huissiers saisir le coupable vendeur à son domicile, pour l'emprisonner à Jonvelle. Il y resta sept jours, pendant lesquels il fut mis en jugement et condamné à livrer une vache blanche pour la biche soustraite, et à payer soixante sous d'amende. Ensuite il fut amené au monastère, et là, après les interpellations de l'offensé, il se reconnut franchement « homme de l'abbé, sujet de l'église de Clairefontaine, mainmortable, tant de production que de poursuite et d'ancienne hoirie, à cause de son père, et ne se réclamant d'aucun autre seigneur. » Puis il se soumit à la réparation du délit, et simula une livraison de vache blanche en présentant à l'offensé un bâtonnet blanc[2]. Satisfait de cette soumission, le révérend père rendit la liberté à son prisonnier et le quitta même de tous les frais stipulés.

(1) Canton de Saint-Loup.
(2) « Et a donc ledit Thevenot prins un petit baston blanc à la main, disant qu'il le prenoit en signe et figure d'une vache blanche, et le mit en la main dudit révérend père en Dieu abbé de Clairefontaine, disant : Monsieur, je fais recréance de votre épave de biche, que vous me demandez, et que j'ai prinse dans votre corvée de la grange d'Airecourt, en votre seigneurie de Clairefontaine, par la traduction de ce baston blanc; et de l'amende m'en soumets à votre bon jugement, et jusqu'à la somme de 60 sols, pour ce que j'ai dépouillé et désavoué votre justice et seigneurie. » (Archives de la Haute-Saône, H, 360.)

CHAPITRE II.

LA TERRE DE JONVELLE RENTRÉE MOMENTANÉMENT DANS LE DOMAINE DU SOUVERAIN.

La duchesse Isabelle, dame de Jonvelle. — Navigation de la Saône supérieure.— Marguerite d'Angleterre, dame de Jonvelle.— Guerres de Louis XI contre Charles le Téméraire. — Dévastations de Georges de la Trémouille et de Charles d'Amboise. — Georges II et Louis de la Trémouille, seigneurs de Jonvelle. — La maison de Bourgogne rentre en possession de ce fief. — La paix.

(1448 — 1509.)

La duchesse de Bourgogne, devenue dame de Jonvelle, signala son joyeux avènement, non par des exigences et des impôts, selon l'usage, mais par l'exemption de toutes contributions publiques (1). Plus tard, l'empereur Maximilien, le roi Philippe Ier, l'archiduchesse Marguerite d'Autriche et Charles-Quint, confirmèrent ce privilége insigne, motivé sur le fidèle dévouement de Jonvelle et de tous les sujets de sa terre, comme sur les *foules* et périls auxquels cette ville et les villages

---

(1) Exemptions et franchises de contribuer aux tailles, aydes et impôts mis et accordés sur le comté de Bourgoigne, qu'auscune chose leur pust estre demandée. » (Voir aux Preuves, année 1609.)

dépendants étaient continuellement exposés, à cause de leur voisinage de France et de Lorraine. Nous les verrons, en 1609, exhiber tous ces précieux diplômes devant les souverains du comté, Albert et Isabelle, et obtenir d'eux une nouvelle confirmation de leurs priviléges.

En 1463, Jonvelle avait pour lieutenant du capitaine-bailli, Pierre Baulay, de cette ville, qui eut à juger la difficulté suivante, survenue entre les religieux de Clairefontaine et deux mariniers. Les débats du procès nous révèlent des détails intéressants sur le commerce par la navigation de la Saône, au moyen âge et dans les siècles suivants.

Le monastère avait reçu des anciens seigneurs de Jonvelle le moulin de la Minelle, sur la Saône, entre Corre et Ormoy. Ce moulin, détruit en 1444 par les Ecorcheurs, fut relevé en 1460 par l'abbé Guillaume, qui rétablit le droit de passage par la portière de l'écluse, sur tous les bateaux-transports qui descendaient la rivière, chargés de meules, mortiers, solives, merrains et autres marchandises. Ce droit, qui était perçu par tous les moulins de la seigneurie, en amont comme en aval, était de deux engrognes par bateau (un peu plus de deux deniers). Or, en juin 1463, Jean Hugart et Jean Prevost, de Selles, firent descendre quatorze bateaux par la portière de la Minelle, sans vouloir acquitter le péage [1]. Le meunier, Jean Voulan, les fit arrêter en fourrière, et l'affaire fut portée à Jonvelle. Les deman-

---

[1] Jean Dubois, du Magny, N. Grart, d'Alaincourt, et Jean Maire, de Selles, acquittaient le droit sans difficulté.

deurs exposèrent à l'appui de leur cause, l'usage, l'entretien de la portière et le préjudice causé au moulin par l'écoulement de l'eau, quand la portière est ouverte aux bateaux. Ils concluaient en réclamant la condamnation des récalcitrants à leur payer solidairement la somme de vingt-huit engrognes, ou deux sous et demi monnaie de France. Mais, suivant les défendeurs, ce péage était de création toute récente; jusqu'alors, depuis plus de deux siècles, on avait passé devant la Minelle sans rien payer; car ce moulin était resté en ruine depuis cette époque : la rivière est une propriété publique, et personne ne peut la barrer à son gré; personne ne pouvait imposer aucun droit sur la Saône sans l'autorisation du souverain : les péages existants avaient cette consécration; ils allaient, comme tout le monde, jusqu'à Chalon sans rien payer, par les *molins, portz et passaiges* de Port-sur-Saône, Conflandey, Scey, Ray, Seveux, Savoyeux, Moulin-Neuf, Vereux, Rigny, Gray, Auxonne, Saint-Jean-de-Losne, Pagny, Châtelet, Pouilly, Seurre, Chaselle, Chasnoy, Verdun, Lélyot et Chalon.

Le titre qui nous a conservé ces détails [1] s'arrête là, sans nous donner la sentence du juge; mais on ne peut douter qu'elle n'ait été favorable aux moines, puisque le procès-verbal des débats est resté dans leurs archives. D'ailleurs, la mauvaise foi des opposants est patente. Le moulin n'était ruiné que depuis seize ans, quand l'abbaye le releva; et par conséquent il était bien facile à constater que sa vieille écluse et son ancienne portière avaient eu le péage, comme toutes les autres de la châ-

---

[1] Archives de la Haute-Saône, cartul. de Clairefontaine.

tellenie ; mais en refusant de payer là ce qu'ils acquittaient sans mot dire partout ailleurs, Hugart et Prevost avaient spéculé sur les impuissantes réclamations de pauvres religieux ruinés par la guerre.

Ce procès fait remonter bien loin dans le moyen âge une industrie qui est encore aujourd'hui la richesse des pays riverains de la Saône supérieure et du Coney, son affluent, c'est-à-dire le commerce des meules et des bois. Jusqu'à ces dernières années, ces marchandises descendaient la rivière en grands bateaux, appelés *sizelandes*, que les patrons vendaient avec leur chargement, dans les ports de Chalon, de Mâcon et de Lyon. Aujourd'hui les voies ferrées ont à peu près supprimé cette navigation : toutes les marchandises de Selles et des environs arrivent à la gare de Jussey, et sont emportées de là par la vapeur. C'est ainsi qu'est tombé, à peine commencé (1), le projet de relier la Saône à la Moselle par le Coney. Nous avons dit (2) qu'autrefois, sous le règne de Néron, L. Antistius Vetus voulut profiter de quelques moments de trêve que lui laissaient les Germains, pour occuper ses légions à cette entreprise vraiment romaine. Il avait commencé dans les Vosges le canal destiné à réunir les deux rivières, et à mettre ainsi la Méditerranée en communication avec l'Océan septentrional, lorsqu'il fut arrêté dans son travail par le préfet de la Gaule-Belgique. Il était réservé au dix-neuvième siècle d'opérer cette jonction des deux mers par le canal de

---

(1) Les travaux de canalisation de la Saône ont été poussés jusqu'à Scey.
(2) Page 26.

Verdun à Huningue ; mais il n'eût pas empêché de leur donner une autre artère de communication, par la Saône supérieure et la Moselle, si les chemins de fer n'étaient venus arrêter l'œuvre, par la supériorité incontestable de leurs avantages.

Au lieu de canaux, les Romains construisirent ces routes monumentales qui sillonnèrent les Gaules dans toutes les directions. Mais lorsque leur domination eut fait place, dans nos contrées, à celle des Francs et des Burgondes, les routes qu'ils avaient créées, cessant d'être entretenues, ne furent plus praticables pour le roulage, et la Saône redevint, comme du temps des Gaulois, la principale voie de commerce de la Haute Bourgogne. On la prenait aussi de préférence pour voyager [1]. Cette navigation, qui commençait à Châtillon et à Selles, garda la même importance pendant tout le cours du moyen âge et dans les siècles suivants, jusqu'à l'établissement des routes modernes. On peut voir, dans les anciennes ordonnances de nos comtes, que la réparation « des pontz, portz, portières, deffends, combrots, chemins et passayges de la rivière de Sogne, » était classée parmi les intérêts généraux du pays, et confiée à la surveillance du bailli d'Amont. Le *maître des ports* devait commencer par Selles ses deux visites annuelles du cours de la Saône [2].

---

[1] En 1093, Etienne, abbé de Bèze, revenant de Luxeuil, prit la Saône à Conflandey pour faire son retour : « Stephanus abbas, dum *remigando per Segunnam* ad ecclesiam Besuensem *remearet*, ab Hermuino domino, in villà Sivoïo (Seveux) hospitio susceptus est. » (Spicilége d'A-chery, II, 345.)

[2] Un règlement de la cour de Dole (1613) s'exprime ainsi : « Commencerez la première visite au port de Selles, aux frais des basteliers

Cependant Louis XI avait succédé à Charles VII (1461), et Charles le Téméraire à Philippe le Bon (1462). A la mort de celui-ci, ce fut un deuil général ; un vague et sombre pressentiment, indice presque assuré des tempêtes, pesait alors sur la Bourgogne. A Jussey, quand arriva le héraut d'armes porteur de la funeste nouvelle, la douleur publique fut telle, que les enfants mêmes interrompirent leurs jeux et se prirent à pleurer [1]. Le nouveau duc, après la mort de sa mère (1472), transporta le fief de Jonvelle dans le domaine de sa femme, Marguerite d'Angleterre [2], à qui la duchesse défunte l'avait légué par testament.

Aucune époque ne fut plus désastreuse pour notre province que le règne de Louis XI et de Charles le Téméraire, dont les noms ne rappellent que trop, l'un l'astuce, la fourberie et la lâche cruauté, le second la fièvre des armes et la bravoure aventurière, imprudente et presque toujours malheureuse. Sans reconnaissance pour l'asile et la protection que Philippe le Bon lui avait accordés (1456), alors qu'il était en querelle avec son père, le roi de France déclara la guerre au fils de son bienfaiteur, dès l'an 1470, avec le dessein bien arrêté de lui prendre ses Etats. Pendant qu'ils sont attaqués dans

---

dudit lieu, aucuns desquels y assisteront, pour faire voir audit maistre des portz les empeschements qui sont jusques au port de Gray, etc. » (Cité par M. Longchamp, dans ses *Glanures*.)

(1) *Essai sur l'histoire de Franche-Comté*, II, 544.

(2) « Marguerite d'Angleterre, par la grâce de Dieu, duchesse de Bourgogne, de Brabant, de Hambourg, de Luxembourg et de Gheldres, comtesse de Flandres, d'Artois, de Bourgogne, de Haynau, de Hollande, de Zélande, de Namur et de Zugterhen, marquise du Saint-Empire, dame de Frise, de Salyns, de Malynes, et *dame douairière de Jonvelle*. » Tels sont les titres que cette princesse prend dans ses diplômes.

le Nord, un corps de Français, de Barrois, de Liégeois et d'autres aventuriers, se forme à Coiffy, entre dans la terre de Jonvelle, prend la ville et ravage tous les environs. Voisey, Villars, Fignévelle, Godoncourt, Ormoy, Corre et Ranzevelle, sont entièrement brûlés et leurs habitants tués ou dispersés aux quatre vents (1471). En 1473, ces villages étaient encore déserts, et le duc n'obtint le retour des fugitifs qu'en les exonérant de toute redevance [1].

Louis XI avait entraîné dans sa cause le vieux René de Lorraine, son oncle, l'ancien prisonnier de Philippe de Bourgogne, et bientôt Charles eut encore l'empereur Frédéric III sur les bras. Pendant que les Allemands, sous la conduite de Diesbach, entrent par le Montbéliard, battent une armée près d'Héricourt, emportent ensuite la place et se répandent d'un côté jusqu'à Luxeuil et de l'autre jusqu'à Pontarlier (hiver 1474-1475), en même temps arrivent de Lorraine dix mille aventuriers français, lorrains, suisses et ferettois, commandés par le prince d'Orange, Jean de Chalon-Arlay IV, devenu par vengeance traître à sa patrie et à son souverain. Ils forcent la frontière par la prise de Jonvelle et mettent tout le pays à feu et à sang [2]. Les paysans, ne trouvant plus d'asile dans les villes et les châteaux, que nulle valeur

---

[1] GOLLUT, col. 1231. Archives de la Côte-d'Or, B, 4978, fol. 1 et 2.

[2] « Honorable homme maistre Olivier de Rezelle, secrétaire de nostre souveraine dame (Marguerite d'Autriche), âgé de soixante-trois ans et se souvenant de cinquante-trois, se souvient que feu monseigneur le prince d'Orange se partit de monseigneur le duc Charles, pour aler au service du roy de France, et vint courir la seigneurie de Jonvelle, brusler villes, chasteaulx et villaiges, y faisant de grants dommaiges, et la laissa en toute désertion et ruynes. » (Enquête de 1510, mentionnée plus loin.)

ne saurait défendre, le demandent en vain à la sainteté des églises : rien n'est respecté ; celle de Clairefontaine est inondée du sang des femmes, des enfants et des vieillards qui s'y étaient réfugiés. Les religieux avaient échappé au massacre en se réfugiant au château d'Amance [1].

Le prince d'Orange s'était retiré chargé de butin. Mais après lui, voici venir un homme encore plus altéré de vengeance : c'était Georges de la Trémouille-Craon, neveu du dernier sire de Jonvelle, destiné par le sort à porter lui-même ce titre quinze ans plus tard, en attendant brutalement résolu à se faire le bourreau de la contrée, s'il ne pouvait en devenir le seigneur. Louis II de la Trémouille, son neveu, âgé de quinze ans, faisait alors sous lui ses premières armes, et devait aussi plus tard porter le nom de seigneur de Jonvelle. Georges était gouverneur de Champagne, et Louis XI l'envoyait avec un corps d'armée au secours de René d'Anjou, contre les Bourguignons que leur souverain, occupé dans les environs de Cologne au siége de Nuis, abandonnait à la merci de toutes sortes d'ennemis. Craon marche droit à Jonvelle (3 mai 1475), d'où sortaient à peine les Lorrains. Quelle résistance pouvaient offrir les places de cette frontière, sans autre garnison que leurs citoyens et quelques retrahants ? La terreur ouvre leurs portes, ou bien le canon a bientôt troué leurs faibles murailles. Le sort de Jonvelle devient celui de tout le voisinage. L'ennemi prend Jussey, Gevigney, Richecourt, Lambrey, Bougey, Conflans, Amance, Buffigné-

---

[1] *Mémoire sur Clairefontaine*, p. 212.

court, Saint-Remy et Charriez, tuant, pillant et brûlant tout ce qu'il rencontre. « L'abbaye et les religieux de Cherlieu passèrent par leurs mains, dit Gollut, et ils cogneurent et expérimentèrent leur avarice et cruauté (1). » L'abbé paya douze cents livres de rançon. Les malheurs de Faverney ne furent pas moindres (2). Partout la soldatesque brutale pillait les églises et entraînait les prêtres prisonniers, pour extorquer d'eux quelque bonne rançon. Tristes temps, qui ne rappelaient que trop les invasions barbares des premiers siècles! La fureur des armes rendait sourd à la voix de la pitié comme à celle de la religion : tout prisonnier qui ne donnait point espoir d'une rançon convenable, était tué sur-le-champ. Les garnisons assiégées obtenaient encore, en capitulant, de sortir avec la vie et les bagues sauves. D'autrefois il fallait racheter sa vie en sortant de la place en chemise, un bâton blanc à la main, comme on le vit à Grammont et à Fallon (août 1475) (3). Quant aux malheureux défenseurs des places forcées, ils étaient impitoyablement passés par les armes, décapités, arquebusés, pendus aux créneaux, jetés à l'eau, précipités sur la pointe des piques, écartelés. Quelle différence de ces mœurs barbares avec le droit des gens, si noblement chrétien, qui modère aujourd'hui avec tant d'humanité les sanglants débats de la guerre!

Le bailli d'Amont était alors Olivier de la Marche, retenu dans le nord auprès du prince Charles. Son lieutenant, ayant levé en toute hâte les milices de l'ar-

(1) Gollut, col. 1290.
(2) D. Grappin.
(3) Gollut, col. 1290.

rière-ban, fut assez heureux pour arrêter la marche victorieuse et dévastatrice de la Trémouille. Refoulé sur la rive gauche de la Saône, celui-ci put encore y continuer ses ravages, en forçant Montot, Gatey, Champlitte et quelques places faibles ; mais, comme on avait repris courage, ses tentatives échouèrent devant toutes les autres, comme Scey, Rupt, Ray, Savoyeux, Dampierre et Fouvent. Bientôt même la crainte de l'armée d'Antoine de Bourgogne, vicomte d'Auxerre, le fit rentrer dans le Langrois, d'où il se jeta sur le Duché. Mais il suffit au vicomte de se montrer avec ses milices, pour mettre en déroute et rejeter en Champagne ce lâche et cupide général, qui n'était fort que contre des moines et des paysans désarmés. Après avoir pourvu à la garde de la frontière de ce côté, le bâtard de Bourgogne, pour obéir au duc son frère, qui l'appelait auprès de lui sur les bords du Rhin, contre les impériaux, prit sa marche le long de la Saône, à travers les campagnes, les bourgs et les villages dévastés du bailliage d'Amont. Les ruines encore fumantes de Jussey et de Jonvelle achevèrent de monter sa colère et sa résolution de la décharger, par de sévères représailles, sur les Barrois et les Lorrains, premiers auteurs d'un tel brigandage. Après un instant de halte à Jonvelle, il écrase en passant Châtillon, Lamarche et d'autres places qu'il rencontre, et il ne quitte le pays saccagé qu'en le menaçant d'un retour plus terrible encore (1).

Ce fut le duc lui-même qui effectua la menace. Ayant conclu une paix de neuf ans avec l'Angleterre et la

---

(1) GOLLUT, col. 1290, 1291.

France (13 septembre), il tomba aussitôt sur la Lorraine, dont la conquête fut achevée en deux mois, par la prise de Nancy (30 novembre). De là il tourna contre les Suisses. En janvier suivant (1476), il dirigea son armée, avec toute son artillerie de Lorraine et des Pays-Bas, par Thon, Neufchâteau et Dombrot, sur Châtillon et Jonvelle, où il s'arrêta quelques instants. Selon sa fastueuse coutume, il menait avec lui un train de prince et tout l'attirail de ses splendides palais. Aussi défrayait-il avec une royale générosité l'ambassadeur de Louis XI, attaché à ses pas sans nul doute pour surveiller ses démarches, épier ses desseins et lui suggérer les conseils de la perfidie. Après avoir couché et dîné au château de Jonvelle (19 et 20 janvier), il gagna la Suisse par les étapes d'Amance, Vesoul, Châtillon-le-Duc, Besançon, Château-Neuf de Vuillafans, la Rivière et Jougne (1). C'est ainsi que Jonvelle et ses environs étaient continuellement foulés par les passages des gendarmeries du souverain, quand ils n'étaient pas écrasés par les terribles colonnes des ennemis.

Mais Charles n'eut pas contre les Suisses le même succès que contre les Lorrains ; il fut vaincu à Granson (2 mars), puis à Morat (22 juin), grâce à la trahison (2). Aussitôt René de Lorraine reprit courage, secrètement sollicité par le fourbe Louis XI, qui lui envoya Georges de la Trémouille à la tête de huit mille chevaux. Il rentre dans son duché, et bientôt il en a chassé toutes les garnisons bourguignonnes. L'occasion était belle pour la

---

(1) Additions aux *Mémoires de Commines*, p. 412.
(2) GOLLUT, col. 1300 et 1305.

Trémouille : il part de Nancy avec ses escadrons et fond sur la terre de Jonvelle, pour en faire sa propre conquête. Mais, plus consciencieux que le roi de France et son digne lieutenant, les conservateurs de la trève qui venait d'être jurée entre le duc et Louis XI, repoussèrent énergiquement les tentatives de Craon, et maintinrent la possession du souverain de Bourgogne [1]. Celui-ci apprend enfin que sa conquête de Lorraine est perdue ; à ces nouvelles, il lève son camp de la Rivière près de Pontarlier, où il se tenait en observation contre les Suisses (25 septembre), et il reprend le chemin de Nancy, avec les débris de son armée, par les étapes d'Usiers, Ornans, Saône, Besançon, Châtillon-le-Duc, Vesoul, Buffignécourt, Jonvelle (5 octobre), Châtillon-sur-Saône, Bulgnéville et Neufchâteau [2]. A Bulgnéville (6 octobre), il traversa, pour la seconde fois dans la même année, le champ de victoire où, quarante-cinq ans auparavant, l'armée de son père avait vaincu et fait prisonnier ce même René d'Anjou, demeuré l'adversaire du fils. Hélas ! cette fois le téméraire *Bataillard*, que la fortune avait décidément abandonné, portait la revanche à ce vieux prince, en courant lui-même non pas à la captivité, mais à la mort. Depuis six semaines, il tenait assiégée la capitale de la Lorraine, lorsque son rival arriva sur lui avec une armée de quinze mille hommes, Français, Lorrains, Suisses, Allemands. Charles fut encore vaincu et périt dans la déroute (5 janvier 1477) [3].

(1) Enquête de 1510, faite à Bruges par les ordres de l'empereur, de l'archiduc et de l'archiduchesse, contre les réclamations de la maison de la Trémouille au sujet de Jonvelle. (V. plus loin, page 159.)
(2) Additions aux *Mémoires de Commines*, p. 415.
(3) GOLLUT, col. 1310. Simon de Cendrecourt et plusieurs autres sei-

Ce prince ne laissait qu'une fille, nommée Marie, âgée de vingt ans, réputée la plus riche héritière de son temps. Elle était à Gand avec sa belle-mère, Marguerite d'Angleterre, quand elle apprit le malheur qui la rendait orpheline et livrait son opulente succession aux projets cupides du roi de France. Déjà les intrigues du prince d'Orange, du sire de Craon, de Charles d'Amboise, sieur de Chaumont, et de quelques autres seigneurs, avaient décidé le Duché et le Comté à se remettre entre les mains du roi de France, pour être gardés par lui au profit de la princesse Marie, sa filleule. C'est à cette condition que Gray, Dole, Marnay, Pesmes, Salins et quelques autres places, avaient reçu des garnisons françaises [1]. Mais, levant bientôt le masque, Louis XI incrimine de félonie le défunt duc Charles, et, sous un tel prétexte, il confisque à son bénéfice tous ses Etats. A cette nouvelle, les Dolois donnent le signal de l'insurrection, en chassant les Français de leurs murs; toutes les villes du Comté se déclarent pour Marie de Bourgogne (février 1477), quand même l'armée victorieuse devant Nancy accourt, sous les ordres de Craon, par la frontière de Jonvelle qui se trouvait presque sans défense, force la ville et le château, livre tout au pillage et à l'incendie, étend ses ravages dans la seigneurie et les poursuit jusqu'aux portes de Vesoul [2]. Pour prix de ses services, la Tré-

---

gneurs du pays accompagnaient Charles le Téméraire dans cette funèbre expédition.

(1) DUNOD, *Nobiliaire*, p. 896 et suiv.
(2) GOLLUT, col. 1363. Nous lisons dans l'enquête de 1510 : « Messire Georges de la Trémouille, seigneur de Cran, comme lieutenant du roy de France, tout après le trespas de mondit seigneur le duc Charles, envahit ledit comté de Bourgoigne, à force de genz d'armes, où il fit de

mouille reçut le gouvernement des deux Bourgognes, que Louis XI avait promis au prince d'Orange. Outré de colère, celui-ci rentre pour un temps dans le devoir et revient à la duchesse, qui l'investit de ce gouvernement. La guerre était recommencée plus acharnée que jamais; mais heureusement le roi avait confié le commandement militaire à son gouverneur général des Bourgognes, qui, au lieu de laver l'affront de ses anciens échecs dans le Comté, se fit battre partout, devant Vesoul, Besançon et Dole, par les milices de ces villes et des environs, puis à Pin-l'Emagny, par Jean de Chalon (1). Il regagna honteusement le Duché, et son maître le destitua, pour donner ses fonctions à Charles d'Amboise, nom trois fois plus sinistre pour le Comté que celui de Georges de Craon; car il lui était réservé de conquérir notre malheureuse province, au profit de son cruel souverain, en la noyant dans le sang d'un peuple fidèle, et en ne lui laissant plus que les débris de ses places démantelées.

Un événement solennel, qui devait être pendant deux siècles un principe de guerres presque continuelles, venait de mettre le comble à l'irritation du roi de France. La princesse Marie, qu'il comptait faire épouser au dauphin, avait donné sa main et son brillant héritage à l'archiduc Maximilien, fils aîné de l'empereur Frédéric III (20 août). Dissimulant ses projets de vengeance et tenant endormis les jeunes époux dans une

---

grants et innombrables maux..... La seigneurie de Jonvelle n'avait guères de deffense..... Entr'autres villes, les François pillarent et bruslarent tant les ville et chasteau de Jonvelle que tout le territoire et seigneurie. » (Dépositions du troisième et du quatrième témoin.)

(1) Dunod, *Nobiliaire*, p. 405; *Histoire de Gray*, pag. 100 à 108.

trêve perfide, il lance tout à coup son digne suppôt, le farouche d'Amboise, que soutient un corps de six mille Suisses mercenaires. La ville de Dole, surprise par la trahison la plus infâme, est ruinée presque de fond en comble. Pendant que Salins, Poligny, Arbois, Auxonne et Gray subissent le même sort, Bertrand de Livron, seigneur de Bourbonne, un des lieutenants du sire de Chaumont, entre à Vesoul, la torche, le glaive et la sape dans les mains. Jeanne d'Oiselay, malgré son héroïsme, ne peut défendre son manoir aérien. Luxeuil, Faucogney, Rougemont, Noroy-l'Archevêque, Jonvelle, enfin toutes les places du bailliage d'Amont, sont pareillement saccagées, incendiées et démolies. Le sang le plus illustre coule de toutes parts. D'Amboise avait ordre d'épouvanter les villes et les nobles demeurés fidèles aux archiducs, par la destruction des unes et le supplice des autres. Le vainqueur n'épargna que Besançon (1479-1480) [1]. Maximilien avait laissé consommer ainsi la ruine et la conquête de son Comté, sans le secourir : la guerre finit faute de défenseurs, et Louis XI prit le titre de comte de Bourgogne. Charles d'Amboise étant mort, il lui donna pour successeur Jean de Baudricourt, qui administra les deux Bourgognes avec autant de sagesse que de douceur (1480-1483). Il avait disgracié à tout jamais le lâche Craon, qui ne put même obtenir le fief de Jonvelle, objet de ses convoitises; cette terre fut donnée à son neveu, Louis II de la Trémouille, vicomte de Thouars et prince de Talmont, surnommé le

---

[1] Dunod, *Nobiliaire*, p. 403; D. Grappin, *Guerres du seizième siècle*, p. 13; *Histoire de Gray*, pages 111 et 112.

chevalier *sans reproche*, digne émule et compagnon d'armes de Bayard, le chevalier *sans peur* (1).

Louis XI mourut à Amboise (30 août 1483), après avoir fiancé le dauphin à la jeune Marguerite, fille puînée de l'archiduc Maximilien et de défunte Marie de Bourgogne. Comme le Comté devait entrer dans la dot de la princesse, Baudricourt continua de le gouverner paisiblement, au nom de Charles VIII et de sa fiancée. Sous ce nouveau règne, Georges de la Trémouille était rentré en faveur : grand maître d'hôtel et premier chambellan du roi pour le duché de Bourgogne, il obtint de succéder à Louis, son neveu, dans la seigneurie de Jonvelle, deux ou trois fois dévastée par ses armes (2). L'intention du prince avait d'abord été de réunir au domaine tous les fiefs aliénés par son père, depuis la mort de Philippe le Bon ; cependant il donna mainlevée pour Jonvelle en faveur du sire de Craon, parce que sa famille en avait joui d'ancienneté (25 août 1484) (3). Mais Georges ne garda pas longtemps sa possession, grâce aux événements qui survinrent. Charles VIII crut trouver un plus

---

(1) Le 15 juillet 1484, Jean de Raincourt, écuyer, seigneur dudit lieu, de Bourbévelle, Blondefontaine, Betaucourt, Gevigney, Mercey, etc., reprend en fief la seigneurie de Raincourt, de Louis de la Trémouille, comme seigneur de Jonvelle. (Archives de la Haute-Saône, E, 81, c. 33.)

(2) Georges II de la Trémouille nomma pour son capitaine et bailli de Jonvelle, Pierre de Rabustel, seigneur de Losne et de Mailly, et pour lieutenant de celui-ci, Nicolas de Matz. Dans ses *assises illec tenues* (3 mai 1490), le sieur de Matz eut à juger une contestation entre les moines de Clairefontaine et les habitants d'Ormoy, pour la paisson des bois. (Archives de la Haute-Saône, H, 363.) La même année, Georges de la Trémouille donna une charte de confirmation et de protection à l'abbaye. (*Mémoires sur Clairefontaine*, p. 219.)

(3) Archives de la Côte-d'Or, B, 1061.

riche parti en épousant la princesse Anne de Bretagne, et Marguerite de Bourgogne fut laissée (1491). Alors le Comté fut attribué par l'archiduc à Philippe, son fils aîné, encore enfant ; puis il se mit en devoir d'en chasser les Français. Il arriva par Lure (27 novembre 1492), prit Faucogney, Amance, Jussey, Vesoul et à peu près tout le bailliage d'Amont. La province l'accueillit comme un sauveur [1]. Enfin le roi de France, occupé de son projet de conquête sur Naples, conclut avec Maximilien le traité de Senlis (23 mai 1493), en vertu duquel il retira ses troupes et ses officiers de notre province, et abandonna toutes ses prétentions sur les comtés de Bourgogne et d'Artois et sur le Charolais. Dès lors la Franche-Comté fut libre de la domination française, jusqu'à la conquête de Louis XIV, excepté cependant quelques places, telles que Jonvelle, que les ennemis gardèrent jusqu'en 1495. Peut-être cette occupation prolongée fut-elle motivée par les rigueurs de Maximilien ; car, moins généreux que Charles VIII, malgré les clauses du traité de Senlis, il confisqua tous les biens des nobles qui avaient été contre lui [2], à commencer par la terre de Jonvelle, qui fut reprise à Georges de Craon et rentra dans le domaine du souverain, pour n'en plus sortir. Les sires de la Trémouille l'avaient possédée depuis 1378, à part vingt-neuf ans d'interruption (1451-1480). Dix-sept ans plus tard, leur expulsion de cette seigneurie fut justifiée par une sentence juridique, dont nous parlerons en son lieu ; toutefois ils

---

(1) GOLLUT, col. 1415 et 1416 ; DUNOD, *Nobiliaire*, p. 412.
(2) GOLLUT, col. 1420.

continuèrent longtemps encore de porter le titre de Jonvelle (1), ainsi qu'avaient fait les Beauffremont pendant un siècle.

Il était temps pour notre province que la Providence lui rendît un peu de paix. A partir de l'an 1370 jusqu'à l'avènement de Charles le Téméraire, elle avait vu, dans moins d'un siècle, après trois règnes heureux, sa population s'élever du chiffre de moins de cent mille habitants à celui de quatre cent mille. Mais les malheurs que ce prince attira sur elle rouvrirent l'abîme, plus profond encore qu'il n'avait été sous le règne de la comtesse Marguerite. La peste et la famine avaient tellement aidé la guerre à dépeupler le pays, que plus de dix mille Picards ou Normands y furent accueillis, dans le commencement du seizième siècle, pour en repeupler et en cultiver les campagnes, sous la condition d'une mainmorte très mitigée (2). En effet, nous verrons qu'en 1537 les habitants de la terre de Jonvelle étaient presque tous étrangers. Après quelques années de répit, un siècle plus tard, la même désolation attendait encore notre infortunée patrie, qui perdit ainsi trois fois sa population en deux siècles et demi.

Marguerite d'Angleterre continua de porter jusqu'à sa mort (1502), le titre de dame de Jonvelle, qui n'avait point cessé de faire partie de son douaire, malgré l'usurpation momentanée des sires de la Trémouille. Le

---

(1) GOLLUT, col. 1565.
(2) DUNOD, *Traité de la mainmorte*, p. 11 et 12 ; GOLLUT, col. 1677, note 1. C'est ainsi que le village de Saponcourt a été peuplé. Mgr de Nicey, abbé de Cherlieu, qui en était le décimateur, obtint du pape Paul III une bulle qui l'autorisait à l'ériger en paroisse (11 avril 1543).

premier acte de la duchesse dans ce domaine, après la paix de Senlis, fut de le donner à réméré, pour quatre mille écus de Florence [1], à don Ladron de Ghénarraz, gentilhomme espagnol, en considération de ses grands services. Le roi confirma la donation (1493) [2]. Ensuite elle nomma un bailli pour la ville et un capitaine pour le château, et ce fut à Claude-François d'Occors, seigneur de Gevigney, que cette double charge fut confiée. Premier pannetier de Maximilien et capitaine de Saint-Omer (1479), prévôt de Gray (1483), bailli de Dole (1487), capitaine du château de Vesoul (1492), inspecteur des troupes du capitaine de la Gaudenière (1493), conseiller de Maximilien (1494), cet officier distingué avait donné dans ces différents emplois des preuves de courage et d'habileté qui lui méritèrent son nouveau titre. « En considération de ses bons, loyaux et agréables services, dit la princesse, et nous confiant en plain de ses sens, vaillance, lealté et prudhomie, nous lui donnons plein pouvoir d'administrer la seigneurie, d'y soutenir nos droits, d'y rendre la justice à nos sujets, de veiller à la garde et préservation de nostre ville et chasteau de Jonvelle, d'y faire monter guet et garde jour et nuit s'il est besoin, et d'y contraindre tous ceux et celles qui en ont le devoir. » Antoine Conroy, conseiller de Marguerite et son procureur dans le Charolais, fut commis pour recevoir le serment du nouveau châtelain et procéder à son installation, en lui faisant livrer les clefs de la place,

---

[1] Cet écu était de trente-quatre sous, et le sou de deux gros.
[2] Enquête de 1510 ; témoignage de dame Isabeau, veuve d'Olivier de la Marche.

avec l'inventaire de son artillerie et de ses munitions (21 novembre 1493) (1). Il ne paraît pas cependant que cette installation put se faire incontinent. C'est en 1495 seulement que le traité de Senlis fut entièrement exécuté pour notre province ; car les gendarmeries françaises continuaient de l'occuper, sur diverses positions que les armes de Maximilien n'avaient pas visitées ou qui n'avaient pu chasser l'ennemi. Par une convention supplémentaire, le Comté, tout épuisé qu'il était, dut acheter son affranchissement complet, moyennant une contribution de cent mille francs. Or, il donna volontiers jusqu'à son dernier florin pour obtenir l'éloignement définitif des armes étrangères : c'est une charte de Jonvelle qui nous apprend ce détail important, dont nos historiens n'ont pas parlé. La frontière de Jonvelle était du nombre des pays encore tenus par l'ennemi ; les habitants de la seigneurie payèrent d'un grand cœur les cent cinquante francs que leur dame et souveraine demanda, pour leur part de contribution générale ; moyennant quoi ils furent confirmés pour toujours dans l'exemption qu'ils avaient reçue d'Isabelle de Portugal, vers l'an 1453, « de toutes aydes, tailles et impôts, pour quelle occasion ou nécessité qui se pourroit jecter sur la généralité du comté de Bourgoigne (1495). » En même temps, la duchesse et l'archiduc firent commandement au sieur de Montaigu, procureur d'Amont, de respecter en conséquence les franchises de leurs sujets de Jonvelle (2). Enfin l'étranger se retira ; la province

(1) Aux Preuves.
(2) Chambre des comptes, cote 1.

fut libre, et le jeune archiduc Philippe le Beau, investi par son père, qui était devenu l'empereur Maximilien, du gouvernement des Etats de Marie de Bourgogne, sa mère, délégua le prince d'Orange pour recevoir en son nom l'hommage et la foi de ses vassaux du Comté [1].

C'est alors que Claude d'Occors prit possession de sa charge. Le premier objet de son mandat et de sa sollicitude fut de remplacer les titres seigneuriaux qui avaient péri à Jonvelle, par des copies que l'on prit à Grimont sur Poligny, où se trouvaient les chartes domaniales de la maison de Bourgogne [2]. En même temps le gouverneur se hâta de réparer et de fortifier les murailles de la ville et de son château ; car, malgré la paix, elles pouvaient à chaque instant voir reparaître l'ennemi. En effet, dès l'an 1498, le bruit des armes retentissait de nouveau sur cette frontière. L'empereur se trouvait en Comté : le maréchal Guillaume de Vergy, gouverneur de Bourgogne, quittant le prince à Villersexel, arrive à Jonvelle, par Vesoul et Faverney, entre dans le Bassigny et s'empare de Bourbonne, Coiffy, Aigremont et Montsaujeon. Mais les Français reprennent bientôt toutes ces places, portent leur vengeance offensive sur Fouvent, qui appartenait au maréchal, et livrent ce village aux flammes [3].

Après Marguerite d'Angleterre et Philippe le Beau, le gouvernement de Marguerite d'Autriche-Savoie fut une halte de repos pour notre malheureux pays. Toute dévouée au bonheur de ses sujets, elle s'efforça, dès les premières années de son règne, de procurer la paix à

---

[1] GOLLUT, col. 1421, note.
[2] Chambre des comptes, J, 3.
[3] GOLLUT, col. 1422 et suiv.

son *poure conté de Bourgougne*, par un traité de neutralité avec les pays voisins. Ce traité, déjà négocié en 1509 avec les commissaires du lieutenant général du Duché, Louis de la Trémouille, ci-devant seigneur de Jonvelle, fut définitivement conclu en 1522, à Saint-Jean-de-Losne. Il y était stipulé que les sujets du duché de Bourgogne, des comtés de Champagne et de Bar et des lieux adjacents, ne feraient aucune entreprise contre ceux du Comté, ni ceux-ci contre leurs voisins, et qu'aucune des parties contractantes ne donnerait passage aux troupes ennemies qui voudraient faire la guerre à l'autre. Ce traité, renouvelé seize fois jusqu'à la conquête de Louis XIV, et toujours avec l'intervention des cantons suisses, assura presque un siècle de tranquillité à notre province [1]. Cependant elle ne commença bien à se relever de ses ruines qu'après la peste et la famine, qui la désolèrent encore deux fois, l'une de 1525 à 1527, et l'autre de 1529 à 1531 [2].

[1] Gollut, 1519, 1563 et suiv.; Dunod, *Nobil.*, 426 et suiv.
[2] Gollut, 1606, note.

CHAPITRE III.

LA TERRE DE JONVELLE TENUE PAR DES SEIGNEURS ENGAGISTES.

Les seigneurs de Ghénarraz. — Nouvelle reconnaissance des droits seigneuriaux. — Les nobles d'Andelot. — Tentatives du protestantisme sur la frontière de Jonvelle. — Invasion de Wolfgang et du prince d'Orange.

(1509 — 1574.)

La terre de Jonvelle était restée dans la noble maison de Ghénarraz. En mourant (1498), don Ladron l'avait transmise à son frère, don Diégo, maître d'hôtel du roi d'Espagne, et premier écuyer tranchant de l'archiduc des Pays-Bas. Peu d'années après, la famille de la Trémouille essaya de rentrer juridiquement dans le domaine qu'elle avait perdu avec tant de regret. Le demandeur était Georges III de Craon, se qualifiant seigneur de Jonvelle, neveu et héritier du fameux Georges II. Il était soutenu dans sa poursuite par ses trois frères, Louis II de la Trémouille, vicomte de Thouars et gouverneur du duché de Bourgogne, Jean de la Trémouille, archevêque d'Auch, et Jacques de la Trémouille. L'empereur Charles-Quint et les archiducs saisirent le grand conseil de Malines de cette affaire, avec ordre de l'instruire et de la juger, après une enquête solennelle. Le défendeur, que son service retenait à la cour de Castille, se fit représenter par Jean Chaviraz, son procureur. Un grand nombre de témoins furent entendus, tous des plus honorables et d'un âge à savoir par eux-mêmes les événements accomplis en Franche-Comté depuis un demi-siècle (1). Ensuite la cour, sur le rapport de son huissier, maître Louis Ligier, considérant d'une part l'antique possession des comtes de Bourgogne et l'investiture authentique donnée par eux aux seigneurs de Ghénarraz ; considérant d'autre part les odieux méfaits des seigneurs de la Trémouille envers la maison de Bourgogne et sur son fief de Jonvelle, mit à néant les prétentions du demandeur (1510).

Après don Diégo de Ghénarraz, son fils don Philippe, chevalier de l'ordre de Saint-Jacques, fut mis en possession de la terre de Jonvelle (1536), qui avait alors pour bailli le sieur Etienne Desbarres. Depuis la mort du bailli-châtelain Claude-François d'Occors, sa charge avait été, comme autrefois, partagée entre deux officiers spéciaux, ayant chacun leur tribunal. Dans cet état de choses, le bailli demeurait haut justicier. Quant au châtelain, outre sa commission militaire, il avait le pouvoir civil d'un prévôt, c'est-à-dire la moyenne et basse

---

(1) Entre autres témoins, le procès-verbal nomme : premier témoin, maître Richard de la Chapelle, chantre de l'église Saint-Donat de Bruges, conseiller et maître des requêtes au grand-conseil de Malines, âgé de soixante-dix ans ; deuxième témoin, dame Isabeau, veuve de messire Olivier de la Marche, âgée de soixante-sept ans. (Chambre des comptes, registre 13, cotes 59 et 60.)

justice. Il connaissait des délits commis par les habitants des villages usagers dans les forêts et autres propriétés du seigneur, et il prononçait les amendes de soixante, de sept et de trois sous. Les premières étaient pour le souverain; les autres se partageaient entre la ville pour deux tiers, et le fermier du domaine pour le reste [1]. Le châtelain, comme le bailli, avait son lieutenant. On appelait des sentences du premier au tribunal du second. C'était une complication qui, en doublant le personnel, ne faisait qu'entraver les affaires et multiplier les frais de procédure ; cependant elle dura encore près d'un siècle.

Sous les seigneurs précédents, les officiers de Jonvelle avaient eu à représenter que plusieurs tenementiers refusaient leur hommage et frustraient le seigneur de ses droits [2]. Les sujets récalcitrants étaient les nouveaux venus qui avaient repeuplé le pays. Il fallait de toute nécessité remédier à ce désordre. Le décret impérial qui conférait le fief à don Philippe de Ghénarraz, lui commanda en même temps de donner à Sa Majesté [3] le dénombrement des sujets, avec la reconnaissance générale et individuelle, faite par eux, de tous les droits féodaux dont ils étaient grevés. Philippe de Ghénarraz [4] se fit représenter dans la seigneurie par

---

[1] CHEVALIER, *Hist. de Poligny*, II, 40.
[2] Chambre des comptes, J, 5.
[3] Quoique les archiducs et archiduchesses gouvernassent les Pays-Bas et la Franche-Comté avec une autorité presque royale, cependant l'empereur, puis le roi d'Espagne, nommaient aux principales dignités ; les lois, édits et dépêches se faisaient à leur nom.
[4] Dans la seigneurie de Jonvelle, on le nommait, par erreur, Philippe de Navarre.

Thiébaud Renard, son procureur, qui reconnut bientôt l'impossibilité d'obtenir les soumissions demandées, attendu que les titres du domaine étaient vieux et fort caducs, et surtout que les tenanciers étaient presque tous changés. Il était donc absolument nécessaire de renouveler les titres. En conséquence, à la requête de messire don Philippe, le bailli de Jonvelle ordonna, par acte du 10 novembre 1537, de constater à nouveau tous les droits du seigneur, par l'aveu solennel des sujets, dans toute l'étendue de la châtellenie, par-devant le notaire Jean Dubois, assisté de deux autres notaires. Dubois opéra donc successivement à Voisey, à Montdoré et à Jonvelle (1). Nos archives ne nous donnent pas les actes de reconnaissance rédigés dans les autres mouvances du fief.

En vertu de cette commission, le dimanche 25 novembre suivant, Dubois, assisté de ses collègues, François Chichet, de Vesoul, et Claude Joly, de Jonvelle, commença son travail par Voisey, où le seigneur avait le plus de sujets acensés. Ce travail dura jusqu'au 10 décembre. Là comparurent devant lui le procureur de la seigneurie et les tenanciers du lieu, qui sont nommés au nombre de cent quatre-vingt-onze (2). Après leur avoir fait connaître les motifs de leur assignation, le notaire les requit tous, sous la foi du serment prêté

---

(1) Manuel des recognoissances des droicts seigneuriaulx appartenants à Sa Majesté, aux lieux de Jonvelle, Vousey, Montdorel, etc. (Chambre des comptes, J, 6.)

(2) En tête : « Honorables hommes Clément Grosjehan et Richard Courriet, vouhiers (voyers) et eschevins, Nicolas le Niefs, maire dudit Vousey, etc. »

individuellement sur les saints Evangiles, de lui déclarer *les droictures anciennes et prééminences* que le seigneur avait sur eux. Ils avouèrent les articles suivants :

Le seigneur de Jonvelle possède à Voisey haute, moyenne et basse justice, qu'il fait exercer par un maire, un secrétaire et un doyen. Ils tiennent audience le lundi. Sur la place publique s'élèvent le carcan et le signe patibulaire à quatre piliers.

Le seigneur a droit de tabellionage pour toutes les transactions. Il a divers cens en grains, cire, *gelynes ou poulailles,* argent, et la vie des chiens : le tout, pour champs, prés, vignes, *curtils*, maisons, *emplaistres à maisonner* (places à bâtir), que les habitants tiennent de lui. Il a droit sur la vente des deux foires de l'année et sur celle du marché, qui se tient le lundi. Ce droit est affermé. Il laisse pareillement à ferme la gruerie de ses bois, c'est-à-dire leur garde et les amendes qu'elle produit. La paisson des mêmes bois est aussi affermée ; mais les habitants y ont droit de mort bois.

Le prieuré est de la fondation des seigneurs de Jonvelle, qui en ont la gardienneté.

Les manants et habitants, taillables à volonté deux fois l'an, à Pâques et à la Saint-Michel, sont tenus, à toutes réquisitions, d'accompagner les gens de justice à Jonvelle, et d'y faire *monstres d'armes* (passer des revues) devant les officiers de la châtellenie. Ils sont du retrait et de la garde du château de Jonvelle, auquel ils doivent les menus remparements et *le grand escharguet* (le grand service de garde), en temps d'*éminent péril*, Quand ce service n'est pas fait en personne, il est payé une émine d'avoine, livrable à la Toussaint, par tous ceux qui ont harnais et voiture. Cette redevance s'appelait *l'avenne du grant escharguet,* ou simplement *l'avenne du guet.*

Ils doivent récolter pour le seigneur son pré du *Breuil;* mais les ouvriers de corvée reçoivent *repas de bouche raisonnablement.* Toute charrue doit trois corvées (journées), ou seize niquets (un quart de denier) par corvée.

Vient ensuite le rôle des redevances particulières. Chaque cote est rédigée au nom du tennementier, qui, en présence du procureur et de deux témoins, *confesse* tenir ses *meix et héritaiges* du seigneur don Philippe de Ghénarraz, et reconnaît ensuite en détail tous ses devoirs envers lui. « Si je ne paye lesdites redevances, ajoute-t-il, pour ladite maison, au jour fixé, ledit seigneur ou ses officiers peuvent abattre la porte, jusqu'à mon entier acquictement, et moi je ne pourrai la relever que soubs peine de trois sols estevenants d'amende. »

Les redevances en argent se payaient le lendemain de Noël; les redevances en volaille, à la *caresme-entrant* (mardi gras) : celles-ci étaient imposées pour les maisons. Il y avait beaucoup de redevances en cire, variant de trois quarts à trois livres.

Plusieurs manants avaient leur maison chargée d'un droit appelé *la vie des chiens*, c'est-à-dire que, quand le seigneur ou ses officiers venaient chasser à Voisey, les tenanciers de cette maison étaient tenus de fournir du pain pour la nourriture des chiens; mais ils se trouvaient affranchis de la poule, des trois corvées de charrue, de l'avoine du guet et de la corvée du Breuil.

Chaque déclaration, attestée par les deux notaires

assesseurs de Dubois, est signée par celui-ci et par le tenancier lui-même, à moins qu'il ne soit illettré.

Le 25 avril, jeudi après Pâques de l'année suivante, Renard et Dubois exécutèrent le même travail à Montdoré (1). Là, soixante-douze tenanciers, dont plusieurs étaient de Vauvillers, reconnurent les droits seigneuriaux suivants :

Le seigneur a les trois justices, qu'il fait rendre par un maire et des officiers. Les autres seigneurs de Montdoré (2) relèvent de lui. Les actes de vente d'immeubles doivent se passer sous le sceau du tabellion de Jonvelle. Le seigneur a un *bannerot* (domaine) qu'il amodie en grain, « au bled le bled, à l'aveine l'aveine, au sombre néant. » Les sujets doivent une corvée à chacune des trois récoltes du bannerot. Il amodie la paisson dans son bois de la Rieppe. Les habitants sont tenus, le cas requérant, d'accompagner la justice à Jonvelle, d'y faire *monstres d'armes* et de contribuer aux menus remparements du château. Quant aux cens particuliers, ils sont tous en argent. Une seule propriété, une fauchée de pré, est taillable à volonté, et au demeurant franche et quitte de toutes autres charges et servitudes quelconques.

Le lundi 28 août 1539, commença le travail des reconnaissances pour Jonvelle, sous le cloître de l'église Saint-Pierre, place accoutumée des actes et exploits de justice. Tous les sujets sont présents, au nombre de

---

(1) « Présents honorables hommes Loyx Roux et Jehan Bronhiet, vouhiers et coeschevins dudit Mondorel, Jehan Mignon, maire, Agnus Coffin, maire, etc. »

(2) « Tels que la dame de Passavant et la dame de Boingne. »

soixante-quatre⁽¹⁾. Comme on le voit, il restait un bien petit nombre de mainmortables à Jonvelle. Tout le reste de la population était de gens bourgeois et libres ; et la ville pouvait bien renfermer à ce moment quatre ou cinq cents feux; car elle possédait deux paroisses, Saint-Pierre et Sainte-Croix ; et grâce à son commerce et à son importance de chef-lieu et de place fortifiée, elle avait dû se repeupler rapidement, après les désastres de la fin du siècle précédent : on en a la preuve dans le chiffre de la population de Voisey et de Montdoré. En 1614, dix-huit ans après l'invasion de Tremblecourt, qui anéantit le faubourg Sainte-Croix, presque aussi populeux que la ville, Jonvelle comptait encore cent quatre-vingt-neuf feux.

L'assemblée formée, le notaire signifia les motifs de l'assignation, les sujets tenanciers jurèrent sur les saints Evangiles de Dieu, et les déclarations suivantes furent recueillies :

Monseigneur don Philippe de Ghénarraz est à Jonvelle *hault justicier, bas et moyen;* tous les habitants sont ses sujets. Il possède au même lieu bailliage, capitainerie, châtellenie et château, prévôté, procureurs, greffiers, sergents, gouverneurs de justice et autres officiers, enfin signe patibulaire à quatre piliers. Il a dans la ville les fermes de la prévôté, des tabellions, des ventes, éminages, tailles, poids et balances, fours, moulins, pressoirs, grueries, banvins, bancs à bouchers, maîtrises des

---

(1) Entre autres « honorables hommes Jehan Fagnin, Jehan Defenoy le Viez, vouhiers et coeschevins, Nicolas Bresson, Perrenot Bresson, etc. » Nous verrons la famille importante des Bresson devenir bourgeoise et figurer dans les événements du seizième siècle.

bouchers et des cordonniers, *moustiers* et quelques autres. Ces fermes sont adjugées aux enchères, tous les ans, à la Saint-Michel. Le droit de banvin dure six semaines, et si l'on fait garde, il est de douze semaines, dont la moitié de Pâques à la Pentecôte, et l'autre moitié de la Saint-Martin à Noël. Le petit moulin de la Minelle appartient au seigneur, qui a droit sur la vente et les transactions, dans les quatre foires de l'année et dans le marché du samedi.

Tout *chambrier* (propriétaire de maison) doit annuellement dix sous estevenants, payables par moitié, à Pâques et à la Saint-Martin. Les veuves ne doivent que cinq sous. Chaque charrue doit un *penaut* (deux quartes) à la Saint-Martin; les demi-charrues, une quarte. De plus, chaque charrue doit faire une voiture de bois, la veille de Noël, pour le *loingnier* de Monseigneur.

Enfin, les sujets lui doivent divers cens en grains, cire et argent, pour leurs héritages en maisons, places à côté des maisons, cours, jardins, vignes, prés et champs. Le détail de ces cens est donné en soixante-quatre cotes séparées (1). Vient ensuite la charte des franchises accordées par Philippe de Jonvelle, pièce qui fut fournie par

---

(1) Vingt-trois de ces cotes sont pour des vignes, toutes, excepté une seule, situées en *Tahon* ou sur *Cunel*. Le cens par ouvrée variait entre 4 niquets (1/6 de denier), 4 engrognes (4 deniers 4/9), un, deux ou trois blancs (le blanc valait 3 engrognes, ou 3 deniers 1/3). Treize cotes de maisons varient entre un blanc, deux, six ou huit gros, un à dix sols et deux livres (le gros de Comté valait 4 blancs, ou 12 engrognes, ou 1 sol 1 denier 1/3, de monnaie française); 1 à 10 sols et deux livres de cire. Les seigneurs tenaient beaucoup à la redevance de cire, qui se trouve marquée en marge d'un signe distinctif, dans le *Manuel des reconnaissances*, et dont le produit était destiné au luminaire de leurs châteaux.

La *faulcie de prel* est taxée à un gros environ, et le journal de champ à six sous.

les habitants eux-mêmes ; car la copie insérée ici est celle que leurs devanciers avaient obtenue des archives de la prévôté de Langres, en 1402. Par son insertion au procès-verbal des reconnaissances, cette charte recevait une consécration nouvelle pour les articles que les énoncés précédents n'avaient pas modifiés. Mais la différence notable que l'on remarque entre les droits féodaux de 1354 et les déclarations de 1537-1539, est une preuve sensible du progrès et des améliorations introduites dans la condition des mainmortables.

Comme ses deux prédécesseurs, Philippe de Ghénarraz, du fond de la Castille, était trop loin de sa terre de Jonvelle pour gérer utilement les intérêts de ce beau domaine et en tirer lui-même son profit personnel. Peu de temps après les reconnaissances, il finit par le céder à Jean d'Andelot, au même titre que don Ladron, son oncle, l'avait reçu lui-même, c'est-à-dire pour quatre mille écus de Flandre, et à titre de rachat perpétuel de la part du souverain. La maison d'Andelot, qui tirait son nom d'un village situé sur les monts de Salins, était distinguée depuis le treizième siècle et avait rempli des charges importantes dans la province. Le quinzième siècle nous la montre établie à Ornans [1]. Le nouveau seigneur de Jonvelle, sorti de cette famille, sieur de Myon, Fleurey, etc., eut une carrière des plus illustres, sous le règne de Charles-Quint. Premier écuyer de sa maison, commandeur de l'ordre d'Alcantara, bailli de

---

(1) M. Adrien MARLET, *La vérité sur l'origine de la famille Perrenot de Granvelle*, p. 87.

Dole, premier capitaine de la première garnison rendue à Dole, Jean d'Andelot suivit l'empereur dans toutes ses campagnes, et fut toute sa vie l'un de ses officiers les plus braves et les plus affectionnés. A la journée de Pavie (24 février 1515), il fut longtemps aux prises avec le roi François Ier en personne, qui le blessa au visage d'un grand coup d'épée. Il était aux côtés de son maître, à Vienne, contre Soliman II (1532); devant Tunis (1535); dans sa traversée de la France, lorsqu'il marchait contre les Gantois révoltés (1540); devant Alger (1542); en Flandre, contre le duc de Gueldres, avec le sieur de Voisey (1543); en Allemagne, contre les protestants, avec le chancelier Nicolas Perrenot de Granvelle et Nicolas du Châtelet, sieur de Vauvillers et de Demangevelle (1546-1547); enfin dans ses campagnes contre la France (1552). Quatre ans après, Charles-Quint donnait au monde l'exemple le plus magnanime, en descendant volontairement de ses trônes pour se retirer dans la solitude, au monastère de Saint-Just en Castille. Il ne retint avec lui que douze serviteurs, choisis parmi ses gentilshommes les plus dévots et les plus aimés, dont le premier fut Jean d'Andelot, son maître d'hôtel. Mais le sire de Jonvelle mourut au moment de quitter Bruxelles avec son illustre maître (20 décembre 1556) [1].

Georges, Jean-Baptiste, Jean et Gaspard, fils de Jean d'Andelot, se firent honneur tous les quatre de se qualifier sieurs de Jonvelle et de Voisey [2]. Georges d'Ande-

---

[1] GOLLUT, col 1579 à 1582 et 1695.
[2] Ibid., col. 125.

lot, l'aîné, baron de Hoües, du titre de sa mère, fut bailli de Dole, comme son père. Gaspard était seigneur de Chemilly. Mais le plus célèbre des quatre frères fut Jean-Baptiste d'Andelot, sieur de Myon et d'Ollan, marié à une petite-fille du chancelier Perrenot. Il devint bailli de Dole et lieutenant du comte Mansfeld, maréchal général des armées de Sa Majesté Catholique pour les Pays-Bas. Selon Gollut, grand ami de cette famille, il passait dans l'armée pour « un brave et expérimenté chevalier, habile en militaire discours, fort spéculatif de jugement et l'un des meilleurs guerriers de nostre Bourgougne [1]. »

Ces nobles seigneurs assistaient aux états de Franche-Comté en 1561, 1562, 1568, 1574, avec les sieurs d'Augicourt, de Gesincourt, de Richecourt, le prieur de Jonvelle, les échevins de Jussey, etc. Ces assemblées politiques, de concert avec les commissaires royaux, s'occupaient alors de trois questions principales : 1° de la neutralité à entretenir avec les voisins, sur le pied primitif; 2° de la foi catholique à maintenir et de l'hérésie à repousser; 3° des places fortes à mettre en bon état, à cause des guerres du voisinage et des tentatives incessantes des protestants. Jonvelle, à cause de sa situation des plus menacées, avait le privilége d'exciter la sollicitude des états, autant que les villes de Dole et de Gray.

La seigneurie de Jonvelle sortit de la maison d'Andelot en 1570, époque à laquelle la chambre des comptes racheta la terre, au nom du roi Philippe II, en rem-

---

[1] GOLLUT, col. 125.

boursant la somme versée pour son engagement (1).

C'est dans ces années que la prétendue réforme bouleversa l'Eglise, ensanglanta l'Europe et fit des efforts acharnés pour envahir la Franche-Comté. Elle frappait à ses portes et par le nord, où les luthériens tenaient déjà le comté de Montbéliard avec la principauté d'Héricourt, et par la frontière de France, où les calvinistes prêchaient en liberté leurs doctrines perverses et allumaient partout les fureurs de la guerre civile. Excité par le zèle sans égal du roi catholique, le parlement sut maintenir sa vigilance et son activité à la hauteur du péril; et chaque année les états méritèrent les félicitations des princes pour leur attachement à l'Eglise et pour leur fidélité au souverain (2). En 1575, la belle défense de Besançon, cité fidèle par excellence *à Dieu et à César,* ne fut qu'un épisode et le couronnement de cette noble conduite de notre patrie tout entière. C'est à cette persévérante résistance des grands corps de la Franche-Comté contre les fanatiques tentatives de l'hérésie, que cette province dut le bonheur de garder sa foi. Citons à ce sujet quelques preuves assez peu connues, dont la première en particulier ne manque pas d'intérêt pour les pays dont nous écrivons l'histoire. C'est un édit du parlement, rendu à Salins le 21 janvier 1566, contre ceux qui allaient aux prêches des hérétiques :

« Malgré les mandements de Sa Majesté, dit la cour,

---

(1) Chambre des comptes, J, 7.
(2) Voyez Recez des états, aux années 1561, 1564, 1568, 1574.

qui défendent, sous peine d'emprisonnement et de confiscation, de se trouver aux prédications qui se font dans le voisinage du Comté, par les ministres des nouvelles sectes et damnables erreurs élevées depuis peu contre notre ancienne et sainte foi catholique ; cependant plusieurs sujets de la province se rendent tous les jours au prêche que les hérétiques viennent d'établir en France, à trois lieues de Jonvelle, près de Godoncourt. Pour arrêter ce désordre, qui pourrait s'étendre, la cour renouvelle ses interdits, et ordonne à tous de dénoncer les contrevenants, dans l'espace de deux jours, aux procureurs fiscaux de leurs bailliages. Les baillis d'Amont, de Dole et de Luxeuil, feront publier et afficher les présentes dans tous les villages et villes de leur ressort, et les procureurs fiscaux en poursuivront l'exécution. »

Le 19 novembre de la même année, le parlement, séant encore à Salins à cause de la peste, défend à tous manants et habitants du Comté de tenir des serviteurs suspects de luthéranisme. Sur la fin de l'année suivante (Dole, 1er décembre), nouvel édit ordonnant d'informer sur les sentiments religieux et la conduite antérieure des étrangers et vagabonds nouvellement reçus comme habitants de la province (1). Peu après (28 avril 1568), les calvinistes établirent un nouveau prêche à Pressigny, et les pères bénédictins de Morey, stimulés par leur zèle autant que par les recommandations du parlement, ne négligèrent aucun moyen pour empêcher les funestes effets d'un aussi dangereux voisinage.

---

(1) *Recueil des ordonnances du parlement*, dixième partie, p. 220 et 221.

Cependant, malgré cette vigilance, malgré les rigueurs extrêmes employées contre elle, depuis 1529, dans tous les Etats de l'empire, la réforme avait trouvé des partisans nombreux et zélés jusqu'au sein de la Franche-Comté, à Besançon surtout, à Jonvelle, Conflans, Mailley, Amance, Vesoul, Luxeuil, Montureux-sur-Saône, Oiselay, et dans les autres bailliages [1]. En même temps, leurs coreligionnaires étrangers arrivaient en bandes armées, pour implanter l'erreur, de vive force, dans une province qui défendait si énergiquement sa foi. Dès les années 1566, 1567 et 1568, des reîtres calvinistes, venus d'outre-Rhin pour secourir les sectaires bourguignons, avaient recommencé l'ère des dévastations dans le nord-est du bailliage d'Amont et dans celui de Luxeuil, jusque-là si heureux de la paix, comme toute la province, depuis la fin du siècle précédent. Un manuscrit de nos archives signale ainsi le passage des hérétiques à Raincourt : « Le 25 mars 1568, à l'heure de vêpres, les avant-coureurs des huguenots français, affublés d'habits de moines blancs, tombent sur le village et se précipitent dans l'église, en poussant des cris furieux. Les fidèles s'enfuient épouvantés dans les bois, abandonnant le saint lieu et leurs maisons à la merci des brigands, qui ne laissèrent à l'église que les cloches et qui ravagèrent de même tout le village [2]. » Cependant les populations

---

(1) Gollut, col. 1651, note.
(2) « Ils emportèrent deux calices d'argent, en valeur de 60 francs, une ymaige d'argent de sainct Vaubert, de haulteur d'ung pied et demi, en laquelle reposoient les saincts ossements dudit sainct Vaubert, mesme un os du bras, dès la noye du couste jusques à celle de l'espaule : aussi une coste, que l'on estimoit de grande valeur. Furent aussi perdues cinq chasubles, tant de velours damas qu'aultres, deux theuniques,

lorraines et comtoises de ces frontières, même les prêtres et les moines, unissant leurs efforts contre ces invasions de brigandage, réussirent à les rejeter en Alsace, et reçurent les félicitations du roi pour cette brave et digne conduite [1].

Mais en 1569, les luthériens d'Allemagne, accourant à l'appel des huguenots de France, au nombre de douze à quinze mille, entrent dans le Comté par Montbéliard et par Lure, sous les ordres de Wolfgang, duc de Bavière et des Deux-Ponts [2]. Guillaume, prince d'Orange-Nassau, conduisait l'avant-garde, presque toute composée de Français [3]. Faucogney, Luxeuil, Baudoncourt, Faverney, Clairefontaine et tous les villages des bords de la Lanterne et de la Saône, sont pillés et réduits en cendres [4]. Hélas ! quelque intérêt qu'elle portât au

---

deux chappes bien riches et tout ce qu'estoit en ladite église ; de manière qui ne laissèrent que les murailles et les cloches ; firent tant de maux et dommaiges audit Raincour, qui ne laissèrent aulcuns biens meubles, dont les habitants furent moult appauvris. (Extrait d'une reconnaissance par laquelle les habitants de Raincourt s'imposent extraordinairement pour contribuer aux réparations de leur église et des fortifications de Gray. Archives de la Haute-Saône, bailliage de Jonvelle, E, 81.)

(1) D. GRAPPIN, *Guerres du seizième siècle*, p. 41 et suiv. Etats de 1568, séance du 29 février.

(2) Comte palatin du Rhin, comte de Feldentz, etc., tuteur des jeunes princes de Montbéliard, avec Christophe de Wurtemberg et Philippe de Liechtenberg.

(3) Deux ans auparavant, Guillaume d'Orange était lui-même gouverneur du Comté, berceau de sa famille, qu'il venait dévaster en ce moment, les armes à la main, devenu renégat de sa foi, de son pays et de son roi et chef de la révolte des Pays-Bas. L'année suivante, Philippe II mit sa tête à prix, et il fut tué à Delft (Hollande) par Balthazar Gérard, de Vuillafans, le 10 juillet 1584.

(4) « Si oncques ennemis furent violents et sanguinaires, ceux-ci le sont sans merci, ceste guerre estant tyrannique et les chefs non obeys. Les bailliages d'Amont et de Luxeul sont perdus pour longtemps : on

Comté, la cour d'Espagne n'avait point pris d'autre mesure que le traité de neutralité, pour le défendre soit contre les ennemis du dedans, soit contre les périls du dehors. Nous verrons pareillement, à la fin de ce siècle et dans la guerre de dix ans au siècle suivant, notre malheureuse patrie aussi dépourvue de défense, aussi abandonnée à elle-même, aussi victime de l'incurie ou plutôt des embarras de son souverain.

Le 24 mars, Wolfgang était campé à Conflans, dans l'intention de passer la Saône à Port ou à Conflandey. Mais, apprenant que le gouverneur de la province, François de Vergy, l'y attendait avec cinq cents cavaliers pour lui disputer le passage, il tire droit à Jussey; et pendant tout le mois d'avril, son armée, contenue dans le Comté par l'armée royale de France, promène impunément ses ravages dans les environs de Purgerot, Port-sur-Saône, Ray, Morey et Membrey, saccageant et brûlant les villages et les églises, tuant tout ce qui résistait et emmenant prisonniers ceux de qui il espérait quelque rançon. Cependant les habitants de Semmadon, plus heureux qu'en 1339, firent une si courageuse défense, secondés par le sieur d'Eternoz, que l'ennemi fut repoussé, laissant plusieurs morts sur la place et plusieurs prisonniers entre leurs mains [1]. Mais l'abbaye de Cherlieu subit le même sort que celles de Luxeuil, de Faverney, de Bithaine et de Clairefontaine. Les dévastateurs y

---

en est aux extrêmes, sans force et sans argent. » (Lettre du conseiller Belin au cardinal de Granvelle, 3 avril 1569.) En effet, les lettres de Wolfgang prouvent assez que les violences étaient commises contre ses ordres. (D. GRAPPIN, *Guerres du seizième siècle*, p. 69 et suiv.)

[1] D. GRAPPIN, ibid., p. 58, et Preuves, p. 9.

furent conduits par Savigny, seigneur de Saint-Remy, que la passion d'une vengeance personnelle contre l'archevêque de Besançon, Claude de la Baume, abbé de Cherlieu, avait entraîné dans le parti de l'hérésie, sous les enseignes du prince d'Orange [1]. En résumé, tout fut dévasté dans les villages non défendus ; mais les forteresses, telles que Jonvelle, Richecourt, Demangevelle, Artaufontaine, Amance, Bougey, Gevigney, Chauvirey, Port-sur-Saône, Scey, Ray, etc., furent vainement insultées par les bandes hérétiques, et les habitants du voisinage y trouvèrent un asile inviolable pour leurs personnes et leurs biens les plus précieux. Enfin le duc de Bavière délivra le bailliage d'Amont, en entrant dans le duché de Bourgogne (mai 1569). Il mourut peu de temps après à la Charité-sur-Loire, d'une fièvre ardente causée, dit-on, par les excès du vin [2].

Aux états suivants (1574), le président Froissard, au nom des princes, complimenta le pays pour sa résistance héroïque contre cette agression nouvelle des ennemis de Dieu et du roi, en ajoutant que, « par le bon gouvernement de Sa Majesté, Dieu grâces, il avoit été maintenu jusqu'à ce jour en toute seureté et tranquillité, et hors des troubles et désordres qui désoloient la France ; que Sa Majesté n'avoit rien épargné non plus pour l'administration de la justice et les fortifications

---

[1] Le sieur de Saint-Remy avait inutilement sollicité du prélat les dispenses nécessaires pour épouser la marquise de Rénel, sa cousine germaine. (*Mém. sur Cherlieu*, p. 81.) Treize ans plus tard, le roi fit surprendre le château du chevalier félon et renégat. (D. GRAPPIN, ibid., p. 117.)

[2] D. GRAPPIN, ibid., p. 75.

des villes ; qu'elle demandoit un don gratuit de cent mille francs. » Mais l'exposé du commissaire royal était bien loin de la vérité ; car le Comté avait été abandonné à ses seuls efforts, et si des troupes y avaient paru, depuis le départ de Wolfgang, ce n'était que pour le traverser et le ruiner de plus en plus, soit en allant aux Pays-Bas, soit à leur retour. D'ailleurs, un avenir prochain nous démontrera qu'on avait très peu fait pour les places fortes et à peu près rien pour Jonvelle. Aussi le sieur de Clairvaux, subrogé du gouverneur, répondit-il au nom des états, que « vu les passages répétés de la gendarmerie, par lesquels les habitants de la province avoient subi d'incroyables dommages ; vu la chereté des vivres en Bourgoigne, on ne pouvoit payer que soixante-quinze mille francs (1). »

(1) Recez des états, 1574. « La queue de vin se vendoit 100 francs, et la mesure de froment un écu, chose non encore vue ny entendue dois cent ans. Et par ce avoient esté obligés et contraincts les poures habitants dudit pays de vivre de chardons et autres herbes, ou de viandes inaccoustumées. »

La queue de vin était d'un muid et demi, et le muid de trois cent vingt litres. Aux quatorzième, quinzième et seizième siècles, le prix du vin varia de 40 sous à 6 francs le muid. Le blé valait alors un demi-denier la livre. La mesure de Dole était de vingt-neuf livres, celle de Besançon de trente-six livres, et celle de Port-sur-Saône de trente. Celle-ci devint bientôt la mesure légale de la province. (D. GRAPPIN, *Recherches sur les anciennes monnaies, poids et mesures*, p. 100 et suiv.)

CHAPITRE IV.

LA SEIGNEURIE DE JONVELLE DÉFINITIVEMENT RENTRÉE DANS LE DOMAINE DES SOUVERAINS.

Le pont de Jonvelle. — Le prieuré aux Jésuites. — INVASION DE TREMBLECOURT. — LA VILLENEUVE, capitaine. — Stratagème de Thierry la Valeur. — CLAUDE DE VERGY, gouverneur du Comté. — La trahison livre Jonvelle et les places voisines. — Villeneuve remplacé par FAUQUIER DE CHAUVIREY. — Traité de Lyon. — Jonvelle recouvré. — Réclamations de Biron. — Désordres des gendarmeries. — Paix de Vervins. — ALBERT et ISABELLE. — Miracle de Faverney. — Autres franchises de Jonvelle. — Milices de la seigneurie. — Réunion de la châtellenie au bailliage.

(1570 — 1631.)

Quand la terre de Jonvelle eut été retirée aux d'Andelot, elle eut pour châtelain Henri d'Oiselay, baron de la Villeneuve, qui descendait d'Agnès, fille de Philippe, le dernier seigneur indigène de Jonvelle [1]. Ainsi était-il entré comme serviteur à gages dans la seigneurie de ses aïeux. En même temps, Ambroise de Raincourt devint receveur ou fermier amodiataire de la châtellenie (1570-

---

[1] Henri d'Oiselay, seigneur de Champvans, Saint-Loup, Ranzevelle, etc. En 1584, il fait reprise de quelques fiefs mouvants de Jonvelle, entre les mains de François de Vergy, gouverneur du Comté, délégué *ad hoc*. (Chambre des comptes, reg. 13.)

1575), et après lui, Jacques Ogier, de Fontenoy-lez-Montbozon (1575-1590); puis Jean Dorey. Tous les trois, en prenant possession de leur charge, engagèrent en caution leurs biens, leurs personnes et celles de leurs familles [1].

Ogier remplissait encore ses fonctions en 1586, lorsque fut décidée la reconstruction du pont de Jonvelle, ruiné depuis quelque temps par les grandes eaux. Le pont détruit était très élégant et devait remonter au treizième ou au quatorzième siècle. Sur chacune des six piles qui le soutenaient, se trouvaient établies deux boutiques, formant ainsi sur les côtés un double rang de jolis pavillons carrés. Au milieu de l'un des côtés, une gracieuse niche à jour présentait une statue de la Vierge à la vénération des passants. Dès l'an 1580, les habitants avaient obtenu du roi des lettres-patentes qui les autorisaient à relever leur pont et leur promettaient pour cela trois mille livres, à charge pour eux de faire les charrois [2]. Mais la chambre des comptes ne donna suite au projet que le 9 janvier 1585. Après avoir été publié et affiché, aux jours de foire ou de marché, sur les places publiques de Vesoul, Faverney, Jussey, Purgerot, Luxeuil, Port-sur-Saône, Fontenoy-le-Château, Mirecourt, Bourbonne et Jonvelle, et même publié en chaire par le curé de Saint-Pierre [3], le devis estimatif

---

[1] Chambre des comptes, J, 10, n° 3, fol. 106-118, et n° 4, fol. 285.
[2] Ibid., fol. 322.
[3] C'était Hugues Gérard d'Autrey, qui avait obtenu cette cure au concours, selon les prescriptions du concile de Trente (11 mars 1583). A cette époque, le prieur de Jonvelle était Claude d'Andelot, et le curé de Sainte-Croix, dans le faubourg, Félix Dubois, commis par la cour au temporel du prieuré. (Archives du greffe de la cour de Besançon.)

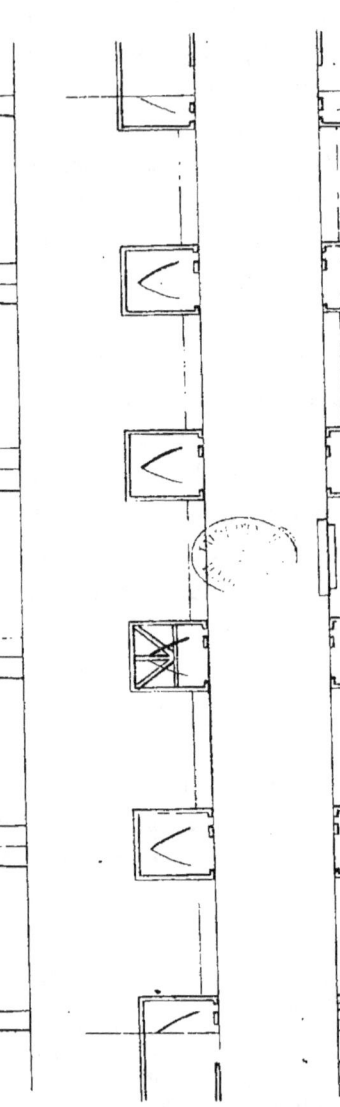

Fait avant la dernier regne d'iceluy.

Echelle de 60 pieds.

fut mis en monte à *ravalement* (rabais), le samedi 9 février, jour de marché, heure de midi, sous le cloître de l'église paroissiale, par-devant les officiers de la seigneurie, Jacques Ogier, receveur, Etienne Dujardin et Antoine Rousselet [1], procureurs licenciés. Ce devis n'oubliait pas un détail qui fait honneur à la piété des habitants : « Et au milieu dudit pont, dit-il, il y aura une chappelle pour y apposer une ymaige de la Vierge Marie, comme il estoit au vielz pont. » Du reste, cette démonstration pieuse ne nous surprend pas, à une époque où la guerre fanatique des nouveaux iconoclastes, contre la Mère de Dieu en particulier, ne fit qu'affermir son culte et multiplier ses images dans tous les lieux de la catholique Franche-Comté.

Cependant les travaux ne furent pas concédés dans cette enchère du 9 février, dont la chambre des comptes trouva le chiffre trop élevé. Le 26 avril de l'année suivante, elle aima mieux traiter avec l'échevin Antoine Vautrin, qui s'engagea, au nom de la communauté, à faire et à entretenir le pont, moyennant une somme de treize cents francs de Comté [2], fournis par le roi. Le 4 mai suivant, la communauté elle-même, réunie sous le cloître, au nombre de cent trente-trois de ses membres, chefs de famille, représentant la majorité, fut requise de

---

(1) Antoine Rousselet, de Port-sur-Saône, bailli de Jonvelle, savant antiquaire, composa la généalogie des ducs de Lorraine, que dom Calmet a mise à profit pour son histoire. Il devint tabellion général de Bourgogne. C'est à ce titre que Pierre d'Andelot, abbé de Bellevaux, prieur de Jouhe et de Jonvelle, lui acense une place vacante appartenant au prieuré, près de la *Porte-Haute* ou *Porte-Arnoul* (11 février 1565). (Chambre des comptes, J, 22.)

(2) Le franc de Comté valait 13 sols 4 deniers de France.

ratifier le traité passé par son échevin : ce qu'ils firent, en prêtant serment sur les saints Evangiles, et en donnant hypothèque, non-seulement sur leurs biens meubles et immeubles, mais encore sur ceux de leurs héritiers et descendants [1]. Les travaux du pont furent donc commencés, puis menés à bonne fin, avec l'aide des habitants de Corre [2]. Mais l'exécution, faite sans doute avec une parcimonie forcée, fut aussi lourde que celle de l'ancien pont était riche et gracieuse. La maçonnerie coûta trois mille livres. Les boutiques furent faites en bois. Les margelles, hautes de cinq pieds, étaient crénelées en haut et percées en bas de regards cintrés, « pour entre les iceulx veoir soubs ledit pont. » C'était donc un ouvrage de défense, destiné à commander la rivière et ses abords. Ce pont a été encore refait depuis ; mais il porte toujours la petite chapelle et son image vénérée.

La même année, Jonvelle perdit son prieuré, dont les biens, après la mort du titulaire, dom Claude d'Andelot, de la famille des anciens seigneurs du lieu, formèrent la dotation du collége des jésuites de Dole, avec ceux des prieurés de Voisey, de Saint-Vivant et de Jouhe. La réunion, sollicitée par le magistrat de Dole, fut autorisée par Philippe II (14 mars 1586), « dans le but de favoriser de plus en plus les hautes études, la piété et

---

[1] Chambre des comptes, J, 10.
[2] Le 9 décembre 1608, le roi accorde, sur les revenus de Jonvelle, 150 francs à la communauté de Corre, en reconnaissance et dédommagement de ce qu'elle a fait pour le pont de cette ville. (Chambre des comptes, J, 10, n° 5, fol. 157.)

les bonnes mœurs, dans son cher comté de Bourgogne, en augmentant le bien-être matériel des révérends pères, » dont le nouveau collége existait depuis deux ans. Ce transfert, décrété par la cour souveraine de parlement, le 7 novembre 1588, fut confirmé par une bulle de Sixte-Quint, datée du 9 octobre 1589. Toutefois la prise de possession n'eut lieu que l'année suivante, après un nouvel arrêt du parlement (14 avril 1590) (1).

A cette époque, la Franche-Comté se reposait de ses derniers désastres, grâce au traité de neutralité, qui, renouvelé sept fois depuis sa première conclusion, venait encore de recevoir une nouvelle consécration par un traité passé avec la Ligue, en 1580 (2); ce qui n'empêcha pas le duc de Guise et le marquis de Pont, son neveu, d'entrer en Comté avec une armée de ligueurs, à la poursuite des Allemands luthériens et des huguenots français, commandés par François de Coligny. Pendant deux ans (1587-1588), une partie de la province, surtout la frontière de Jonvelle, fut en proie aux dévastations de ces corps de gendarmerie, neutres ou ennemis. Peu de temps après, Jonvelle subit encore le pas-

(1) Archives de Dole, cartulaire de Jonvelle, fol. 377 à 388.
(2) Cette négociation avait été obtenue, comme les précédentes, par la médiation des Suisses. Dès l'an 1575, le parlement avait envoyé le sieur Pierre d'Augicourt, avec l'écuyer Benoît, à la diète des cantons séant à Baden, pour obtenir leur pressante intervention dans cette affaire. Les états de 1579 votèrent au sieur d'Augicourt une somme de 103 francs 11 gros, pour les frais de ce voyage. Dans ces états, qui avaient été convoqués pour aviser aux moyens de remédier aux dégâts des Français, figurèrent les sieurs de Chauvirey, d'Augicourt, de Richecourt, de Vitrey, de Raincourt et les échevins de Jussey. (Recez des états, fol. 200-201.)

sage des troupes venant d'Italie et marchant au secours des ligueurs (1591) (1).

Henri IV régnait en France depuis 1589. Après avoir désarmé la Ligue par son abjuration (1593), qui lui ouvrit les portes de Paris (1594), il tourna ses forces contre l'Espagne, qui l'avait peu ménagé dans les discordes civiles, et l'un de ses projets fut de lui enlever la Franche-Comté. Du reste, il était poussé à cette conquête par une femme trop célèbre pour l'honneur du monarque, Gabrielle d'Estrées, qui voulait faire de cette province un apanage à l'un de ses bâtards (2). Un capitaine lorrain, parent du roi, fut chargé par lui d'entrer en avant-coureur dans le Comté, pour le ravager, en forcer les places et préparer ainsi la conquête projetée. C'était Louis de Beauveau, seigneur de Tremblecourt, nom d'aussi funeste mémoire pour notre pays que ceux des Louis XI, des Georges de Craon, des Charles d'Amboise et des Wolfgang. Deux autres officiers lorrains, non moins farouches, Loupy et d'Aussonville, baron de Saint-Georges, devaient l'appuyer de leurs corps d'armée. Dès l'année précédente, Aussonville avait formé le sien, fort de trois ou quatre mille hommes, aux environs de Deuilly en Vosges, et de Fontenoy-le-Château, que les Lorrains venaient d'usurper. Le péril était imminent. Déjà l'ennemi avait fait reconnaître la place de Jonvelle par deux espions déguisés en mendiants, qui la visitèrent à leur aise. A leur retour, une femme qui tra-

---

(1) *Mémoires de Champagney*, IV, 307; D. GRAPPIN, *Guerres du seizième siècle*, p. 103 à 115.
(2) D. GRAPPIN, ibid., p. 182, 183, et Preuves, p. 42.

vaillait à la campagne, entendit l'un d'eux dire à l'autre: « Tu prétendois qu'on ne fesoit garde ici ; mais il ne faut s'y fier que bien à poinct. » Ils avaient caché leurs uniformes et leurs arquebuses dans un buisson, où ils les reprirent, en y jetant leurs *drilles*. C'est le comte de Champagney-Granvelle, baron de Renaix, qui donnait cet avis au ministre Laloo, à Madrid. « L'espion disoit vrai, ajoute-t-il ; car si la place est en mauvais état, je ne pense pas qu'il y ait capitaine meilleur et plus aguerry que le sien. C'est mon neveu, Monsieur de Villeneuve, qui a déjà rembarré l'ennemi plusieurs fois dans ces parages, et qui en est tellement redoubté, que les Lorrains se plaignent de ne pouvoir rien faire de bon sur le Comté (1). » Ce gouverneur de Jonvelle était Antoine d'Oiselay, baron de la Villeneuve, qui avait succédé dans cette charge à Henri, son père.

Mais les renseignements donnés au cabinet de Madrid par le sieur de Champagney, sur les pensées de l'ennemi, étaient malheureusement trompeurs, et le comte, en y croyant lui-même, endormait le pays dans la plus fatale sécurité. D'ailleurs, nous allons voir bientôt que le népotisme lui faisait un peu trop compter sur la vigueur et la vigilance du capitaine de Jonvelle. Pendant que d'Aussonville stationnait à Fontenoy avec sa colonne, Tremblecourt, de son côté, à la tête d'un corps de six mille hommes, occupait Neufchâteau, à une étape de Jonvelle ; et les deux chefs se tenaient prêts à opérer leur jonction pour fondre sur le Comté. Les mémoires

---

(1) *Mémoires ou correspondance de Frédéric Perrenot de Granvelle, comte de Champagney*, tome III, fol. 123 ; Dole, 6 octobre 1594.

du temps placent leur première attaque en janvier 1595; mais une tradition locale nous porte à croire qu'elle eut lieu auparavant, lorsque le capitaine Thierry, de Jonvelle, surnommé la Valeur, sauva son pays par un stratagème curieux. L'ennemi comptait surprendre la ville, qu'il croyait sans défense. A son apparition soudaine, la Valeur se mit à sonner de la trompette sur les murailles de ceinture et dans les forts, en se portant rapidement d'un point à un autre, de manière à se faire entendre partout presque en même temps. Cette ruse de guerre persuada aux assaillants qu'ils avaient à faire à une garnison nombreuse, et ils s'éloignèrent, sans rien entreprendre de plus contre la place. Depuis, on célébra dans l'église de Jonvelle, en mémoire du libérateur, un service annuel, qui a subsisté jusqu'à la fin du siècle dernier [1].

François de Vergy, ce gouverneur si cher à la province, n'était plus depuis quatre ans. Claude II, son fils, comte de Champlitte [2], homme de table et d'un caractère emporté, si nous en croyons Champagney, n'avait ni la valeur, ni la sagesse, ni la popularité de son père,

---

[1] La retraite est sonnée tout l'hiver, à Jonvelle, et l'on tinte trois coups à la fin de la volée. C'était, dans le principe, en mémoire de Thierry la Valeur, et afin d'inviter les habitants à prier pour le repos de son âme. Il y a peu d'années, les vieillards récitaient encore le *De profundis* à cette intention. Au rétablissement du culte, en 1800, M. Laillet, curé de Jonvelle, annonça et célébra fréquemment des messes pour Thierry la Valeur. (Témoignage de M. Degenne, propriétaire des ruines du château.)

[2] Baron d'Autrey, seigneur de Fouvent, Flagy, Morey, la Rochelle, etc., chevalier de la Toison d'or. Philippe II avait érigé la baronnie de Champlitte en comté, en faveur de François de Vergy. (DUNOD, *Nobiliaire*, p. 528.)

quoi qu'en dise son panégyriste Duchesne (1). Ennemi secret du parlement, époux d'une Française dont la famille était vendue à Henri IV (2), il était également suspect à la nation, parce qu'il avait sa mère, Claudine de Pontaillier, à la cour de France, et qu'il entretenait des correspondances avec le chancelier de Chiverny et d'autres Français. Les provisions abondaient à Champlitte, qui lui appartenait, et à Pesmes, qui était à son ami, le comte Antoine de la Baume-Montrevel; mais elles manquaient partout ailleurs (3). Jonvelle se voyait dépourvu de défenseurs, de vivres, de canon, de munitions. Les murailles étaient en mauvais état, malgré la sollicitude et les réclamations souvent réitérées des députés de la province. Une poignée d'élus à peine exercés, aux ordres du sieur de Villers, formaient toute la garnison de la ville; Antonio gardait le château avec une compagnie d'Italiens. Ces deux capitaines sont fort maltraités dans les lettres du sieur de Champagney, qui les appelle des *hommes indignes*, surtout Antonio, que la table seule aurait fait ami du comte de Champlitte. Du reste, cet étranger n'est guère signalé dans les Mémoires du temps que par les violences et les déprédations qu'il exerça sur le pays. Au lieu de se borner à le

---

(1) *Histoire des sires de Vergy*, p. 353.
(2) *Mémoires de Champagney*, tome III, lettre du 9 janvier 1595. Le comte de Champlitte était marié à Catherine Chabot, fille de Léonor Chabot, comte de Charny, lieutenant général au duché de Bourgogne, et de Françoise de Rye, dame de Neuchatel, Amancey, Montrond, Bourguignon, Renaucourt, Lavoncourt, Choye, Poinson, etc. (DUCHESNE, ibid.)
(3) A ce moment nos pays sortaient d'une peste qui en avait horriblement maltraité les populations : Vesoul avait perdu les deux tiers de ses habitants.

défendre, tout récemment il avait porté ses courses en Lorraine ; provocation fatale, dont l'ennemi fut heureux de profiter pour tomber sur le Comté, et d'abord sur Jonvelle. Tremblecourt et d'Aussonville s'ébranlent à la fois, en plein hiver (24 janvier 1595); ils paraissent le même jour aux portes de cette ville, du côté de Châtillon, avec dix mille hommes, infanterie et cavalerie, et la somment de se rendre. Le commandant de Villers fut assez lâche et assez traître pour obéir à cette première injonction, sans avoir entendu ni tiré un seul coup d'arquebuse, et pour subir une honteuse capitulation, qui devait livrer l'entrée du pays, épouvanter les autres villes, et coûter aux bourgeois de Jonvelle une rançon de quatre mille écus. Du moins, c'est à cet officier que le baron de Renaix, sur les plaintes de Villeneuve, reproche toute la honte de cette reddition précipitée [1]. Quant au gouverneur de la place, dont la bonne garde et la vaillance étaient tant vantées par son bon oncle, trois mois auparavant, vit-il dans cette circonstance ses ordres méconnus, ou bien l'humanité lui fit-elle un devoir de céder à la force et de ne pas exposer la ville et les citoyens aux horreurs inévitables d'un assaut? On peut supposer l'un et l'autre. Quoi qu'il en soit, Antonio fit d'abord assez bonne contenance dans le château, défendu du côté de la ville par la double fortification de ses murailles et de la Saône. Mais Tremblecourt force le pont, pénètre dans le faubourg Sainte-Croix, qui est livré aux flammes, porte ses batteries au midi et les pointe contre les antiques et épais remparts de la forteresse. Le douzième

---

[1] *Mémoires de Champagney*, VI, 1.

coup de canon vit tomber la vaillance du capitaine, qui se rendit après deux jours de siége, et put se retirer vie et bagues sauves, comme le commandant de la ville. Le vainqueur laissa dans la place une garnison et du canon, que le maréchal de Biron lui fit passer ; car il importait d'assurer une place qui était la clef du pays. Puis il poursuivit sa marche en avant. La première digue était rompue : le flot de l'invasion allait envahir la contrée, comme un torrent furieux, sans rencontrer nulle part une barrière capable de l'arrêter.

Ce fut par une dépêche du baron de Villeneuve que le comte de Champlitte apprit, vers le 5 février, l'attaque inopinée des Lorrains et la prise de Jonvelle. Il se montra très affecté de ce premier échec ; mais en l'annonçant au prince infant, il en rejeta la faute sur le parlement, qu'il ne consultait jamais. C'est alors seulement qu'il s'occupa de faire de nouvelles levées, en convoquant les élus et l'arrière-ban des bailliages d'Amont et d'Aval, et en demandant des troupes aux Suisses et au duc de Savoie [1]. Mais déjà, descendant librement les deux rives de la Saône, étendant partout le pillage, l'incendie et la mort, Tremblecourt à droite, Aussonville à gauche, s'étaient donné rendez-vous à Vesoul, au cœur du bailliage. Toutes les places durent être emportées sur leur passage. Les manuscrits contemporains signalent en particulier, comme ayant été la proie de la force et du brigandage, d'un côté Jussey, malgré ses deux cents élus, Chauvirey, Mercey, Scey-sur-Saône, Traves, la Charité, Port-sur-Saône, Charriez ; d'un autre

---

[1] *Mémoires de Champagney*, IV, 73, 79 ; Dole, 6 février 1595.

côté Demangevelle, Richecourt, Vauvillers, Luxeuil, Amance, Baulay, Polaincourt, Clairefontaine (1) et Faverney. Aussonville ne trouva de résistance sérieuse que devant Amance, qui, après plusieurs semaines d'une défense héroïque, ne laissa entrer l'ennemi que par la brèche du canon (2). Partout régnaient l'épouvante et le désespoir : l'antique énergie des Franc-Comtois, qui s'étaient si bien montrés sous François de Vergy, avait fait place sous Claude, son fils dégénéré, à une terreur universelle, qui dépeuplait les villes et les villages. La plus grande partie des habitants, emportant ce qu'ils avaient de plus précieux, fuyaient au fond des bois et des cavernes retirées, pour y trouver un asile contre la violence et la rapacité du soldat (3). D'ailleurs, on croyait le gouverneur vendu au roi de France et complice de l'invasion. Champagney n'hésite pas à dire que Jonvelle fut livré par trahison, ainsi que Chauvirey et d'autres places. Ses accusations répétées sur ce point dénoncent le comte de Champlitte et ceux qu'il appelle ses créatures, Fauquier de Chauvirey, Philippe d'Anglure, sieur de Guyonvelle et frère utérin de Fauquier, enfin le

(1) Le curé de Polaincourt, l'abbé et le prieur de Clairefontaine, furent emmenés prisonniers et traînés de village en village, avec toutes sortes d'avanies. Cependant le général finit par les mettre en liberté. (*Mémoire sur Clairefontaine*, p. 227-228.)

Baulay en particulier fut tellement ruiné et dépeuplé, que ses registres de baptêmes n'offrent aucun acte pendant deux ans (1595-1596).

(2) « Amance a fait le saut, » écrit Champagney, à la date du 3 mars. (*Mém.*, IV, 92 à 106.) Cette ville était environnée de bons remparts de quatre mètres d'épaisseur. Son château, bâti par la comtesse Alix, au treizième siècle, avait des murs non moins solides, flanqués de dix tours élancées et ceints de fossés profonds. (*Annuaire de la Haute-Saône*, 1845.)

(3) D. GRAPPIN, ibid., 132.

président Richardot de Morey, aussi parent du sieur de Chauvirey. Guyonvelle, gentilhomme du duché, était un ardent ligueur, homme remuant, tour à tour vendu au service de l'Espagne et de la France (1). Quoi qu'il en soit, le capitaine de Villeneuve fut arrêté par les ordres du gouverneur, peu après la prise de Jonvelle, puis relâché sans jugement, mais néanmoins destitué. Fauquier obtint sa charge (14 décembre 1595); il était alors en fonctions à la cour de Bruxelles, et il parut peu à Jonvelle (2).

Pendant que Vergy commandait ses levées et annonçait à la province les divers secours qu'il venait de solliciter, les ennemis, maîtres de Port-sur-Saône (9 février), se présentaient devant Vesoul, dont les murailles étaient ouvertes, et qui n'était gardé que par deux compagnies d'élus, jeunes conscrits venus depuis trois jours des prévôtés de Montjustin et de Cromary. La place capitula, comme Jonvelle, sans coup férir, en payant douze mille écus et en livrant tout ce que les étrangers et les retrahants y avaient apporté en dépôt; puis, malgré le traité, la ville fut encore livrée au pillage (13 février). Gy eut le même sort, neuf jours après; mais il coûta plus cher à Tremblecourt. Le sieur de Villers, qui commandait la petite garnison de cette place, brûlant de

---

(1) *Mémoires de Champagney*, VI, fol. 61, lettre à Son Altesse l'archiduc Albert, texte espagnol; *Mém. de Guill. de Tavannes*, cités dans les *Mémoires de l'hist. de France*, 1re série, tome XXXV, p. 361, 366, 367; *Chronique novénaire de Palma-Cayet*, citée ibid., tome XL, p. 211.

(2) Chambre des comptes, 5e regist., fol. 33; *Mém. de Champ.*, VI, 1 et suiv.; 5 mars 1597, lettre à du Faing; 5 juillet, id., lettre à l'archiduc, texte espagnol, fol. 59; 10 août, id., lettre à du Faing, fol. 93 verso.

laver sa honteuse conduite de Jonvelle dans le sang de l'ennemi, résista vigoureusement aux Lorrains et leur tua bien du monde, quand ils se présentèrent à la porte de Bourg-Dessus. A ses côtés combattait un brave officier de Jonvelle, que nous avons déjà signalé, le capitaine Thierry la Valeur. Quelques jours auparavant, il était allé reconnaître les ennemis jusqu'aux environs de Fretigney, où il leur avait tué douze hommes et fait trois prisonniers [1]. Au 3 mars, Champagney informait la cour d'Espagne que les gens de Tremblecourt avaient déjà tenu toute la province, jusqu'à Besançon et même jusqu'à Salins, forçant ou affrontant toutes les forteresses, ruinant le pays et faisant un immense butin, qu'il estime à plus de trois cent mille écus, sans parler des rançons extorquées [2].

Enfin les secours demandés arrivèrent et rendirent un peu de courage au pays. Ferdinand de Velasco, gouverneur de Milan et connétable de Castille, envoyé par le roi, à la tête de vingt mille hommes, Espagnols et Italiens, entra le 7 mars à Besançon, et

---

[1] D. GRAPPIN, ibid., 128, 144, et aux Preuves, p. 31 ; *Mém. de Champ.*, IV, 16 février.

[2] « L'ennemi a jà faict butin, sans qu'il fera, de plus de deux cent mille, voire je pourroy dire trois cent mille escus vaillant, et davantage, en bled, vin, chevaulx et bestial..., sans les rançonnements... Le pays se ressentira du fléau actuel pendant quelques générations... Mais pendant qu'on nous paist de belles parolles, nous perdons tout, et le roy pourroit tant perdre, pour petit que le pays soit, qu'il s'en sentiroit plus avant qu'il semble... L'on attend le secours de don George Manricque, qui jà n'a tardé que trop, n'estant qu'à journée ou journée et demye de ce pays (en Bresse). Et cependant je ne voy point qu'on ait délibéré de rien faire que l'attendre les bras croisés... On parle de résolutions à prendre bientôt... Mais on nous pourroit bien faire de la bouillie quand nous serons morts. » (*Mém. de Champagney*,, IV, 92 à 106; Dole, 3 mars, lettre à Laloo.)

commença les opérations par le recouvrement de Marnay, ensuite de Gy (11 avril) ; les capitaines seuls de ces places eurent la vie sauve, moyennant deux mille écus de rançon : tous leurs soldats furent pendus aux fenêtres ou aux créneaux. Vesoul fut repris le 2 mai suivant ; mais Tremblecourt, retiré au château de la Motte, avec quatre cents hommes, se défendit jusqu'au 23 et ne se rendit que faute d'eau. Sorti avec armes et butin, il fut conduit à Jussey ainsi que ses gens, et de là il regagna la Lorraine par Jonvelle, que les siens tenaient encore. Quant au connétable, il prit le chemin du Duché avec le duc de Mayenne ; mais ce fut pour se faire battre à Fontaine-Française par Henri IV (5 juin). Dès lors, loin de pouvoir poursuivre l'offensive, retiré sous les murs de Gray, il ne sut pas même empêcher Biron de passer la Saône, avec huit mille hommes de pied et treize cents chevaux, qui parcoururent les bailliages d'Aval et de Baume, avec autant de dégâts que les Lorrains en avaient causés dans le reste du Comté [1]. Et pourtant ils n'étaient que l'avant-garde de l'armée royale, qui devait bientôt les suivre. Dans cette terrible expectative, le comte de Vergy ne songea qu'à ses intérêts personnels : il eut soin de mettre ses terres et châteaux de Champlitte, Autrey, Fouvent, Morey, la Rochelle, Amance et autres, à l'abri de toute hostilité, par un traité de neutralité qu'il sut obtenir du roi de France (12 juillet), comme déjà Henri III l'avait octroyé à son père [2]. Vu les circonstances du temps et des personnes, ce traité était une vé-

---

[1] D. Grappin, ibid., 155 à 159.
[2] Archives de la ville de Langres.

ritable trahison, qui liait les mains au gouverneur. Il avait été connu plusieurs jours avant sa signature ; car on le trouve mentionné dans une lettre du 10 juillet, que nous allons citer.

Vergy avait donné ordre à son lieutenant, Marc de Rye, baron de Dissey, de visiter la frontière de Vesoul à Jonvelle et de déloger l'ennemi des positions qu'il y occupait encore. De son côté, le parlement avait délégué le conseiller Thomassin, autant pour surveiller les opérations que pour les activer ; car le gouverneur et son lieutenant montraient la même insouciance ; ou bien, s'il leur arrivait quelquefois d'entreprendre sur les Français, leurs soldats causaient plus de mal aux lieux secourus que les ennemis eux-mêmes [1]. Thomassin et Rye étaient donc à Vesoul, d'où le premier écrivait au sieur de Champagney, le 10 juillet :

« Monseigneur,..... M. de Discey et moy sousmes venus en ceste ville dès jeudy dernier, n'y ayant négotié aulcune chose, pour ce que ledict signour a envoié M. de Raincourt à Son Excellence (le connétable) et à M. le comte (de Champlitte), pour leur donner à entendre que, s'il ne lui donne des forces, il est du tout inutile en ces lizières. Il n'est encore de retour : nous verrons ce qu'il rapportera, que sera un beau rien tout neuf, si je ne me trompe... Nous avons advis que les soldats de Jonvelle se diminuent fort, pour ce qu'ils sont mal traittés, et que facilement on leur feroit quitter le bourg. Mais par défaut d'infanterie, l'on n'y peut rien entreprendre. Ils publient audict Jonvelle que le roy de

---

[1] D. GRAPPIN, ibid., 167.

Navarre se veult emparer de tout ce pays, voire disent que les Bourguignons se sont vendus. Je ne crois ny l'un ny l'aultre article. La composition de Champlite apporte grand subiect à ceulx de cette ville pour défendre leur cause. Ils ioindront ce poinct aux aultres semblables..... Nous sousmes sur le poinct de passer à Scey-sur-Saône et de costoier la rivière, si n'en sousmes dissuadés au retour du sieur de Raincourt. Si nous y faisons quelque exploit, Votre Seigneurie en sera reservie (1). »

Les Lorrains de Jonvelle n'étaient que trop bien informés sur les desseins de Henri IV. Il rejoignit son maréchal quelques jours après, et la province eut vingt-cinq mille hommes sur les bras, sans compter les troupes de Tremblecourt et d'Aussonville, revenues à la curée de notre malheureux pays. Les manœuvres du roi de France se concentrèrent dans les environs de Baume, de Besançon, de Pesmes et dans le bailliage d'Aval, qu'il ravagea lui-même sans succès, pendant plus d'un mois, saccageant ou rançonnant plusieurs villes, gagnant beaucoup d'argent, mais peu de gloire, et ne laissant derrière lui qu'un souvenir détesté. Heureusement pour le Comté, la maladie de Gabrielle d'Estrées, qui se trouvait alors à Lyon, et que l'on disait morte en couches (2), fit lâcher prise à son royal amant, qui avait entrepris cette conquête en grande partie pour lui être agréable (août). Renonçant donc à ce projet ambitieux pour le moment, il donna volontiers les mains au traité de neutralité que les ambassadeurs suisses négocièrent en faveur de

(1) *Mémoires de Champagney*, IV, 333.
(2) Ibid., lettre du conseiller Mercerey au comte ; Salins, 25 août 1595.

notre province. Il fut conclu sur les mêmes bases qu'en 1580, et signé à Lyon le 23 septembre 1595 [1]. Un des articles portait que Jonvelle, Jussey et Faucogney ne seraient rendus que quatre semaines après la signature. Le second article stipulait que les pièces, les munitions et les équipages d'artillerie mis dans ces places par le roi de France, lui seraient rendus.

Mais pendant que le traité se débattait encore, don Bernardin de Velasco, frère du connétable, était arrivé par la Bresse, avec un renfort de dix-huit cents Allemands et de mille Italiens, plus quatre cents chevaux [2]. Le 3 septembre, Thomassin écrivait que ce général était parti de Dole ce jour-là même, devant être suivi par son frère. Le parlement, qui n'était pas dans le secret des mouvements militaires, désirait vivement que celui-ci fût dirigé contre Lons-le-Saunier ou contre Jonvelle. Mais les deux Velasco se jetèrent sur le Duché, dont ils prirent plusieurs places, laissant les opérations sur Jonvelle à la charge du comte de Champlitte [3]. Celui-ci, sortant enfin de sa torpeur, prit le chemin de cette ville, que les Lorrains occupaient depuis le 24 janvier. Le baron de Dissey lui ayant amené des troupes de Besançon, ils marchèrent droit à Jonvelle, en tournant Jussey, où l'ennemi fut laissé en repos pour le moment. Ils s'adressèrent d'abord au château, car ils arrivaient de ce côté. Nous ignorons à quelle date précise ils commencèrent le siége. Tremblecourt d'abord et Biron ensuite avaient

---

[1] D. GRAPPIN, ibid., 191 et suiv. La ratification du roi d'Espagne ne fut apportée que l'année suivante au mois d'avril. (Ibid., 199.)
[2] Archives du Doubs, correspondance du parlement, B, 653, liasse 53.
[3] D. GRAPPIN, ibid., 198, 199.

réparé la place et l'avaient pourvue d'un excellent canon, avec d'abondantes munitions, tant ils attachaient d'importance à tenir ce passage de la Saône et ce boulevard du Comté. Néanmoins le château, vivement battu par l'artillerie du gouverneur, ouvrit ses portes le 24 septembre, et sa garnison se retira dans la ville. Dès lors celle-ci était dominée par les assiégeants ; mais pour accélérer le succès contre un ennemi bien monté et bien résolu, Vergy passa la Saône, afin de menacer la place du côté du nord, en même temps que la citadelle prendrait les défenseurs en écharpe, enfilant leurs batteries presque à bout portant. Cependant ils ne se rendirent que le 4 octobre ; ce qui donne à croire que ceux du château n'avaient pas offert une moins longue résistance. La capitulation conservait l'artillerie sur les remparts et toutes les munitions de guerre (1). Richecourt et Demangevelle furent également repris quelques jours après. Pendant ces opérations, les soldats bourguignons, passant la frontière, avaient exercé de sanglantes représailles sur quelques villages de France.

Il fallait moins que ces courses et la reprise de ces positions, pour provoquer les récriminations du maréchal. Posté sur les bords de la Vingeanne, aux environs de Montigny et du fort de la Romagne, il se tenait prêt à

---

(1) « Le conte de Champlite a battu Jonvelle, qui a ouvert ses portes et où il a pris un meilleur canon que ceulx trouvés par le connétable au château de Vesoul. Il seroit bon que toutes ces pièces de conquestes demourassent dans les places fortes, du moins jusqu'à ce que le roy eust pourveu le pays d'artillerie, dont on a si grant besoin. » (*Mémoires de Champagney*, IV, 272 ; lettre de Champagney à son parent, le sieur de Mercey, Claude de Cicon, seigneur de Richecourt, Gevigney, Purgerot, etc. ; Dole, 11 octobre 1595.)

rentrer en Franche-Comté, et d'abord à tomber sur Gray, qui, toujours par la faute du gouverneur de la province, était sans vivres ni munitions de guerre. Pour cette nouvelle invasion, Biron n'attendait que l'expiration du temps accordé au roi d'Espagne pour la ratification du traité de Lyon. Sur la première nouvelle qu'il eut des exploits du comte de Champlitte, il lui dépêcha le grand prieur de Champagne, Charneson, gouverneur de la Romagne, chargé de ses réclamations. L'envoyé arrivait à Jonvelle huit jours après l'expulsion des Lorrains. Il s'aboucha immédiatement avec le comte, et ils dressèrent ensemble (13 octobre) le procès-verbal de leur conférence, en forme de dialogue, dont voici le résumé :

1º *Le grand prieur.* Jonvelle a été repris par une violation flagrante de l'accord du 23 septembre, stipulant que cette place, ainsi que Jussey et Faucogney, ne serait rendue que quatre semaines après cette date. Je demande en conséquence qu'elle soit remise entre les mains de Tremblecourt, pour quatre semaines.

Le comte de Champlitte. Je n'ai point agi sciemment contre le traité de Lyon, puisque je ne l'ai connu que le 6 octobre, deux jours après la capitulation finale de Jonvelle. Du reste, je ne puis rendre cette place sans l'autorisation de mon souverain, de qui je ne puis avoir de réponse avant l'expiration des quatre semaines fixées par le traité. D'ailleurs, je n'aurais de lui qu'une réponse négative.

2º *Le prieur.* Au moins, conformément à l'article 2 du traité, rendez au maréchal le canon, les munitions et les trains d'artillerie que vous avez trouvés à Jonvelle et qui sont au roi de France.

Le comte. Tout ce butin m'a été cédé par la capitulation. Cependant, je soumettrai la chose à mes augustes maîtres ; et si leurs députés, avec ceux du roi de France et ceux des cantons suisses, conviennent de cette restitution, je la ferai.

3º *Le prieur.* Qu'il soit fait justice des incendies, violences et assassinats commis en France par les Comtois, au mépris de l'accord.

Le comte. J'ai toujours défendu ces excès et je suis prêt à les punir, mais en vous demandant la réciprocité ; car, pour un village brûlé en France, les vôtres en ont brûlé dix en Comté.

4º *Le prieur.* Qu'il soit permis à Tremblecourt de lever les tailles qui lui sont dues pour le passé et pour les quatre semaines fixées dans le traité.

Le comte. Le traité interdit toute violence, et il ne mentionne ni tailles ni contributions à lever par Tremblecourt.

5º *Le prieur.* Faites évacuer Fouvent, Richecourt, Chaussin et autres forteresses de France tenues par vos gens.

Le comte. Je le ferai [1] quand vous serez disposés vous-mêmes à rendre les places que vous tenez dans notre province. En attendant, j'ordonnerai, sous des peines sévères, à nos garnisons logées en France de respecter votre territoire.

6º *Le prieur.* Envoyez des commis à Dijon pour approuver le traité de paix.

---

[1] Le connétable fit rendre ces places aux Français le 18 octobre suivant. (D. GRAPPIN, ibid., 199.)

Le comte. Ils y seront au jour que fixera le maréchal ; mais il faut aussi que la France envoie les siens à Dole.

7° *Le prieur.* Rendez les canons et autres meubles qui se trouvaient dans le château de Richecourt. Renvoyez à Tremblecourt les chevaux de l'un de ses officiers resté à Jonvelle par suite de blessures, et ensuite mis à mort au mépris du droit des gens. Enfin restituez à qui de droit tous les prisonniers, meubles et bétail saisis par vous dans les forts et châteaux que vous avez recouvrés depuis le 23 septembre.

Le comte. Tout le mobilier de Richecourt a été rendu au sieur d'Aigremont, héritier du sieur de Meuse. Aucun officier ennemi n'est resté à Jonvelle ; ils en sont tous sortis avec chevaux, armes et bagages. Je mettrai tous mes soins pour faire rendre tout ce qui vous a été pris depuis le 6 octobre, à condition que le maréchal en usera de même envers nous, et dorénavant je punirai tous les violateurs de la paix [1].

Charneson repartit aussitôt avec ces réponses, accompagné du sieur de Montot, que Vergy députait auprès de Biron et de Tremblecourt, au camp de la Romagne. Le maréchal accepta les explications données par le comte de Champlitte, et signa la neutralité que Montot lui proposa de sa part, et dont un article portait que les garnisons étrangères de Jussey et de Faucogney évacueraient ces deux villes dans six jours, à compter du 15 octobre. Tremblecourt cependant fit encore des bravades et des menaces : « Bon gré malgré vous, dit-il à l'en-

---

[1] Pièce communiquée par M. Laboulaye, bibliothécaire-archiviste de la ville de Langres.

voyé du comte, je tiendrai Jussey et Faucogney jusqu'au paiement des dépenses que j'ai faites pour les fortifier, et même jusqu'au remboursement de tous mes frais de guerre, depuis la neutralité de Lyon. — Si nous n'avons sur les bras que vous et vos troupes, lui répondit Montot, nous n'aurons guère peur (1). »

Cette affaire terminée, Vergy s'occupa de donner satisfaction aux plaintes universelles, en remédiant aux désordres des gendarmeries, qui, faute de recevoir des munitions régulières, vivaient sur le *bonhomme* avec la dernière brutalité. Il fit à ce sujet une circulaire, datée de Jonvelle, 22 octobre, qui fut adressée aux officiers de Vesoul, Gray, Baume et Luxeuil. On leur commandait des réquisitions de vivres pour quinze jours. Les quatre prévôtés d'Amont, Vesoul, Montjustin, Cromary et Jussey, devaient fournir, pour chaque jour de cette quinzaine, une queue de vin, 1,600 livres de pain bis bien *panneté*, 800 livres de chair de bœuf, 850 bottes de foin de quatre livres chacune, 200 bottes de paille de huit livres chacune, 200 rations d'avoine chacune de quatre picotins, faisant le douzième du boisseau de Port-sur-Saône (2). Les contributions de la terre de Jonvelle

---

(1) D. Grappin, ibid., p. 149, et aux Preuves, p. 44.

(2) Les ordonnances de 1587 et 1594 avaient déterminé pour mesure légale des liquides la queue de Beaune, contenant 365 pintes de Dole (la pinte, un peu plus du litre). Le boisseau de Port-sur-Saône (30 livres) était la mesure légale pour les grains. (D. Grappin, *Recherches sur les monnaies, poids et mesures*, p. 130 et 139.)

Dans un commandement de contributions de vivres, fait le 22 mai précédent, pour les troupes espagnoles, la ration de pain est réglée à 25 *onces, poids de marc,* et celle de vin à *une pinte.* (Corresp. du parlem., B, 653, liasse 129.)

étaient réservées pour la garnison de cette place [1].

Le comte de Champlitte quitta Jonvelle les jours suivants, en y laissant son lieutenant, le sieur de Rye, avec ordre de faire tenir ses commandements à leur adresse. Mais celui-ci, aussi négligent que son chef dans une mesure qui demandait tant de célérité, ne fit partir les circulaires que le 2 novembre, dix jours après leur date. Leur exécution fut dirigée avec la même incurie : elles restèrent lettres mortes, comme tous les actes administratifs du gouverneur; ou du moins, malgré les vivres fournis, les compagnies continuèrent de plus belle leurs excès demeurés impunis.

Pendant l'hiver suivant, la restitution du canon français resté à Jonvelle avait été réglée entre les deux puissances. Néanmoins Biron ne l'avait pas encore reçu à la fin d'avril (1596), et il menaçait la Franche-Comté de ses armes, si on ne lui faisait pas justice sur ce point, si on ne lui rendait pas Seurre, et si on l'empêchait de tirer des munitions de la province. On savait au reste que la guerre était dans sa pensée ; de plus, on n'ignorait pas que le roi de France y était poussé par son conseil [2]. Les vrais patriotes étaient donc vivement alarmés, surtout quand ils considéraient que le pays, désolé par la famine, se trouvait sans argent et sans provisions, comme il était sans discipline ; quand ils voyaient que les troupes étrangères, appelées pour le défendre, voire même les compagnies indigènes, ne songeaient qu'au pillage, et que le gouverneur lui-même semblait devenu

---

(1) Corresp. du parlem., ibid.
(2) *Mém. de Champagney*, V, lettre à du Faing, 30 avril 1596.

le plus grand ennemi de la province, par son administration déplorable, par ses concussions scandaleuses et ses intelligences avec les Français. Qu'on juge de l'état des choses et des esprits par les doléances du sieur de Champagney, qui pourtant semblent trop amères et trop passionnées pour ne pas être suspectes de quelque exagération. Selon lui, le capitaine Antonio, depuis sa sortie de Jonvelle, s'était comporté dans le bailliage d'Amont avec les mêmes excès que les Routiers, les Ecorcheurs et les Tard-Venus d'autrefois. Amance, Faverney, Flagy, Noroy-l'Archevêque, les environs de Luxeuil, avaient subi ses rançonnements et les ravages de ses soldats [1], sous prétexte que la province ne le payait pas. Et pourtant il était bien venu auprès du gouverneur [2]. Du reste, les compagnies de Vergy, qui formaient les garnisons de Jonvelle et de Jussey [3], ne se comportaient pas mieux que les étrangers; et le comte, loin de punir ou de réprimer ces violences, passait pour en tirer son profit. Il y joignait ses dilapidations personnelles, par exemple en se faisant donner par le trésor des sommes énormes pour monter des recrues qu'il ne levait pas. Il s'était fait

---

[1] Tellement que Champagney ne put aller aux bains de Luxeuil. (Ibid., V, 254. Lettre à du Faing, 16 décembre 1596. Voir aussi lettre à l'amiral d'Aragon, texte espagnol, 20 janvier 1596.)

[2] « Le conte de Champlite n'a cessé d'yvrongner avec le capitaine Antonio, et Dieu veuille qu'ils ne s'entendent avec les François, par le moyen du prieur de Champaigne, commandeur de la Romagne, que fust encore l'autre jour avec luy à Autrey, à faire grande chère. » (Ibid., 30 avril 1596, lettre à du Faing.)

[3] Jusqu'à l'été (1596), le château de Jussey avait été confié au sieur de Guyonvelle. Le comte de Champlitte l'en fit sortir par les ordres de l'archiduc, et Guyonvelle se retira au château de Vaivre, près de Vesoul, qu'il avait acheté, et dans lequel il fit transporter son mobilier de Beaujeu. (*Mémoires de Champagney*, V, 272, lettre à du Faing, 21 décembre 1596.)

payer douze cents écus pour avoir battu la place de Jonvelle, contre laquelle le baron de Renaix prétend qu'on ne tira « oncques cinquante coups de canon. » Celui-ci va jusqu'à lui reprocher de s'entendre avec Nicolas de Watteville pour s'accommoder ensemble des calamités du pays, et d'avoir assez gagné, dans la dernière guerre, pour acquitter ses dettes et acheter une seigneurie (1).

Cependant la guerre contre la Franche-Comté avait été résolue à Paris, dans le mois de février 1597, et la province se préparait à la soutenir. Déjà les troupes ennemies se formaient en Bassigny et en Lorraine, aux portes de Jonvelle, qui toujours était le point de mire de ce côté. Tremblecourt avait été assassiné par un des siens, à Remiremont, l'année précédente ; mais Aussonville était encore là, prêt à une seconde invasion. Un gentilhomme français lui donnait la main ; c'était le sieur de Guyonvelle, acheté par Henri IV et devenu traître à la Franche-Comté, pour se venger d'avoir été disgracié par l'archiduc et mis hors de Jussey, dont il commandait la garnison. Il avait offert aux Français de leur ouvrir le Comté, en leur livrant, avec la plus grande facilité, la place de Jonvelle. En effet, à ce moment, cette ville se trouvait sans garnison et sans chef militaire, Fauquier de Chauvirey, son gouverneur, étant toujours à Bruxelles. « Aussi, ajoute Champagney, les habitants de ceste place, ceulx de Vesoul, Luxeul et les alentours, se réfugient-ils, avec ce qu'ils peuvent de leurs

---

(1) *Mém. de Champ.*, V, 27 avril, 15 mars 1596, fol. 115, et tome VI, 55, 16 décembre 1596, lettres à du Faing.

biens, à Montbéliard, terre hérétique. Il y a un tel effroi dans tout le bailliage d'Amont, que cela seul est un appel à l'ennemi..... Quant à Monsieur de Champlite, il ne sçait que vendre nos secrets aux Français, qui le pipent, et ruiner le pays..... Il ne sçait que mépriser les advis de la cour et donner sa confiance à des hommes indignes, notamment au sieur de Villers, qui a rendu Jonvelle et Gy aux ennemis [1]. » Mais dans ses quotidiennes philippiques, le comte de Champagney poursuivait avec le même acharnement le président Richardot de Morey, et surtout le sieur de Chauvirey, qui avait supplanté son neveu de Villeneuve dans le gouvernement de Jonvelle.

Ces plaintes et ces cris d'alarme étaient du 5 mars 1597. Cinq jours après, les troupes de Philippe II surprirent Amiens, événement trois fois heureux pour la Franche-Comté, qu'il sauva des malheurs d'une nouvelle guerre, en obligeant Henri IV à tourner ses efforts du côté de la Picardie.

Le traité de Vervins (2 mai 1598) rétablit la paix entre l'Espagne et la France. Philippe II s'empressa d'en profiter pour mettre ordre au gouvernement des Pays-Bas et de la Franche-Comté, qu'il donna en souveraineté à son neveu, l'archiduc Albert, destiné à devenir son gendre par son mariage avec l'infante Isabelle. Le vieux roi mourut la même année, sans voir cette union, qui ne fut célébrée que l'année suivante. Fidèles aux recommandations testamentaires adressées par leur père à

---

[1] Ibid., VI, fol. 1, lettre au même; Dole, 5 mars 1597.

Philippe III, son fils et successeur [1], Albert et Isabelle mirent tout leur zèle à maintenir leurs Etats en paix avec la France et à les préserver de l'hérésie. Dans le premier but, ils renouvelèrent, en 1600 avec Henri IV, et en 1610 et 1611 avec Louis XIII, la neutralité de la Franche-Comté. Pour atteindre le second but, qui leur tenait encore plus au cœur, ils surveillèrent avec la plus grande sollicitude les agressions menaçantes des hérétiques, dont la province était assiégée au nord et à l'est, et se crurent même obligés de réveiller sur ce point l'attention de l'archevêque Ferdinand de Rye. Il fut prié de visiter les paroisses de son diocèse, qui, pour la plupart, n'avaient pas vu leur premier pasteur *depuis mémoire d'hommes vivants,* et qui cependant en avaient un besoin des plus urgents, dans les circonstances périlleuses du moment [2]. Cette pieuse sollicitude fut couronnée d'un plein succès. Ce digne prélat, qui gouverna le diocèse pendant cinquante ans avec autant de zèle que de vigilance, y fit revivre la discipline, affaiblie par les malheurs de la guerre. Prieur de Saint-Marcel (1580) et abbé de Cherlieu (1586), il rendit à ces monastères, sinon leur ancienne splendeur, du moins leurs titres et

---

(1) *Mémoires de Champagney,* VI, 170, lettre du cardinal de la Baume au comte de Champagney.
(2) Corresp. du parlem., B, 653, liasse 130, Dole, 8 mars 1604 ; lettres du comte de Champlitte et du parlement à l'archevêque de Besançon. Claude II de Vergy était mort en 1603, sans enfants, laissant son héritage à Clériadus de Vergy, son frère cadet, baron et seigneur de Vaudrey, Arc, Mantoche, Leffond, Morey, la Rochelle, etc., marié à Madeleine de Beauffremont, fille de Claude de Beauffremont, lieutenant général du duché de Bourgogne. Leurs Altesses Sérénissimes, trouvant en Clériadus un gentilhomme plein d'honneur et de vertus, furent heureux de lui confier le gouvernement des comtés de Bourgogne et du Charolais (1602), qu'il garda vingt-trois ans. (*Hist. des sires de Vergy,* p. 357.)

leurs biens. Il érigea en paroisse l'église de Vauvillers, démembrée de celle de Montdoré (1605), et fonda des familiarités régulières dans les églises de Jonvelle (1607) et de Jussey. Son épiscopat eut l'honneur et la consolation d'être le témoin, dans notre pays, du plus grand des miracles. Les fidèles accouraient en foule, pendant les fêtes de la Pentecôte, à l'église abbatiale de Faverney, si célèbre par l'invocation et les faveurs de la Mère de Dieu. Tandis qu'ils satisfaisaient leur dévotion en vénérant le très saint Sacrement exposé et en communiant pour gagner les indulgences annoncées, une troupe de libertins et d'hérétiques, rassemblés à Passavant, dans la maison d'un riche huguenot nommé Barrey, tournait en dérision la piété catholique et vomissait le blasphème contre la divine Eucharistie, contre les indulgences et le culte rendu à la Vierge Marie. Dieu prit en main sa cause et l'impiété se vit confondue de la manière la plus éclatante (1608). Le miracle de Faverney, dont l'authenticité, établie par Ferdinand de Rye, vient d'être solennellement consacrée par un décret de Pie IX (8 décembre 1862), affermit les peuples dans la foi au dogme de l'Eucharistie, en même temps que leur dévotion pour Notre-Dame se signalait dans les environs par l'établissement des confréries de l'Immaculée-Conception, et dans toute la province par l'érection de la sainte Madone sur les grands chemins et au frontispice des maisons.

Albert et Isabelle étaient des maîtres trop paternels pour que les habitants de Jonvelle et de son ressort n'obtinssent rien de leur générosité. D'après leur humble requête, les Altesses Sérénissimes visèrent les chartes qu'ils avaient reçues de différents souverains, depuis cent quarante ans, et qui les dispensaient entièrement de contribuer aux tailles, subsides et impôts du Comté. Considérant que ce privilége leur avait été accordé en récompense de leur courageuse fidélité, « ayans maintes fois résisté aux siéges des ennemis, pour se trouver limitrophes de France et de Lorraine, de sorte que, par telle résistance, ils ont perdu la plus grande partie de leurs biens, tel que récemment dans les guerres de l'année 1595, » les archiducs confirmèrent les suppliants dans toutes leurs franchises et immunités, par un titre solennel donné à Bruxelles le 22 septembre 1609 [1].

La date du 13 décembre 1611 nous signale des lettres-patentes du roi d'Espagne accordant pour quarante ans, moyennant un rendement annuel de trois cents francs, l'acensement des bois royaux de la terre de Jonvelle, en faveur des habitants de Jonvelle, Voisey, Ormoy, Corre, Fignévelle, Godoncourt, Villars-Saint-Marcellin, Selles et Montdoré. Cet acensement est suivi de la suppression complète de la gruerie, ou affermage de la garde et des amendes [2].

L'année suivante, Leurs Altesses firent renouveler la reconnaissance des droits seigneuriaux pour Jonvelle, Voisey, Selles, Godoncourt, Fignévelle, Corre, Ranzevelle, Ormoy, Villars-Saint-Marcellin, Ameuvelle, Raincourt, Bousseraucourt, Moncourt et Montdoré. Cette reconnaissance se fit à peu près comme en 1537. Les droits seigneu-

---

[1] Voir aux Preuves.
[2] Archives du Doubs, B, 115 ; Cour des comptes, J, 17.

riaux constatés consistent en tailles, cens d'argent, d'avoine, de lin, de cire, de poules ou chapons, droits de pêche, corvées, épaves et fermes diverses. Dans la cote de Selles, le premier sujet nommé est Jean du Houx, pour la verrerie. Le seigneur avait des forges à Godoncourt et dix-huit sujets à Villars. Les habitants d'Ameuvelle ne lui payaient d'autre droit qu'un *penaul* d'avoine, pour droit de pâturage sur Jonvelle, au lieu dit en *Revillon*.

L'année précédente (1610), les archiducs, informés qu'il se commettait des abus dans les levées de l'arrière-ban, destiné à la garde et au service du comté de Bourgogne, ordonnèrent au parlement et au gouverneur, Clériadus de Vergy, d'y porter remède. En conséquence, ils nommèrent chacun deux commissaires, qui dressèrent une nouvelle répartition des contingents militaires, avec toute la justice possible (1614). En vertu de cet état, la terre de Jonvelle dut fournir deux chevau-légers, deux arquebusiers à cheval, sept hallebardes, vingt-cinq piqueurs, vingt mousquets et trente-deux arquebusiers, non compris la moitié du contingent de la terre de Vauvillers, qui donnait l'autre moitié à Luxeuil. De plus, les domaines tenus dans la châtellenie par des seigneurs particuliers, étaient imposés en argent et en hommes, suivant leurs revenus. Ces règlements sont surtout intéressants parce qu'ils donnent la population de chaque village. Les communautés les plus considé-

---

(1) Chambre des comptes, J, 16. En 1612, le 31 décembre, acensement pour 29 ans du moulin de la *Mugnelle* (Minelle) à Jacques Pelletier, moyennant 40 sols estevenants de rente annuelle.

rables de la seigneurie de Jonvelle étaient Voisey, renfermant 230 feux, Jonvelle, 189, Ormoy, 131, et Godoncourt, 127 [1].

Humbert-Claude de Fauquier-Chauvirey, capitaine ou châtelain de Jonvelle, fut remplacé dans cette charge par Sébastien Perrot (1605), ensuite par Guillaume Bourgeois, de Dole, qui la fit exercer par Valentin Sujet, son lieutenant (1610). Il paraît que l'administration de celui-ci fit jeter les hauts cris, pour ses abus étranges, et l'on sentit plus que jamais l'inconvénient de deux tribunaux séparés, celui du capitaine et celui du bailli; car la multiplication des officiers n'enfantait que divisions scandaleuses, sans compter que les appels indispensables d'un tribunal à l'autre amenaient instances sur instances, frais sur frais, et causaient *immortalité de procès ;* au lieu qu'auparavant le bailli connaissait de toutes les causes non privilégiées en première instance et non ressortissant, au siége de Vesoul, de la justice immédiate du souverain. Après la mort du châtelain titulaire, Leurs Altesses Sérénissimes, déterminées par ces considérations et faisant droit à la supplique des bourgeois de Jonvelle et des villages de la seigneurie, supprimèrent la châtellenie et la déclarèrent de rechef réunie au bailliage, comme les choses étaient anciennement. Ce décret, rendu en conseil privé à Bruxelles, le 7 avril 1618, reçut sa fulmination de la cour de Dole le 17 septembre 1620 [2]. Ainsi furent de

---

[1] LABBEY DE BILLY, *Histoire de l'université de Bourgogne*, II, p. 149, et aux Preuves.
[2] Archives de la Haute-Saône, bailliage de Jonvelle, B, 2318.

nouveau cumulées deux fonctions, qui se trouvaient séparées depuis la mort de Claude-François d'Occors. Elles furent confiées au baron de Chauvirey, que nous avons déjà vu capitaine de Jonvelle (1595-1605). Il fut investi de cette charge, sous le titre de gouverneur, et il l'exerça jusqu'à sa mort (1625). Il fut inhumé dans l'église de Chauvirey. Son successeur fut Humbert-Claude-François Orillard de Fauquier, son fils, qualifié, comme son père, seigneur de Chauvirey-Dessous, de Chauvirey-Dessus en partie, d'Aboncourt, Gesincourt, Ouge, la Quarte, Vitrey, Nervezain, Vadans, etc. Il se faisait appeler Monsieur d'Aboncourt. Clériadus de Vergy mourut la même année, et l'archiduchesse, veuve du prince Albert depuis quatre ans, commit l'archevêque et le parlement au gouvernement du Comté.

CHAPITRE V.

GUERRES DU XVIIe SIÈCLE.

§ Ier. Premières années de la guerre de dix ans.

(1632 — 1636.)

Richelieu attaque la Franche-Comté. — Sac de Jonvelle. — Weymar et la Force menacent la frontière. — La peste. — Dégâts des coureurs. — De Mandre. — Fauquier d'Aboncourt emprisonné. — Grachaut de Raucourt. — Invasion des Suédois. — Warrods du Magny. — De Mandre renvoyé à la frontière de Jonvelle. — Siége de Dole.

Nous approchons de l'époque la plus malheureuse de toutes pour le pays dont nous écrivons l'histoire, ou du moins la mieux connue dans les détails de ses nouveaux désastres. Richelieu gouvernait la France. Après avoir dompté les calvinistes et humilié la noblesse, il poursuivait le troisième projet de son programme ambitieux, l'abaissement de la maison d'Autriche; et pour arriver à son but, il n'avait pas reculé devant une ligue avec tous les hérétiques de l'Europe, les Hollandais, les princes luthériens d'Allemagne et le fameux Gustave-Adolphe, roi de Suède, qui entrèrent de toutes parts en campagne contre l'empire et contre l'Espagne. Notre province, qui formait presque une enclave dans la France, lui avait appartenu longtemps et à diverses reprises, et n'avait jamais cessé d'être convoitée par elle. C'était, dans la pensée du cardinal-ministre, une conquête des plus importantes à faire sur l'Espagne, et comme un joyau des plus précieux à rattacher à la couronne de son roi. Aussi la Franche-Comté fut-elle menacée, dès le commencement des hostilités, d'abord du côté de Lure (1632), par le rhingrave Othon-Louis, déjà maître de l'Alsace en une campagne. L'archevêque dépêcha de ce côté le maréchal de camp Watteville (1) et le conseiller Girardot de Beauchemin. En quelques jours ils établirent sur la frontière quatre compagnies de cavalerie et quatre mille hommes de pied, dont la moitié venait de Jonvelle, de Jussey et des environs de Vesoul. Ces forces étaient sous le commandement des sieurs de Champagne, Latrecy, Montrichard, Courvoisier et Fauquier d'Aboncourt. Tenu en respect par cette rapide démonstration, le rhingrave rétrograda vers Strasbourg, après une vaine tentative contre Lure (2).

Malheureusement les milices bourguignonnes n'étaient pas organisées d'une manière permanente ; et, passé le péril imminent, elles étaient licenciées. Sur la fin de 1634, il ne restait en pied, dans le bailliage d'Amont, que le régiment d'infanterie de la Verne et trois compagnies de cavalerie, celle du marquis de Conflans, celle du sieur de Mandre, commissaire général de la ca-

---

(1) Marquis de Conflans, bailli d'Aval et gouverneur des armées de Bourgogne.
(2) GIRARDOT, *Histoire de la guerre de dix ans*, p. 29-40.

valerie, et celle de Brachy, de Jonvelle, levée par le duc de Lorraine pour le service du roi d'Espagne [1]. Celle-ci était logée à Jonvelle. Le duc de Rohan profita de ce désarmement pour s'avancer avec son armée, par la Lorraine, jusqu'à la frontière de la Saône, avec mission de la reconnaître. Des coureurs lorrains avaient détroussé le carrosse de Batilly, l'un de ses premiers lieutenants. Celui-ci rejette impudemment le fait sur la garnison de Jonvelle et se prépare à donner en curée à ses escadrons le sac de cette ville. Le coup de main n'était pas difficile; car les soldats français avaient un libre accès dans la place et s'y trouvaient traités en amis. D'ailleurs, par une incroyable confiance en la paix du moment, malgré la présence menaçante d'une armée ennemie, on avait négligé de munir Jonvelle de ses retrahants, dont pas un n'était à son devoir de guet et garde. Batilly fait partir cinq cents chevaux, dont les avant-coureurs, ayant l'air de gens en promenade, sont reçus à l'entrée de la ville sans le moindre soupçon. A l'instant ils dégainent le sabre, en criant : « *France! Rohan! Mort aux voleurs! Tue, tue les Comtois!* » Ils tombent sur le poste, qui est passé au fil de l'épée; la porte des champs est forcée, et bientôt après le gros de l'ennemi s'y précipite furieux, tuant tout ce qui résiste, citoyens et soldats, pillant toutes les maisons et commettant toutes les violences dont est capable

---

(1) GIRARDOT, ibid., 41, 69. L'effectif d'une compagnie de cavalerie, sur le pied de Flandre, était de cent hommes. Elle comprenait le capitaine, le lieutenant et le cornette, ayant chacun leur page; le chapelain, le quartier-maître, deux trompettes, un maréchal, un sellier, un armurier et quatre-vingt-dix maîtres ou simples cavaliers. Mais rarement l'effectif était complet.

une soldatesque déchaînée. Cependant la petite garnison s'enferma dans le château et couvrit ainsi le faubourg Sainte-Croix, où les Français n'osèrent pénétrer. Le parlement de Dole connut le surlendemain cette étrange et perfide agression; en même temps Batilly lui manda qu'il n'avait envoyé ses cavaliers que pour châtier les voleurs de son carrosse. Mais la vérité fut bientôt mise au grand jour : le prince de Condé, le duc de Rohan et le parlement de Dijon ne purent s'empêcher de faire des excuses à Dole, en désapprouvant l'action de l'officier coupable. Leurs lettres hypocrites ou trompées protestaient que l'intention du roi de France était de maintenir la paix et de réprimer à tout prix de pareilles infractions. Mais quel fut le châtiment de celle-ci ? Batilly fut cité à l'ordre du jour de son général et récompensé par un avancement! Il en fallait moins pour amener d'autres hostilités sur notre pays. Peu de temps après la surprise de Jonvelle, le sieur de Chalencey vint rafraîchir un régiment tout entier de la même armée dans le village de Villars-Saint-Marcellin, avec licence de piller et de rançonner à son aise les malheureux habitants, qu'il tint plusieurs jours sous la pression du glaive et du mousquet. Bien plus, les armes du roi Catholique, exposées en place publique, furent arrachées avec les bravades les plus outrageantes; ce qui n'empêcha point les chefs des armées françaises de frontière d'assurer de nouveau que les deux rois étaient toujours en très bonne intelligence et en sincère paix (1634) [1]. Le

---

(1) BOYVIN, *Siége de Dole*, p. 19-20. — Ici, aux Preuves, janvier 1636.

capitaine Brachy périt à la même époque, victime d'une violence individuelle : il tomba sous le fer d'un assassin français, nommé Salins, qui fut arrêté plus tard à Blondefontaine, ensuite amené aux prisons de Jonvelle et livré à la justice du parlement. La compagnie de Brachy fut donnée au jeune Bresson, son beau-frère, dont le père était commissaire et surintendant général des vivres militaires (1).

Le parlement se laissait donc endormir par les assurances d'une paix fallacieuse, et se reposait aveuglément sur le dernier traité de neutralité, conclu en 1610 pour vingt-neuf ans. Sécurité fatale ! Déjà Richelieu avait rompu avec l'empereur et avec l'Espagne. Les Français occupaient l'Alsace, la Ferrette, le Montbéliard et la Lorraine. Enveloppée de ses ennemis, isolée de tout appui, la Franche-Comté semblait au cardinal une proie assurée, quand il fit avancer contre elle deux armées, celle du prince de Condé pour l'attaquer par Dole, et celles du maréchal Caumonts de la Force et de Bernard duc de Saxe-Weymar, pour la menacer et la contenir en échec sur la frontière de Jonvelle. L'armée de Bernard portait le nom d'armée *suédoise*, quoiqu'elle ne fût composée que de troupes allemandes, parce que le prince avait été connu d'abord pour l'un des chefs du parti suédois, ennemi de la maison d'Autriche et de la ligue catholique d'Allemagne. En juin 1635, Caumonts poussa dans le bailliage de Luxeuil jusqu'à Lure. Charles IV de

---

(1) Coresp. du parlem., B, 792, Gray, 4 mai ; Bresson à l'archevêque. Jean Bresson, le commissaire, était fils de Jean Bresson, premier échevin de Jonvelle, mort en 1628, et de dame Nicole Bresson. Cette famille fut anoblie vers la fin du xviie siècle.

Lorraine, qui servait l'empire et l'Espagne dans le Comté, depuis que Louis XIII lui avait pris son duché, fut chargé de tenir tête au maréchal et de le chasser de la province. Pour l'aider dans cette opération, le feld-général Gallass lui fit passer du Porrentruy quelques régiments de cavalerie allemande, hongroise et croate, qui donnèrent au pays la mesure de ce qu'il devait attendre de tels auxiliaires. Après avoir expulsé les Français, ils restèrent eux-mêmes sur les bras des Comtois, pires que des ennemis. Les troupes du colonel Colloredo, logées à Faverney et dans le voisinage, courant en partis de trois ou quatre cents chevaux, commirent des excès inouïs, pillages, meurtres, viols, incendies et sacriléges, que leurs chefs étaient impuissants à réprimer. Trois villages furent saccagés près de Vesoul, et dans une église, les Allemands arrachèrent le calice des mains du prêtre célébrant. Il fallut armer les milices nationales contre ces cruels alliés. Le vieux capitaine Warrods, surnommé le *Gaucher*, l'un des échevins de Port-sur-Saône, eut le bonheur de repousser leurs tentatives contre ce bourg et contre Conflandey, dont ils voulaient forcer les passages afin de porter leur insatiable avidité sur les gros villages de Chargey et de Purgerot, qu'ils voyaient de loin s'étaler sur le flanc des coteaux opposés. Mais, hélas! ce n'était que partie remise : l'année suivante devait ramener à ces rives de la Saône, non quelques escadrons, mais d'innombrables armées de ces alliés dévastateurs. En même temps qu'on les faisait charger par la force publique, la cour de Dole en écrivit à Gallass, pour le supplier de punir son lieutenant, ou du moins de le rappeler à une meilleure conduite.

« Pourtant, ajoutaient les gouverneurs, Son Altesse l'archiduc et Sa Majesté, en nous recommandant de bien traiter leurs troupes, nous ont fait compter, par les promesses les plus rassurantes, que nous en serions contents nous-mêmes, attendu que Votre Excellence avait reçu à ce sujet les ordres les plus positifs et les plus instantes prières. » Le feld-général répondit une lettre favorable ; mais pendant que ces dépêches voyageaient lentement, le mal continuait de plus belle, et il ne finit que par le rappel de Colloredo dans le val de Delémont [1].

La France ne fit sa déclaration officielle de guerre que vers la fin de mai 1636 ; mais dès la fin de 1635, les Suédois logés à Richecourt, qui était de Champagne, avaient pillé Selles, Passavant et Bourbévelle. Le capitaine Grachaut, sieur de Raucourt, en garnison à Jussey avec sa compagnie d'infanterie, fit part aux gouverneurs de cet acte d'hostilité, les suppliant de monter de la cavalerie. « En attendant, ajoutait-il, faites avancer deux compagnies qui sont à Dole et à Gray, pour épauler Jonvelle et toute la frontière jusqu'à Luxeuil [2]. » Les auteurs de ces dégâts étaient de l'armée de Caumonts, cantonnée à Neufchâteau ; et pourtant, quinze jours après, il eut l'impudence brutale de sommer le gouverneur de Jonvelle de faire sortir tous les Lorrains et Français retirés dans cette place et dans le voisinage, sous prétexte que l'asile donné à ces sujets insoumis de la France était une

---

(1) Corresp. du parlem., B, 777, 12 janvier, et 792, lettres de la cour à Gallass ; 17 janvier, réponse de Gallass ; 784, 14 mai, lettre de Warrods à la cour, aux Preuves, 14 mai 1636. GIRARDOT, p. 61.

(2) Corresp. du parlem., B, 775, 1er janvier, lettre du sieur de Raucourt à de Mandre, commissaire de la cavalerie, à Gray.

atteinte à la neutralité. Le sieur de la Lane, lieutenant du colonel Gassion, s'étant présenté avec une escorte de dix cavaliers pour signifier à Fauquier la demande impérieuse de son général, les réfugiés lorrains tombèrent sur eux, d'abord au milieu de Jonvelle, où ils blessèrent le sieur de Mitry, puis dans leur retraite. Ce minime incident prit aussitôt les proportions d'une grosse affaire. Le maréchal demanda satisfaction au parlement, avec menaces de la tirer lui-même en cas de refus. La cour s'empressa de faire ses excuses, promit tout ce qu'on voulait, et donna ordre à Fauquier de mettre les coupables à la disposition du général français et d'expulser tous les étrangers de la frontière. En ceci, du reste, Aboncourt ne demandait pas mieux que d'obéir au parlement, à qui, depuis longtemps, il s'était plaint lui-même, plus fort que personne, de l'embarras et des désordres causés par ces partisans étrangers. Quant au blessé Mitry, plus de trente lettres furent échangées pour cette affaire, qui ne fut arrangée que dans les premiers jours de mars 1636 (1).

L'ennemi était donc à nos portes, prêt à saisir tout prétexte pour les forcer. Mais déjà dès l'année précédente, la peste, succédant à la famine, ravageait le pays ainsi que les provinces voisines. En automne, Jonvelle et sa terre avaient perdu le tiers de leurs habitants. Les malades étaient généralement parqués sous des baraques, hors des villes et des villages, et nul, après avoir été suspecté de contagion, ne pouvait y rentrer sans

---

(1) Corresp. du parlem., B, 778, 779 et 780. Voir aux Preuves, février et mars 1636.

quarantaine et sans autorisation légale. Ou bien, quand le terrible fléau faisait invasion dans une demeure, les malades étaient consignés et la maison *barrée,* c'est-à-dire marquée en noir d'une croix sinistre et douloureusement significative (1).

En même temps la frontière était infestée de partisans de toute espèce, bandits, pillards et assassins, qui, par leurs courses en pays français, attiraient au Comté les plus désolantes représailles. Les officiers de Vesoul en écrivaient en ces termes aux gouverneurs : « Messeigneurs, nous sommes obligés de reservir Vos Seigneuries que l'on commet un grand nombre de meurtres et de voleries, du costé de Jonvelle, Jussey, Charlieu et autres limitrophes, où l'on trouve tous les jours des corps morts, et où les païsans voient souvent des robbeurs, en troupes de six, huict et même douze, embusqués sur les passages. Ils se retirent quelquefois dans les granges du voisinage de Charlieu. Quoiqu'ils déclarent en vouloir aux étrangers plustôt qu'à ceux du païs, néanmoins personne n'ose circuler aux environs de Jonvelle et de Jussey. Les pauvres laboureurs appréhendent de se mettre aux champs, avec leurs chevaux, pour les semailles prochaines (2). »

Cependant les projets hostiles de la France se révélaient de jour en jour plus manifestes. Le parlement, qui redoutait en particulier une surprise de Jonvelle, écrivit au gouverneur (20 février), alors en son château de

---

(1) Ibid., 775, les officiers de Vesoul au parlement, 2 février.
Déjà les années 1631 et 1632 avaient été marquées par la famine, suivie de la peste.
(2) Aux Preuves, 12 février 1636.

Chauvirey, de se rendre de suite à son poste, de munir la place (1) et de commander tous les retrahants, au besoin de lever cent hommes dans le voisinage et d'appeler à son secours d'un côté la compagnie d'infanterie du sieur de Raucourt, logée à Jussey, et d'autre part les deux compagnies de cavalerie légère du sieur de Mandre, actuellement à Vesoul (2). En même temps ces deux capitaines recevaient ordre d'accourir à Jonvelle, sur la première invitation de M. d'Aboncourt. De Mandre y entra le 28 février, accompagné de Jean Clerc, bailli de Luxeuil, commissaire général des vivres et munitions (3). Quant au commandement donné aux retrahants, il fut à peu près sans exécution. En homme du métier, de Mandre comprit aussitôt le péril de sa situation, et le jour même de son arrivée, il demanda du renfort (4). Mais déjà

(1) « Comme les ruynes du chasteau sont sans musnitions, faites musnir. Vous donnerez ordre de incontinent boucher la porte des champs (nord), jusques à ce que le danger soit passé. » (Lettre de la cour à M. d'Aboncourt, 12 février 1636 ; Corr. du parlem., B, 778.) A cette époque le château n'avait plus qu'une de ses quatre tours en passable état de conservation.

(2) Le capitaine de Mandre (Herman-François), dit le *Jeune*, seigneur de Montureux-lez-Gray, commissaire ou inspecteur général de la cavalerie, commandait deux compagnies de cavalerie légère, la sienne et celle du marquis de Conflans. Il les amena de Baume à Jonvelle, par Monjustin, Vesoul, Faverney et Corre. Le capitaine Humbert de Mandre, dit l'*Aîné*, son cousin germain, était aussi commissaire de cavalerie et commandait la garnison de Besançon, charge qui passa plus tard au jeune de Mandre. Voir Notice sur la famille de Mandre, article Bougey.

(3) « Mes soldats et officiers sont logés dans les tavernes. Je paye toutes les fournitures comme dans les hostelleries de Dole et de Gray, de manière à n'apporter aucun préjudice où ils logent. » (Lettre de de Mandre à la cour ; Jonvelle, 4 mars.) « Nos gens vivent fort doulcement et contentent leur hoste, en sorte qu'ils sont bien venus. » (Jean Clerc à la cour, même date ; Corr. du parlem., B, 778.)

(4) « L'ennemy menace d'entrer dans la province, avec cavalerie et infanterie. Je n'ay pas assez de monde pour m'opposer à eux en divers

les gens de robe qui gouvernaient la province travaillaient à prouver, une fois de plus, leur inintelligence dans les affaires militaires, en révoquant leurs ordres précédents, et en faisant prévaloir de méticuleuses appréhensions sur les avis des officiers et des capitaines placés en face du danger. Informé et consulté par ses collègues de la cour, Ferdinand de Rye leur répond de sa résidence de Châteauvieux (3 mars) : « Il me semble, comme à vous, qu'il ne faut pas grossir les compagnies du sieur de Mandre, ni amasser tant de gendarmerie sur cette frontière, dans la crainte de provocations fâcheuses [1]. » Il fallait pourtant des troupes sur cette ligne pour contenir les courses permanentes, soit des garnisons ennemies du voisinage, soit des Bourguignons eux-mêmes, soit des partisans étrangers réfugiés sur notre territoire. En effet, le 3 mars, les sieurs d'Agay et de Mongenet, l'un avocat fiscal et l'autre lieutenant local d'Amont, écrivaient de Jussey à la cour : « Il seroit bien à propos d'establir de bons corps de garde vers le pont de l'Amance, à la levée de Jussey, ainsi qu'à la barque de Cendrecourt, enfonçant toutes les autres jusqu'à Conflandey, car elles ne servent que de passage aux voleurs et à la distraction des grains. Pour donner un peu plus d'asseurance à ces parages, nous avons mandé la compagnie des archers, pour les poster à Rain-

---

endroits. » (De Mandre à la cour et à d'Agay ; Jonvelle, 27 et 28 février.) Jean Clerc, de son côté, ajoute : « Les menaces contenues dans les lettres du marquis de la Force et du colonel Gassion donnent de l'inquiétude. Gassion est à quatre lieues de Jonvelle, en 7 ou 8 quartiers. » (Même date, ibid.)

[1] Aux Preuves, 3 mars 1636.

court et à Betaucourt, où ils pourront, avec l'aide des païsans, barrer le chemin aux coureurs et empescher les effets de leurs incessantes menaces [1]. » Mais déjà le parlement, inspiré dans un sens tout contraire, avait signifié à de Mandre de revenir à Vesoul aussitôt qu'il jugerait inutile la présence de ses compagnies à Jonvelle (1er mars); et celui-ci, voyant ses avis méprisés, convaincu d'ailleurs de l'inutilité véritable d'une centaine de cavaliers en face de tant d'ennemis et de besoins, se hâta de quitter un poste où il voyait son honneur ou ses hommes exposés à périr infailliblement. Dès le 4 mars, il avertissait la cour que la frontière était rassurée [2], et le lendemain il partait pour Faverney et Vesoul. Mais à peine est-il en route, que l'on apprend les plus effrayantes nouvelles : qu'on en juge par les bulletins du magistrat de Jonvelle.

« 5 mars. Weymar est aux environs de Darney, avec quatre mille hommes, et il avance. Déjà une partie de son monde s'est jetée deux fois dans Montcour, à un demi-quart de lieue de Jonvelle, tuant un grand nombre de personnes, violant femmes et filles, emmenant prisonniers et bestiaux. Ils ont aujourd'hui saccagé Godoncourt, tué plus de cent quarante personnes, mis le feu au village et pris quatre cents pièces de bestial. Les gens de Thons, de Saint-Julien, de Mont, même de Bour-

---

(1) Corr. du parlem., B, 779.
(2) « Ma présence à Jonvelle a tenu l'ennemi en respect, donnant à croire ces forces beaucoup plus considérables.... Reconnoissant cette frontière assez calme pour le moment, je partirai demain pour Faverney et Vesoul. » Il termine en demandant un congé de trois jours pour aller à Gray s'occuper de ses affaires. (Jonvelle, 4 mars; de Mandre à la cour.) Jean Clerc, de son côté, donne la même assurance. (Aux Preuves.)

bonne, sont accourus avec des chariots pour enlever ce que les Suédois ont laissé.

» 7 mars. A Bourbévelle, treize tentatives des mêmes ennemis. Les habitants de Jonvelle ont aidé ce village à les repousser. L'épouvante est partout : on se retire dans les lieux cernés. De la tour du chasteau de Jonvelle, on voit circuler à chaque instant de gros escadrons, tout à l'entour de nous. Ce matin, environ deux cents Suédois se sont approchés de nos murailles à portée de mousquet ; puis ils ont filé vers un petit bois voisin, pour y enlever le bestial qui s'y trouve retiré ; ce que nous avons empesché de nostre mieux. La nuit dernière, plus de soixante ennemis, mettant pied à terre, ont fait le tour de la ville pour la recognoistre. Deux bourgeois viennent d'estre tués dans les vignes, où ils travailloient (1). »

Que ne pouvait-on pas attendre de ces Allemands luthériens, déjà si féroces pour le pays français qui les avait à sa solde ? Un corps de cette armée sortait de Coiffy, après y avoir séjourné quelque temps, lorsqu'un coup de fusil, tiré du clocher, tua un des officiers de l'arrière-garde. Les Suédois, furieux, rentrent aussitôt dans le village et assouvissent leur vengeance dans le sang du pasteur et de trois cent quatre-vingt-huit personnes (2).

L'ennemi fut moins entreprenant le reste du mois ; et dès le premier avril, la cour, déjà rassurée, ordonnait

---

(1) Corr. du parlem., B, 779.
(2) Une inscription placée dans l'église rappelle ce tragique événement. (M. BONVALLET, *Notice sur Coiffy*, p. 11.)

au sieur de Grachaut de licencier incontinent la compagnie qu'il tenait à Jonvelle (1). Le temps était vraiment bien choisi pour une pareille mesure, lorsque vingt mille ennemis s'amassaient à l'entrée du pays, brûlant de l'envahir, avec ou sans prétexte, et de recommencer la dévastation de nos frontières! Tout récemment, ils venaient de courir Val-d'Ajol et Fougerolles. Quatre jours auparavant, les cavaliers de Batilly et de Gassion avaient pillé et brûlé Menoux, sous couleur d'y chercher des impériaux qui avaient ravagé les territoires de Burville et de Montureux (2). On les repoussa sur Vauvillers; mais, les jours suivants, secondés par les garnisons de Melay, de Blondefontaine, de Châtillon et de Richecourt, ils visitèrent Mailleroncourt, Ranzevelle, Fignévelle, Lironcourt, Grignoncourt, Bousseraucourt, Ormoy, Corre et Voisey, enlevant partout les chevaux, le linge, le lard et les grains, tuant les paysans et empêchant tout trafic et tout labourage. Rappelé de nouveau à Jonvelle par une lettre pressante du receveur Grosjean, le trop négligent d'Aboncourt annonça ces nouveaux malheurs à Messieurs de Dole, en les prévenant que Weymar était lancé sur le Comté par le roi de France. Il ajoute : « Nous n'avons plus ici que les habitants, fort effrayés de ces nouvelles, et pas un retrahant ne veut ou ne peut venir faire son devoir au chasteau, malgré les commandements de Vos Seigneuries et les miens. » En effet, pas un retrahant n'avait paru à

---

(1) Corr. du parlem., B, 781.
(2) Ibid. Jacob Gassion au gouverneur de Jonvelle ; Burville, 31 mars. — Vesoul, 7 avril ; le magistrat de Vesoul et les officiers d'Amont à la cour.

Jonvelle depuis quinze mois, en dépit de tous les ordres donnés [1].

Mais pendant que le sieur de Chauvirey dépêchait ces doléances, la tempête la plus terrible s'amassait sur sa propre tête. Déjà disgracié dans l'esprit du parlement, que sa mauvaise administration et ses absences continuelles de son poste, dans un moment si critique, n'avaient que trop justement monté contre lui, il fut accusé de complicité dans l'assassinat récent de Philippe du Châtelet, seigneur de Chauvirey-le-Vieil [2]. Arrêté aussitôt par décret de la cour (18 avril), il fut conduit aux prisons de Dole par la maréchaussée et mis en jugement. Ce procès fut entendu pendant le siége de Dole, et le malheureux Fauquier, que l'honneur de son rang et de ses fonctions appelait à combattre en face les ennemis de sa patrie, se vit réduit à n'entendre leur fusillade et leur canon que du fond d'un cachot [3]. Toutefois, il fut assez heureux pour en sortir, sinon innocent, du moins absous par la justice des hommes. Nous verrons plus tard la cour lui rendre sa confiance avec le gouvernement de Jonvelle. En attendant, cette commission fut donnée au capitaine de Raucourt, avec de nouveaux ordres pour les retrahants, qui furent tous sommés de venir faire le guet et garde continuel au château, ainsi qu'ils le devaient en cas d'imminent péril. On les autorisait néanmoins à racheter ce service à prix d'argent [4],

---

[1] Aux Preuves, 8 avril 1636.
[2] Il était fils de René du Châtelet et de Gabrielle de Lénoncourt.
[3] Preuves, 9 et 18 avril.
[4] Nous avons vu que les sujets de la seigneurie pouvaient compenser le devoir de *grand escharguet* par une émine d'avoine.

et l'on ajoutait : « Levez *douze ou quinze* bons soldats à leurs frais pour les remplacer. Nous estimons que ce sera le mieux, tant pour la plus grande sûreté de la place, que pour le soulagement des retrahants, qui pourront ainsi vaquer à leurs travaux ordinaires (1). » Mais ici nouvel abus, qui appelle bientôt l'intervention de la cour. Le gouverneur, les officiers et le conseil de Jonvelle, chargés de traiter ensemble avec les retrahants, leur extorquèrent des sommes exorbitantes, six, huit gros et même jusqu'à vingt sous par chaque jour de garde omise. Jornand, procureur fiscal d'Amont, fut envoyé sur les lieux pour informer sur cette concussion (2) et y remédier.

Cependant les avis se multipliaient sur l'imminente invasion des Français, et c'est des échevins de Jonvelle que le parlement reçut les plus positifs (3). L'armée de Weymar, forte de cinq ou six mille hommes d'infanterie, avec deux mille chevaux et quatorze canons, était condensée à Darney, pendant que le maréchal de la Force s'étendait, non moins puissant, de Neufchâteau à Blondefontaine et à Melay. La place de Jonvelle était des plus alarmées, avec sa garnison de *quinze hommes* et de quelques retrahants, avec sa population diminuée de moitié par l'épidémie. A ces nouvelles on écrivait de Dole au sieur de Raucourt : « Prenez garde à vous, levez une compagnie d'élus et jetez-la dans Jonvelle (26 avril). » Et Grachaut de courir péniblement après ses soixante-

---

(1) Preuves, 12 et 18 avril.
(2) Preuves, 23 avril.
(3) Preuves, 25 avril.

trois hommes, qu'on lui avait sottement fait licencier trois semaines auparavant. En même temps, de Mandre l'aîné faisait apparition sur les lieux, pour informer et aviser sur les besoins de la situation.

Mais tandis que l'on épiait et calculait si maladroitement les probabilités plus ou moins grandes du péril, tandis que l'on hésitait à faire des armements et à garnir la frontière, de peur d'attirer ainsi les colères de l'ennemi, qu'il eût fallu plutôt contenir par une attitude solide et fière, le duc de Saxe et Caumonts, ouvrant subitement les hostilités, sans autre déclaration de guerre, lançaient leurs escadrons, le premier sur le Coney et Jonvelle, l'autre sur Jussey et la rive droite de la Saône (4 mai). Au nord, déjà les Suédois ont pris Ambiévillers et Fontenoy. Après un combat de cinq ou six heures, ils forcent Godoncourt, dont les habitants sont passés par les armes ou faits prisonniers. Montcourt, Ameuvelle, Grignoncourt, Fignévelle, éprouvent le même sort. De là les ennemis poussent à Jonvelle, qu'ils pensaient surprendre, mais qu'ils affrontèrent inutilement, malgré l'absence du nouveau gouverneur (4—7 mai). Grachaut se trouvait à son château de Raucourt [1]. C'est ainsi que la négligence des uns conspirait fatalement avec la maladresse et l'impéritie des autres pour livrer notre malheureux pays! Bourbévelle, après un troisième assaut, est également mis à feu et à sang. Corre, aidé par quarante soldats d'Ormoy, résiste pendant deux jours et succombe enfin, lorsque tous ses héroïques défenseurs ont mordu la poussière (10 mai) [2]. Jussey, muni de quelque se-

(1) Preuves, 7 mai.
(2) Corr. du parlem., B, 783. Diverses lettres, parties de Jonvelle, de

cours, tient bon contre quatre escadrons français ; mais ils se dédommagent sur les communautés voisines, Betaucourt, Cemboing, Raincourt, Gevigney et autres jusqu'à Melin, pendant que les Suédois saccagent Demangevelle, Vauvillers, Vougécourt, Venisey, Menoux, les Loges et Mailleroncourt. Du château de Saint-Remy, on suivait la marche de ces dignes fils des Vandales, à la sinistre lueur des flammes qui dévoraient tout sur leur passage. Le 14 mai, ils se présentèrent, au nombre de cinq à six cents chevaux, devant le château du Magny, que le sieur de Warrods, seigneur du lieu, surnommé le *jeune Gaucher* (1), défendit vaillamment, pendant huit heures, avec ses domestiques et quelques paysans, contre quatre assauts successifs. Après le troisième, on le somme de se rendre, s'il veut obtenir quartier : « Cher ami, répond-il au trompette, va dire à ton chef que je suis le capitaine Gaucher, et que nous ne savons ce que c'est que rendre des places ni faire des compositions. » Le trompette revient en annonçant avec menace à du Magny que, le lendemain avant midi, il aura sur les bras

---

Jussey et de Vesoul, annoncent ces malheurs au parlement. Grachaut en écrit de Raucourt, le 5 mai, tandis que le receveur Grosjean le faisait de Jonvelle, au nom du capitaine absent. Voir aux Preuves les lettres du receveur Symonnez, de Jussey, des officiers d'Amance et du sieur de Villersvaudey-Saint-Remy.

(1) Nous avons déjà nommé son père, Jean Warrods, capitaine de Port-sur-Saône. Il avait été gouverneur de Faucogney et s'était distingué par de brillants faits d'armes dans les guerres de Flandres. (GIRARDOT, p. 266, 267.) Son frère, le colonel *Gaucher*, nommé aussi Jean Warrods, sieur de Roulans, s'illustra pareillement, au secours de l'Espagne, dans les guerres de Bohême et de Flandres, et dans ses courses en France, au temps de la Ligue. Devenu riche négociant, il bâtit l'hôtel Saint-Juan, à Besançon. (GIRARDOT, ibid. ; *Documents inédits de l'Académie de Besançon*, III, 111.) Les Warrods étaient de Gy.

toute la cavalerie suédoise. « Tant mieux ! reprend le brave capitaine : plus vous serez de gens, et plus j'acquerrai d'honneur. » Les ennemis reviennent à la charge ; mais ils sont encore repoussés, avec perte de vingt-trois hommes et un grand nombre de blessés. Ils se vengèrent de cet échec inattendu en brûlant le village, dont ils emmenèrent tout le bétail. De là ils tombèrent sur Ormoy, communauté de deux cents feux, qui essaya vainement de se défendre. Le jeune Warrods écrivit ces détails le jour même à son père, à Port-sur-Saône, et celui-ci les envoya immédiatement à la cour, après en avoir informé les officiers de Vesoul. La cour s'empressa de féliciter le vieux capitaine sur la belle conduite de son fils (1). Partout furent commis les excès que l'on pouvait attendre d'une soldatesque hérétique. Le parlement s'en plaignit en ces termes au prince de Condé, quelques jours après : « Parmi lesquels attentats ont esté outragées filles et femmes, en présence de leurs pères et maris, les sanctuaires profanés et brisés, les précieuses unctions (saintes hosties) jectées à terre et foulées aux pieds, les enfants à la mamelle égorgés, et ceux que l'espouvante avoit faict retirer dans les bois, courus et traqués comme bestes sauvages, puis tués inhumainement (2). »

(1) Preuves, 14 et 16 mai. Jean Warrods demandait deux cents hommes pour garder le passage important de Port-sur-Saône. De leur côté, les officiers d'Amont, dans leur dépêche à la cour, s'étonnent qu'on laisse dans un si minime emploi un homme de mérite comme ce vieil officier. Ils ajoutent qu'il faut soutenir le château du Magny, qui barre aux ennemis le chemin de Gray. (Lettre du 15 mai, B, 783.) Plus tard nous verrons les deux Gaucher honorés de divers commandements.

(2) Preuves, 19 mai.

Malheureusement les généraux ennemis pouvaient se plaindre aussi de leur côté, et excuser toutes ces violences comme des représailles méritées. En effet, les mémoires de ce temps témoignent des horreurs exercées, dans ce même mois, sur la frontière française, par les compagnies lorraines des deux Clinchamp de Mailly, officiers du duc Charles au service de la Comté. Tout le Bassigny, déjà en proie aux ravages de la peste, fut saccagé et brûlé, depuis Darney jusqu'à Langres. A Fresnes et à Montigny-le-Roi, les Lorrains, après le pillage et l'incendie, passèrent au fil de l'épée tous ceux qui n'avaient pu donner rançon pour s'arracher de leurs mains. Ecoutons le récit d'un contemporain, Clément Macheret, curé d'Hortes, sur un des lugubres épisodes de ces sauvages dévastations : « Ledict baron de Clinchamp se transporta au lieu de Varennes, assisté d'environ cent cavaliers, et après plusieurs tentatives, voyant qu'il ne pouvoit forcer le prioré (le château), fit sommer la garnison de se rendre, la vie sauve, disant qu'à cette condition il ne brusleroit rien. Le sieur de la Motte, qui le commandoit, cognoissant la perfidie de Clinchamp, se refusoit à toute composition. Mais il finit par céder aux larmes et supplications des païsans, qui voyoient desjà s'apprester l'incendie de leurs maisons. Après avoir receu la parole du colonel ennemi, il ouvrit les portes du prioré et sortit en capitaine, faisant honneur à Clinchamp de ses armes. Mais à l'instant on se jette sur lui, on le désarme et on le pend à un arbre voisin, sans mesme lui donner le temps de se confesser ni de former un acte de contrition. Pourtant il mourut la larme à l'œil, criant mercy à Dieu et prenant la mort en gré, pour l'amour de la passion de Nostre Seigneur Jésus-Christ. Telle fut la rage et fureur de celui qui est d'une race qui ne peut estre sans fureur ni rage. » Ensuite le village fut livré aux flammes. « En ce mesme mois de mai, ajoute le chroniqueur, Clinchamp mit à rançon tout le païs, et leva environ treize mille pistoles, depuis la rivière de Marne jusqu'en Lorraine, et fut si téméraire que d'envoyer à messieurs du chapitre de Lengres un commandement de dix mille pistoles (1). »

Les horreurs et l'épouvante étaient bien autres en Comté. Les gouverneurs de la province répondaient par leurs condoléances et par des promesses de secours, aux cris d'angoisse partis de tous les points de la frontière de Jonvelle (2). Dès le 1er mai, le sieur de Chassey-Purgerot avait reçu ordre de former une compagnie d'infanterie à Jussey ; mais quinze jours après, il n'avait pas encore un seul homme autour de son drapeau, chacun redoutant de venir à Jussey à cause de la peste. Il fallut commandement sur commandement, et même de sévères menaces, pour obtenir l'obéissance des élus fournis par les communautés voisines, et même pour obtenir l'obéissance du capitaine, qui voulait une garnison de son choix, Morey ou Cemboing (3). D'un autre côté,

---

(1) « *Nota* que la communauté d'Orthes estoit taxée à 200 pistoles ; mais par l'entremise d'un certain homme d'Orthes, elle n'en paya que 50, qui furent empruntées du sieur Nicolas Voinchet, chanoine de Lengres. » (*Journal manuscrit de Clément Macheret, curé d'Orthes*, fol. 12.) Ces Mémoires très intéressants, qui comprennent les années 1628 à 1658, sont entre les mains de M. Thiberge, maire de Bussières (Haute-Marne), qui nous les a communiqués avec une extrême bienveillance.

(2) Corr. du parlem., B, 783, 7 et 10 mai, lettres de la cour au capitaine et aux échevins de Jonvelle ; 7 et 8 mai, lettres de la cour à l'archevêque.

(3) Ibid. Lettre du sieur de Purgerot à la cour; Scey-sur-Saône, 6 mai.

le pays n'avait pas un seul cavalier à opposer aux courses des ennemis, et l'on réclamait à grands cris au moins les deux compagnies que le jeune de Mandre y avait montrées pendant quatre jours, un mois auparavant. L'une était à Vesoul, l'autre à Gray, avec son capitaine. Celui-ci reçut ordre de partir au plus vite, afin de rassurer la frontière de Jussey et de Jonvelle. Il eut, peu de temps après, la promesse que ses deux corps seraient complétés à cent chevaux chacun, et que les enrôlements auraient trente écus de prime, avec les rations sur le pied de Flandre [1]. De Mandre était homme de cœur et d'action, excellent soldat et dévoué à son pays. Mais quand il se vit de nouveau jeté au milieu d'une situation si compromettante, que la maladresse des gouverneurs avait depuis rendue si désespérée, au lieu d'obéir de suite, il représenta la folie qu'il voyait à conduire une poignée de gens contre des armées entières (8 mai). On lui répond (9 mai) : « Encore que les raisons que vous nous représentez soient bien considérables, néanmoins nous n'estimons pas qu'il y ait péril en conséquence de nos commandements, puisque ces troupes estrangères ne sont pas dans le pays où nous vous envoyons, et que par vostre grande expérience, vous sçaurez bien prendre cognoissance de leurs dispositions, et vous placer en lieu convenable, où vos gens ne puissent estre surprins. » Une autre dépêche du lendemain ajoute que le jeune Bresson le joindra avec cinquante chevaux, que le capi-

---

Réponse de la cour, 7 mai. Ordonnance de la cour, 14 mai, aux Preuves.

[1] Ibid., 2, 7 et 9 mai, et aux Preuves, 13 mai.

taine de Raucourt aura trois cents élus pour l'appuyer, et qu'on enverra encore quelque autre infanterie à Jonvelle. Le même courrier porta des ordres analogues à Grachaut, en promettant cinq gros de solde pour attirer les recrues, que la frayeur de la contagion et plus encore des Suédois retenait cachés dans les bois [1]. Les dépêches se multiplient au sujet de Jonvelle : les commis au gouvernement se préoccupent de sa position critique autant que de celle de Dole, tout à l'heure assiégé. Leur détresse se révèle en particulier dans une lettre destinée au baron de Scey, Claude de Bauffremont, lieutenant du bailli d'Amont, placé par son nom et son mérite, comme par sa charge, à la tête de la noblesse du bailliage. On lui disait (10 mai) : « L'affection particulière que vous avez tousjours eue au bien et service de la patrie, nous faict vous despescher ce mot, pour vous prier d'inviter incontinent tous vos amys à se joindre à vous pour accourir à la frontière, du costel de Jonvelle, où les troupes ennemyes font de grands ravages. Il sera bien que vous fassiez une bonne compagnie de cent chevaux, laquelle en tout cas pourra compter dans l'arrière-ban d'Amont, dont M. l'archevesque vous laissera la conduite. Nous pourvoyrons aux frais que vous y aurez employés [2]. » Cette dépêche ne fut pas envoyée ; toutefois Bauffremont reçut la commission de lever les milices d'Amont et de les commander. Elles devaient toutes arriver à Vesoul le dimanche 18 mai, et former un régiment de huit compa-

---

[1] Preuves, 9, 10 et 12 mai, lettres de la cour et de de Mandre.
[2] Corr. du parlem., B, 783.

DE QUELQUES S[
DU 16[

Marguerite d'Angleterre.
Dame de Jonvelle.

Jean Varods, père.
Capitaine, de Port-sur-Saône.

Jean d'Andelot.
Seigneur de Jonvelle.

Albert, Archiduc.
Comte de Bourgogne.

Christophe de Raincourt.

Bresson, de Jonvel[
Munitionnaire de l'Armée

IMPORTANTES

Jean Varods. — Magny, dit le Gaucher.
Gouverneur de Jonvelle.

[signature: Messeigneurs / Vostre tres humble et / tres obeissant serviteur / JJ de Varods / Magny dit le gauchez]

De sanctusaure
5 octob 1636

Gallass.
Feld-Général de l'Armée Impˡᵉ.

[signature: Tres humble et tres / obéissant serviteur / M. Gallass]

de Faulquier.
Gouverneur de Jonvelle.

[signature: De Faulquier]

Le Capitaine de **Mandre**.

Claude de **Bauffremont-Scey**.
Cléron Voisey.

Charles de **Lorraine**.

de **Caumont**.

gnies, de deux cents hommes chacune. En même temps était lancée la déclaration d'*éminent péril* (14 mai), qui appelait aux armes les hommes de quinze à soixante ans, qui avaient déjà servi, et tous les volontaires capables de se monter (1). On pouvait avoir du secours de l'empereur ; mais le parlement attendit l'investissement de Dole pour le demander (2) ; car il voulait que la province se défendît seule, jusqu'à la dernière extrémité, avant d'appeler les étrangers, dont le pays, instruit par une récente expérience, devait attendre autant de foule et de dommages que de protection. En effet, les affreux malheurs que les armées impériale et royale de secours déverseront bientôt sur la Franche-Comté, n'excuseront que trop la politique d'aveuglement et de délais de ses gouverneurs, dans la présente conjoncture. Mais rien ne les pourra justifier d'avoir aussi mal organisé la défense nationale, et d'avoir attendu pour s'en occuper, que les ennemis, massés et frémissants à nos portes depuis six mois, fussent entrés au cœur du pays par deux endroits à la fois.

Cependant de Mandre était arrivé à Jussey (12 mai), avec ses compagnies, dont l'effectif n'allait pas à cent chevaux. Il apprend aussitôt les progrès et les dégâts faits par l'ennemi, et le soir même de son arrivée, sous l'impression de ces accablantes nouvelles, il écrit à la cour: « Que puis-je faire avec une centaine de cavaliers ? Pour les cinquante chevaux du sieur Bresson, que Vos Sei-

---

(1) Preuves, 14 mai, la cour à l'archevêque. BOYVIN, *Siége de Dole*, p. 68, 69.
(2) Corr. du parlem., 783, 784, lettres à Gallass, 12 et 28 mai.

gneuries m'ont annoncés, ils ne sont qu'en escriture : il n'at ny soldat ny pouvoir d'en amasser, car les païsans sont en fuite dans les bois, les Suédois leur ayant donné une telle espouvante, qu'il est impossible de les rasseurer si l'on ne faict advancer promptement de la gendarmerie. Jonvelle court le plus grand danger : jusques à maintenant je n'ai pas osé y engager mes compagnies. Oui, Messeigneurs, je me treuve dans le plus grand embarras, et je prévoy que je ne tarderay guères à me perdre, avec ces deux compagnies, si l'on ne m'envoye du secours. Croyez bien cependant que je n'appréhende point la perte de ma personne, mais bien celle de ma réputation, qui ne peut estre mise à couvert si vous ne m'envoyez du renfort au plus tôt [1]. »

Les deux jours suivants, d'autres dépêches du capitaine de Mandre annoncent les nouveaux et effrayants progrès des ennemis. Il veut reculer jusqu'à Morey, avec son monde. La cour lui répond (14 et 15 mai) qu'il serait trop loin de Jonvelle, qu'il a mission de couvrir. Du reste, on le rassure et on lui promet du renfort, tout en exprimant une grande surprise à l'endroit de Bresson, qui avait donné les plus belles assurances en offrant ses services. Cependant, ajoute la dépêche, il paraît qu'il a déjà une vingtaine de maîtres, selon ce qu'il a écrit lui-même à la cour, en se plaignant que de Mandre n'a pas voulu les recevoir à Jussey. C'est un tort qui doit être instamment réparé [2]. Mais si de Mandre ne voulait point de Bresson ni de ses gens avec lui, le capitaine

---

[1] Preuves, 12 mai.
[2] Preuves, 14 et 15 mai.

de Raucourt faisait tout au monde pour s'en débarrasser. Il affirme au parlement qu'ils ne sont que sept ou huit, vrais coquins la plupart, qui ont failli le tuer, ainsi qu'un des échevins et le receveur Grosjean. « Quant aux levées d'infanterie que vous me commandez, ajoute-t-il, la chose est bien difficile, dans l'état où sont les populations. Au reste, je n'en ai pas besoin ; ma compagnie est de soixante hommes et veut croître encore. Seulement, que Vos Seigneuries illustrissimes fassent que je sois obéi, et je leur garde Jonvelle, autant du moins que le peut et le doit un gentilhomme d'honneur. » Cette lettre, datée du 13 mai, ne fut reçue à Dole que le 17, tant les chemins se trouvaient difficiles, coupés qu'ils étaient par l'ennemi et par les voleurs. Les gouverneurs s'empressèrent d'envoyer à Grachaut un commandement pour sévir contre les coupables, et lui promirent une compagnie d'élus [1]. Cette réponse fut envoyée par l'intermédiaire du conseiller Petrey de Champvans, alors en service à Gray. En la lui faisant passer, la cour lui prescrivit d'établir, à Fleurey ou à Lavigney, un poste de messagers pareil à celui de Pesmes, afin de correspondre avec Jonvelle et sa frontière, d'une manière plus sûre, plus prompte et moins coûteuse que par des courriers exprès [2]. Ce service, ainsi organisé, était fait par

---

[1] Aux Preuves, 13 et 17 mai.
[2] « Il est besoing d'avoir promptement, par la poste, les nouvelles qui nous viendront du costel de Jonvelle. Les courriers exprès nous coustent trop cher. Nous vous prions d'establir, à moindres frais, à Fleurey ou Lavigney, les mesmes dispositions que vous avez desjà establies à Pesmes, afin qu'il y ait tousjours un messager prest à porter en diligence les lettres qui nous viendront de ceste frontière, ou que nous y envoyerons. De quoy vous donnerez advis, s'il vous plaist, aux sieurs de Mandre et de

des courriers à cheval qui se relayaient, et les communautés où se trouvaient les relais avaient ordre d'y pourvoir.

Le surlendemain du jour où le gouverneur de Jonvelle adressait ses plaintes au parlement, fut une journée terrible (14 mai). Des hauteurs des Capucins de Jussey, on put voir les escadrons suédois attaquant le Magny, et bientôt leurs flammes dévorant Ormoy, Demangevelle, les Loges et Venisey. L'épouvante chasse les populations au centre des forêts ; Jonvelle même n'est plus un poste sûr, et les principaux bourgeois fuient vers Langres. Ceux qui restent dans leurs demeures attendent l'ennemi, comme autrefois les vieux sénateurs de Rome, avec la sombre résignation du désespoir. « Nous les attendons demain, écrit Villersvaudey de son château de Saint-Remy ; car nous ne pouvons en estre plus exempts que les autres, sur l'apparence qu'il y a que nous sommes dans un pays perdu et misérablement abandonné [1]. » C'est ce jour-là que de Mandre voulait se replier sur Morey, de peur d'être enlevé par les Suédois. Depuis son arrivée à Jussey, il était sans réponse du parlement, dont les courriers envoyés dans cette direction avaient été pris ou détroussés. Il s'avança, le 15, jusqu'à Lavigney, sur le chemin de Gray, pour avoir plus tôt quelques nouvelles. Vain espoir ! C'est alors qu'il écrivit cette lettre découragée à Petrey de Champvans :

« Monsieur, je suis tousjours dans une grande impatience, en attendant les ordres de Monseigneur l'arche-

Raucourt, afin qu'ils se servent de ceste commodité. » Corr. du parlem., B, 784.

[1] Aux Preuves, 14 mai, lettres de Villersvaudey et de Dard.

vesque et de la cour ; car voilà cinq lettres que je leur ai adressées, sans recevoir un mot de response. Je m'estois approché jusqu'icy pour avoir plus tôt de leurs nouvelles ; mais comme j'ai recogneu que ceste frontière s'alarmoit davantage par mon esloignement, bien que ma présence lui soit de bien peu de relief, je coucherai ce soir à Purgerot, et demain je retourne à Jussey, d'où je pousserai peut-estre jusques à Jonvelle. Puisque l'on ne me donne pas les moyens de me pouvoir opposer aux moindres courses de l'ennemi, je passeray sur toutes considérations : je suis résolu de me perdre avec mes deux compagnies, plustôt que d'abandonner la contrée dont la garde m'a esté confiée. La perte de ma personne sera peu de chose ; mais quelle perte malheureuse et déshonorante que celle de deux étendards du roy, que l'on va laisser tomber aux mains des François ou des Suédois, sans me donner les moyens de les défendre. Je ne veux plus rien représenter ni demander; et pour agir je n'écouterai plus que les conseils de l'honneur [1]. »

En effet, de Mandre rentra les jours suivants à Jonvelle, où lui furent envoyés dix mille francs pour les frais de sa remonte, pour les rations de ses gens et pour ses propres gages. On lui annonçait aussi la prochaine arrivée de la compagnie de Gonsans, alors à Vesoul ; ordre lui était donné d'envoyer une escorte à sa rencontre (20 mai) [2]. Mais bientôt Jonvelle vit partir toutes ses troupes de secours, infanterie et cavalerie ; car le véritable orage grondait sur un autre point de l'horizon.

[1] Corr. du parlem., B, 784.
[2] Aux Preuves, diverses lettres de la cour du 16 au 20 mai.

En jetant Caumonts et Weymar sur la frontière de Jonvelle, évidemment Richelieu ne faisait qu'une fausse alerte, une attaque de diversion, pour attirer sur ce point les forces des Comtois, pendant que le prince de Condé s'avançait hypocritement contre la capitale même de la province. Aussitôt que ce dessein eut été pénétré, toutes les milices d'Amont furent dirigées tant sur la place menacée que sur les camps de réserve ou d'observation formés à Ornans et à Fraisans (1). La compagnie de Gonsans et celle de Purgerot furent tirées de Jonvelle et de Jussey, avec ordre de filer sur Quingey (2). De Mandre les suivit bientôt, à son grand contentement : dès les commencements de juin, il était à Ornans, où ses deux compagnies et les hommes de Bresson furent les premiers éléments de la place d'armes formée dans ce vallon, sous la direction de Girardot de Beauchemin, du baron de Scey, du baron de Thoraise et du marquis de Varambon (3). Les deux Gaucher restèrent sur les bords de la Saône, l'un à Port et l'autre au Magny, ayant chacun un commandement de cavalerie (4).

Le 28 mai, Dole était investi. Dès lors cesse toute correspondance entre le parlement et la province, et nul document ne se présente pour nous dire ce que devint

(1) BOYVIN, Siége de Dole, p. 74 ; GIRARDOT, p. 96.

(2) 26 mai, la cour mande aux mayeur et échevins de Quingey de préparer des logements et des vivres pour ces compagnies et pour quatre autres, qui devaient y arriver le lendemain et jours suivants, et y séjourner jusqu'à nouvel ordre. (Corr. du parlem., B, 784.)

(3) GIRARDOT, p. 96, 97. Bresson se trouva au siége de Rigny ; de Mandre l'aîné y commandait la cavalerie (juillet). (Lettres de Petrey, p. 44.)

(4) Le jeune Gaucher leva 93 maîtres pendant le siége de Dole, après lequel il ne put en conserver qu'une soixantaine. (Preuves, 6 octobre, 1636.)

notre pauvre frontière, laissée presque sans défense à la merci des Français, des Allemands, des bandits de toute espèce, et surtout de la peste, fléau plus terrible encore et plus dévastateur que celui de la guerre et du brigandage. Un instant cependant cette frontière fut délivrée de la présence des armées ennemies, lorsque Richelieu les eut portées sur le Rhin, contre les impériaux commandés par Gallass, qui menaçait les places fortes de l'Alsace.

Au mois de juillet, Dole était aux abois et les troupes du dehors trop faibles pour secourir la ville assiégée. On prit enfin le parti de demander de la cavalerie au roi de Hongrie et au duc de Lorraine, qui se battait alors autour de Liége, et on leur députa les sieurs de Belmont et d'Arbois, Jacques Outhenin, prieur d'Autrey et curé de Jonvelle, et Gaspard Girardot, de Morteau [1]. Le message fut accueilli : le roi de Hongrie détacha de l'armée de Gallass deux mille cinq cents chevaux, Allemands et Croates, qu'il envoya sous la conduite de Lamboy, sergent de bataille, ayant sous ses ordres les colonels Forkatz et Isolani ; tandis que Charles de Lorraine accourait avec trois mille chevaux et huit cents hommes d'infanterie, par Jonvelle et Jussey (9 août). Après avoir rallié à Pesmes les divers contingents de secours, le duc se présenta devant le prince de Condé (12 août), avec sept à huit mille chevaux et six mille fantassins [2]. Le 15 août, les Français étaient en pleine retraite et la ville de Dole sauvée.

(1) GIRARDOT, p. 121.
(2) Ibid., 126 ; lettres de Petrey de Champvans, dans BOYVIN, p. 76 à 86.

§ II. — Séjour de Gallass en Franche-Comté.

GALLASS arrive sur la Saône. — Jussey saccagé par Turenne. — Excès des impériaux. — Camp de Champlitte. — Conseil de guerre sur le mont de Morey. — Déroute de Gallass en Bourgogne. — Il reprend aux Suédois Jussey et Jonvelle. — Son départ, après les conférences de Colombier et de Charriez.

(1er septembre 1636 au 21 janvier 1637.)

Pendant que le duc de Lorraine faisait lever le siége de Dole, la cour d'Allemagne nous préparait une autre armée, que le parlement avait sollicitée dès le commencement du siége, et que l'on fit partir enfin, à titre de secours généreux en apparence, mais en réalité dans une politique tout intéressée. L'empereur Ferdinand II, d'un âge avancé, voulait, avant sa mort, faire couronner roi des Romains son fils aîné, déjà roi de Hongrie [1]. Mais pour tenir avec succès la diète convoquée dans ce but à Ratisbonne, il fallait éloigner le maréchal de la Force, Weymar et le cardinal de la Valette. On ne vit point de moyen plus efficace que de lancer Gallass [2] contre la France, par la Franche-Comté [3]. Or, son armée, qu'on nous envoyait pour nous défendre, ne servit qu'à nous ramener sur les bras les armées suédoise et française, et fut elle-même pour notre pays le plus horrible des fléaux.

(1) Frère du roi d'Espagne et du cardinal infant, qui gouvernait les Pays-Bas et la Franche-Comté.
(2) Telle est la véritable orthographe de sa signature. Mathieu Gallass, feld-général des armées impériales, né en 1589, dans le comté de Trente, mourut à Vienne en 1647.
(3) GIRARDOT, p. 138.

Le baron de Savoyeux [1], colonel de cavalerie dans l'armée impériale, et le baron de Scey-Bauffremont avaient été députés en dernier lieu auprès de Gallass, à son camp de Spire (fin d'août), pour négocier cette importante intervention, de laquelle nous devions naturellement attendre notre salut. Mais le feld-général, avec ses principaux officiers, voulait traverser la province dans sa longueur, pour couvrir le bailliage d'Aval, seul en danger, disait-il, les attaques des ennemis sur le bailliage d'Amont n'étant qu'une diversion peu inquiétante. Pour obtenir qu'il marchât sur la France par le chemin le plus court, il fallut lui promettre dix mille écus et deux chevaux, de plus mille écus à Colloredo, son maréchal de camp, et cent pistoles à son quartier-maître [2]. Le colonel de Marmier-Sallenoue fournit les chevaux promis, au prix de cent cinquante pistoles chacun. Toutefois, à cause des montagnes, Gallass repoussa la proposition de passer par le col de Bussang, ensuite par Faucogney ou Remiremont, d'où il serait arrivé en un jour ou deux sur le Bassigny, par les ponts de Corre et de Jonvelle [3]. Parti de Brisach sur la fin d'août, et pre-

---

[1] Claude-Emmanuel-Philibert de Fouchier, qui fut plus tard gouverneur de Gray.

[2] Encore le parlement trouva-t-il cette offre trop mesquine : « Monsieur des Trois-Rois (l'abbé Philippe-Emmanuel de Montfort, receveur général des finances) parlera plus gros. » (Lettre de la cour aux conseillers Matherot et Brun, à Gray, 11 septembre). Après la levée du siége de Dole, Lamboy et ses officiers avaient reçu 100,000 francs de gratification, et 30,000 après la retraite de Verdun, pour ne pas exiger qu'on leur livrât du canon. Charles de Lorraine avait aussi reçu la plus riche gratification. Ces largesses épuisèrent le trésor. (La cour aux mêmes, 23 septembre, et au baron de Savoyeux, 13 septembre, B, 786, 787.)

[3] Corr. du parlem., B, 786, *passim*. Aux Preuves, 11 septembre.

nant la direction de Mulhouse, il tourna Belfort et Héricourt [1], et vint camper à l'Isle le 4 septembre, à Montjustin le 7, à Saulx le 9, à Conflandey le 12. Ici se trouvait le meilleur pont de la Saône supérieure [2]. Pour le guider à travers le pays et surtout pour lui suggérer les conseils favorables, la cour lui avait donné le baron de Scey, qu'il tenait en estime et en affection, pour avoir été page de son parent le baron de Bauffremont, chambellan du duc de Lorraine [3]. Jean Bresson, de Jonvelle, avait été attaché à l'armée pour la munitionner de vivres. Cette armée, tant cavalerie qu'infanterie, se montait à vingt-cinq mille hommes environ, Allemands, Hongrois et Croates, traînant avec eux un bagage immense et une multitude de valets, de vivandiers et de femmes, une fois plus nombreuse que les soldats effectifs [4]. Beaucoup de ces femmes étaient instruites au maniement des armes et figuraient dans les régiments [5]. Sous les ordres de Gallass servaient les colonels Mansfeld, Butler et Gœutz, le prince de Florence, de la maison de Médicis, Edouard de Bragance, prince de Bergame, de la maison de Portugal et de Castille, Vermerade, commissaire général des munitions, le baron

---

[1] Il se contenta de reconnaître ces deux villes, ainsi que Montbéliard et Lure, qui toutes les quatre étaient occupées par les Français. Gallass se promettait de les visiter d'un peu plus près à son retour. (BÉGUILLET, *Guerres de Louis XIII*, II, 41.)

[2] « Le canon ne peut passer que par le pont de Conflandey. » (Jean Clerc à la cour, 27 septembre.)

[3] FELLER.

[4] « Telle est la coustume des Allemands, qui ne peuvent autrement supporter la fatigue de la guerre, non plus que les autres nations septentrionales. Ils habitent en leurs tentes, que le comte Gallasse rangeoit par rues, en forme de grandes villes, et portent la pluspart des officiers allemands tous leurs avoirs dans leurs chariots. » (GIRARDOT, p. 148.)

[5] BÉGUILLET, II, 43.

d'Ingfort, gouverneur de Ratisbonne, favori de Gallass et l'un de ses sergents de bataille, le marquis de Bassompierre, le comte de Colloredo et le marquis de Grane, hommes influents du conseil, le baron de Neustein, enfin la fleur des officiers impériaux[1]. Il n'avait avec lui que du demi-canon : les marquis de Grane et de Calaffe et François de Carretto le suivaient, à quinze journées d'étape, avec la grosse artillerie, escortée de deux mille cinq cents fantassins et d'autant de chevaux. A l'étape de Conflandey, Gallass avait d'abord établi son quartier général à Purgerot; puis il le reporta le lendemain à Chaux. Les tentes alignées comme des rues et en arrière les bagages, couvraient toute la plaine qui se développe entre Port-sur-Saône, Amance et Faverney. En outre, l'armée occupait Lambrey, Arbecey, Fouchécourt, Gevigney, Mercey, Aboncourt, Gesincourt, Bougnon, Amoncourt, Fleurey, Villers, Gratery et plusieurs autres villages, tous envahis par la contagion [2].

L'empereur avait bien calculé. Aussitôt que son feld-général eut pris le chemin de la Franche-Comté, Weymar et la Valette le suivirent, en côtoyant la province, par une marche collatérale, et vinrent couvrir la France, dans le Bassigny et le Langrois. Pendant que l'armée impériale était sur la Saône, le duc de Saxe attaqua Champlitte, et, d'un autre côté, le cardinal jeta sur Jussey le vicomte de Turenne, son maître de camp, avec

---

[1] Gallass avait pour secrétaire français le docteur Jean-Baptiste Jacquet, de Foncine, homme de mérite, de qui nos gouverneurs implorèrent quelquefois le crédit auprès de son maître. En 1641, il fut député par le parlement auprès de la cour d'Espagne.

[2] Preuves, 13 septembre, Bresson à la cour.

1,500 chevaux, 1,500 hommes de pied et trois canons. La ville, qui comptait quatre cents feux avant les malheurs de cette guerre, n'était alors protégée que par la compagnie du jeune Gaucher, forte de quatre-vingts maîtres. Trois jours auparavant, celui-ci avait provoqué l'ennemi par une course sur Blondefontaine, où il avait enlevé un quartier de l'armée française, tué soixante hommes et fait quelques prisonniers, qui lui révélèrent l'état et la position des forces ennemies. Puis il avait mis le feu au pays et mandé ces renseignements à Gallass, encore à Saulx. Turenne venait donc rendre la pareille, en attaquant Jussey. Du Magny escarmoucha contre les Français et leur tint tête jusqu'à midi, en leur tuant un cornette, avec perte de trois hommes seulement. Telle est du moins la narration du capitaine, qui était un brave soldat, mais assez fanfaron, comme on le voit par ses lettres. Enfin la supériorité du nombre le contraignit à la retraite, et Turenne entra, le fer et la flamme à la main, dans Jussey et Cemboing, qui furent mis à sac. La plupart des habitants avaient fui dans les bois : ce qui resta fut passé par les armes, au nombre de quatre-vingts personnes, ou demeura prisonnier (12 septembre) [1]. A la nouvelle de ce coup de main, Rantzau, maréchal de camp du prince de Condé, fut immédiatement dépêché pour soutenir le vicomte dans sa position conquise [2], et Gaucher, retiré sur la rive gauche de la Saône, mais toujours harcelant l'ennemi, perdit encore vingt-sept de ses cavaliers, sans aucune utilité.

---

(1) Preuves, 16 septembre et 6 octobre.
(2) Béguillet, II, 37.

A cette date, Fauquier d'Aboncourt était depuis trois ou quatre mois sorti des prisons de Dole, entièrement lavé, aux yeux du moins de la justice humaine, de l'accusation capitale portée contre lui au mois d'avril précédent. Dans le cours de l'été, il avait levé deux compagnies de cavalerie légère, dont l'une, sous le commandement du sieur de Chauvirey, son fils, occupait Richecourt. Avec la sienne, complétée à quatre-vingts maîtres, il occupait Chauvirey, et se trouvait investi, comme auparavant, de la confiance du parlement et des fonctions de gouverneur de Jonvelle (1). Mais nul document ne nous dit quelle part il prit à la défense du pays contre l'invasion de Turenne.

Gallass apprit cette insolence de l'ennemi en son quartier général de Purgerot, et fit aussitôt commandement à Lamboy de s'avancer pour le rejoindre. Celui-ci, après la retraite des Français devant Dole, avait suivi le duc de Lorraine au siége de Verdun-sur-Saône ; mais dès la fin d'août, sur les ordres exprès du général, il avait quitté l'opération et remonté la Saône, pour se tenir prêt à rejoindre son chef, qui voulait avoir toutes ses forces réunies avant de s'attaquer à la France. De toutes les troupes impériales, nulle autre ne sévit sur notre province avec autant de brigandage et de cruautés que celle du sergent de bataille (2). Il était à Soing quand il reçut les derniers ordres de Gallass (13 sep-

---

(1) Corr. du parlem., B, 787, 788 ; lettres des conseillers Matherot et Brun à la cour, Gray, 15 septembre et 1er octobre.
(2) Ibid., *passim*, en particulier 14 septembre, la cour au cardinal infant ; aux Preuves, 19 septembre, la cour à Gallass ; 7 octobre, lettre de Bresson.

tembre). Il ordonne aussitôt le boute-selle, s'avance par Pontcey et Scey-sur-Saône et arrive au camp d'Arbecey (15 septembre). Le lendemain il marche droit à Jussey ; mais déjà Turenne et Rantzau n'y étaient plus, ayant été mis en retraite par le bruit de son approche et par le voisinage de l'armée impériale.

Sur ces entrefaites, le baron de Scey réussit à ménager une réconciliation, de laquelle il espéra merveille pour le succès de la campagne. Le prince de Lorraine gardait une grosse colère contre Gallass, depuis que Lamboy, quittant le duc devant Verdun, par les ordres de son chef, avait fait échouer l'opération commencée contre cette place. Bauffremont fut assez heureux pour les rapprocher. « A cest effect, écrit-il au parlement, ils choisirent ma maison de Scey, et sambady (13 septembre), Son Altesse de Lorraine, M. le comte de Gallass, le prince de Florence, le prince de Bergame et quantité d'aultres princes et seigneurs, me firent l'honneur de venir disner à mon chasteau, où je les receus le mieux qu'il me fust possible. L'entrevue ne se passa pas sans boire plus que l'on n'eust pas faict si la compagnie ne l'eust bien mérité. Mais, du reste, tout alla si bien, que la bonne intelligence en a esté rétablie. Son Altesse de Lorraine s'en retourna content et M. le comte Gallass aussi. » En effet, le surlendemain, l'armée de Conflandey acheva de passer la Saône, par le pont de ce village et par celui de Port. Prenant ensuite la triple direction de Chargey, de Purgerot et d'Aboncourt, elle vint faire halte dans la plaine qui s'étend d'Arbecey à Combeaufontaine, pendant que derrière elle son immense attirail de gens, de bestiaux, de chariots et de bagages, gravissait péniblement les rudes chemins de la montagne (1).

Quoique munitionnés de viande comme d'autres vivres par le commissaire Bresson, les impériaux chassaient devant eux des troupeaux entiers de bœufs, de vaches et de moutons, enlevés de toutes parts. Fuyant leur approche, les habitants de ces rives de la Saône s'étaient réfugiés, avec leur bétail, comme leurs prédécesseurs et leurs ancêtres de tous les âges, au sein des profondes forêts qui couvrent les plateaux et les versants, sur les territoires de Chargey, Purgerot, Port-sur-Saône, Arbecey, Combeaufontaine et Scey-sur-Saône. Mais cet asile était trop voisin cette fois des marches et des stations allemandes, pour ne pas être violé : aussi les malheureux paysans, traqués de toutes parts, éprouvèrent-ils les rapines et les cruautés commises partout sur le passage de ces gendarmeries étrangères. Jusque-là cependant, Bauffremont, Jean Clerc et Bresson, de bonne foi sans doute, ou du moins sans trop mentir, avaient pu vanter la discipline que Gallass maintenait de son mieux dans une multitude composée d'éléments si divers et si difficiles (2). Mais il ne fut pas longtemps

---

(1) Preuves, 16 septembre, le baron de Scey à la cour.
(2) Corr. du parlem., B, 786 et 787. « L'armée est conduicte très régulièrement et pollicée rudement; Gallass et ses officiers ménagent le pays. » (Jean Bresson à la cour; Saulx, 10 septembre, et Conflandey, 13 septembre, aux Preuves.) « M. le baron de Scey, le bailly Clerc, Bresson et quelques autres, nous avoient dit merveilles de la bonne discipline de l'armée impériale. » (La cour aux conseillers Matherot et Brun, à Gray, 23 septembre.) Mais à l'Isle, déjà ils avaient vendangé les vignes à peine mûres, pillé les bourgeois, volé le bétail et cent cinquante chevaux du voisinage. (Durand, officier de Baume, à la cour, 19 septembre; plaintes de la cour à Gallass, 9 septembre.)

maître de contenir son monde, dans cette conduite de ménagements que le roi de Hongrie et le cardinal infant lui avaient si expressément prescrite en faveur de la province : dès son arrivée sur la Saône, tout le pays traversé ne fut plus qu'une libre curée pour cette immense multitude. Il n'en pouvait pas être autrement avec une armée sans solde, avec des gens que la seule avidité du butin attirait et retenait sous les enseignes. En effet, les souverains allemands n'ayant pas moyen de payer des armées si nombreuses, leur entretien se prenait en campagne, sur le territoire ami comme sur celui des ennemis. Pour trouver des vivres, la soldatesque courait donc le pays par grosses parties commandées, enlevant de gré ou de force tout ce qu'elles trouvaient à leur convenance, brûlant les villages et les petites villes qui résistaient, traquant les bois, forçant les châteaux et les maisons fortes, mettant les habitants à la torture, soit pour leur extorquer des rançons, s'ils étaient de condition aisée, soit pour obtenir la révélation des richesses cachées, s'ils n'étaient que de pauvres misérables. Le profit de ces rapines maraudeuses était apporté aux chefs, qui en laissaient une partie au menu soldat, et gardaient le reste pour fournir à leurs tables somptueuses, à leurs habits luxueux, à leurs magnifiques équipages [1]. Dès le 16 septembre, la cour de Dole était informée des excès commis par les alliés, qui, parcourant nos contrées en bandes de trente, quarante ou cinquante, pillaient, brûlaient, tuaient, violaient, comme ils eussent fait en pays

---

[1] GIRARDOT, p. 150.

ennemi (¹). Il est vrai, le fournisseur Bresson ne leur faisait pas défaut (²); mais ce qu'il fallait acheter leur était vendu à un prix exorbitant, qui les poussait naturellement aux violences et qui semblait les y autoriser, tellement que la cour fut obligée de pourvoir à une taxe plus raisonnable (³). Elle gémissait d'ailleurs avec le pays sur les déportements des étrangers, s'apitoyait timidement sur le sort des victimes, hasardait même d'humbles remontrances et supplications à Gallass; mais ses lettres au roi de Hongrie ou à l'infant ne renfermaient que des éloges au sujet du général; tant on craignait de blesser et de mécontenter ceux en qui reposait tout l'espoir de la patrie (⁴). Plus tard, l'excès du mal fit

---

(1) Corr. du parlem., B, 887 ; les conseillers Boitouset, Buzon, Lampinet et Lulier à la cour, Besançon, 16 septembre.

(2) « Pour de l'avoienne, ils en trouvent tout ce qu'ils veuillent et la prodiguent, ainsi que les gerbes de froment, en sorte qu'ils en font litières à leurs chevaulx. Et fault adiouster que où ils logent, qu'ils ne trouvent leur hoste pour les servir, ils perdent tout ce qu'ils rencontrent. » (Preuves, 13 septembre, lettre de Bresson.)

(3) Ibid., Besançon, 11 septembre, les conseillers Boitouset, Buzon, Lampinet et Lulier à la cour. Le baron de Scey se plaint lui-même de cette cherté outrée : « Tout m'a esté si cher, écrit-il à la cour, que pour un jour et une nuict que j'ay séjourné à Vesoul, l'on m'a faict payer quinze pistoles ; ainsi à l'advenant aux aultres lieux où j'ay passé. » (Preuves, 16 septembre.)

(4) Ibid., 14 et 23 septembre et *passim*. « Je prévoy que ceste province ne peut éviter de grands maux, et pour détourner une désolation universelle, n'y a d'autre remède que de se résoudre à une foule volontaire et ruine d'une partie plustôt que du tout. » Ainsi pensait Girardot, le 4 septembre. (Aux Preuves.) Mais les événements lui apprirent bientôt à mieux connaître les intentions de Gallass. Matherot et Brun auraient voulu moins de compliments et plus de sincérité dans les lettres de la cour à Gallass et aux princes. (Gray, 21 septembre.) On leur répond : « On pourra dresser des mémoires de ce qu'a fait M. de Lamboy ; mais nous n'en attendons pas grand fruit. Et vous voyez que M. le marquis de Castaneda (ambassadeur d'Espagne à Vienne) vous escrit qu'il faut dissimuler les plainctes qui n'ont pas suffisantes probabilités ny considération,

bien jeter les hauts cris auprès des souverains, mais il n'était plus temps : le pays était ruiné ; et ce qu'il y eut de plus navrant, les alliés, auteurs principaux de cette désolation, finirent par avoir pour complices les gendarmeries mêmes de la province.

Quoi qu'il en soit, les brigandages des auxiliaires attirèrent bientôt, comme on devait s'y attendre, les plus rudes représailles de la part des Comtois irrités et poussés au désespoir. Gallass se plaignit à la cour, au nom de ses officiers, que les gens de leur suite étaient partout attaqués, maltraités, assommés par les paysans. Un Croate avait été enterré tout vif, dans les environs de Lavigney (1). Pour empêcher ces cruautés des paysans sur les étrangers, dont ils autorisaient et provoquaient ainsi les sévices envers eux-mêmes, le parlement proposa de les ranger sous un chef, dans chaque village, avec défense de porter les armes et de sortir sans son ordre (2). Mais ce projet n'eut pas de suite.

Cependant l'armée impériale, continuant sa marche, alla camper autour de Lavigney, où Gallass avait couché l'avant-veille, avec l'avant-garde et l'état-major. De Lavigney, faisant une pointe sur la France, il était tombé comme la foudre sur le bourg de Fayl-Billot, qui éprouva toutes les horreurs d'une ville prise d'assaut (14 septembre) (3). Les autres villages de cette lisière française

---

parce qu'elles discréditeraient les grandes, auprès de gens qui ont veu des oppressions mille fois plus criantes, et n'y ont pu apporter aucuns remèdes. » (23 septembre, la cour aux conseillers Matherot et Brun.)

(1) Lettre de Gallass à la cour ; Lavigney, 13 septembre, aux Preuves.
(2) La cour aux conseillers Matherot et Brun, à Gray, 19 septembre.
(3) « Leur séjour fut de six semaines entières, durant lequel temps ne resta qui que ce fust audict lieu qui ne fust tué ou emmené. Les grains et

n'eurent pas un meilleur sort. La Valette crut bien rendre la pareille aux Comtois par la surprise de Champlitte, qu'il fit attaquer le jour même du sac de Fayl. Mais la place tint bon, quoique dépourvue de garnison (1), et sa résistance donna le temps aux impériaux de tourner ou de franchir la montagne de Morey, et d'arriver par Farincourt, par Fouvent et Roche, par tous les passages, devant la place assiégée (16 septembre). A son approche, les Français levèrent le siége en toute hâte et se replièrent vers Langres. A la date du 17, Gallass avait son quartier général aux Augustins de Champlitte. L'armée entière, qui se montait à 30,000 combattants, moins quelques contingents encore en arrière, occupait tout le pays comtois, de Jussey à Gray, et la frontière du Langrois, de l'Amance à la Vingeanne (2). Le duc Charles s'était logé à Montureux, avec ses Lorrains. Dans son quartier se trouvait le jeune Bresson, à la tête de cinquante maîtres. Lamboy n'avait pas quitté Jussey. La position avancée du feld-général était magnifique, tandis que les généraux ennemis, qui auraient dû le prévenir, se voyaient acculés contre Langres et Dijon et réduits à la défensive, sans pouvoir empêcher

le bestial furent consumez ou enlevez ; et de tous les habitants qui estoient sauvez dans les bois, les rochers ou villes voisines, fort peu restèrent en vye. La peste, la dizette et les maladies en firent mourir la pluspart. Ceux qui retournèrent audict Fay n'y trouvèrent que des restes de bastiments incendiés, des cadavres et charongnes, lesquels infectoient l'air ; de bestial et de grains, en aulcune façon. » (*Histoire de Fayl-Billot*, page 59.)

(1) Le magistrat de cette ville avait précédemment refusé d'en recevoir. (Lettres de la cour à Matherot et à Brun, 12 et 13 septembre. Drouaillet à la cour, Champlitte, 15 septembre.)

(2) BÉGUILLET, II, 45.

le territoire français de souffrir tous les malheurs de la guerre, autant de la part de ses propres armées que de celles de la Comté ; car les Suédois traitaient le Bassigny comme les impériaux notre province. Or, une situation aussi défavorable, qui tenait la France ouverte à l'invasion la plus formidable, était la faute du prince de Condé, que le duc Bernard et le cardinal avaient attendu deux jours à Langres (7 au 9 septembre), pour y tenir conseil de guerre avec lui. Aussi Weymar disait-il dans son impatience : « Le temps que nous perdons ici coûte au roi plus de cent mille écus par jour. » En effet, ces retards, donnant l'avance à Gallass, lui avaient permis de saisir le terrain que l'on se proposait d'occuper, et par suite les forces françaises étaient rejetées sur la ligne de Fontaine-Française, Montsaujon, Coiffy, Laferté et Bourbonne [1].

Lamboy, posté à Jussey avec quatre mille chevaux, couvrait cette frontière et poussait des courses en France, avec une audace et un acharnement inouïs. Dès les premiers jours, il surprit le château de Pressigny, où se trouvaient abritées en abondance des munitions de guerre et de bouche, qui furent vendues aux Comtois. Ensuite, Forkatz l'ayant joint avec ses Croates, et Clinchamp avec un escadron lorrain, ils rançonnèrent ensemble et brûlèrent tout le Bassigny, jusqu'aux portes de Langres, à la barbe de la Valette [2]. Mais au retour de ces expéditions, ou dans les cas d'insuccès, les vil-

---

[1] BÉGUILLET, II, 46 ; Journal de Macheret, fol. 15, 17, 24, et passim.
[2] BÉGUILLET, 47.

lages de la prévôté de Jussey et même de la terre de Jonvelle, voyaient revenir sur eux ces magnanimes alliés. Du Magny, rejeté à Cendrecourt depuis le sac de Jussey et l'arrivée de Lamboy, avait assez à faire de garder la rive gauche de la Saône de leurs sinistres visites. Dans les premiers jours d'octobre, il eut à repousser cent Allemands ou Croates, qui avaient passé la rivière à la nage, devant le bois de Jussey. Ils entraînaient avec eux un grand nombre de femmes et de filles, qu'ils avaient surprises dans ce refuge, et quantité de chevaux enlevés aux paysans. Gaucher eut le bonheur d'arracher aux brigands leurs prisonnières et leur butin, et de les refouler sur leurs quartiers. En écrivant cet incident à la cour, il demandait instamment du renfort en cavalerie, pour l'aider à garder sa ligne contre de tels excès, et, comme d'Agay en mars précédent, il sollicitait une ordonnance qui fît rompre tous les gués et tous les bacs depuis Jonvelle jusqu'à Port-sur-Saône [1]. En même temps, les officiers et échevins de Jussey demandaient une garnison de nationaux, pour les protéger contre *l'inhumanité et l'impiété* des impériaux [2]. Mais déjà le parlement avait dirigé de ce côté le sieur de Mandre avec ses deux compagnies, qui revirent, pour la troisième fois dans la même année, ces parages désolés par tous les fléaux ensemble. Néanmoins, comme au printemps, cet officier n'avait accepté qu'avec une extrême répugnance le périlleux mandement d'aller, à la tête d'une poignée de monde, affronter à la fois un si puissant ennemi et de si

---

[1] Preuves; Cendrecourt, 6 octobre.
[2] Corr. du parlem., B, 789 ; Gray, 9 octobre, Matherot à la cour.

indignes alliés (1). Jonvelle, qui avait jusque-là résisté aux attaques de l'ennemi, était plein de gens qui s'y étaient retirés des alentours, avec ce qu'ils avaient pu sauver de leur bétail. Mais, plus fort et plus irrésistible que les Suédois et les Français, le fléau de la peste avait bien su forcer l'enceinte de la place, et il y sévissait avec fureur sur la multitude entassée de ses habitants, bourgeois, soldats, retrahants et autres réfugiés (2).

Gallass avait donc un pied sur la France; et le parlement le sollicitait avec instance d'y porter son armée en toute hâte, pour le soulagement de la province épuisée. Mais le feld-général, qui avait les instructions de ses augustes maîtres, tirait le temps en longueur, pour n'avoir pas à exposer son armée en lui faisant conquérir des quartiers d'hiver à la pointe de l'épée, et il se contentait d'escarmoucher avec l'ennemi, sur les lisières du Langrois. Avant de marcher plus loin, tantôt il attendait son canon, tantôt il réclamait le contingent de six mille Bourguignons que les gouverneurs lui avaient promis et qu'ils ne savaient où prendre, tantôt il voulait qu'on lui amassât à Champlitte quarante mille mesures de farine, sous la garde de cent mousquetaires. Il n'en de-

---

(1) Preuves, Besançon, 8 octobre. De Mandre le jeune, déjà commissaire général de cavalerie, était alors capitaine de la garnison de Besançon, à la place de son cousin, décédé au mois d'août. La charge de commissaire général de la cavalerie, que le défunt avait aussi tenue, venait d'être donnée au baron de Scey. (Dole, 15 octobre, dépêche de la cour.)

(2) Déjà la province avait perdu le quart de ses habitants. A Vesoul, de Mongenet restait seul aux affaires; à Besançon, il n'y avait plus que Boitouset; à Dole, Boyvin restait seul valide, avec quatre conseillers malades ou *barrés*. (Lettres de la cour, 24 septembre et 1er octobre.) A la fin d'octobre, le parlement se transporta à Salins, comme en 1568, et y resta jusqu'à la fin de novembre.

manda pas moins pour Jonvelle, dont la bonne assiette, demeurée jusqu'alors invulnérable, comme celle de Champlitte, au milieu de la désolation générale des alentours, lui inspirait seule assez de confiance sur cette frontière menacée (1). Pour le contenter, la cour signifiait commandements sur commandements aux soldats débandés depuis le siége de Dole ; mais ses ordres étaient lentement obéis. On activa cependant quelque peu les retardataires, en signifiant, sous peine de mort, à tous ceux qui avaient reçu chevaux, armes ou argent, de rejoindre les drapeaux dans la huitaine, à l'un des douze quartiers désignés (2). Pour sa part, le bailliage d'Amont fit des sacrifices désespérés, et s'arracha les entrailles pour fournir les hommes et les vivres demandés (3). De Ray à Champlitte, toutes les communautés ayant des moulins sur la Saône, le Salon, la Gourgeonne et le Vanon, furent requises de les mettre en bon état, pour moudre les grains de l'armée impériale (4). Mais quand le blé fut arrivé dans ces moulins, les soldats le pillèrent de toutes parts, malgré la vigilance et les archers de Bresson. On ne pouvait attendre moins de gens qui avaient dévoré, sur leur passage, toute la récolte des vignobles de Purgerot, de Jussey, de Morey, de Ray, de Pierrecourt, de Champlitte et des alentours. Ils se plaignaient tous les jours, à grands cris, de ne pas recevoir les rations et la solde promises ; mais Bresson démontrait, contre les plaignants, que le pain, la viande et le vin ne

---

(1) Gray, 17 septembre, Brun à la cour, aux Preuves.
(2) La Charité, 4 octobre, le marquis de Conflans à la cour.
(3) Dépêches du 19 septembre au 1er octobre et jours suivants.
(4) Gray, 25 septembre, mandement des conseillers Matherot et Brun.

leur avaient jamais manqué, ou du moins que c'était leur faute. En effet, l'armée perdait plus de vivres qu'elle n'en consommait. Tantôt les magasins étaient pillés et les convois enlevés avec leurs chevaux; tantôt les munitions restaient en chemin, sans attelages pour les conduire à destination [1]. Cependant Jonvelle et Champlitte furent approvisionnés et gardés, selon les désirs de Gallass. Jonvelle reçut plus de dix mille muids de blé, avec d'autres munitions en abondance [2].

Les chaleurs de l'automne redoublaient dans cette ville les ravages de la contagion, qui sévissait avec la même violence partout ailleurs, en particulier dans les rangs de l'armée. Devant Champlitte, en date du 19

---

[1] Corr. du parlem., B, 787 à 792, *passim*. Voir en particulier : Gray, 30 septembre, Matherot et Brun à la cour ; 1er octobre, la cour à Gallass ; Gray, 2 octobre, Matherot et Brun à Bresson ; Champlitte, 7 octobre, réponse de Bresson. « Vellexon pouvoit fournir mille mesures, si on ne l'avoit pillé et bruslé, comme Montarlot. Nous lui avons subrogé Vezet, Greucourt et Frasne-Saint-Mamès. Mais encore faut-il du temps. Ceux de Morey ont demandé quelques villages pour les ayder à fournir leurs contributions. » (Gray, 2 octobre, Matherot et Brun à Bresson, qui se trouvait alors à Vellexon.) Port-sur-Saône déclara (24 octobre) ne pouvoir absolument rien fournir, vu la ruine totale que lui avait laissée le passage de Gallass.

La dépêche du 2 octobre finit par un ordre qui n'est pas sans intérêt. « M. Bresson, sur la demande adressée à la cour par le roy d'Hongrie (24 septembre), establissez la poste incontinent de Champlitte à Faucogney, ou au plus droit, pour tirer à Brisach. Nous enverrons des mandements aux gens des lieux où vous l'establirez, pour qu'ils y pourveoient. » Ce nouveau service de poste était pour les communications de Gallass avec la cour d'Allemagne.

[2] Béguillet, II, 241. « Il faut accorder au comte de Gallass ce qu'il demande pour Champlitte et Jonvelle, à savoir le logement de cent hommes en chaque lieu, pour garder ses provisions. Ecrivez-en à Bresson. Encore que nous prévoyions bien que ces pauvres villes auront assez à souffrir, elles y auront tousiours meilleur marchez que le bourg désolé de Jussey, et éviteront un semblable désastre. » (Corr. du parlem., B, 787 ; Dole, 19 septembre, la cour à MM. Matherot et Brun, à Gray.)

septembre, elle comptait plus de deux mille malades, et ce nombre croissait tous les jours [1]. Sur la proposition de Bresson, la cour leur assigna pour ambulance les villages français situés le long du Vanon, c'est-à-dire les deux Fouvent, Saint-Andoche, Trécourt et Roche. Mais Gallass, trouvant ce quartier trop restreint, le fit étendre jusque sur la terre de Rupt [2].

Cependant le marquis de Grane, arrivant par Brisach, Thann, Giromagny, Lure, Vesoul et Conflandey, avait amené au camp de Champlitte (28 septembre) l'avant-garde de l'artillerie, composée de six demi-canons de vingt-deux livres de balle, suivie de deux cents chariots de munitions de guerre et escortée de cinq cents fantassins. Il s'établit à Morey, où déjà se trouvaient son régiment et celui de Beck, sous les ordres des lieutenants-colonels Mora et Varadiso [3]. Quelques jours après, le marquis de Calaffe amena vingt-deux pièces de grosse artillerie, convoyée de deux mille chevaux et d'autant de fantassins [4]. On n'attendait plus que le corps d'armée

---

[1] « Nous sommes en incroyable peine du logement et entretien de deux mille malades qu'on nous veut laisser sur les bras. Encor eschapperoit-on du logement; mais l'entretien nous en est impossible. Faites tout ce que vous pourrez pour nous en excuser sur la contagion qui ravage la province. Mais qu'en tout cas on nous donne deniers pour les nourrir et assister. » (La cour à MM. Matherot et Brun, à Gray, 19 septembre.)

[2] Champlitte, 30 septembre, Bresson à MM. Matherot et Brun, aux Preuves.

[3] Ces régiments étaient entrés en Comté le 16 juin. Ils se distinguèrent entre tous par leur insubordination, leurs ravages et leurs plaintes incessantes. (GIRARDOT, p. 116, 117 ; corr. du parlem., 7 octobre, Bresson à Matherot et à Brun, aux Preuves, et *passim*.)

[4] Vesoul, 18 septembre, lettre de Jean Clerc à la cour, signalant l'approche d'un corps d'armée qu'il était chargé de munitionner, depuis son entrée en Comté jusqu'au camp de Champlitte. Simonnez, de Jus-

du marquis de Bade, appartenant au roi d'Espagne. Le parlement l'avait instamment demandé, dans la ferme conviction que le salut du pays ne pouvait venir que d'un tel secours, parce que ces troupes étaient commandées par un illustre Comtois, le marquis de la Baume-Saint-Martin, de la première noblesse d'Aval, officier de grande réputation, sincèrement dévoué à son pays. C'est ainsi que les malheureux espèrent jusqu'au bout, même contre toute espérance. Mais, hélas! cette dernière ancre, sur laquelle on aimait à se reposer encore, devait se briser elle-même dans la tempête ; ce dernier espoir allait bientôt être déçu, comme tous les autres, par un cruel dénouement. Saint-Martin se mit en route (1er octobre) par le même chemin que les corps précédents, excepté que de Lure il gagna Conflandey par Luxeuil et la vallée de la Lanterne. Ce soulagement pour Vesoul était une gentillesse accordée aux prières des officiers et du magistrat de cette ville. Bresson et le baron de Cléron-Voisey le reçurent, à son entrée dans la province, le premier pour le service des vivres, le second pour la direction des chemins et surtout pour la répression des désordres, chose à laquelle le général veillait lui-même de son mieux, mais avec peu de succès [1]. Son effectif était de quatre mille et quelques cents mous-

---

sey, commis-receveur des finances, fut aussi chargé d'y pourvoir, en leur trouvant dix mille rations. (Gray, 21 septembre, Matherot et Brun à la cour.)

(1) « Le marquis de Saint-Martin, avec lequel j'ai esté dois son entrée en ce païs jusques à Champlite, a fait, comme bon patriot, tout ce qu'il a pehu pour empescher toutes sortes de désordres ; ce qui estoit très difficile, estant l'armée composée de tant de sortes de langues barbares, de nations et de religions, avec un nombre de femmes et de valets aussi grand que de soldats, et tous à qui rien ne peust eschapper, s'il ne

quetaires et de mille hommes de cavalerie, la plupart vieux guerriers de grande expérience et d'insigne valeur, mais traînant derrière eux, comme les autres milices d'outre-Rhin, plus de femmes et de valets qu'ils n'étaient de soldats. Quand ils quittèrent l'étape de Luxeuil, il y restait cinq mille quatre cents rations de pain préparées pour eux. Pour les faire partir à leur suite, Bresson ne put trouver un seul cheval au pays, ni même obtenir ceux de l'armée, et les munitions demeurèrent à Luxeuil en consignation, pendant que les régiments s'acheminaient vers la Saône (1). Les ponts de Conflandey et de Port tremblèrent de nouveau sous le passage de ces bandes étrangères, devant lesquelles les malheureux habitants de nos pays vingt fois désolés s'enfuirent encore dans la profondeur des forêts.

A l'approche de cette division, Gallass, dont l'entrée en France était réclamée à cor et à cri par le parlement, au nom de la province écrasée, n'avait plus de prétexte pour différer l'expédition. Il tint conseil de guerre au château de Suaucourt, où il réunit le duc de Lorraine, les barons de Scey et de Ville-sur-Illon (2) et quelques autres représentants de la cour, avec les chefs de

brusle ou s'il ne détruit. » (Mailley, 24 octobre, Cléron-Voisey à la cour (a).) Cependant, outre la ration quotidienne d'une livre et demie de pain, on leur fournissait du vin et de la viande un jour sur trois. Les officiers avaient ceci tous les jours. Ils ne voulaient que du vin vieux, mais on ne put les satisfaire. (Luxeuil, 7 octobre; Jean Clerc à la cour.)

(1) Preuves, Luxeuil, 15 octobre.

(2) Charles de Livron, premier officier et gentilhomme du duc de Lorraine, parent de Charles de Livron, marquis de Bourbonne.

(*) François de Cléron, maître d'artillerie, colonel du régiment de Dole, seigneur de Mailley et de Voisey du chef de sa mère, Madeleine de Plaisant, épousa 1° Clauda de Marmier, 2° Adrienne de Thomassin. (Dunod, *Nobil.*, 203.) Il fut député par la cour à la diète de Ratisbonne, tenue pour l'élection du roi des Romains.

ces différents corps. Le prince lorrain voulait qu'on attaquât la Champagne et qu'on emportât Langres, dût-on y perdre quinze mille hommes. Cet avis était un peu intéressé : son auteur voyait dans la campagne ainsi dirigée l'espérance assurée de reconquérir son duché perdu. De leur côté, les officiers franc-comtois soutinrent vivement cette proposition, qui poussait décidément les alliés loin de la province, au cœur du territoire ennemi. Mais Gallass, qui ne voulait faire qu'une pointe peu avancée et peu risquée sur la France, déclara qu'il fallait entreprendre par le duché de Bourgogne, où il ne voyait que le prince de Condé. Pour le gagner à leur plan d'attaque, le duc et ses partisans le conduisirent, avec tout le conseil, sur la montagne de Morey, d'où ils lui montrèrent la ville de Langres et le Bassigny, placés comme sous la main. Le feld-général braque sa lunette de ce côté, et il contemple, mieux encore qu'il ne l'avait pu faire des hauteurs du Fayl-Billot, les créneaux aériens et la formidable position de la place, que deux puissantes armées se tenaient prêtes à couvrir. L'instrument lui tombe des mains : « Laissons Langres, dit-il, et marchons contre Dijon. » Tous ses officiers l'appuyèrent, et comme les partisans de cet avis étaient les maîtres, il prévalut [1]. Le lendemain (18 octobre), le

---

(1) *Journal de Macheret*, fol. 18. Girardot parle aussi de ce conseil de guerre, mais sans mentionner Suaucourt ni l'incident qui s'y rattache. Après avoir exposé les divers motifs invoqués à l'appui des deux plans d'attaque, il termine ainsi : « Mais je vis, par les lettres de l'empereur que le marquis de Conflans receut en ce temps-là, que la marche de Dijon ne fut à autre fin que pour occuper Weymar et la Valette, tandis que l'infant retourneroit de Picardie en Flandre, et pour luy asseurer sa retraicte; après quoi Gallasse se retireroit et rentreroit en Allemagne, où la diette électorale estoit achevée (p. 148). »

marquis de Saint-Martin joignit l'armée impériale, et le soir même le général en chef dépêchait ses ordres de tous côtés pour mettre ses divers corps en mouvement au lever du jour, avec armes et bagages. Aucune invasion ne fit si peur à la France ; car la frayeur, prenant pour des soldats réguliers les bandes vagabondes attachées aux régiments, grossissait l'armée à plus de cent mille hommes. De Mandre et Fauquier d'Aboncourt faisaient partie du contingent bourguignon, avec leurs compagnies, tandis que le jeune Gaucher était envoyé avec la sienne au siége de Lure, puis à celui d'Héricourt [1]. Ainsi Jonvelle et sa ligne se trouvaient dégarnis ; mais pour le moment il n'y avait rien à craindre de ce côté, car l'ennemi avait nécessairement son attention toute concentrée sur le Duché.

Il n'entre pas dans notre sujet de suivre la marche de cette campagne de trois semaines, dont l'histoire n'est point inédite, comme celle du séjour de Gallass en Franche-Comté [2]. Résumons seulement les principaux faits. Après avoir pris le château de la Romagne et reconnu Fontaine-Française, les alliés forcèrent Mirebeau en trois jours (21-24 octobre). Ensuite Saint-Jean-de-Losne fut bloqué (25 octobre au 3 novembre). Mais dès ce moment, le ciel, jusque-là si radieux et si clément, se couvrit de nuages; des pluies torrentielles, gonflant soudain les rivières, inondèrent les vastes plaines de la Saône et de la Tille, au milieu desquelles se trouvait campée l'ar-

---

[1] La ville de Lure fut reprise aux Français le 21 septembre, et l'abbaye ou le château, le 22 octobre (Corr. du parlem., *passim*.) Héricourt fut assiégé vers la fin de janvier, mais sans succès.
[2] Voir BÉGUILLET, tome II ; GIRARDOT, p. 148 et suiv.

mée de Gallass. Il était plus que temps pour lui d'effectuer son plan de prompt retour, bien décidé à l'avance. Le mot d'ordre fut lâché aux premières pluies : on allait battre en retraite et prendre les quartiers d'hiver en Comté. De Mandre courut porter à la cour cette affreuse nouvelle, qui fit crier à la trahison [1] et consterna les esprits, en les plongeant de nouveau dans toutes les angoisses de l'épouvante. Après quelques moments donnés à la stupeur et à l'hésitation, la première pensée du parlement, que la peste avait fait fuir à Salins, fut de fermer les places importantes les plus voisines des chemins que les alliés allaient prendre, pour se renverser sur nous. Le sieur de Raincourt, maître de camp d'un terce d'infanterie alors en quartier dans la Franche-Montagne, reçut ordre d'accourir avec ses régiments, de jeter deux cents hommes à Dole et à Gray, de se loger dans Pesmes avec le reste de son monde, et de refuser l'entrée de cette ville à toute gendarmerie étrangère [2]. Mais, déjà dix jours avant ce commandement, tous les corps du feld-général avaient décampé (3 novembre) et repris le chemin de notre province, harcelés par l'ennemi et marchant avec des difficultés inouies, au milieu d'un pays

---

[1] Corr. du parlem.; Besançon, 2 novembre, Buson à la cour.
[2] Lettre de la cour au sieur de Raincourt; Salins, 14 novembre. Christophe-Louis de Raincourt, seigneur de Bremondans et Fallon en partie et chevalier de Saint-Georges, fut investi de la confiance du parlement et figura toujours avec honneur parmi les braves défenseurs de la cause nationale. Les troupes qu'il commandait avaient été levées par lui dans les seigneuries de Granges, de Clerval, de Passavant et dans la Franche-Montagne (Maîche, le Russey et les environs). Gouverneur de Lons-le-Saunier en 1637 et 1638, il défendit vaillamment cette place contre le duc de Longueville, Henri d'Orléans. Christophe de Raincourt était parent de Girardot de Beauchemin.

noyé, où plusieurs canons demeurèrent embourbés avec une grande partie des bagages. Le 14, Gallass était à Renève, annonçant son retour au parlement et dissimulant mal son désastre; il demandait qu'on lui préparât des quartiers (1). Le pont d'Apremont le ramena sur la Comté, n'ayant plus que la moitié de son monde et de ses équipages. Mais toujours la terreur marche devant ses soldats, et la dévastation les suit (2). Il étend ses troupes au-dessus de Gray, entre la Saône et l'Ognon; sa cavalerie, qui était encore de dix à douze mille hommes, chasse devant elle, comme une ennemie, la cavalerie de la province, que le marquis de Conflans conduit en désordre dans le bailliage d'Aval. Quant aux généraux de la France, après avoir poursuivi les alliés jusqu'à la frontière, ils viennent prendre position, avec toutes leurs forces, derrière l'Amance, autour de Bourbonne et de Coiffy.

Cependant le général allemand voulait encore essayer quelque entreprise qui pût couvrir le déshonneur de sa retraite et rendre un peu d'éclat à ses armes. Dans ce but, il fait partir en avant-garde le régiment lorrain-allemand de Mercy et mille chevaux croates, qui re-

---

(1) Corr. du parlem., B, 791, dépêche de Gallass à la cour, datée du *camp impérial de Renève*, 14 novembre.

(2) « Gallass se plaint de quelques villageois, que l'on dit avoir tué quelques soldats qui les alloyent rechercher jusques au milieu des forêts où ils estoient réfugiés. Or il est fort estrange que ledict comte face plainte de si peu de chose, et que jusques à présent il n'aye fait chastier un seul de ses soldats, qui vollent, assassinent et violentent impunément, par tous les quartiers de par deçà. Que si ce train devoit durer un mois, il n'y restera âme vivante en tous les villages du voysinage. » (Besançon, 29 nov.; lettre du conseiller Buson à la Cour.) Voir aux Preuves, Gray, 26 nov.

montent la Saône par la rive droite et se rapprochent du Bassigny pour reconnaître l'armée française. Mercy (1) arrive à Jussey, dont la population était diminuée d'un quart depuis le mois de septembre. Tandis que ses bagages filaient à Cendrecourt pour s'y abriter derrière la Saône, et qu'il dormait en sécurité dans ses logements de la ville, soudain, le dimanche 16 novembre dès le matin, Tourbadel, général-major de Weymar, fond sur Jussey, avec un gros de cavalerie. Les Lorrains, les Allemands et les Croates, sont taillés en pièces avant d'avoir pu se reconnaître ni tirer un seul coup de mousquet. Ils prennent la fuite, laissant à l'ennemi trois cents chevaux et deux cents prisonniers, dont trois capitaines et un lieutenant. Pendant la lutte, et même avant l'arrivée des impériaux, les habitants avaient fui de toutes parts, les uns dans les bois, les autres au delà de la Saône, à Cendrecourt et à Montureux. Il en était resté à peine deux cents, qui se retirèrent au couvent des Capucins (2), comme dans un asile sacré, avec plusieurs habitants de Cemboing, de Saint-Marcel et de Cendrecourt. Mais ils y sont bientôt investis. Pour sauver l'honneur des femmes et des filles, la liberté de tous et la ville d'un incendie général, il fallut composer pour une rançon de 14,300 francs, dont trente pistoles pour l'officier négociateur de la capitulation. En attendant le paiement, qui devait s'effectuer dans la semaine, quatre notables bourgeois furent emmenés en otage (3).

---

(1) Mercy devint plus tard feld-général et perdit contre le maréchal de Turenne la fameuse bataille de Nordlingen, où il périt (3 août 1645).
(2) Construit en 1622 sur les ruines du vieux château.
(3) Aux Preuves, 12 septembre, *Enquête sur les désastres de Jussey.*

Lamboy suivait Mercy avec quatre mille chevaux, et se trouvait du côté de Morey quand les Croates fugitifs lui apportèrent la nouvelle de l'échec de Jussey. Aussitôt il monte à cheval et arrive sur les Suédois. Tourbadel se retranche aux Capucins et s'y défend longtemps, jusqu'à ce que Weymar lui-même vienne le dégager. Lamboy les poursuivit dans leur retraite sur Coiffy, et plusieurs fois le duc de Saxe fut obligé de faire volte-face l'épée à la main. Mais enfin une brigade de mille chevaux vint à sa rescousse ; les impériaux tournèrent bride et rentrèrent dans leurs quartiers, auprès de Gallass (1). Sur la fin de la semaine, les habitants fugitifs de Jussey étaient revenus à leurs foyers. Mais aucun d'eux ne voulut se reconnaître solidaire de la composition faite avec les Suédois, et la rançon ne put être fournie dans le délai convenu. Furieux de ce manque de parole et bravant le voisinage de Gallass, les Suédois reviennent à la charge, avec quatre pièces de canon et des forces considérables (24 novembre). Comme il ne se trouvait plus rien à prendre à Jussey que les cloches, qu'ils ne pouvaient emporter, ils livrent aux flammes tout ce qui avait échappé à l'incendie du 12 septembre (2). Puis ils font mine de manœuvrer pour marcher contre les impériaux (3). C'était une ruse de guerre : rebroussant chemin subitement, ils tournent sur Jonvelle, qu'ils convoitaient depuis si longtemps, surtout depuis que Gallass en avait fait son principal magasin. La place était presque sans garnison,

---

(1) Béguillet, II, 238, 239.
(2) *Journal de Macheret*, fol. 18, verso.
(3) Corr. du parlem., B, 792 ; Besançon, 29 novembre, Buson à la cour.

et le sieur de Chauvirey, son gouverneur, n'avait point de troupes à proximité pour la protéger. Il est vrai, le feld-général, à la nouvelle de cette invasion, s'était ébranlé avec quelques régiments de cavalerie légère, laissant derrière lui ses bagages, afin de marcher avec plus de célérité au secours de la ville menacée. Mais il arriva trop tard ; le 27 novembre, Jonvelle était forcé, malgré la belle défense du gouverneur [1], et les Suédois se trouvaient maîtres de toutes les munitions impériales amassées dans cette forteresse. Trop faible pour entreprendre une attaque sérieuse contre le vainqueur, Gallass revint tout confus sur ses pas jusqu'à Choye (3 décembre). Dès lors son parti fut pris de s'arracher aux malédictions qui retentissaient de toutes parts contre lui, de faire retraite sur le Rhin avec les débris de ses troupes, malgré la saison rigoureuse, enfin d'abandonner la Comté à son malheureux sort. Déjà il amasse ses bagages ; son canon, traîné par les chevaux des vivandiers, s'achemine vers Lure, et l'armée royale se tient prête à le suivre. En apprenant ces tristes nouvelles à la cour, le conseiller Buson ajoutait : « Si le comte Gallass nous abandonne à présent, sans même nous laisser les troupes du roi, et sans autre fruit que d'avoir désolé nos campagnes, ruiné la province et attiré sur nos bras deux armées ennemies qui vont se lancer au cœur du pays, ce sera justement combler la mesure de la véritable opinion que nous devons avoir de son assistance [2]. » Informé de ces dispositions, Weymar alla prendre ses quartiers d'hiver

---

[1] Preuves, 27 décembre ; la cour à M. d'Aboncourt.
[2] Corr. du parlem.; Besançon, 5 et 7 décembre.

dans les environs de Torcenay, après avoir muni Jonvelle d'une bonne garnison. Mais à la première nouvelle de sa retraite, le feld-général remonte de nouveau la Saône avec le colonel Picolomini, et reparaît soudain devant Jonvelle. Il en chasse les Suédois, et les pousse, l'épée dans les reins, jusqu'à Bourbonne, qui est également emporté (20 au 25 décembre).

La cour de Dole s'empressa de le complimenter de cet heureux coup de main, et le supplia d'en profiter pour décharger la province, autant que possible, en prenant des quartiers sur le territoire français et en se maintenant sur la rive droite de la Saône, ou du moins en ne passant pas l'Ognon (1). Mais Gallass en avait assez de cette campagne trois fois malheureuse. Du reste, notre frontière était affranchie et l'ennemi refoulé jusque dans le Bassigny. Satisfait d'avoir un peu relevé l'honneur de sa vieille réputation par ces minces et tardifs succès, le général revient brusquement de Bourbonne sur Jonvelle, où il prend à peine quelques jours de repos, pour continuer ensuite sa marche rétrograde, la face tournée vers le Rhin. Sur son passage, Saponcourt, où il campa (2), Clairefontaine, Faverney et tous les villages de cette ligne, furent dévastés à leur tour, excepté le château de Saint-Remy, que le sieur de Villersvaudey avait muni d'une solide garnison pour le préserver de la terrible visite des Allemands (3). Bresson lui-même, leur pour-

---

(1) La cour au baron de Savoyeux, 27 décembre.
(2) Entre Saponcourt et les fermes de Mouhy. (*Annuaire de la Haute-Saône,* 1842.)
(3) La cour à Villersvaudey, 27 décembre.

voyeur infatigable, se vit détrousser en chemin par une de leurs bandes rapaces (1).

Le 6 janvier (1637), Gallass campait à Colombier. C'est là que les barons de Scey et de Voisey, députés par la cour, s'abouchèrent avec lui et avec Toréguso, général de l'artillerie royale (11 janvier), afin de régler le contingent des troupes étrangères à laisser pour la garde de la province et les quartiers qu'elles devraient occuper. D'après leurs instructions, les commissaires ne voulaient que six mille hommes pour soutenir les milices du pays et le corps de Lorraine. Mais Gallass prétendit nous laisser dix mille impériaux, sans compter les gens du roi : « Tels sont les ordres, ajouta-t-il avec humeur, que je viens de recevoir aujourd'hui même de Sa Majesté le roi des Romains. Vous accepterez ce chiffre, ou bien je ne vous laisserai pas un seul mousquetaire. » Bauffremont et Voisey répondirent avec une patriotique éloquence : « Nous rendons grâces à la sollicitude paternelle de nos bien-aimés souverains et aux services de leurs armées. Mais la province est ruinée par la guerre, ruinée par la peste et la famine, suites de la guerre ; et c'est notre fidélité au roi qui nous a valu ces trois fléaux. Voilà bientôt cinq mois que la Franche-Comté nourrit les armées de secours, montant à 30,000 hommes de pied et 50,000 chevaux, avec une suite de plus de 600,000 bouches. Assurément le roi ne veut pas qu'elle périsse écrasée sous le faix ; il est temps de la soulager : c'est l'intention des ambassadeurs de Leurs Majestés (2). » Le

---

(1) La cour à Gallass, pour lui demander réparation de ce dommage, 6 janv.

(2) Le marquis de Castagneda, ambassadeur de l'empereur, et le comte d'Oignate, ambassadeur du roi d'Espagne.

général fut inflexible, et les députés sortirent de la conférence de Colombier sans avoir rien arrangé. Mais le surlendemain il leur dépêcha son quartier-maître à Charriez, pour leur dire que, cédant à leurs représentations et aux désirs des gouverneurs, il leur laissait six mille hommes seulement. Puis il partit le soir même pour Luxeuil, où il s'arrêta huit jours, attendant la répartition des quartiers et voulant savoir où seraient logés ses régiments ; car Toréguso, qui de son côté avait envoyé son quartier-maître à la conférence de Charriez, ne voulut pas se mêler des troupes impériales ; de plus, il refusa de traiter avec le duc de Lorraine ; fatale division, qui apporta les plus grandes difficultés à l'opération des commissaires [1]. Quand ils eurent fini, Gallass investit le baron de Furnimont de ses pouvoirs et donna sa démission de commandant en chef de l'armée impériale. Ensuite il prit, avec une simple escorte, le chemin de l'Allemagne, par Sainte-Marie, le Tillot, Thann et Brisach (21 janvier) [2]. Ainsi quitta-t-il notre province comme un fugitif et un vaincu ; il y avait quatre mois et trois semaines qu'il en avait franchi la frontière pour la première fois. Peu d'hommes de guerre ont laissé dans nos contrées un souvenir aussi funèbre et aussi profond. Longtemps encore le Bassigny continua de trembler au

---

[1] « Ceste désunion nous at apporté tant d'embarrasses et d'embrouillements au répartement des quartiers, que peu s'en est failli que nous n'ayons estés réduicts au désespoir. Et quoy que nous travaillassions jour et nuict, s'estoit tosiours en vain. Enfin, aujourd'hui vendredi, nous avons achevé comme nous avons pu ledit répartement, avec les deux quartiers maistres généraux. » (Rapport des commissaires ; Charriez, 16 janvier 1637.)

[2] Même rapport.

souvenir de celui qui l'avait si affreusement ravagé pendant six semaines, et dont les troupes, après son départ, le ravagèrent de nouveau pendant cinq ans. Dans leur juste effroi, les habitants de ce pays ajoutaient aux litanies des Saints cette naïve supplication : « *A Galâ et à Forcâ libera nos, Domine :* de Gallass et de Forcatz, délivrez-nous, Seigneur [1]. » Et pourtant les échecs désastreux de Gallass et la ruine de sa belle armée comme de sa gloire militaire, lui valurent un peu de commisération : au siècle dernier, on disait encore en Bourgogne et en Comté : « Malheureux comme Gallass [2]. »

Les débris des deux armées qui ne devaient pas rester chez nous, déjà licenciés en partie, furent acheminés sur l'Alsace, et quelques-uns sur Héricourt, dont le siége fut tenté vers la fin de janvier, mais sans résultat. Pendant qu'ils s'éloignaient, les commissaires répartiteurs achevèrent leurs opérations. Le contingent convenu comprenait douze régiments du roi, dont quatre de cavalerie, et sept régiments de l'empereur, dont trois de cavalerie; en tout quatre à cinq mille soldats effectifs, avec un nombre triple de femmes et de valets. Les gouverneurs avaient entendu que les villes et les châteaux de l'intérieur seraient confiés aux garnisons nationales, et que les étrangers seraient placés sur les frontières. Il fallut de longs débats pour faire accepter cet arrangement par les officiers allemands; car, sentant leur faiblesse, ils redoutaient de voir leurs quartiers à chaque instant sur-

---

[1] M. BONVALET, *Notice sur Coiffy*, p. 10. Le nom de *Gallass* est resté à une foule de *lieux dits* dans nos contrées, et celui de *Forcatz* comme synonyme d'intraitable et de brigand.
[2] BÉGUILLET, II, 241.

pris et enlevés par l'ennemi. Ils refusèrent donc énergiquement Lure, Bussang, Passavant, Jonvelle et Morey, comme étant les plus exposés de tous les postes. Enfin, ils acceptèrent Jonvelle, où Furnimont logea Bornival avec un régiment de Croates. Les places de Richecourt, Magny, Jussey, Gevigney, Bougey, Chauvirey, la Rochelle, Suaucourt, Artaufontaine, Montot, Champlitte (1), Gatey, et dans l'intérieur, Mailley, Cussey, Baume et Marnay, eurent pareillement leurs garnisons allemandes, de cinquante à deux cents hommes, dont les quartiers furent étendus chacun à vingt ou trente villages des alentours, les abbayes seules exceptées. Les alliés voulurent un aussi vaste rayon de parcours, afin d'y trouver de quoi vivre; car la contrée avait perdu plus de la moitié de sa population : plus de quatre cents villages d'Amont étaient brûlés et déserts, le plus grand nombre de leurs habitants étant morts de la peste ou de la faim, ou par les sévices de la soldatesque, et les autres s'étant retirés dans les bois, « se croyant plus assurés avec les bêtes fauves qu'avec les hommes. » Si l'on n'eût donné aux étrangers le nombre de villages demandés, ils menaçaient de courir et de ravager toute la province.

Les barons de Bauffremont et de Voisey n'eurent pas moins de difficultés avec le duc Charles, pour les quartiers de ses trois mille et quelques cents hommes. Ils

---

(1) Lorsque le colonel Mendre se présenta aux portes de Champlitte avec son régiment, les habitants refusèrent de le recevoir et en écrivirent à la cour, exposant que le séjour de Gallass leur avait coûté 25,000 rations, 7,300 mesures de blé, 50 muids de vin, leurs vendanges et tous leurs fourrages. Mais on leur répondit que les autres localités étaient aussi épuisées qu'eux-mêmes, et ils durent s'exécuter. (Corr. du parlem., B, 794, 25 janvier.)

furent placés, pour la grande partie, en seconde ligne, derrière les Allemands, le long de la Saône, depuis Darney jusqu'à Ray et Morey. Le reste fut porté en Barrois et en Lorraine, pour occuper Lamarche, Charmes, Remiremont, Plombières, le Tillot et leurs environs. Ces troupes étaient payées par la province : on donnait aux fantassins vingt sous de solde quotidienne, avec la ration ordinaire, une livre et demie de pain; les cavaliers recevaient deux francs, avec deux livres de pain et une ration d'avoine. On était convenu dans les conférences de Charriez que le roi nourrirait ses régiments et ceux de l'empire; mais aucun ordre n'étant venu de ce côté pour les munitions, il fallut bien y pourvoir. Un marché fut passé avec Jean Bresson pour un mois de fournitures. D'ailleurs, on tenait en réserve 1,500 mesures de blé au château de Veset, 4,000 à Montmartin et 40,000 à Rupt [1].

Terminons ce nouveau chapitre de nos malheurs par un trait édifiant, dont la place est ici, et qui fait trop d'honneur à notre catholique Franche-Comté pour ne pas être signalé. Les temps étaient bien calamiteux, et pourtant la foi des peuples ne relâchait rien de son obéissance rigoureuse aux lois de l'Eglise. L'abstinence religieuse était observée dans toute sa rigueur, et les gendarmeries elles-mêmes mangeaient maigre. Mais cette année, à l'approche du carême, la cour supplia l'Ordi-

---

[1] Corr. du parlem.; mois de janvier 1637, en partie; divers rapports des commissaires Bauffremont et Voisey, Charriez, 16 janvier, Scey-sur-Saône et Cléron, 25 janvier; marché de Bresson, 1er février.

naire de permettre aux diocésains l'usage des œufs et du fromage pendant la sainte quarantaine, et aux armées l'usage de la chair, « conformément, dit la supplique, à ce qui s'est fait autrefois, en semblables occasions de guerre et de disette, et prévoyant qu'autrement le peuple ne pourra se sustenter, ni les soldats s'entretenir. Et prions Dieu de nous faire la grâce d'une saison plus paisible, pour n'estre contraincts à discéder encore des commandements de l'Eglise et de nos édits (1). » Hélas! Dieu n'exauça point les vœux si résignés de nos pieux gouverneurs : laissant peser son bras sévère sur nos infortunés aïeux, il continua de les éprouver par les calamités de tout genre. Achevons le récit douloureux de ces incroyables désastres.

(1) Corresp. du parlem., 795, Dole, 3 février.

§ III. — Continuation de la guerre.

RUINE DE JONVELLE.

Le bailliage d'Amont ravagé par ses propres garnisons. — Les Suédois y rentrent par Champlitte. — Famine et dépopulation. — Les partisans. — Jonvelle est la terreur du Langrois et du Bassigny. — Fauquier de Chauvirey est tué. — Gaucher du Magny, son successeur, livre Jonvelle, dont la ruine ouvre tout le pays aux Français. — Capitulation de Vesoul. — Le baron de Scey reprend les places perdues. — Il est battu devant Ray. — Les courses continuent leurs dévastations réciproques. — Exploits de Gaucher. — Ruine de la Mothe. — La paix.

(1637-1659.)

Les garnisons étrangères avaient été placées sur les lisières, en face du pays ennemi, autant pour lui demander des vivres l'épée à la main, que pour tenir ses armées en respect. Mais, comme on devait s'y attendre, les premières courses de pillage et les premières hostilités de nos prétendus défenseurs tombèrent sur les bourgs et les villages de la pauvre Comté, où les impitoyables maraudeurs n'avaient à craindre ni les Suédois ni les Français. Bientôt un long cri de nouvelle désolation s'éleva de toutes parts et vint navrer le cœur des parlementaires. Aboncourt, Luxeuil, Mailley, Veset et les pays voisins, ont laissé dans nos archives l'expression de leurs douloureux gémissements. Rien n'égala les violences et les cruautés du colonel impérial Nicolas, sur Veset, Greucourt, Pont-de-Planche et autres villages, dont les habitants furent contraints, par le meurtre, le pillage, le viol et l'incendie, à lui fournir une contribution de quinze cents francs. Après avoir forcé et pillé le château de Veset, il voulut en faire autant à celui de Rupt, dont les provisions ne tentaient pas moins la cupidité de ces insatiables Allemands. Heureusement la place tint ferme contre les assauts de Nicolas. Les environs de Vesoul ne furent pas exempts de ses ravages. Aussi insolent et impie que méchant et cruel, cet officier répondait brutalement à ceux qui le menaçaient de ses chefs et de la cour : « Je ne crains ni Dieu ni diable, et je ne reconnais ni parlement, ni Gallass, ni sergent de bataille, ni roi, ni empereur [1]. »

Ecoutons maintenant le récit du baron de Voisey. Il écrit à la cour le 27 janvier : « Après l'arrangement des quartiers avec M. de Scey, je m'en vins chez moi, à Mailley, pour arrester les désordres et excès qu'y commettoit M. de Loyers, du comté de Namur, colonel de cavalerie en l'armée du roi. J'arrivay là bien à poinct pour y délivrer des prisonniers que l'on avoit liés et attachés, afin que par telle rigueur on les forçât à trouver de l'argent. Ma présence fit cesser les cruautés de ce régiment, qui avoient commencé devant Noël, après leur retour de Jonvelle. Depuis ce temps, ils ont tout faict ce que des ennemys peuvent inventer, hormis le bruslement ; car ils ont vendu, dissipé, donné et perdu tout ce qu'ils ont treuvé de meubles et de vin : les meubles ont été brisés avec tout ce qui estoit dans les maisons ; le vin a esté bu et plus encore lasché dans les caves par les tonneaux enfoncés ; enfin les habitants ont esté accablés de coups et plusieurs tués à force d'estre battus. Sans

---

[1] Corr. du parlem., B, 795, *Requête des habitants de Veset et du voisinage*; février 1637. En mai suivant, le colonel Nicolas était au bailliage d'Aval, contre Longueville. (GIRARDOT, p. 167.)

exagération, ce pauvre village, depuis mon retour de Saint-Jean-de-Losne, en est pour plus de vingt-cinq mille escus, dont il n'en est pas allé deux mille à la soldatesque. Je me suis plainct de ces désordres à M. le marquis de Toreguso ; mais, à mon advis, il est peu disposé à apporter du remède à choses semblables. Il est grand économe, et il ne treuve pas mauvais que ses subordonnés fassent tout pour avoir de l'argent [1]. »

Telle était partout la conduite des garnisons impériales et royales. Dans les communautés que le désespoir enhardit à la résistance, il en coûta l'incendie général, les derniers outrages aux femmes et l'égorgement des enfants. Et pourtant les plaintes les plus vives arrivaient de Vienne sur les mauvais traitements éprouvés par ces troupes, quelques efforts que fît don Gabriel de Tolédo, ambassadeur d'Espagne au Comté, pour instruire l'empereur de la vérité, en soutenant la province et en accusant les Allemands : son dévouement pour nous n'aboutit qu'à les irriter encore davantage contre la province, à les ameuter contre lui-même et à lui faire le plus mauvais parti en cour impériale [2]. Du reste, les Lorrains n'étaient pas moins débordés. La terre de Ray avait en quartiers trois de leurs compagnies de dragons, avec un régiment royal : leur première opération fut le saccagement du bourg, ensuite le siége du château, que cependant ils ne purent forcer [3]. Les mêmes dévasta-

---

[1] Corr. du parlem., B, 794 ; Cléron, 27 janvier 1637.

[2] Ibid., 798, Vienne, 16 mars, lettre de Castagneda à la cour; 804, Besançon, 16 et 31 août, Buson à la cour.

[3] Launoy, son commandant, ajoute dans son rapport : « La terre de Ray a fourni l'an dernier 3,000 mesures de bled pour les trouppes ; elle a logé trois régiments pendant six semaines ; le duc de Lorraine y a passé

tions furent continuées et les mêmes tentatives essayées, par ces braves défenseurs de la Comté, sur Vellexon, Seveux, Savoyeux, Dampierre, Montureux et Beaujeu. Les habitants d'Autet, de Mercey et de Quitteur s'étaient retirés avec leur bétail derrière une colline, dans une île de la Saône appelée la Vaivre d'Autet, comme dans un asile plus assuré que des murailles. Vain espoir ! Pendant une nuit obscure, cavaliers et fantassins, Allemands et Lorrains, passent à la nage le bras de rivière, et se ruent, en poussant des cris furieux, sur cette multitude impuissante, qui leur tira bien au hasard quelques coups de mousquet dans l'eau, mais sans pouvoir empêcher l'abordage. Alors commence dans les ténèbres une scène d'horreur indescriptible. Aux féroces hurlements des brigands répond l'immense clameur d'hommes, de femmes et d'enfants réveillés en sursaut. Les braves résistent courageusement pour défendre les femmes contre les outrages des profanateurs, et ils sont tués avec elles, à coups de crosses, de sabres et de pistolets. Le reste fuit, emportant les enfants dans les bras : ils se jettent dans les flots, qui les entraînent pour la plupart, ou dans les barques et les nacelles, qui ne les sauvent pas mieux ; car la précipitation et la surcharge les font bientôt couler bas. Restés seuls sur le terrain, avec les bestiaux, nos glorieux vainqueurs repassent la Saône et se retirent du côté de Beaujeu, chassant de-

---

trois fois, et la dernière fois avec presque toute son armée. Le baron de Clinchant y avoit son régiment, il y a quelques semaines : les sujets de la terre, ne pouvant le nourrir, se sont imposé des sacrifices énormes d'argent pour le faire sortir. Il n'y reste plus que le tiers des habitants. (B, 794, Ray, 28 janvier.)

vant eux leur copieux butin (1). Hélas ! faut-il ajouter, pour dernier trait à ce tableau de désolation, que le brigandage sans merci des alliés n'était que trop souvent imité par les troupes nationales (2) ? En un mot, l'effroi causé par les gens d'armes, quel que fût leur drapeau, fit abandonner les villages ; les champs ne furent point semés, et le pays marcha rapidement à une ruine complète. Il offrait ce lugubre spectacle, lorsque Girardot traversa le bailliage d'Amont à la mi-juin : « C'estoit chose bien triste, dit-il, de veoir les villages tellement déserts, que l'herbe avait crû par toutes les rues (3). » Tel était donc pour notre malheureuse patrie le fruit de la politique de Richelieu. La maison d'Autriche n'était pas encore humiliée, comme il l'avait arrêté dans les inflexibles résolutions de sa pensée de fer, pour la gloire de son maître et pour les intérêts de son pays; mais déjà les fiers héritiers de Charles-Quint voyaient la plus dévouée de leurs provinces expier cruellement son antique et *inaltérable fidélité à César*; déjà le Comté de Bourgogne était, sinon conquis et tout à fait écrasé, du moins frappé au cœur et à peu près ruiné. Malheur, trois fois malheur aux contrées qui, se trouvant l'enjeu des ambitions princières et des jalousies de nations, deviennent ainsi le théâtre de la guerre, de

---

(1) Ibid., Gray, 8 et 17 juin ; les officiers du roi à la cour, au sujet de cette affaire.
(2) Ibid. Voir diverses dépêches dans les derniers mois de 1636. L'année suivante, le conseiller Buson écrivait à la Cour : « Les trouppes que l'on peut lever ne grossissent qu'en canailles, en garses et en bagages. Du train qu'ils mènent, les Allemands n'estoient que des agneaux, et ceux-ci des loups. » (804, Besançon, 31 août.)
(3) GIRARDOT, p. 170 et 212.

ses fureurs dévastatrices et de ses débats sanglants!

L'armée franco-suédoise ne traitait pas mieux le pays langrois, d'où elle épiait l'occasion favorable d'entrer de nouveau dans notre province. Le départ de Gallass, la déroute et la ruine de sa belle armée, en délivrant Richelieu de la plus grande frayeur de sa vie, furent pour ce grand ministre le signal d'une revanche bien facile. Dès le 5 février, un avis anonyme adressé de Paris disait au parlement : « Gare à vous! tout s'en va fondre par delà, pour faire une diversion contre la maison d'Autriche. Retirez-vous des lisières de Jonvelle, qui ne sont menacées que pour vous tromper, et concentrez-vous sur Dole, qui va porter encore tout l'effort de l'ennemi (1). » L'auteur de cet avis n'était qu'à moitié bien informé. « Cette fois, dit Girardot, Richelieu, se gardant bien de prendre le lion par la tête, comme l'année précédente, l'assaillit par les flancs, de trois côtés à la fois, pour mieux diviser les forces de la province (2). » Il n'entre pas dans notre sujet de raconter cette campagne : donnons seulement, sur les premières étapes de l'invasion de Weymar, quelques détails inédits, qui se rapportent à notre histoire et mettent en relief le gouverneur de Jonvelle.

Dès le mois de mars, le duc de Longueville envahissait, pour la seconde fois, le bailliage d'Aval par le sud-ouest. Quand il y a pris pied, Grancey, gouverneur de Montbéliard, force le pont de Voujeaucourt et prend Dampierre, l'Isle, Baume, Montby et Montmartin (3).

---

(1) Corr. du parlem., B, 795.
(2) GIRARDOT, p. 175.
(3) Corr. du parlem., 803, 22 juillet, dépêche de la cour.

Malheureusement toutes les troupes sont retirées d'A-
mont, pour être opposées à ces deux armées. C'est ce
qu'attendaient celles du Bassigny. Le duc de Saxe et du
Hallier s'ébranlent à la fois, non sur Jonvelle, qu'ils
avaient feint de menacer, mais sur la route directe de
Besançon, qu'ils savaient plus à découvert. Leur plan
était de donner la main à Grancey, sous les murs de
cette ville. Après avoir pris la Romagne [1], que les Comtois tenaient au Duché (18 juin), les Suédois paraissent
devant Champlitte, où déjà les Français les ont précé-
dés (19 juin). Les alliés avaient sept ou huit mille
hommes de pied, quatre à cinq mille chevaux et dix-
neuf pièces de canon. Cette place courageuse eut la
noble fierté de repousser les sommations de Weymar et
de subir son artillerie. Mais aussi elle ne se racheta des
fureurs d'une prise d'assaut que par une capitulation de
90,000 livres (21 juin). Pendant qu'on la signait, le
prince de Saxe s'installa aux Capucins, et du Hallier aux
Augustins, dans le quartier de Gallass. Gatey ouvrit ses
portes le même jour, sans résistance, et l'armée victorieuse
poursuivit sa marche sur Membrey. Là, elle se divisa
en deux corps, dont l'un, composé de Français, alla faire
le siége de Ray ; cette place fut emportée, ainsi que le
château de Lavoncourt, appartenant à Charles II de Lorraine-Lillebonne, et les deux maisons fortes qui en relevaient dans ce village, tenues l'une par les Montfort,
l'autre par les Joyant. Celle-ci ne fut réduite qu'après

---

[1] Son capitaine, le sieur de Cubry, y reçut 146 coups de canon, espérant être secouru. Fait prisonnier de guerre avec ses 120 hommes, il
paya 200 pistoles pour sa rançon personnelle, et 200 pour ses officiers.
(B, 802, diverses dépêches de Gray.)

une attaque et une résistance des plus opiniâtres ; car l'ennemi poursuivait là une vengeance royale d'autant plus acharnée, que la rancune était plus vieille. Antoine le Joyant, qui occupait ce petit castel, était un gentilhomme du Maine, autrefois ardent ligueur et capitaine d'une compagnie d'infanterie dans l'armée des princes. Réfugié en Franche-Comté vers 1590, après les journées d'Arques et d'Ivry, il avait obstinément refusé de se rallier à Henri IV, malgré les efforts de son compatriote, Martin Ourceau, sieur de la Roche d'Orthon, que le roi avait envoyé du Mans dans notre province pour lui ramener les gentilshommes récalcitrants. Non moins insensible aux sommations de la force armée, ce noble vieillard périt à la défense de son château, avec la plupart des siens ; il n'échappa guère de sa famille qu'un de ses petits-fils, qui se retira au village désert de Bougey (1).

Pendant ces opérations, le corps des Suédois, marchant droit en avant, tentait le passage de la Saône (22 juin). Le duc de Lorraine était accouru à la rencontre du flot envahisseur, et il avait posté sur la rivière, de Rupt à Seveux, le gros de sa cavalerie, sous les ordres de Mercy, son sergent de bataille. Ce corps de défense, chargé de barrer le passage de la rivière, était composé d'Allemands, de Lorrains et de Comtois ; et parmi ceux-ci figurait le baron de Chauvirey, gouverneur de Jonvelle, à la tête de son régiment. Forbuer, lieutenant de Weymar, n'ayant pu forcer le gué de Savoyeux, que les dragons de Mercy défendirent avec succès pendant deux

(1) Voyez la notice sur la famille le Joyant.

heures, attendit les ténèbres de la nuit pour s'approcher de la Saône, derrière le bois de la Mange (territoire de Membrey), endroit isolé et couvert, éloigné de tous les quartiers comtois. Avec des barques, il jette une partie de son monde sous la côte de Seveux. Au point du jour (23 juin), cette avant-garde tombe sur le village, pendant que le reste des Suédois achève de passer. Mercy et Chauvirey accourent, chacun de son côté, avec quatre ou cinq régiments et repoussent l'ennemi jusqu'à la Saône. Malheureusement le canon de Forbuer les attendait sur la rive opposée ; sept volées solidement pointées vomissent la mitraille et la mort dans les rangs de leurs escadrons. Les Allemands se rompent et tournent le dos à toute bride ; Fauquier d'Aboncourt reste seul, avec son régiment et deux autres, pour tenir tête à l'ennemi et soutenir la retraite contre l'armée suédoise tout entière. La même matinée vit emporter les châteaux de Seveux, de Vellexon et de Veset. Sur le midi, pendant que Mercy cherchait vainement à rallier ses Allemands éperdus, les trois régiments de Chauvirey s'étant retournés de nouveau contre le vainqueur, dans un défilé près de Frasne-le-Château, furent écharpés à leur tour, après une héroïque résistance. La perte totale de cette journée fut de plus de mille hommes, tués ou blessés, sans compter un nombre considérable de prisonniers et la perte de tous les bagages. Fauquier arriva le soir même à Gray, et sur son récit, d'Andelot, gouverneur de cette ville, instruisit aussitôt le parlement de ce désastre [1].

---

[1] Corr. du parlem., B, 802, diverses dépêches. Girardot (p. 175)

Cependant les généraux ennemis étaient restés à Champlitte, avec leur gros canon destiné à battre la place de Gray, qui n'avait que de mauvaises murailles et quatre cents hommes de garnison. En effet, dès le 22 juin, le duc de Saxe envoyait un trompette à d'Andelot, pour le sommer de se rendre ; « en tout cas, ajoutait Weymar, préparez-moi à dîner, car j'irai bientôt vous voir. — Le festin est tout prêt, répondit fièrement le gouverneur ; et je vous ferai manger d'une viande si dure, qu'après en avoir tâté, vous perdrez le goût du pain. » Cette bonne contenance déconcerta le prince Bernard et son collègue, qui rejoignirent aussitôt leurs armées [1]. Celle de du Hallier resta pour fournir les garnisons laissées dans les places conquises, tandis que les Suédois prenaient Autrey, Choye, Gy [2], Citey, Saint-Loup, Chantonay, Moncley et Marnay. Ils échouèrent contre Besançon et quittèrent la province, en juillet, par le Montbéliard.

Les troupes étrangères du bailliage d'Amont avaient laissé toute liberté à cette marche victorieuse de nos ennemis, bornant leur vaillance à ravager le pays confié à leur garde, en dignes émules des Suédois. Cependant, une fois le Bassigny dégarni de ses armées, l'avidité et la fureur du pillage se tournèrent de ce côté ; et ce pays, non moins malheureux que le nôtre, fut ouvert en per-

---

restreint la perte de Mercy à sept ou huit cents hommes tués, blessés ou prisonniers De plus, il lui fait à lui-même les honneurs de la retraite, sans parler du gouverneur de Jonvelle. Mais d'Andelot a dû être mieux renseigné.

(1) Ibid., Gray, 22 juin, d'Andelot à la cour.
(2) « Ceux de Gy ont composé à 4,000 pistoles, moyennant quoy point d'infanterie n'y est entrée. » (Gray, 26 juin, d'Andelot à la cour.)

manence, pendant cinq ans, aux courses dévastatrices des garnisons de notre frontière. Comtois, Lorrains, *Cravates* (1), tantôt en partis isolés, tantôt en bandes réunies, s'élançaient à chaque instant de Jonvelle, de Richecourt, de Demangevelle, de Conflans, de Bougey, de Chauvirey, de Suaucourt, d'Artaufontaine, de Raucourt, de Gray, de Vesoul même et de Dole, pillaient et incendiaient les villages, tuaient les paysans ou les ramenaient prisonniers, avec leur bétail et leurs menus troupeaux. Les plus acharnés aux expéditions de ce genre étaient le jeune Gaucher du Magny, le baron de Chauvirey et le colonel Bornival, commandant les garnisons étrangères de Jonvelle et des châteaux d'alentour. On avait réparé les fortifications de Jonvelle, et Bornival se vantait d'être prêt à bien recevoir Turenne (2). C'est là qu'ils abritaient la plupart de leurs prisonniers, jusqu'à réception de bonnes rançons. Déjà précédemment ils étaient tombés sur le village d'Hortes (22 février), à la barbe des Suédois, et ils y avaient brûlé ce que les Espagnols en avaient laissé. Le curé, Nicolas Jolyot, demeura deux jours caché sous la voûte d'un ruisseau et mourut peu après, de ce séjour empesté. Le 26 juin, pendant que les armées du Bassigny manœuvraient sur la Saône, cinquante Croates de Jonvelle retournèrent faire le dégât dans le même village et dans les environs. Le

---

(1) *Croates*. Les populations confondaient sous le nom de *Cravates* tous les soldats étrangers d'outre-Rhin venus au secours de la Comté.

(2) « Je suis bien marry que le temps ne nous est pas plus favorable pour achever nos ouvrages et recevoir le vicomte de Tureine, s'il y vient, ce que je ne puis croyre. » (B, 794, Jonvelle, 23 janvier, Bornival à Furnimont.) Il lui demande des munitions de guerre, surtout des grenades, pour la place et pour les châteaux voisins.

9 juillet suivant, Bornival surprend de nuit le Fayl-Billot et sonne lui-même le tocsin. La population éperdue se réfugie dans l'église, autour de son curé, Gaspard Carbollot. Ils sont cernés et pris, au nombre de cent vingt personnes ; puis les misérables restes du bourg sont mis au pillage et brûlés. De là les Allemands se jettent, en commettant les mêmes dégâts, sur Torcenay, Corgirnon, Chaudenay et Rosoy, où ils font de nouveaux prisonniers, entre autres le curé de Rosoy, Simon Parisel, et son neveu. Parisel demeura six semaines à Jonvelle, et il n'en sortit qu'après avoir payé soixante pistoles pour sa rançon, et huit pour sa nourriture. Trois semaines après (29 juillet), le sieur Chevillon et Fauquier d'Aboncourt, à la tête de six cents hommes détachés des garnisons de Dole, Gray, Jonvelle et Chauvirey, incendièrent un faubourg de Langres, et rentrèrent à Chauvirey avec plusieurs prisonniers et un grand butin (1). On devine bien que les garnisons du Langrois rendaient à la Comté violences pour violences et couraient nos frontières avec les mêmes dévastations. Au nom de l'humanité, les parlements de Dole et de Dijon essayèrent de s'entendre pour la répression de ces ravages mutuels. Le marquis de Francières, gouverneur de Langres, s'étant présenté devant Gray avec cavalerie et infanterie, demanda que les courses fussent arrêtées, pour que l'on pût faire les semailles et les vendanges (2). Mais toutes ces tentatives furent vaines et les hostilités continuèrent.

(1) *Journal de Macheret.*
(2) Corr. du parlem., B, 804. Dole, 28 août ; la cour au marquis de Saint-Martin.

Ainsi finit cette malheureuse année 1637. Encore plus calamiteuse que la précédente, elle laissait nos pays ruinés et dépeuplés par la guerre et la peste. Faute de bras et de bétail, les champs ne furent point ensemencés, ni en automne ni au printemps suivant, ou du moins ceux qui voulurent semer quelque chose, furent obligés de s'atteler eux-mêmes à la charrue (1). Que l'on juge de ces malheureuses années par le tableau navrant que la plume d'un témoin oculaire nous en a tracé : « On vivoit de l'herbe des jardins et des champs. Les charognes des bestes mortes estoient recherchées aux voiries ; mais cette table ne demeura pas longtemps mise. On tenoit les portes des villes fermées, pour ne se veoir accablé du nombre de gens affamez qui s'y venoient rendre ; et hors des portes, les chemins demie lieue loing estoient pavez de gens hâves et deffaicts, la plupart estendus de foiblesse et se mourant. Dans les villes, les chiens et les chats estoient morceaux délicats ; puis les rats estants en règne furent de requise. J'ay veu moy-mesme des gens bien vestus relever par les rues des rats morts jettez par les fenestres, et les cacher pour les manger. Enfin on en vint à la chair humaine, premièrement dans l'armée, où les soldats occis servoient de pasture aux autres, qui coupoient les parties plus charnues des cadavres, pour bouillir ou rostir, et hors du camp faisoient picorée de chair humaine, pour vivre. On descouvrit, en certains villages, des meurtres d'enfants tuez par leurs mères, et de frères par leurs frères,

---

(1) A Choiseul, un homme, avec ses trois fils, labourait un bichot par jour, à raison de 30 sous. (MACHERET, fol. 43, verso.)

pour se garder de mourir de faim. C'estoit partout la face de la mort (1). » Aussi la dépopulation fut générale, les villages déserts, et les villes réduites au quart de leurs habitants (2). Plusieurs de nos paroisses, comme Jussey, Montigny, Lure, Bougey, Laître, Ouge et Baulay, en conservent une preuve muette, mais bien éloquente, dans leurs registres de baptêmes de cette époque. Pendant huit ou dix ans, ils constatent à peine quelques naissances, dans des communautés qui les comptaient, les années précédentes, par trente, quarante, cinquante ou davantage (3). Leurs habitants que la mort n'avait pas moissonnés, avaient émigré de toutes parts en pays

---

(1) GIRARDOT, p. 212 et 213.

(2) A Langres et dans ses environs, dès le mois d'août, les cimetières étaient remplis, et l'on enterrait partout. La peste diminua sur la fin de l'année, après avoir enlevé dans cette contrée, avec l'aide de la guerre, 5,500 personnes, dont 58 ecclésiastiques. (MACHERET, fol. 24.)

(3) Jussey perdit tous ses habitants ; il en revint 95 en 1641, et l'administrateur de la paroisse, Etienne Clerc, commença de nouveaux registres par ces mots : « *Nomina infantium in ecclesiâ Jussey baptizatorum post reditum populi.* » Point de naissance cette année-là, une seule en 1642 ; six en 1643. La parenté a tellement disparu que le sieur Légier est parrain de cinq de ces enfants. La population demeure stationnaire jusqu'en 1652, qui offre treize naissances ; ce qui fait supposer quatre à cinq cents habitants.

A Laître, le curé Pierre Aillet commence son registre, en 1641, par ces mots : « *Ab anno Domini 1636, vix ulli baptizati fuerunt, quia ob continuos bellorum tumultus qui tunc temporis totam provinciam devastarunt, major pars populi proprias œdes deserens in cæteras regiones aufugerat.* »

Bougey, qui avait compté 35 actes en 1635, dont 15 pour Oigney, n'eut aucune naissance en 1637, deux en 1638, cinq en 1639, deux en 1640, cinq en 1641, une en 1642, cinq en 1643, six en 1644, onze en 1645, huit en 1646. Le registre est sans visa de l'officialité diocésaine, du 19 juillet 1634 au 14 juin 1647, date du passage de Jean Millet, procureur général et fiscal de l'archevêque.

A Ouge, il ne resta pas une maison debout, sauf le chœur de l'église. Le village ne sortit de son tombeau qu'en 1642. On compta quatre bap-

étrangers, laissant à leur place les soldats et les brigands.

Cependant la guerre continuait entre les rares survivants de tant de fléaux conjurés. Les Comtois avaient ouvert la campagne au printemps (1638), par la reprise de Champlitte et le sac de Selongey. Quelques jours après, Bornival surprit Bourbonne, les deux Coiffy, Neuvelle, Varennes et les lieux circonvoisins, et s'en revint avec un riche butin et de nombreux prisonniers, qui furent entassés dans les prisons de Jonvelle. Bourbonne seul lui valut une rançon de huit cents pistoles (15 mai). Les courses ne se ralentirent point les années suivantes. Le 12 avril 1639, le marquis de Sallenoüe-Marmier et le lieutenant du marquis de Saint-Martin, à la tête de trois cents cavaliers, recrutés à Dole, à Gray et dans les garnisons voisines, poussèrent jusqu'à Saint-Geomes, enlevèrent cent cinquante chevaux, trois cents pièces de gros bétail et toutes les personnes qui leur tombèrent sous la main, entre autres Etienne Plusbel, curé de Baissey, Floriot, curé de Balesmes, et René Saladin d'Anglure, seigneur de Coublans. Le 16 avril, tout le bétail d'Hortes est saisi par un parti de cent vingt Croates, assistés de la garnison de Bougey. En juin et juillet, ceux de Jonvelle, Jussey, Vesoul et Gray pillent Marcilly, dont le curé est fait prisonnier, brûlent Champigny et ravagent Humes, Bannes, Heuilley-le-Grand, Piépape, Dom-

---

têmes en 1648, sept en 1649, huit en 1650, six baptêmes et une sépulture en 1651. Le village ne fut repeuplé qu'en 1688.

A Baulay, de 1636 à 1644, pas une seule naissance. A Montigny-lez-Cherlieu, il ne resta que deux maisons. A Lure, on ne trouve que dix actes de baptêmes sur les registres, de 1638 à 1648. Chatillon-sur-Saône, ruiné en 1635, n'avait encore que huit habitants en 1648. (V. Notice sur Chatillon.)

marien et Grenant. Mais les Langrois se vengent sur Montureux-lez-Gray, qu'ils occupent onze jours, et qu'ils n'abandonnent qu'après l'avoir brûlé et démantelé (juin). L'année suivante, ils exterminent, près d'Hortes, un gros de Croates et de Comtois venus de Gray (25 août 1640). Furieux de leur défaite, les vaincus retournent en force et saccagent Pressigny, Villegusien et Dommarien, et sont assez audacieux pour se présenter à la foire de Langres (fin de 1640 et janvier 1641). En même temps, ceux de Jonvelle brûlaient Bonnecourt, surprenaient de nouveau Bourbonne, le fer et la flamme dans les mains, et poussaient jusqu'à Andilly, opérant la razzia de tous les chevaux rencontrés. Mais, repoussés dans une tentative sur la Ferté, ils tombèrent deux fois, près de Jonvelle, dans les embuscades du marquis de Bourbonne, et y laissèrent quarante-quatre prisonniers. De son côté, la garnison de Suaucourt dirigeait ses expéditions sur Savigny, Bise, Fayl-Billot, Torcenay, Hortes, Coiffy-le-Bas, Couson, Rougeux et Saint-Vallier, dont le curé, surpris au lit, eut à peine le temps de s'échapper en déshabillé. Pourtant le sieur d'Yves, commandant du château de Pressigny, les joignit près de Rougeux et les mit en complète déroute. Il eut encore sa part de gloire et de butin dans un autre fait d'armes de l'été suivant. La Suze, gouverneur de Belfort pour le roi Très Chrétien, avait eu vent qu'un convoi de vivres, composé de cinquante chariots, s'acheminait de Besançon à Luxeuil, escorté par le sieur de Gonsans à la tête d'une centaine d'arquebusiers. Il fait signe aux garnisons de Pressigny, de Voncourt, de Genevrières et de Bourbonne, qui lui donnent lestement la main pendant la nuit, de manière à former un corps de soixante chevaux et de cent quarante fantassins. Ils s'embusquent dans d'épaisses broussailles, sur la route de Luxeuil, et ils attendent. A Vellefaux, le convoi reçut avis du péril qui le menaçait : « Tant mieux, répondit Gonsans ! ils sont morts s'ils osent nous attaquer. » Dédaignant de prendre du renfort et d'éclairer sa marche, le présomptueux officier paya cher sa bravade : il mordit la poussière avec quatre-vingt-dix des siens. Il n'échappa au massacre que Callot et Pierrey, de Luxeuil, avec le fils aîné du baron de Melisey-Grammont et le docteur Thiadot, que son jeune âge fit épargner, pour être emmené prisonnier. Les Français le firent monter sur la charrette qui portait leurs morts, au nombre d'une dizaine, et ils se retirèrent avec le butin, estimé 25,000 écus (25 juillet 1641) [1]. Cependant, malgré cet incident malheureux, on peut dire, avec Girardot de Beauchemin [2], que tout le bailliage d'Amont jouissait d'un repos relatif, sous le couvert de Jonvelle et grâce à la réputation de ses capitaines.

Le curé d'Hortes, à qui nous devons en grande partie les détails qui précèdent, raconte des choses inouïes sur les barbares traitements que les soldats de Jonvelle faisaient subir à leurs prisonniers, du nombre desquels furent ses paroissiens, ses confrères et son neveu. On les entassait pêle-mêle dans des cachots sans air ni lumière, où ils n'avaient souvent à manger que de l'herbe crue; on leur bandait la tête avec effort; on leur donnait l'estrapade,

---

[1] Corr. du parlem., B, 853 ; Vesoul, 26 juillet 1641, les officiers du roi, Chancel-Flavigny et de Mongenet, à la cour ; GIRARDOT, p. 281.
[2] P. 266.

punition militaire qui consistait à élever le patient au sommet d'une haute pièce de bois, par les mains liées derrière le dos, pour le laisser ensuite retomber jusque près de terre. Le narrateur cite entre autres trois femmes qui subirent les derniers outrages ; l'une en mourut, entre les mains des infâmes scélérats ; les deux autres furent éventrées par des cartouches allumées dans leurs entrailles [1]. Assurément le gouverneur n'était pas complice de ces atrocités commises par les Allemands ; mais il n'en était pas moins un des plus hardis et des plus acharnés dans les entreprises à faire sur le territoire ennemi. Son intrépidité et sa haute stature l'avaient fait surnommer par les Français le *Samson* et le *Goliath* des Comtois. Le 23 juillet 1641, prenant avec lui ses gens de Chauvirey, il tomba sur Torcenay, à huit heures du matin, et s'en revint avec quarante-trois pièces de bétail. A peine rentré dans son château, il y amasse deux cent cinquante piétons et cent cavaliers, fournis par les garnisons de Gray, de Jonvelle, de Ray et de Suaucourt, et il les conduit jusqu'aux portes de Langres. Il se retirait chassant devant lui un grand butin de gros et menu bétail, lorsque les Langrois l'atteignirent à Rougeux et l'attaquèrent si vivement, que sa petite troupe fut taillée en pièces ; le chef resta parmi les morts. Le curé d'Hortes, témoin de ce fait d'armes, qu'il appelle emphatiquement *la merveille des Lengrois*, ajoute à la fin de son récit :
« Faut sçavoir que la damoiselle, femme du dict sieur de Chauvirey, s'estant mise à genoux devant luy, la veille de sa sortie, il respondit que, passé ceste fois, il

---

[1] *Journal de Macheret*, fol. 47, verso.

ne feroit plus jamais course en Bassigny. Il a tenu parole, puisqu'il y est demeuré (1). »

Ainsi mourut Humbert-Claude-François Orillard Fauquier d'Aboncourt, seigneur de Chauvirey et gouverneur de Jonvelle depuis 1625. Sa charge fut confiée au jeune Gaucher, officier recommandable jusque-là par sa bonne conduite et ses nombreux services. Il avait hérité de l'esprit du colonel Jean Warrods, son oncle, pour les expéditions vagabondes, mais non pour la valeur militaire. Du moins, comme Fauquier, son prédécesseur, il avait visité et fait trembler Langres et le Bassigny, Nancy et toute la Lorraine. Bornival n'était plus à Jonvelle, et du Magny continua seul le terrible métier des partisans. Sa réputation tenait les voisins en respect et rassurait son pays, lorsque du Hallier, gouverneur de Lorraine, s'avisa de le tenter par une dame de Remiremont, dont il convoitait la main (2). Du Hallier réussit à souhait, et s'il ne le gagna pas d'abord, cependant il l'endormit assez pour entreprendre sur tout le bailliage d'Amont, qui se reposait en Warrods, et qui n'avait rien de muni que Jonvelle, sur toute la frontière de Champagne et de Lorraine. Le général français n'avait d'autre gendarmerie sous la main que les garnisons de sa province, desquelles on ne craignait aucun mouvement en Comté. Il les amasse à la sourdine. Le maréchal de camp Médavi, comte de Grancey, le seconde et partage avec lui le commandement de l'entreprise, qui attire Charles de Livron,

---

(1) Ibidem, fol. 46, verso, et 47.
(2) GIRARDOT, p. 266. Ni cet historien ni la correspondance du parlement ne disent le nom de cette dame de Remiremont. Nous croyons qu'elle était de la maison de Mailly-Clinchant.

marquis de Bourbonne, gouverneur de Champagne, le marquis de Francières, gouverneur de Langres, le baron de Marey de Clémont, le chevalier de Tonnerre et quantité d'autres gentilshommes, tous accourus avec des renforts, tous intéressés dans le bailliage d'Amont, les uns par des alliances et des domaines, les autres par la passion de la vengeance. L'armée se forme à Bourbonne, au nombre de sept à huit mille hommes, tant cavalerie qu'infanterie, et Seguier, évêque d'Auxerre, préside le conseil de guerre. Nancy leur envoie cinq grosses pièces de siége et Langres deux. Prenant le chemin de Châtillon, les Français arrivent soudain, le dimanche 15 septembre, de grand matin, en vue de Jonvelle, par le même côté que Tremblecourt en 1595. Sommé de se rendre, du Magny répondit « Non ! » très gaillardement, quoiqu'il n'eût que deux cents hommes à leur opposer. La place est donc reconnue, serrée de près et investie ; le canon est mis en batterie devant la plus découverte des courtines du nord. Bientôt la brèche est au large, malgré l'artillerie des Comtois. Ceux-ci la réparèrent lestement dans la nuit, et la batterie française eut à jouer tout de nouveau pour la rouvrir. Quand les assaillants s'y présentèrent, le gouverneur soutint bravement l'assaut, l'épée à la main, encourageant son monde et se battant comme un soldat. L'ennemi fut rejeté dans le fossé avec des pertes considérables. Le chevalier de Tonnerre fut du nombre des morts. Mais décidément la ville était trop faible d'hommes et de murailles ; au deuxième assaut, Gaucher l'abandonna, pour s'enfermer dans le château. Des quatre tours qui le flanquaient jadis, il n'y en avait plus qu'une seule qui fût entière ; toutefois la forteresse était bonne et bien remparée, et ses murailles, surtout celles de la tour, avaient une épaisseur et une structure telles, que ni le canon ni la mine n'y pouvaient rien par le dehors. Du Hallier s'y prit avec d'autres armes. Il savait Gaucher possesseur de beaux écus, fruit du maraudage; il le savait avare et aussi amoureux de l'argent que de Mme de Remiremont. Après les menaces d'un sévère traitement s'il résistait encore, il lui représenta les avantages d'une prompte capitulation; et, pour se faire mieux écouter, il fit murmurer à son oreille le nom de sa fiancée. Du Magny fut gagné, et au lieu de soutenir le courage de ses soldats, comme la veille, il se mit à les solliciter avec instance de rendre la place et de ne pas se faire écharper. Ces braves gens repoussaient avec horreur cette lâche proposition, et ne se fiaient que tout juste à la bonne foi d'un ennemi furieux de ses pertes. Mais enfin l'avis du commandant prévalut; vers les deux heures, la petite garnison ouvrit les portes de la forteresse, sous la condition verbale d'avoir la vie et les bagues sauves (17 septembre). Elle défila désarmée, son chef en tête, sur le front des lignes françaises. Le marquis de Livron, qui gardait naturellement une grosse rancune à Warrods, pour les dévastations de Bourbonne et des autres lieux de son gouvernement, ne crut pas manquer à l'honneur en insultant le lâche vaincu, lorsqu'il passa devant lui. Gaucher releva fièrement ses injures et ses menaces. A ce moment il fut arrêté avec tout son monde, malgré la parole du général français. Il portait sur lui son trésor, qu'il remit à du Hallier, en l'adjurant sur l'honneur de le lui conserver. La chose lui fut promise, et c'est tout ce que l'ennemi tint de ses engagements. Les derniers défenseurs de Jonvelle furent tous passés par les armes ou pendus aux créneaux. Pour le gouverneur, il fut emmené le lendemain, par le baron de Marey, d'abord à Langres, ensuite au château de Grancey.

Les ennemis demeurèrent à Jonvelle le reste de la semaine. La garnison avait payé de sa vie les longues angoisses des Lorrains et des Bassignots. La ville qui avait si longtemps abrité et lancé les dévastateurs n'était pas moins coupable aux yeux des Français : elle devait périr. Aussi firent-ils sauter portes et remparts. La démolition du château leur offrit plus de difficulté. Deux ou trois soldats, plutôt que de se livrer, s'étaient enfermés dans la tour ; et quand les mineurs s'approchèrent, ils en tuèrent trois à coups de mousquet. Pour en finir, un formidable fourneau souleva la moitié de la masse et tua les derniers défenseurs de Jonvelle (21 septembre). Les habitants avaient pareillement subi la rage du vainqueur, excepté le curé et sept ou huit autres personnes, qui s'étaient ensevelis tout vivants dans un charnier de l'église. Ils furent trouvés le samedi ; on leur laissa la vie, et ils obtinrent un sauf-conduit pour s'en aller où ils voudraient. Enfin, lorsque les habitations eurent été suffisamment fouillées et dévalisées par la soldatesque, toute la ville fut livrée aux flammes, le dimanche 22 septembre. Ainsi fut ruiné Jonvelle, pour ne plus se relever [1].

Nous devons à l'abbé Macheret la plupart de ces détails intéressants. Son récit n'est pas moins curieux par les

---

[1] GIRARDOT, p. 266.

solennelles réflexions que lui inspire le désastre de Jonvelle. Il commence ainsi : « *Unusquisque mercedem accipiet secundùm suum laborem :* Chacun sera payé selon ses œuvres, dit l'Apostre. C'est en toy, c'est à toy et pour toy que ce texte se peut fort bien entendre à présent, ô misérable Jonvelle !

    O cruel prodige de renommée,
    Fameuse seulement pour estre diffamée ! »

Après ce début lyrique, inspiré par le ressentiment des maux faits à son pays, le bon curé d'Hortes rappelle la gloire de cette ville sous la domination française des la Trémouille, et lui reproche son attachement à la maison d'Espagne, les excès commis par ses troupes, les tortures infligées aux prisonniers. Puis il en vient à son récit, qu'il termine comme il l'a commencé : « Enfin ceste misérable, dit-il, qui a ruyné plus de dix mille maisons à la France et despeuplé quasy entièrement la province voisine, peut dire avec très juste raison ce que disoit le grand Apostre : *Unusquisque mercedem accipiet secundùm suum laborem* [1]. »

Le principal auteur de ces colères et de ces doléances, Gaucher du Magny, ne resta pas longtemps sous les verroux du château de Grancey. Il essaya de s'échapper, en se glissant par une fenêtre de la tour ; mais il se brisa les reins en tombant, et son geôlier le conduisit à Dijon. Là son procès fut instruit, et il se vit sur le point de périr par la potence. Ses malheurs lui valurent quelque pitié dans sa patrie : l'historien de la *Guerre de dix ans*

(1) Fol. 48 et 49.

dit de lui : « C'estoit un homme diffamé de voleries et mauvaises actions, pour lesquelles nous le tenions en cause criminelle. Et si le rude traictement qui luy a esté faict ne le justiffioit un peu, nous le condamnerions d'intelligence et trahison [1]. » Il est vrai qu'on le poursuivit pour la reddition de Jonvelle. Il possédait à Besançon le magnifique hôtel bâti par son oncle [2], et dans cet hôtel un riche ameublement, avec des valeurs considérables en monnaie, qu'il y entassait depuis longtemps ; c'était le fruit de ses rapines exercées en Comté comme ailleurs. La cour fit saisir argent et mobilier, prête à confisquer le tout pour l'employer aux vivres de l'armée, si le prévenu était condamné [3]. Mais on abandonna le procès, quand on sut que les Français se chargeaient eux-mêmes de faire justice à leur prisonnier. Cependant ils se décidèrent à lui laisser la vie et même à lui rendre la liberté, moyennant une forte rançon, qui fut payée en partie par l'argent remis jadis à du Hallier, en partie par les coffres de Gaucher [4].

Comme en 1595, la prise de Jonvelle ouvrit le bailliage d'Amont aux armées ennemies. « Tous les chasteaux de cette contrée, dit Girardot [5], estoient peu gardez, pour ce que Jonvelle les couvroit, et que les seigneurs auxquels ils appartiennent sont ruynez de

---

[1] *Guerre de dix ans*, p. 266, 267. Girardot dit ailleurs : « Son Altesse de Lorraine mande que l'affaire de Jonvelle est une menée de Mme de Remiremont et autres malintentionnés. » (Preuves, 9 octobre 1641.)
[2] Voyez page 227, note.
[3] Preuves, 5 et 9 octobre.
[4] MACHERET, fol. 82, verso, et 84.
[5] *Guerre de dix ans*, p. 267.

biens, et leurs sujets morts ou vagabonds aux pays estrangers. La reddition non espérée de cette ville surprit les commandants desdites forteresses, et paralysa presque toute résistance, » surtout quand les généraux français, faisant appel aux compositions, eurent proclamé que leurs armes, sans pitié pour les récalcitrants, seraient pacifiques et bienveillantes pour la soumission. Désignée sous le nom de neutralité, elle portait dans ses conditions que les villes et les châteaux soumis ne serviraient point à retirer les ennemis de la France, et que, si les Comtois venaient à s'en emparer, les habitants et les maîtres les en délogeraient à leurs frais. A ce prix, les lieux neutralisés étaient garantis de toute hostilité, libres dans leur commerce, comme dans leur fidélité au roi d'Espagne, et quittes de recevoir garnison, quoique chargés du passage des troupes (1). C'était le roi lui-même qui, sur l'intervention des Suisses en faveur de la Franche-Comté, avait dicté cette politique de ménagements, sinon de bienveillance, destinée à entamer l'obstination haineuse des Comtois contre la France, et à gagner, s'il était possible, la noblesse et les villes de la province. De plus, Grancey et du Hallier pouvaient ainsi les rançonner, sans trop employer la violence, que leurs faibles ressources ne leur permettaient guère. Du reste, en s'annonçant de la sorte, ils se montraient bons princes, en comparaison des farouches invasions du passé. Aussi, de leur quartier général de Jonvelle, n'eurent-ils qu'à sommer par trompette les châteaux voisins, qui s'empressèrent la plupart de traiter avec eux. Lévigny,

---

(1) Preuves, 1ᵉʳ octobre.

commandant de Senoncourt, apporta lui-même sa rançon. La dame de Saint-Remy-Villersvaudey leur députa le chanoine Villard, de Saint-Remy, membre du chapitre de Vesoul. Tout ce qui osa faire sourde oreille fut emporté de vive force et subit les rigueurs de la guerre. Déjà, sur la fin de la semaine, un détachement, tirant à gauche de la Saône, avait assuré les places de Demangevelle, Richecourt, Magny, Senoncourt, Saint-Remy, Amance, Vauvillers et Saint-Loup, et saccagé le bourg de Faverney, sans épargner l'abbaye (2 septembre) (1). Le gros de l'armée gagna Jussey, dont les habitants, au nombre d'une centaine, revenus de l'émigration depuis le printemps, venaient de fuir encore, les uns dans les bois, les autres au couvent des capucins. L'armée de Grancey avait pour chapelains deux religieux de Saint-François, qui obtinrent du général une sauvegarde pour la maison de leurs frères. Après la maigre curée des misérables restes de la bourgade, les Français prirent à composition Cemboing, Gevigney et Bougey, et, traversant au pas de course les ruines désertes de Noroy, de Cherlieu et de Montigny, ils parurent au point du jour devant les deux Chauvirey, le lundi 23 septembre. Chauvirey-le-Vieil et le Château-Dessus, qui appartenait à la maison du Châtelet (2), devenue française depuis longtemps, firent tous les deux leur soumission sans résistance. Quant au Château-Dessous, il se montra fidèle à la

---

(1) Preuves, 26 septembre et 23 octobre.
(2) Le seigneur du Château-Dessus était Antoine du Châtelet, frère de Philippe, tué en 1636. Il avait épousé en secondes noces (1633) Gabrielle de Mailly, dame de Remiremont en partie, fille d'Africain de Mailly, baron de Clinchant, et d'Anne d'Anglure.

mémoire de son maître défunt, Fauquier d'Aboncourt. D'ailleurs, le commandant savait que, rendu ou forcé, il n'avait point de quartier à espérer. Il fallut quarante coups de canon pour ouvrir la brèche; quand elle fut prête, le capitaine reçut une nouvelle sommation ; mais il persista dans la défense et repoussa l'assaut avec une vaillance héroïque. Enfin, sur le midi, voyant tout courage inutile, il se rendit à discrétion. Les soldats eurent la vie sauve et sortirent sans armes ni bagages, avec un bâton blanc à la main. Pour le chef, il se vit impitoyablement pendu à la porte du manoir, pour avoir continué la résistance après la brèche ouverte. Sa bravoure cependant aurait dû lui valoir l'estime du vainqueur et un meilleur sort. Mais les mœurs militaires de cette époque avaient encore un peu de la farouche barbarie des siècles précédents. D'ailleurs, Grancey et du Hallier voulaient ainsi donner l'épouvante aux commandants qui seraient encore tentés de se défendre [1]. Le curé de la paroisse, tout voisin du fort, s'y était réfugié avec les vases et les ornements sacrés, précipitamment enlevés de son église : surpris par l'arrivée matinale des Français, il n'avait pas eu le temps de courir à l'un des deux autres châteaux, peu menacés par l'ennemi. On ne lui fit aucun mal, et, comme le curé de Jonvelle, il reçut du général un sauf-conduit pour se retirer où bon lui semblerait, avec son précieux butin. Ensuite la sape et la mine, opérant sur la forteresse vaincue, continuèrent la vengeance des Champenois. Après la retraite des Français, quelques retrahants de la seigneurie et les partisans des alentours

---

(1) GIRARDOT, p. 267.

essayèrent de relever ces murailles abattues. Mais le prévôt de Langres s'y opposa et fit mettre le feu aux bâtiments. L'incendie n'épargna que la chapelle et la salle d'armes. Une grosse maison du village, qui pouvait se défendre, fut aussi livrée aux flammes.

De Chauvirey, les généraux portèrent leur quartier général à Morey. Incapable de monter à cheval à cause de son obésité, le comte de Grancey suivait l'armée dans son carrosse, qui le traînait péniblement par les mauvais chemins du pays. Le sieur de Trestondans, beau-père du capitaine de Mandre le Jeune, avait mieux aimé livrer son château de Suaucourt aux colères des ennemis, que de traiter avec eux. A leur approche, la garnison abandonna le poste, laissant dans la grande salle une table copieusement servie de pain, de viande et de vin. Mais avant d'y toucher, les Français, bien avisés, se souvinrent du conseil de Laocoon et redoutèrent prudemment les Comtois jusque dans leurs gentillesses. On commença par essayer les vivres sur des chiens, qui en périrent bientôt, car toute la table était empoisonnée. La forteresse fut rasée de fond en comble (27 septembre).

Les places de la seconde ligne de défense n'arrêtèrent pas davantage le vainqueur. Villersvaudey et Betoncourt lui firent leur humble soumission. Il trouva les châteaux d'Artaufontaine et de Ray abandonnés comme Suaucourt, d'après les ordres de leurs maîtres; car ceux-ci repoussaient la neutralité, et les places étaient si mal pourvues, que la résistance n'eût été qu'une témérité sans profit. Artaufontaine perdit sa grosse tour avec le pavillon de sa porte; le reste fut conservé pour y loger les gens du gouverneur de Langres [1]. On mit aussi à Ray quatre-vingts hommes de garnison, sous les ordres du sieur d'Yves, capitaine de Pressigny. De là, remontant la Saône, Grancey reçoit en passant la soumission empressée du commandant de Rupt, qui ne pouvait servir autrement les intentions de sa maîtresse, la dame de Saint-Georges, gouvernante des enfants de Louis XIII. Ensuite l'ennemi marche droit à Scey, qu'il lui tardait d'enlever à son brave seigneur, pour le narguer dans son plus beau domaine et jusque dans le château de ses pères. Général de la cavalerie et seul bailli de la province, Bauffremont se trouvait alors en service à Besançon auprès du gouverneur, avec le conseiller Girardot de Beauchemin, intendant des armées. Son château était moins un fort qu'une maison de plaisance. Néanmoins le commandant repoussa les premières sommations des Français, et attendit résolûment que les volées de canon eussent fait honneur à son maître. Alors, obligé de céder à la force, il ouvrit ses portes, le samedi soir 28 septembre. Chemilly en fit autant. Aussitôt Grancey, du Hallier et l'évêque d'Auxerre en écrivirent au baron de Scey : « Nous sommes chez vous, disaient-ils ; nous tenons votre château et votre bourg, disposés à vous les conserver intacts, si vous entrez sans conditions dans la neutralité, que tout le bailliage d'Amont accepte les

---

(1) *Journal de Macheret*, fol. 49, verso.
« Je n'ay retiré de ma maison d'Artaufontaine aultres choses que trente mesures de froment. Tous mes meubles et mesnagerie de pourceaux, dindes, poules, canards, oyes, y sont demeurés. Les Français ont démoly, etc. » (Corr. du parlem., 854, Gray, 11 octobre 1641, le sieur de Beaujeu-Montot à la dame de Crécy-Balançou, sa cousine.) La dame de Raucourt, veuve en ce moment, était sœur du même Beaujeu.

mains jointes et les yeux fermés. » Bauffremont communiqua cette sommation, moitié courtoise et moitié insolente, au marquis de Saint-Martin, gouverneur du Comté, en lui demandant ce qu'il en pensait. Celui-ci répondit avec humeur, croyant à une lâche hésitation de sa part. « Non, non, Monsieur, reprit vivement le baron, je ne vous demande pas si je dois accepter la proposition qui m'est faite; oh! je la repousse de toute l'énergie de mon patriotisme. Je perdrai mon château dans les flammes, je donnerai mon dernier écu, la dernière goutte de mon sang, plutôt que d'échapper jamais un seul mot contraire au service de Sa Majesté. Mais je demande en quelle forme je dois répondre à cette lettre, pour éviter, s'il se peut, l'incendie de la seule maison qui me reste, car les Français m'ont déjà brûlé toutes les autres. » Le marquis lui conseilla de répondre aux généraux ennemis, tout en les remerciant de leur courtoisie, qu'il ne pouvait rien traiter sans la permission de son roi, ni eux-mêmes lui assurer la conservation de Scey sans autorisation de leur souverain, et qu'il fallait prendre du temps pour se mettre ainsi en mesure de part et d'autre. Du Hallier et ses collègues trouvèrent que Bauffremont parlait en homme habile et en homme de bien [1].

L'ennemi était aux portes de Vesoul. Plus menacée que tout le reste du bailliage, cette ville était dans une angoisse inexprimable. Dès Jonvelle, Grancey avait dit au chanoine Villard : « Annoncez à vos compatriotes que j'arrive sur eux et qu'ils aient à me préparer cinq

---

[1] GIRARDOT, *Guerre de dix ans*, p. 267 et 268, et sa lettre à la cour, Preuves, 16 octobre 1641.

mille pistoles, ou bien la place y sautera dans les flammes. » Il donna la même commission à Lévigny, commandant de Senoncourt, accouru comme Villard pour demander merci au vainqueur. Du reste, on avait reçu des avis non moins sinistres de Vauvillers, de Rupt, même de France et de Lorraine : « Le torrent ne s'arrêtera point à Jonvelle, mandait-on de toutes parts : il va déborder jusqu'à vous ; il est temps de penser à votre salut. » Appelé à grands cris par les Vésuliens effrayés, le gouverneur de la province était venu les visiter la semaine précédente, mais sans pouvoir leur donner d'autres secours que de stériles encouragements et d'impuissantes consolations, vu qu'il était sans hommes et sans argent. Aussi les habitants, incapables de se défendre dans leurs mauvaises murailles, et déjà réduits à un bien petit nombre par les malheurs précédents, étaient résolus à vider la place, comme on avait fait ailleurs, pour se réfugier dans les bois ou à Besançon. A la prière du mayeur, Saint-Martin mit une escorte à la disposition de ceux qui voudraient prendre cette dernière direction ; car, lâcheté pour lâcheté, ce brave général préférait encore la couardise de la fuite à l'infamie d'une composition. En conséquence, il fit commandement au sieur de Mandre d'envoyer quelques cavaliers de sa garnison de Besançon jusqu'à Sorans, à la rencontre des émigrants. Mais une fois que le gouverneur eut tourné bride, on abandonna cette résolution pour tendre les mains à la neutralité, que les Français vendaient plus ou moins cher à qui la voulait subir.

Après la prise de Jonvelle, les capucins de Jussey avaient reçu ordre d'observer la marche de l'ennemi et d'en apporter nouvelle à Vesoul. Le P. Simon, l'un d'entre eux, se glissa dans l'armée, à Chauvirey, sous prétexte d'y voir ses deux confrères, et il pénétra même jusqu'au comte de Grancey. La conversation étant tombée sur Vesoul : « Faites savoir à cette ville, dit le général, que si elle ne me trouve six mille pistoles d'ici à huit jours, lundi prochain elle servira de curée à mes soldats et j'y planterai garnison. » Le rusé capucin répondit hardiment : « Général, vous ne gagnerez là que des coups ; car vous n'y trouverez que des gens ruinés par 300,000 francs de contributions fournies à notre souverain. N'ayant plus rien à perdre, ils s'apprêtent à se battre comme des lions et à vendre chèrement leur vie, plutôt que de trahir Sa Majesté et de subir une garnison de ses ennemis. — Eh bien ! répliqua Grancey, mettons la rançon à dix mille écus, et signifiez-leur de traiter avec moi avant que mon canon ne passe la Saône ; car alors l'honneur des armées du roi me défendra de les recevoir. » En même temps il écrivit de sa main ce menaçant ultimatum, que le P. Simon porta le même jour à Vesoul (24 septembre). La nouvelle fut donnée immédiatement, dans une assemblée solennelle convoquée sur la place. Une immense clameur de désespoir accueille cette lecture, et chacun se prépare à fuir. Pourtant le P. Simon, aidé du P. Chrysostôme, gardien des capucins de la ville, arrêta la panique générale et remit un peu d'espérance au cœur des Vésuliens. A la prière du magistrat, les deux religieux partirent le soir même, avec deux bourgeois chargés de prendre langue de l'ennemi et d'en obtenir la meilleure composition possible. Ils vont ensemble coucher à Rupt, où s'arrêtent les commissaires, tandis que les Pères se mettent en quête du quartier général. Ils le trouvent à Morey. Introduits auprès de Grancey, ils furent assez habiles pour le décider à se contenter d'une rançon, sans imposer de garnison. De plus, il promit que le traité de sauvegarde, comprenant la ville et ses alentours dans le rayon d'une lieue, serait muni de la sanction de Louis XIII. Simon s'en retourne à Jussey et Chrysostôme revient à Rupt, avec un trompette français que le comte lui avait donné pour escorter les commissaires chargés de traiter avec lui. Ceux-ci rencontrèrent le général sortant de Ray. Il leur fit signe de le suivre et leur donna audience sur le soir, au campement de Scey-sur-Saône. Fier du succès et se voyant recherché avec tant d'empressement, Grancey les accueillit avec sévérité, haussant le verbe et revenant aux prétentions les plus exagérées, c'est-à-dire voulant dix mille écus, la garnison et même le serment au roi de France. Les députés de se récrier contre de pareilles conditions : « Une somme aussi exorbitante, dirent-ils, dépasse de bien loin notre mandat. D'ailleurs, général, sachez que nos compatriotes périront jusqu'au dernier plutôt que de subir votre garnison et de trahir leur souverain. » Puis ils invoquent la parole militaire, deux fois donnée aux capucins. « Eh bien ! soit, répondit le comte, je vous quitte le second et le troisième article. Quant au chiffre de la rançon, je n'en rabattrai pas un denier ; c'est à prendre ou à refuser. Mais si dans vingt-quatre heures je n'ai point nouvelle de votre acceptation et douze otages pour garants, lundi matin je serai devant vos murailles, où j'entrerai par la brèche en moins d'une heure. »

Les députés rapportèrent ce dernier mot à dix heures du soir (samedi 28 septembre). Le lendemain matin, les citoyens s'étant assemblés pour apprendre ces terribles nouvelles et pour en délibérer, le mayeur fit appel à leur patriotisme, et chacun s'étant fouillé, on boursilla comme on put trois cents pistoles, en toute espèce de monnaie, qui furent envoyées en grande diligence au quartier français. Le général fut supplié d'adoucir sa rigueur, en vue de cet à-compte si péniblement amassé ; mais il resta inflexible et réclama impérieusement la somme totale, ou les douze otages, pour le lundi matin, sous peine de rompre toute négociation. A défaut d'argent, les Vésuliens trouvèrent parmi eux douze citoyens dévoués, douze Eustache de Saint-Pierre, qui, s'arrachant aux embrassements de leurs familles et de leurs amis éplorés, se constituèrent généreusement prisonniers de guerre (30 septembre). Ils furent envoyés à Langres, puis au château de Grancey, où peut-être ils trouvèrent encore et purent complimenter à leur façon le héros vaincu de Jonvelle. L'histoire nous a conservé les noms glorieux de ces hommes méritants, qui furent les sieurs Froment, Damédor, Pernelle, Flavigny, Ber, Terrier, Favière, Jean-François Buretel, Odo Mercier, Antoine Aimonet, Antoine Clerc et Georges de Mongenet. Ils languirent en captivité, jusqu'à ce que leurs compatriotes eussent fourni la rançon convenue, par la vente à vil prix de leurs biens meubles ou immeubles. On livra néanmoins très chèrement, à compte de la dette, quelques muids de vin, que les fourgons de l'armée de Scey vinrent charger en deux convois. La conscience patriotique réclamait bien contre une pareille fourniture faite à l'ennemi; mais il fallait y passer, ou bien les Français eussent vidé les caves sans rien payer [1].

Telle fut la conduite des Vésuliens, selon le rapport de leur magistrat, qui en écrivit très longuement à la cour et au gouverneur [2], pour se défendre contre leur blâme indigné; car on les accusait avec amertume d'être allés jusqu'à Chauvirey, solliciter et marchander la pitié de l'ennemi, et de lui avoir ainsi fait un pont d'argent, qui l'avait attiré au cœur de la province. Jamais, disait-on, il n'aurait osé y pénétrer avec si peu de monde, si la scandaleuse intimidation de la capitale du bailliage d'Amont ne l'eût pas encouragé, en même temps qu'elle démoralisait toutes les places de résistance. Mais les accusés s'en prenaient hautement à Jonvelle, dont les gouverneurs et les garnisons avaient attiré les colères de l'ennemi par leurs dévastations acharnées. « Déjà depuis trois ans, disaient-ils, l'orage de la vengeance s'amassait contre cette place imprudemment insolente, à qui seule on en voulait. Si ce lâche et infâme Gaucher eût tenu bon pendant trois ou quatre semaines, comme il le pouvait très bien, c'est là que Grancey terminait ses conquêtes; jamais il n'eût osé marcher en avant. Malheureusement la facilité de la prise, et par suite la soumission empressée des autres places, lui donnèrent appétit, et il se fit autoriser par son gouvernement à poursuivre sa pointe aussi loin qu'il pourrait. Tel est le témoignage des principaux officiers français [3]. » Mais nous

---

[1] Preuves, 26 et 30 septembre, 1 et 23 octobre.
[2] Aux Preuves, 23 octobre.
[3] Preuves, 30 septembre.

venons de voir que le rapport du magistrat dément lui-même ces vains propos de soldats mal informés, quand il mentionne les avis multipliés qu'il avait reçus des projets menaçants de l'ennemi sur tout le bailliage d'Amont. D'ailleurs, Girardot est affirmatif sur ce point, dans ses lettres comme dans son histoire [1]. Cependant il est probable qu'une meilleure conduite du commandant de Jonvelle, appuyé sur une garnison plus forte et secondé par la diversion de quelques troupes au dehors, eût arrêté l'ennemi plus longtemps et l'eût découragé de prime abord. Du reste, le mayeur et le conseil de Vesoul étaient plus recevables dans leur défense, quand ils ajoutaient : « Nous avons arrêté les progrès de l'ennemi et conservé libre une ville assez considérable, avec les châteaux de Vaivre et de Charriez et deux ou trois lieues de riches campagnes, dont les denrées et le commerce seront bien utiles au pays, maintenant que tout le reste du ressort est couru, pillé, barré par les garnisons françaises. A quoi nous eût servi la résistance? A perdre la vie et l'honneur de nos femmes et de nos filles, à stimuler chez l'ennemi l'amour du pillage, à le pousser à d'autres entreprises, par le sac de notre ville, et finalement à livrer cette place à une entière destruction, pour qu'elle demeurât à jamais inutile, comme Poligny, Lons-le-Saunier et Jonvelle. Au demeurant, nous ne sommes pas plus répréhensibles que tous ces châteaux et ces villes de nos alentours, qui ont mieux aimé subir ouvertement les accords de neutralité que de périr misérablement, et dont les résolutions cependant n'ont point été incrimi-

---

(1) *Guerre de dix ans*, p. 266.

nées [1]. » Mais ils ne purent ni les uns ni les autres se laver aux yeux du gouverneur, qui jugeait leur conduite en homme de cœur et en vrai soldat, n'ayant qu'une seule devise à proposer à son pays : résistance héroïque, vaincre ou mourir. Aussi refusa-t-il de délibérer en son conseil sur leurs moyens de justification, qui furent envoyés à l'appréciation du cardinal infant [2].

Au nombre des villes entraînées dans la soumission par l'exemple de Vesoul, se trouvaient Luxeuil et Faucogney. Sommé le 1er octobre, Luxeuil composa les jours suivants, au camp de Scey, pour cinq cents pistoles. Faucogney l'imita bientôt, après en avoir naïvement demandé la permission, à la manière des Vésuliens [3]. « Tous contribuent laschement, écrivait Girardot à la cour, et les traictés se sont faicts à Remiremont. Nous sommes livrés à la France par une femme, celle qui a commencé nostre perte par la trahison de Jonvelle. M. le baron de Scey m'apprend, le cœur navré, que tout son bailliage a fait le plongeon. » Pour gagner les esprits, on joignait les promesses aux menaces, les moyens de douceur à l'intimidation. Les seigneurs étaient prévenus qu'après le traité leurs châteaux n'éprouveraient aucun dommage et leur seraient fidèlement conservés. Les troupes avaient ordre de se comporter en amies et surtout de respecter les ecclésiastiques et les lieux saints. « C'est ce qui portera un grand fond

---

(1) Preuves, 23 octobre.
(2) Preuves, 16 octobre. Le cardinal infant était don Ferdinand d'Autriche, frère du roi d'Espagne et gouverneur souverain des Pays-Bas, de la Flandre et de la Franche-Comté.
(3) Preuves, 21 octobre.

pour nous couler, disait encore Girardot : la crainte ne vient pas de leurs armées, vu l'approche de l'hyver, mais bien de leurs cajoleries et artifices françois, et par suite de nostre fatale division (1). »

Grancey et du Hallier demeurèrent dix jours à Scey-sur-Saône, où ils mirent garnison, sous les ordres de Saint-Clair-Debrez, pour commander le pont de pierre placé sous les murs du donjon, pour maintenir la soumission des châteaux, villes, bourgs et villages conquis, courir la rive gauche de la Saône et lever partout des contributions au nom du roi de France. En dehors de la rançon stipulée, Vesoul fut commandé pour soixante pistoles par mois (2). En attendant, l'armée ennemie menaçait de s'ébranler tantôt contre Gy et Gray, tantôt contre Baume et Clerval, et causait ainsi plus de frayeur et d'alarmes, sans bouger de place, que si elle eût tourné tête quelque part, quoique cependant elle fût réduite par les garnisons à deux mille cinq cents fantassins et cinq cents chevaux. Elle tirait de France les munitions que les contrées envahies ne pouvaient lui fournir. Le 6 octobre, elle reçut un renfort de canons et de quatre-vingts chevaux. Mais cela ne fut pas suffisant pour enhardir les généraux à se risquer plus longtemps et plus avant dans la Comté, surtout quand ils apprirent que le marquis de Saint-Martin assemblait des levées et qu'i attendait du secours par le Rhin. Aussi le gouverneur ayant fait insulter pendant la nuit leur quartier de Fre-

---

(1) Corr. du parlem., B, 854 ; Besançon, 11 octobre 1641, Girardot à la cour. Voir aussi Preuves, 5 octobre.

(2) Preuves, 5, 7 et 9 octobre.

tigney, avec une centaine de chevaux, ils eurent si peur, qu'ils repassèrent la Saône au plus vite, avec armes et bagages. Du Hallier reprit le chemin de Jonvelle et de Nancy (1). Quant à Grancey, il tourna sur Dampierre, avec l'évêque d'Auxerre (10 octobre). Ils furent accueillis en amis dans cette place, qui appartenait à un Français, le comte de Tavannes (2). C'est de là qu'ils sommèrent de nouveau Bauffremont de songer à son château de Scey et de l'assurer contre la destruction, en le faisant entrer dans la neutralité commune (3). Le lendemain, Montot, qui l'avait aussi dédaignée, fut saccagé par les ennemis (4). Après une halte à Champlitte, ils rentrèrent en Bassigny par le Fayl-Billot (13 octobre), tout fiers d'une aussi belle campagne. En moins de trois semaines, ils avaient ruiné nos meilleures places frontières, rançonné les deux rives de la Saône, installé leurs garnisons dans quatre ou cinq châteaux, comme autant d'épines sanglantes implantées au cœur du pays, sans compter les places tenues par eux dans le bailliage d'Aval.

Pour comble de malheurs, le marquis de la Baume-Saint-Martin, gouverneur du Comté, mourut à Gray, le

---

(1) Preuves, 9 octobre; *Guerre de dix ans*, p. 268 et 269.
(2) Seigneur de Laucques, Fresne, Coublans, Pailley, Prangey, Dampierre-sur-Salon, etc.
(3) Corr. du parlem., ibid.; Besançon, 11 octobre, Girardot à la cour.
(4) « Ils ont dévalisé mes meubles de Montot, pillé mes denrées et vendangé mes vignes, où il y avoit pour faire plus de 50 muids de vin. Tout ce qui me console, c'est qu'ils sont sortis sans avoir rien démoly. J'atant de savoir si je pourrai retorner là, pour y semer quelque chose; sinon il y auroit grant pitié à moy. Quant à l'armée françoise, elle est à présent logée à Champlite, et l'on ne sçay quel desain elle at, etc. » (Corr. du parlem., B, 854; Gray, 11 octobre, le sieur de Beaujeu-Montot à la dame de Crécy.)

21 décembre suivant, six semaines après la mort de l'infant. La cour, au milieu de sa détresse, se jeta résolùment dans les bras du baron de Scey, dont la valeur militaire, l'expérience consommée et le patriotique dévouement, lui étaient suffisamment connus. Déjà l'année précédente il avait exercé par intérim les fonctions de gouverneur de la province, en l'absence de la Baume, et même elles lui avaient été continuées provisoirement par lettres testamentaires de Son Altesse des Pays-Bas. Le parlement obtint de Bruxelles sa nomination définitive et le conjura de sauver son pays (1).

A peine installé, il retrouve des milices et prend l'offensive. Pendant qu'il intimide les ennemis en Aval, Charles de Lorraine lui envoie de Neufchâteau les plus heureuses nouvelles : « Grancey, lui écrit-il, qui assiégeait la Mothe avec du Hallier, a quitté le camp, pour aller présider à Lyon l'exécution de Thou et de Cinq-Mars. Je suis tombé sur son collègue et je l'ai chassé de ses lignes. Heuillecourt, Liffon et Bourlemont ont été repris aux Français, et j'ai délogé Batilly de Neufchâteau (12 août au 3 septembre 1643). Venez au plus vite leur donner vous-même la chasse dans le bailliage d'Amont. » En effet, l'occasion était belle. Le gouverneur forme à la hâte un corps de cinq cents hommes, tant cavalerie qu'hommes de pied, et prend à Besançon deux canons et un mortier à grenades, qu'il s'engage, sur caution, à payer quinze mille francs, s'il leur arrivait malheur. Gouhelans commandait l'infanterie, qui était la princi-

---

(1) GIRARDOT, p. 274 ; Corresp. du parlem., B, 855 ; Dole, 22 décembre, la cour au baron de Scey.

pale bourgeoisie de Gray; de Mandre était à la tête de la cavalerie, dans laquelle servait le baron de Grandmont-Melisey, avec ses deux fils. Bauffremont s'avance droit à Scey-sur-Saône, qu'il lui tardait surtout d'arracher à l'ennemi. Le capitaine Saint-Clair, absent, avait laissé le commandement de Scey à Romprey, son lieutenant, avec ordre de brûler le château s'il était assailli. Mais il n'en eut pas le temps, et il se rendit après la première canonnade (13 septembre). Saint-Remy fut emporté le même jour, et Artaufontaine le lendemain. De là on poussa une pointe à Pressigny, qui fut châtié sévèrement; car cette place n'avait pas moins maltraité notre frontière que les autres garnisons françaises logées sur la Saône. Rupt avait été repris dès le 10 mai, grâce à la facilité du capitaine, qui était Comtois. Mais il brûla le village en se retirant. Restaient au pouvoir des Français le bourg et le château de Ray. La place est investie, et sa courtine bientôt crevée d'une large brèche par cinquante volées de canon (17 et 18 septembre). Bauffremont fit alors sommer le sieur d'Yves : « Rendez-vous, il en est temps, lui dit-il par son trompette. Quelque bonnes que soient nos murailles que vous tenez, vos gens ne les défendront pas mieux qu'ils n'ont défendu votre Pressigny. » Le vieux capitaine répondit avec désespoir : « Je n'ai plus rien en France et il ne me reste que ce château pour vivre; je suis décidé à m'ensevelir glorieusement dans ses ruines, plutôt que de traîner honteusement une vieillesse misérable. »

Mais un orage terrible allait fondre sur les assaillants. Grancey revenait de Lyon : il apprend à Voisines, près de Langres, les succès du gouverneur de Franche-Comté.

Aussitôt il appelle de Bourgogne la cavalerie de Tavannes, et du Bassigny celle de du Hallier. Il prend des munitions à Langres et réunit son monde au Fayl-Billot, au moment où les Comtois battaient le château de Ray. Entendant gronder le bruit sourd du canon : « Ils sont à nous, dit-il tout joyeux, et M. d'Yves est sauvé. » Il sonne le boute-selle à deux heures du matin et reprend le chemin déjà connu de Morey. Tavannes et la Roche marchaient en avant, avec cinq cents chevaux ; le général les suivait pesamment en carrosse, avec cinq cents hommes de pied et trois cents de cavalerie.

Cependant le baron de Scey avait eu vent de cette puissante diversion, par un avis de Champlitte, et il commençait à se retirer. Mais rien n'étant venu confirmer ce renseignement, il fit halte sur le chemin de Vannes et remit ses pièces en batterie contre le château de Ray. Soudain arrivent ses coureurs, ventre à terre : « Les Français ! » s'écrient-ils. En même temps paraissent les escadrons de Tavannes. L'attaque est vigoureuse et la résistance ne l'est pas moins. Mais enfin, après trois heures de lutte, Bauffremont, trop faible de nombre, fut complétement battu, avec perte de sa petite artillerie, de ses bagages et de ses munitions. Blessé lui-même de deux coups de pistolet, il n'échappa aux mains de l'ennemi que par le courageux dévouement des siens. Girardot accuse dans cette journée huit ou dix *occis*, entre autres le jeune Melisey, et autant de prisonniers, parmi lesquels les sieurs de Grandmont, de Mandre et de Montot-Beaujeu (1). Mais l'abbé Macheret exalte bien

---

(1) *Guerre de dix ans*, p. 281.

plus haut cet exploit des siens. « En ceste bataille, dit-il, où le seigneur comte de Grancey fut blessé à la jambe, nous perdismes le sieur de Saint-Clair, cinq cavaliers et sept ou huict piedtons. Les Comtois y ont perdu plus de vingt fois autant; et tous les jours venoient à Lengres tambours ou trompettes de leur part, demandant leurs gens, qu'ils croyoient estre prisonniers, lesquels n'estoient pas encor treuvés parmi leurs autres morts. » Grancey ramena triomphalement à Langres les canons et mortiers de l'ennemi, avec le butin et les nombreux prisonniers, dont vingt-deux gentilshommes (22 septembre). L'artillerie de la ville salua le vainqueur, qui lui fit répondre par les salves des canons comtois, « pour tesmoigner, ajoute Macheret, que quictant la terre espagnole, ils embrassoient le parti françois. » Les prisonniers furent élargis en ville, sur leur parole d'honneur, et traités avec tous les égards possibles. Bien plus, après les avoir taxés à de modiques rançons, qu'ils promirent de payer, Grancey les fit mettre en liberté, sur l'ordre exprès du roi, sans autre garantie que leur foi de gentilshommes (2 octobre). « Ainsi leur rendismes-nous le bien pour le mal, continue le même narrateur, afin de les dimouvoir de leurs cruautez et barbarie, en leur enseignant que les François se contentoient de la gloire, au lieu de practiquer la vengeance et la tyrannie. Dieu leur fasse la grâce de s'incliner à la paix avec nous, et nous veuille garder de tomber en esclavage parmi eux [1] ! » En écrivant ces lignes, le curé d'Hortes songeait avec rancune à Bornival, à Fauquier d'Aboncourt et à Gau-

---

[1] GIRARDOT, p. 279 à 281; MACHERET, fol. 60, 61 et 62.

cher du Magny, ces terribles pourvoyeurs des prisons de Jonvelle.

Grancey n'avait libéré si lestement ses prisonniers que pour se rendre à Paris, où Louis XIII et Richelieu le mandaient pour lui adresser de vive voix leurs félicitations; car le rapport du général avait donné à l'affaire de Vannes les proportions d'une grande bataille et d'un succès considérable, soit en faisant valoir l'importance du vaincu, soit en exagérant ses forces et en lui supposant des projets qui n'allaient rien moins qu'à prendre tous les châteaux placés entre Dijon, Langres et Chaumont. A l'arrivée du comte, le roi daigna le visiter avec le cardinal-ministre, en son hôtel, où le retenait sa blessure, aggravée par la fatigue d'un voyage de dix ou douze journées. En un mot, le vainqueur du baron de Scey reçut à la cour une véritable ovation.

Ray ne fut arraché aux Français que l'année suivante (mai 1643). Les courses continuèrent de part et d'autre, avec le même acharnement, malgré les trêves conclues, à divers intervalles, entre les deux parlements, pour sauvegarder les bailliages d'Amont et d'Aval, le duché de Bourgogne, les villes de Langres et de Chaumont et le bas Bassigny, compris dans le ressort de Langres. Seulement, au lieu de sortir de Jonvelle, ou de Chauvirey-Dessous, ou de Suaucourt, qui dormaient alors dans les ruines, du sommeil de la mort, les partis comtois étaient recrutés dans les garnisons de Gray, de Ray, de Rupt, de Scey, de Saint-Remy, de Bougey, de Demangevelle et de Conflans. A Bougey, les ardents amis de la petite guerre avaient à leur tête le jeune le Joyant, retiré dans ce village depuis le massacre de sa famille à

Lavoncourt. Après la journée de Ray, on les suit, avec ceux de Scey-sur-Saône et de Rupt, à Pressigny, à Pierrefaite, à Hortes, à Maizières et jusqu'à Celsoy, près de Langres. Repoussés de Rougeux et de Beaulieu, ils se font battre au passage de l'Amance, devant Maizières (2 octobre 1642). La mort de Louis XIII, la défaite des Espagnols à Rocroy et les premiers troubles de la régence d'Anne d'Autriche, furent le signal, au printemps suivant, d'une recrudescence d'hostilités. En mai, les mêmes coureurs tombèrent sur Anrosey, Neuvelle et Bourbonne. Une partie des habitants d'Anrosey s'était réfugiée dans l'église, où l'ennemi fit douze prisonniers. Mais quelques jours après, ceux de Demangevelle et de Saint-Remy se firent écharper dans une embuscade, que leur tendirent les volontaires combinés de Rougeux, de Maizières, d'Hortes et de Rosoy [1]. Le combat terminé, survint le capitaine Romprey, qui emmena les prisonniers et le butin à son château de Varennes, malgré les réclamations des paysans, furieux de se voir ainsi ravir le fruit de leur victoire. Les premiers jours de juin, cet échec des Comtois fut vengé sur Serqueux, Corgirnon, Brevoines et Saint-Geomes. L'expédition coûta la vie à dix-huit personnes; des prisonniers nombreux et sept cents grosses bêtes en furent le prix.

De leur côté, les gendarmeries du Bassigny, du Langrois et du Duché n'étaient point lâches à la représaille. Un autre contemporain de ces brigandages réciproques,

---

[1] « Cest exploict merveilleux ne se fit pas sans quelque perte des nostres ; car on ne peut charpenter sans ételles. » (MACHERET.)

le curé de Bougey, nous a laissé dans ses registres de baptêmes le récit d'une attaque avortée, faite sur le château de ce village. Dans la nuit du 19 au 20 janvier 1643, une trentaine de partisans sortis de Pressigny, sous les ordres du sieur Boulangier, et guidés par un traître, Claude Moniot, d'Augicourt, à travers les bois de Preigney et de Cherlieu, arrivent à l'improviste, sur les deux heures du matin, devant la courtine du parterre. En rien de temps ils ont troué la muraille avec des leviers et des pioches; et les voilà dans le fort en s'écriant : « France ! Victoire ! Rendez les armes, ou vous êtes morts ! » Réveillée en sursaut, la troupe du château se défend bravement, sans se déconcerter. Le trompette et le tambour sonnent l'alarme; on court à l'église, qui touchait la porte, et le tocsin appelle au secours la petite population du lieu, qui ne se composait encore que d'une vingtaine de ménages. « Dieu aydant, dit le narrateur, soldats et habitants se deffendirent si généreusement, qu'ils repoussarent les ennemys, et les contraignirent de reprendre la clef des champs, les uns par dessus les murailles, les autres par le mesme troup qui les avoit amenés, mais non sans nous laisser quelques-uns des leurs, tués, blessés ou prisonniers. » Le Joyant fut un des vaillants de cette nuit mémorable. Peut-être commandait-il le château et dut-il à cet exploit les insignes générosités du seigneur, Albert de Ray-Mérode; car il en reçut de riches domaines, qui s'ajoutèrent à ses premières acquisitions dans la terre à peu près déserte de Bougey ; et il fut déclaré, pour le tout, entièrement franc de dîmes, tailles et mainmorte, avec droit de conserver sa maison à tourelles et à colombier, signes de son rang seigneurial (1).

Le 6 août de la même année, le capitaine du Cerf, de Voncourt, qui entreprit à son tour une course en Comté, demeura prisonnier au premier engagement. Mais sur la fin du mois, le sieur de Monsot, capitaine de Relampont, à la tête de soixante hommes, réussit mieux aux environs de Ray. Le baron de Marmier-Longwy, ayant voulu lui tenir tête, fut battu et fait prisonnier. On l'échangea contre du Cerf. Un mois après, Romprey, commandant de Varennes, crut faire un aussi bon voyage du côté de Scey-sur-Saône, où il brûlait de laver son affront de l'année précédente ; mais il y perdit tous ses chevaux et une partie de son monde.

Surtout rien n'égalait les dégâts commis sur le territoire français par la garnison lorraine, comtoise et croate, de la petite place de la Mothe. Devenue, après la ruine de Jonvelle, la forteresse avancée de Charles de Lorraine et des Comtois, elle fit trembler tout le pays pendant trois ou quatre ans, comme naguère les remparts de la cité sa voisine. Tandis que le duc se battait sur le Rhin avec Guébriant, Rantzau (2) et Turenne, il avait confié la Mothe à Cliquot, l'un de ses meilleurs officiers, dont l'épée n'avait pas cessé de guerroyer contre la France, soit en Comté, soit en Champagne. De plus, Gaucher du Magny était là, Gaucher, le capitaine par excellence dans

---

(1) V. Notice sur la famille le Joyant.
(2) Charles de Lorraine, qui secondait les opérations du feld-général de Mercy, battit à Brisach le comte de Rantzau, qui perdit là, dit Macheret, son canon, ses bagages, 7,000 hommes hors de combat, 600 prisonniers, entre autres le comte de Nassau, le marquis d'Andelot et le marquis de Vitry (décembre 1643).

le métier des courses aventureuses. Sorti des prisons de Dijon et décrié dans son pays, il avait apporté chez les voisins la passion de sa rancune et l'audace de sa longue expérience. Un de ses premiers exploits fut de surprendre endormis, près de Liffon, quarante cavaliers suédois, qui furent tous exterminés. A leur tour, les Champenois et les Bourguignons lui payèrent chèrement les douleurs de sa captivité et lui rendirent avec usure les déboursés de sa rançon. Affamé de vengeance et plus encore de butin, infatigable rapineur, qui ne se reposait d'une course que par une autre course, il visita tour à tour, avec les braves de la Mothe, les deux Orbigny, les deux Coiffy, Nogent, Montigny-le-Roi, Morimont, la Générousse, Thivel, Poissier, Bannes, Culmont, Chalindrey, Lannes, Buzon, Chambrey, Vitry-en-Montagne, Richebourg, Celsoy, Montlandon, Châtenay-Vaudin, Bielle, Brevoines, Corlée, Ormancey, Brices, Orges, Autoreille, Vesaignes, Voisines, Noidant-Châtenois, Saint-Broing-les-Bois, Selongey et Fontaine-Française. Langres et son voisinage eurent bien de la peine à faire leurs vendanges, sous la protection d'une compagnie bourgeoise organisée pour la circonstance. Tantôt les terribles maraudeurs s'abattent sur Coiffy-le-Bas, au nombre de deux cent cinquante, avec soixante charrettes, et y chargent cent vingt muids de vin (18 novembre 1643). Tantôt ils guettent le coche de Langres à Dijon, qu'ils enlèvent deux fois, avec chevaux, *cherrote*, voyageurs, argent et dépêches (12 juin et 15 novembre 1644). Mais, dans la seconde arrestation, opérée au val de Suzon, ils manquent le sieur Berchère, président du parlement de Bourgogne, qui leur échappe, avec ses 40,000 écus, montant de ses appointements. Une autre fois, Gaucher conduit son monde, par la Comté, jusqu'à Fontaine-Française, qu'il croyait surprendre (3 juin 1644). Ou bien, quand la Mothe lui fait défaut, il court à Vesoul, y amasse un gros parti et le ramène sur les environs de Langres, où il opère une razzia de trois cents porcs et de quatre cents pièces de gros bétail, avec prisonniers et autre butin (28 juillet 1644). Ici le curé narrateur s'écrie dans sa douleur indignée : « Hommes ingrats et dénaturés que ces pillards, qui nous estoient cependant si obligés pour les bons traictements que nous leur avions faicts, ou aux leurs, quand ils estoient nos prisonniers, surtout au Gauchier, à qui nous avions osté la corde du col. » Il est vrai que cette course des Vésuliens et de leurs voisins n'était qu'une revanche des affreux dégâts commis à la fin de mars, sur Vesoul, Charriez, Faverney et les alentours, par un corps de six mille Suédois, que le Bassigny nous avait généreusement envoyés, avec trois canons.

Deux épisodes de ces temps néfastes nous offrent un singulier mélange de mœurs violentes et de foi religieuse.

Peu de jours avant la surprise de Bougey, le sieur de la Roche, commandant de Mirebeau, vaillant comme un César, au dire de l'abbé Macheret, rencontra près d'Orain le capitaine la Pierre, de la garnison de Gray. Après un choc violent des Bourguignons et des Comtois, la Pierre resta sur le terrain, blessé à mort. « De grâce, vite un prêtre, s'écrie-t-il ! » Il n'y en avait point sous la main : le curé du lieu, comme ses paroissiens, avait fui dans les bois, à l'arrivée des partisans. Mais la Roche, descendant de cheval, s'approche en pleurant du pauvre moribond, lui rappelle Bayard se confessant, en pareille détresse, devant le pommeau de son épée, lui suggère l'acte de contrition et l'exhorte à faire à Dieu le sacrifice de sa vie en expiation de ses fautes.

En juillet 1651, vingt-cinq cavaliers de Châtel-sur-Moselle avaient couru et pillé le village de Pressigny et fait plusieurs prisonniers. Dix braves se mettent hardiment à la poursuite des brigands, les atteignent près d'Amance, leur tuent un cavalier, en blessent quelques-uns et ramènent tous les prisonniers, gens et bétail. Mais le lendemain, voici revenir les Lorrains furieux, avec un renfort tiré de Conflans (1), en tout dix-sept cavaliers et quelques piétons. Pressigny, qui se tenait sur le qui-vive, avait appelé aux armes les braves de Bussières, de Belmont, de Tornay, de Genevrières et de Savigny. Au nombre de soixante, ils s'embusquent au *trou de la Quarte* (2), et attendent l'ennemi, qui la même nuit donna tête baissée dans le piége et laissa dix morts avec cinq blessés sur le carreau. Chacun des vainqueurs eut six livres dix sous pour sa part du butin fait dans cette circonstance. Or, l'un des blessés avait reçu plusieurs coups mortels sans rendre l'âme. On lui demanda s'il avait en sa personne un *caractère*, c'est-à-dire une

---

(1) « Certains Cravates et gredins du Comté s'estoient retirés au chasteau de Conflans, sans être advoués d'aucuns souverains. » (MACHERET, fol. 75.)

(2) « L'an 1648, première sepmaine d'après Pasque, le sieur prévost des marchands de ceste ville de Lengres eut ordre du roy pour faire coupper le bois qui est un passage dit *le trou de la Carte*, entre le royaume de France et le Comté de Bourgougne. » (MACHERET, folio 107, verso.)

marque, un charme de sorcier, pour tenir ainsi contre la mort. « Non, dit-il ; mais vous ne pourrez me tuer qu'après m'avoir fait confesser. » On lui amène le sieur Mathey, curé de Pressigny ; il se confesse très dévotement, et il expire. Les assistants, étonnés, l'ayant déshabillé pour savoir la vérité, lui trouvèrent un scapulaire et un chapelet, et reconnurent qu'il avait mérité, par ces signes pieux, la protection de la très sainte Vierge, pour obtenir la grâce d'une bonne mort [1].

Cependant les années de la Mothe étaient comptées, et sa vie de gloire militaire allait finir, comme celle de Jonvelle avait fini. Les populations de Champagne et de Bourgogne appelaient à grands cris le secours de la force publique contre ce nid d'aigle, bicoque insolente qui les bravait depuis vingt-deux ans, sur le sommet aérien de sa montagne. Aussitôt que le gouvernement de Mazarin fut un peu remis de ses premières secousses, tournant enfin son attention de ce côté, il fit investir la Mothe en plein hiver (13 décembre 1644). C'était le quatrième siége de cette place depuis 1634. Langres fournit aux batteries son gros canon de cinquante livres de balle, et le mortier bisontin que Grancey avait capturé à la journée de Ray. Néanmoins la forteresse tint bon jusqu'au premier juillet ; et quand elle eut capitulé, on chanta le *Te Deum* dans toutes les églises du diocèse de Langres, avec autant d'allégresse que pour les victoires de Turenne et de Condé sur les Espagnols et les impériaux. La Mothe fut rasée de fond en comble : depuis long-

---

(1) MACHERET, fol. 66, verso, et 134.

temps son sol étroit, que laboure la charrue, n'offre pas même un débris (1).

Le traité de Westphalie (1ᵉʳ octobre 1648), en concentrant la lutte entre la France et l'Espagne, adjugea les duchés de Lorraine et de Bar au jeune Louis XIV, et par conséquent laissa les armes aux mains du souverain dépossédé. Toujours l'allié des Espagnols et d'ailleurs animé par le prince de Condé, devenu leur généralissime, Charles de Lorraine continua de harceler le territoire français, surtout le Bassigny. Notre lisière comtoise eut aussi fort à souffrir du passage de ses gendarmeries. En 1652, la Fauche, son lieutenant, arriva dans les environs de Luxeuil et de Saint-Loup, venant d'Alsace et marchant contre Langres, avec 6,500 hommes d'effectif, selon Macheret, chiffre sans doute exagéré par la frayeur. Ils traînaient derrière eux une suite nombreuse de vivandiers, de voleurs, de femmes et d'enfants, amenés par la faim et cherchant à rapiner pour vivre, sous la protection du soldat ; car la famine dévorait au loin toutes les provinces. Pendant que cette armée picore et pille au large, dans un pays ruiné, un détachement de quatre cents chevaux tombe sur les villages de Morey, Charmes et Bourguignon, dont les habitants éprouvèrent les dernières brutalités et se virent enlever pain, grains, salaisons, vins, habits, vaisselle, argent monnayé, argenterie, bestiaux, enfin tout ce qu'ils possédaient. Les voleurs lâchèrent dans les caves les tonneaux qu'ils ne pouvaient emmener (19 avril).

Quatre jours après, la Fauche campait autour de

---

(1) MACHERET, fol. 51 à 92.

Jonvelle, où il ne trouva que des remparts écroulés, l'église et le prieuré encore debout, avec quelques autres édifices, et une vingtaine de familles, y compris les officiers de la seigneurie, logés dans les ruines du château. Ses quartiers s'étendaient jusqu'à Châtillon, dont la désolation n'était pas moins navrante. Saccagée, brûlée et démantelée par les Suédois et les Français depuis 1635, cette ville n'offrait alors que des monceaux de pierres et quelques rares habitants mal abrités dans les ruines des édifices. L'herbe, les buissons, les arbres même, encombraient les rues; l'église, dévalisée, à moitié découverte et sans clocher, menaçait de s'écrouler; le pont de l'Appance était rompu, celui de la Saône croulant, les terres en friche, les prés en broussailles et les forêts dévastées; à peine trois journaux de vigne se trouvaient cultivés dans un vignoble qui produisait jadis deux mille pièces de vin (1). La Fauche quitta ce malheureux pays le 24 avril, et il entra dans le Bassigny par Bourbonne, qui fut saccagé. Jamais les Langrois n'eurent si peur. Exilée en Berry, absorbée par la guerre de la Fronde, la cour laissait les provinces sans secours; les villes menacées furent donc obligées de se défendre seules. Leur premier recours fut à Dieu. A Langres, le saint Sacrement fut exposé deux jours durant, dans chacune des onze églises, pendant que le maïeur et les échevins faisaient célébrer neuf messes devant les reliques de saint Didier. En même temps bourgeois, domestiques, écoliers, garçons de boutique, tous les citoyens valides, prenaient les armes, et l'on

---

(1) Archives de Châtillon, n° 1.

eut bientôt mis sur pied un corps assez respectable de 2,960 hommes. Cette bonne contenance imposa suffisamment à la Fauche, qui descendit la Marne, en ravageant le pays, jusqu'à Saint-Dizier (1).

L'année suivante amena de nouvelles terreurs sur la même contrée. Le comte d'Harcourt, devenu à son tour complice des Frondeurs, comme le prince de Condé, tenait sous sa main Philisbourg, Brisach, Belfort et quinze autres places intermédiaires, qu'il projetait de livrer à l'empereur, dans l'espoir de se faire en Allemagne une principauté indépendante. Excitée par le duc de Lorraine, la garnison de Belfort traversa la Comté et porta ses courses jusqu'au Bassigny. Tous les villages de sa frontière furent impitoyablement rançonnés, par des traités, sans en excepter l'hôpital de Grossesaules, qui subit des violences inouïes (24 septembre 1653) (2).

Mais en même temps un autre ennemi, plus féroce même que la guerre, désolait nos contrées. Les années 1649 et 1650 avaient peu donné ; ensuite les pluies incessantes de 1651 avaient perdu toutes les récoltes, tellement que l'année suivante vit se renouveler toutes les horreurs de 1638. Le prix ordinaire des vivres ayant plus que décuplé, les pauvres étaient réduits à manger l'herbe des prés, comme les bêtes (3). La comète qui se montra tout à coup le 17 décembre ajouta l'épouvante à la misère ; les peuples avaient encore tous les pré-

(1) MACHERET, fol. 141, verso, et 142.
(2) Ibid., 153.
(3) « Une pauvre femme portant et allaictant son petit enfant a esté trouvée morte en une prairie, ayant encor la bouche pleine d'herbe et en mangeant comme une beste, et son enfant encore vivant entre ses bras. » (MACHERET, fol. 142, verso.)

jugés superstitieux des anciens sur les phénomènes du ciel. En effet, une éclipse de soleil ayant été annoncée par les astronomes pour le 12 août 1654, on s'en effraya si fort, que l'on se prépara de tous côtés à ce terrible moment par la confession ; car cette génération n'avait vu que des malheurs ; les années ne succédaient aux années que pour lui amener de nouveaux désastres, et voilà pourquoi tous les signes extraordinaires paraissaient les annoncer. Cependant l'abondance de 1653 et de 1654 avait tiré le pays de sa détresse et de son tombeau, en annonçant aux hommes que la divine Providence leur donnait enfin des jours meilleurs, pour qu'ils la bénissent dans la joie, comme ils l'avaient servie, résignés, dans l'affliction (1).

(1) MACHERET, fol. 147, 155, 157 et 159.

CHAPITRE VI.

JONVELLE APRÈS SA RUINE.

Nouvelle reconnaissance des droits féodaux. — La Franche-Comté passe à la France. — Jonvelle au dix-huitième et au dix-neuvième siècles.

(1659-1863.)

La véritable importance de Jonvelle était dans son état de place forte, boulevard de frontière; et par conséquent le véritable intérêt de son histoire s'arrête à la date fatale de 1641. Une fois démantelée, cette place tomba dans une telle décadence, qu'un siècle après on lui dénia jusqu'à son titre de ville. Achevons cette histoire en quelques pages.

Le traité des Pyrénées (1659), entre la France et l'Espagne, avait rendu la paix à l'Europe occidentale. Le vieux roi Philippe IV en profita pour faire renouveler en Franche-Comté les reconnaissances des droits seigneuriaux de ses domaines; car le fracas des armes et les malheurs des temps précédents les avaient bien fait oublier. La chambre des comptes dirigea ce travail. Par ordonnance royale du 24 janvier 1665, à la requête de Claude-Nicolas Grosjean, procureur de Sa Majesté en la terre de Jonvelle, les sieurs Henri Jolyet, Joseph Cornevaux et Nicolas Daguet, notaires du chef-lieu, avec Nicolas Brandy, notaire de Voisey, furent commis à l'opération. La procédure commença par Jonvelle, le 5 mars suivant. La communauté, duement convoquée, s'assembla sous le cloître, présidée par ses deux échevins, François Gibert et François Cornevaux. Les anciens du pays[1] étaient là pour attester, par les souvenirs d'un long passé, les droits des sujets aussi bien que leurs devoirs. Après la solennité du serment prêté sur les saints Evangiles, les membres de l'assemblée avouèrent à peu près les mêmes droits féodaux que leurs ancêtres de 1539, en obligeant tous leurs biens communaux, présents et à venir, pour garantie d'un fidèle accomplissement. Mais ils firent constater que les murailles de la ville, de la halle et du château, dont le premier entretien se trouvait à la charge du souverain, étaient tristement couchées sur le sol. Le procès-verbal, omettant plusieurs clauses des anciennes reconnaissances, indique un nouveau progrès dans les libertés publiques. Il contient les détails suivants, qui ne sont pas sans intérêt pour l'étude des mœurs féodales.

Les habitants ont le droit d'élire annuellement deux échevins ou bourgmestres, pour administrer leur ville et communauté. Mais ces magistrats n'entrent en charge qu'après avoir juré fidélité au seigneur et à leur devoir

---

[1] L'échevin Cornevaux, le sergent Claude Bonnefoy, Pierre Daguet, Antoine Burenelle, Claude Joly, Claude Barret, Etienne Mollot, Nicolas-Antoine Maréchal, fermier du pressoir, Claude Simonin, Nicolas Martin, Simon Pernet, Jean Aubertin, Nicolas Guillaume, Sébastien, Jean et Claude Jolyet.

municipal, entre les mains du capitaine ou d'un autre officier de Sa Majesté. La cérémonie se fait le premier dimanche après l'élection, avant la messe paroissiale, devant l'image de Notre-Dame qui est sur le pont.

Les échevins tiennent les clefs de la ville, nomment les portiers, donnent le mot du guet et dressent les rôles annuels des cens et corvées, pour feux et charrues. En présentant ces rôles aux officiers du roi, ils font serment qu'ils les ont consciencieusement établis. Mais ils sont exempts de ces redevances, de même le prieur et les meix nobles, qui paient seulement huit engrognes, ou neuf deniers, au lieu de dix sous, pour le droit de feu et ménage.

La corvée de bras se rachète par douze niquets (un demi-denier).

Le droit d'*éminage*, qui s'exerce sur toutes les céréales vendues aux foires et marchés de la ville, est d'une coupe par penal. Mais les gens de noblesse et d'église en sont exempts.

Les fermiers du *taillage* ont un blanc pour ajuster et marquer chaque mesure. Ils poinçonnent celles des meuniers de la seigneurie, moyennant une quarte de froment comble et une quarte de mouture pleine, payables à la Saint-Martin.

Le contrôleur des *poids aux balances* et celui de la *marque des cuirs* se font payer un blanc (3 deniers 1/3), sur un quintal de marchandises vendues ou achetées par les forains ou étrangers.

Dans les transactions de bétail passées avec un forain, sur les foires et marchés de la ville, le vendeur et l'acheteur doivent chacun au fermier de la *vente* deux blancs pour un cheval ou un bœuf, un blanc pour une vache ou une jument.

Les amodiataires du *rouage* (roulage) perçoivent des étrangers qui passent à Jonvelle avec leurs marchandises, deux blancs pour un chariot ferré des quatre roues, et la moitié s'il ne l'est pas. La charrette ferrée doit un blanc ; celle qui ne l'est pas, un demi-blanc.

Pendant le temps du *banvin*, qui se compte du jeudi après Pâques à la veille de la Pentecôte, et de la veille de la Saint-Martin à celle de Noël, les habitants de Jonvelle ne peuvent vendre ni vin ni bétail, sans l'autorisation des fermiers du seigneur, qui possède alors le monopole de cette vente.

La *maîtrise des cordonniers* lui appartient également.

L'amodiataire du *banc aux bouchers* prend deux gros par grosse bête abattue, et deux blancs pour les veaux, porcs et moutons, si l'animal a été nourri par le boucher ; sinon, il n'est rien dû. Le seigneur a de plus le droit de langue et d'onglet, c'est-à-dire que ses gens peuvent, avant tous autres, prendre en payant la langue des grosses bêtes et les pieds des petites.

Le fermier de l'*abattue de sel* perçoit ordinairement sur les étrangers venus aux foires et marchés, deux *solignons* par voiture de sel, et la moitié pour une charrette.

Les habitants sont obligés de cuire leur pain dans les fours banaux [1], sous peine de trois sous d'amende. Il est dû au fournier une miche sur treize, s'il fait lui-

---

[1] Ils avaient été détruits en 1641. L'un d'eux ne fut relevé qu'en 1672, au prix de 49 francs. (Archives du Doubs, B, 115.)

même le *portaige* et le *rapportaige*, sinon une miche sur vingt-quatre.

Même assujettissement envers le moulin sous le château, et envers le pressoir, qui se trouvait près de l'église.

Les habitants ont droit de pêcher en toute saison, dans la Saône, avec petites troubles, lignes et *astiquets*. Mais quand ils prennent un poisson de cinq sous estevenants ou plus, ils doivent le présenter au château, avant de le mettre en vente, *pour sçavoir si le sieur capitaine en aura affaire et le veut achepter desdits pescheurs.*

Le péage du pont appartient à Sa Majesté. Il est perçu un denier par tête de tout bétail qui passe.

Toutes les épaves ou choses trouvées lui appartiennent également. Les inventeurs doivent les révéler dans les vingt-quatre heures, moyennant salaire, au receveur de la seigneurie, sous peine d'une amende de soixante sous. Cependant, si dans quarante jours les épaves sont répétées par le propriétaire, on les lui rendra, en tenant compte du salaire donné à celui qui les a trouvées.

Après l'énumération des principales propriétés du domaine (1), vient le détail des cens particuliers, rédigé en soixante-dix-neuf articles, dont trente-huit pour

---

(1) « Sa Majesté possède un étang sur Ameuvelle, un autre sur Bousseraucourt ; le pré du Breuil ou du château, de douze fauchées ; le pré Mollot, de six fauchées ; le pré du Colombier, de trois ; le pré du Corroy et le pré au Tuilier, de deux ; le pré des Anglais, de douze ; le moulin de la Minelle, avec trois fauchées ; la corvée du meix Bessot, acensé aux habitants de Jonvelle pour six livres estevenantes ; le canton de la Tuilerie, composé de terres, friches et broussailles, acensé pour douze francs ; huit journaux en Billonvaux, cinquante en Veuillon, acensés avant les guerres, pour cinquante ans, aujourd'hui sans culture ; enfin les bois Mornant, Rouveroy et Fourché, celui-ci distrait de la gruerie depuis 1611 et acensé pour huit francs. »

maisons, six pour jardins et vergers, onze pour les prés de Jourdain, et vingt-quatre pour les vignes de Thaon ou sur Cunel.

Les communautés dépendantes de la seigneurie et faisant à leur tour la reconnaissance des droits féodaux, étaient Godoncourt, ayant 97 tenanciers; Raincourt, 26; Voisey, 118; Bousseraucourt en partie, 19; Ormoy, 71; Corre, 64; Ranzevelle, 12; Selles, 54; Villars-Saint-Marcellin, 18; Montdoré, 10. Le manuel des reconnaissances de 1665 se contente de nommer les autres villages de la terre, sans dénombrer leurs sujets. Ces villages sont Anchenoncourt, Polaincourt, Plainemont, Saponcourt, Bourbévelle, Montcourt, Fignévelle, et en partie Vougécourt, Ameuvelle, Grignoncourt et Lironcourt. Les habitants de Bourbévelle étaient tenus, en temps d'*éminent péril*, de faire le guet et garde à la porte Sainte-Croix. La communauté de Raincourt devait annuellement neuf livres estevenantes de tailles et deux gros pour le pressoir. Corre payait alternativement huit et sept francs de tailles, et Godoncourt vingt-quatre francs six gros quatre engrognes, plus cent quarante-sept francs pour l'acensement du bois de Burevau, et vingt sous pour un canton de chènevières appelé le Pargie (1).

En 1674, la terre de Jonvelle, partageant le sort de la Franche-Comté, entra définitivement sous la domination de Louis XIV, qui en prit possession non comme vainqueur, mais à titre de comte palatin, du chef de sa

---

(1) Archives du Doubs, J. 21.

femme, Marie-Thérèse d'Espagne. Aussi déféra-t-il à l'antique usage de Bourgogne, par lequel les nouveaux souverains juraient, à leur avènement, de maintenir les droits, franchises, immunités, priviléges et libertés du pays. De plus, il se fit investir, comme successeur naturel des comtes de Bourgogne, de tous les droits qui avaient appartenu dans la province au roi Catholique [1]. Cette politique était aussi habile que nécessaire pour gagner l'affection des Comtois, vaincus mais non soumis; car, malgré la conquête, ils demeuraient d'autant plus attachés par le cœur à la dynastie espagnole, que cette fidélité leur avait coûté plus de malheurs depuis deux siècles, surtout depuis quarante ans ; et pour cela même ils se roidissaient avec toute l'énergie de la rancune, contre la domination de la France, auteur de tant de désastres. La châtellenie de Jonvelle entra donc dans le domaine du roi Très Chrétien, et fut administrée comme auparavant, sans autre changement que celui de maître et de couronne. En effet, la reconnaissance faite en 1684, au nom de Louis XIV, est la même que celle de 1665 [2]. La ville conserva son bailliage, qui était un bailliage royal inférieur, ressortissant de celui de Vesoul ; et, quoique démantelée, elle continua quelque temps d'avoir son capitaine. Après Jean-Baptiste Tivol, en 1651, elle eut entre autres commandants Jacques de Bichin de Cendrecourt et Jean-François de Poinctes de Gevigney (1666-1691) [3].

---

[1] Droz, *Mémoires pour servir à l'histoire du droit public de la Franche-Comté*, pages 20 et suivantes.
[2] Archives du Doubs, J, 26.
[3] Voir aux Preuves les notices sur ces deux familles.

En 1765, parut l'édit de Marly, qui fixait les droits en vertu desquels une communauté pouvait prendre ou conserver le titre de ville ou de bourg, avec l'administration et les faveurs compétentes. Jonvelle, qui prétendait bien avoir tous les droits à la conservation de ce titre, élut le 13 octobre son corps d'officiers municipaux, comprenant six notables, deux échevins, trois conseillers de ville, un syndic receveur et un greffier. Mais l'intendant de la province, qui ne connaissait de cette communauté que son humiliation actuelle, repoussa ses prétentions. Les municipaux lui rappelèrent dans un mémoire les glorieux souvenirs de leur pays, les priviléges qu'il avait reçus des souverains, en reconnaissance de ses services, la succession de ses baillis et procureurs depuis 1460, et les principaux titres qui attestaient son nom de ville ancienne du comté de Bourgogne. « Toujours, disaient les suppliants, la ville de Jonvelle a servi de bouclier à la province sur cette frontière. Naguère encore, en 1712, ses bourgeois empêchèrent les partisans d'y pénétrer, en fortifiant de nouveau leur faubourg de Sainte-Croix, dans lequel ils montèrent la garde près de deux années, avec une compagnie franche de cent dragons, et en marchant avec eux par détachements contre les pillards, toutes les fois qu'ils osèrent se montrer..... Aujourd'hui Jonvelle est composé de deux cent cinquante feux, renfermés dans ses anciennes murailles, tant de la ville que du faubourg, avec beaucoup de places à bâtir. Il est encore pavé partout, avec une grande place, qui forme un carré long régulier, orné d'une fontaine à quatre jets d'eau, devant laquelle est l'auditoire du bailliage. Il a encore une maison de ville, composée de quatre chambres hautes, de quatre basses, avec écuries et caves, le tout demandant, il est vrai, bien des réparations. La ville est séparée du faubourg par un pont sur la Saône, auprès duquel sont les usines du roi, magnifiquement bâties à neuf. Détruit en 1734, par les inondations générales de la province, ce pont a été réédifié depuis aux seuls frais des bourgeois. Jonvelle avait autrefois deux paroisses. Il possède un prieuré considérable et une familiarité, qui a environ douze ou treize cents livres de rente. Son église paroissiale, qui peut contenir environ trois mille personnes, paraît être du huitième ou du neuvième siècle. Une inscription du portail atteste qu'il fut reconstruit en 1232. Nous avons eu, dans les derniers siècles, un magistrat et un conseil de ville, qui a duré jusqu'en 1726..... Enfin, nous avons foires et marchés, un bureau des fermes du roi et les divers contrôles des actes, de la marque des cuirs, de la poste aux lettres, du sel de Rozière, de la poudre à tirer, des cartes et du tabac (1). »

Tel fut l'exposé des habitants de Jonvelle; mais leurs réclamations furent inutiles, et ils se virent réduits au rang de simple communauté. C'est ainsi que cette vieille cité expia sa gloire passée et son héroïque fidélité à l'Espagne et à l'empire.

Quant aux anciennes fortifications, il n'en restait plus que quelques vestiges. Déjà leur emplacement avait été vendu en grande partie. Vainement les échevins réclamèrent-ils le château et ses dépendances comme terrain

---

(1) Archives du Doubs, Intendance, carton 65, cote J, 4.

communal, puisqu'on déniait à Jonvelle tout souvenir de son ancien état de ville de guerre : ils perdirent encore ce procès, et l'emplacement de ce château, ainsi que les murs et les fossés de la place, au midi, furent définitivement adjugés au fermier du domaine, le sieur Bigot, receveur du grenier à sel (1779) [1]. Cette propriété a passé par héritage à la famille Degenne, qui l'a fouillée presque tout entière pour la cultiver. Partout la pioche a mis au jour les ferrements des édifices, mêlés aux débris de l'incendie, et les tuileaux romains enfouis dans les fondations. On a aussi découvert deux cent cinquante balles de plomb, avec leurs moules, une grande quantité de boulets en fonte et en zinc, et trente hectolitres environ de blé noirci et brûlé. Il reste du château une colonne monolithe, deux chapiteaux ioniens, deux caves et un angle du premier mur d'enceinte, de sept mètres environ au-dessus du sol actuel, sur trois mètres d'épaisseur. L'œil suit encore partout le tracé des murs et des fossés qui enveloppaient Jonvelle. Au midi, on voit une porte ; au nord, dans les champs, sont les lieux dits la *Citadelle* et le *Carlinfort*, ou *fort Carlin*. Ces souvenirs, ces ruines, un simple village de sept cents âmes, une église assez intéressante pour l'art, quelques maisons gothiques, voilà tout ce qui reste d'une cité qui fut l'opulent chef-lieu d'une vaste châtellenie ; voilà tout ce qui reste d'une ville de guerre qui fut, pendant quatre ou cinq siècles, un des boulevards de notre province.

[1] Voir aux Preuves.

NOTICES PARTICULIÈRES.

Certains détails secondaires n'ont pu trouver place dans notre histoire, dont ils auraient embarrassé la marche et refroidi la narration, quoiqu'ils soient d'un vif intérêt non-seulement pour les pays et les familles qu'ils mentionnent, mais encore pour tous les amateurs de chroniques locales. Ces détails feront l'objet des *Notices historiques* qui vont suivre, pour compléter, comme parties intégrantes, l'*Histoire de la seigneurie de Jonvelle et de ses environs*.

BICHIN DE CENDRECOURT.

Jacques de Bichin, seigneur de Pompierre et de Souvane, était l'arrière-petit-fils de Jean Bichin, dit Finguerlin, de Luze, tabellion général de la principauté d'Héricourt, qui avait été anobli au service de l'empire, pour lui et ses descendants à perpétuité, par lettres-patentes de Ferdinand, roi des Romains, datées du 31 octobre 1542 et confirmées par Charles-Quint, son frère, en 1544. Lieutenant-colonel des cuirassiers de l'empereur, gouverneur et capitaine de Jonvelle en 1666, Jacques de Bichin devint seigneur de Cendrecourt par son mariage avec Antoinette Besancenot, fille unique de Claude-François Besancenot, seigneur de Cendrecourt. Les seigneurs de cette maison sont connus dès le milieu du douzième siècle par leurs bienfaits envers l'abbaye de Cherlieu. Jean de Cendrecourt, écuyer, servait dans l'armée du duc de Bourgogne, en Artois, sous la bannière d'Antoine de Vergy, avec l'élite de la noblesse du pays (1414). Simon de Cendrecourt, écuyer, accompagna Charles le Téméraire au siége de Nancy (1477). Catherine de Cendrecourt épousa Christophe de Lignéville, chevalier des ordres du roi de France, conseiller d'Etat de Son Altesse de Lorraine, maître d'artillerie, seigneur de Lignéville, Cumières, Senaide, Lironcourt, Godoncourt, etc. (1574). Gaspard de Lignéville, leur fils et héritier, conseiller d'Etat du duc de Lorraine, gentilhomme ordinaire de la chambre de Mgr de Vaudémont et général de l'artillerie des princes de l'Union catholique d'Allemagne, fit hommage de ses fiefs de Lironcourt, Godoncourt et Bousseraucourt, au comte et à la comtesse de Bourgogne, à cause de leur château de Jonvelle. Claude de Francourt de Cendrecourt, vicaire perpétuel de Châtillon-sur-Saône, littérateur distingué de son temps (1589), fit un travail remarquable en vers latins sur l'Ecriture sainte, resté manuscrit dans la bibliothèque de l'abbaye de Luxeuil.

La seigneurie de Cendrecourt passa successivement aux Thomassin de Vesoul, aux Bézard de Jussey, aux Besancenot, aux Bichin et aux Richard. Ces derniers sont représentés par les familles du Bois et Méchet, et par M. Richard de Bichin de Cendrecourt, chef de bataillon d'infanterie de marine et commissaire du gouvernement près le conseil de guerre de Toulon.

Cendrecourt a vu naître, en 1680, D. Basile Payen, mort à Luxeuil le 23 août 1756. Ce savant bénédictin a laissé plusieurs ouvrages de controverse, des grammaires française, latine, grecque et hébraïque, un dictionnaire hébraïque, un traité héraldique, un traité de numismatique, un cours complet de philosophie et de théologie, enfin la *Bibliothèque séquanaise,* qui comprend des recherches chronologiques sur les écrivains du comté de Bourgogne. (V. FELLER.)

BOUGEY.

La seigneurie de Bougey appartenait jadis à la maison de Pesmes, d'où sortirent les branches de Valay, de la Résie et de Rupt. Tous ces nobles se qualifiaient de ce fief. La branche de Rupt produisit le rameau des seigneurs de Bougey proprement dits, qui relevaient de Rupt et de Pesmes, comme cadets de ces maisons. L'abbaye de Cherlieu, située sur leur territoire [1], fut enrichie par ces quatre familles : trente-six chartes de son cartulaire conservent le souvenir de leurs donations, en sauvant de l'oubli les noms de ces généreux bienfaiteurs [2]. Le premier qu'elles citent est Guillaume II de Pesmes, sire de Rupt, Bougey, Oigney, etc. Il assista aux plaids de Faverney (1132 et 1140) [3]. Le monastère obtint de son fils, Guy Ier, la terre et le moulin d'Agnaucourt, avec

---

[1] Le ruisseau de Cherlieu séparait alors les territoires de Bougey et de Montigny.
[2] Voir Cartulaire de Cherlieu, à la bibliothèque impériale ; *Histoire des sires de Salins*, tome I, notes sur les maisons de Pesmes, de Rupt et de Ray ; *Pouillé du diocèse*, aux archives du Doubs.
[3] V. page 61.

l'autorisation de recevoir ses sujets comme religieux (1157) (1). Le moulin de la Perrière lui fut donné par Guillaume III, fils du précédent (1236). Guy II, frère puîné de Guillaume, fut la tige de la maison de Rupt et figura honorablement dans la quatrième croisade, avec Aimon, son frère, les sires de Dampierre et les sires de Vergy (1201-1204). Hugues, son petit-fils, fut chef de la maison de Bougey (vers 1250).

Les sires de Pesmes avaient le patronage et les revenus des cures et des églises de Bougey et d'Oigney ; et ces droits étaient partagés entre tous les membres de cette famille, même avec le curé et le prévôt de Bougey. Les possesseurs finirent par les abandonner à l'abbé de Cherlieu (1284 à 1326). Les deux églises furent réunies par l'Ordinaire vers l'an 1308.

Etienne de Bougey, dit *Bougeroz*, écuyer, avait contracté un emprunt auprès du juif Antoine le Lombard, de Traves, sous la caution de Jacques de Rupt, son cousin, qui fut obligé de payer pour lui (1311). Il ne put se libérer que quarante ans après, en cédant une partie de son château à Gauthier de Rupt, fils de son créancier.

Jean de Bougey, frère d'Etienne, fut abbé de Faverney. Il fonda son anniversaire à Cherlieu, en donnant à ce monastère ses dîmes et son four de Purgerot (1235).

Au seizième siècle, la seigneurie de Bougey passa dans la maison de Ray. Dans le siècle suivant, Marie-Célestine, fille unique de Claude-François de Ray, seigneur

---

(1) Aux Preuves.

de Bougey, Conflandey, Vezet, Charriez, Mailley, etc., avait émigré en Suisse, pour fuir la guerre et la peste qui désolaient alors nos pays. Retirée à Fribourg, elle y épousa Albert de Mérode, marquis de Trelon, grand-veneur de Flandres, capitaine des archers dans la garde de don Juan d'Autriche (28 juillet 1636). Mais le nouveau baron de Ray ne garda pas longtemps la terre de Bougey ; les malheurs des temps l'obligèrent de l'engager, puis de la céder aux Maréchal, noble famille de Besançon, depuis longtemps enrichie par le commerce et la banque (1). Dévoués à la dynastie espagnole et ardents entre tous pour la défense de la province contre les armes françaises, les Maréchal payèrent leur patriotisme par la confiscation de plusieurs domaines ; entre autres, le fief de Bougey fut vendu par décret (8 février 1687), pour 41,000 livres, à Etienne de Camelin, originaire de Fréjus, commissaire provincial, lieutenant-colonel d'infanterie, capitaine général des mineurs de France, chevalier de l'ordre de Notre-Dame du Mont-Carmel et de Saint-Lazare de Jérusalem. Marié en secondes noces à Reine de Quentéal, de Langres, Etienne de Camelin mourut le 17 décembre 1694, à Bougey, où il fut inhumé dans la chapelle seigneuriale de l'église. Il ne laissait qu'une fille, Louise-Pierrette, pendant la minorité de laquelle sa mère vendit la terre de Bougey à Victor-Amédée de Choiseul, marquis de Laucques (20 décembre 1704). Mais, quatorze ans après, le bailliage de Chaumont cassa la vente, à cause de l'âge de la pupille : la sentence fut rendue à la requête de Jean-Marie

---

(1) *Mémoires et Documents inédits de l'Académie de Besançon*, III, 114.

de Serrey, subdélégué de l'intendance de Champagne, devenu l'époux de la jeune dame de Bougey. Reine-Catherine, leur unique héritière, épousa le capitaine Joseph d'Hémery. Demeurée veuve et sans enfants, elle céda la terre de Bougey à son cousin Jean-Baptiste de Serrey de Châtoillenot, pour 98,000 livres. Elle mourut le 16 mai 1807, laissant un nom vénéré, pour ses vertus et ses bonnes œuvres en tout genre [1]. M. Guyot de Saint-Michel, propriétaire actuel du château de Bougey et de ses dépendances, est l'arrière-petit-fils de Jean-Baptiste de Serrey.

Ce château était flanqué de quatre tours : il en reste encore une, portant le millésime de 1585; ce qui indiquerait une restauration faite après les désastres de 1569 ou des années suivantes.

L'ancienne église, démolie en 1850, était placée sous les murs et la protection du château. Elle renfermait à droite la chapelle seigneuriale. Devant le maître-autel, on lisait sur une tombe :

Illustrissime et révérendissime Pierre Pardaillant, évêque et duc de Langres, pair de France, mort au château de Bougey le 2 novembre 1733. Son cœur et ses entrailles ont été inhumés le lendemain dans cette église.

La paroisse avait sa confrérie de la Conception, autorisée par l'Ordinaire en 1624, pour les deux églises. Celle de Bougey est dédiée à saint Pierre. Ce village comptait, en 1614, 62 ménages ; en 1636, avant la guerre et la peste, 69 feux et 363 habitants, en moyenne cinq par ménage; en 1855, 110 feux et 442 habitants.

---

[1] Archives du château de Bougey.

Outre les châtelains, deux familles importantes, les le Joyant et les de Mandre, ont illustré Bougey dans ces derniers siècles. Nous consacrerons une notice particulière à chacune d'elles, vu surtout que plusieurs de leurs membres figurent avec honneur dans l'histoire que nous venons d'écrire.

BOURBÉVELLE.

Bourbévelle, appelé dans les anciens titres *Worbecivilla, Vorbelville, Vorbéville, Borbévelle*, avait autrefois un château destiné à couvrir les voies romaines qui l'avoisinaient, et surtout la forteresse de Jonvelle. Une famille noble de nom et d'armes habitait ce manoir féodal, dès le douzième siècle, sous la suzeraineté des sires de cette ville, et l'on voit souvent ses membres figurer, avec les grands personnages de l'époque, parmi les chevaliers, les arbitres et les bienfaiteurs du pays. C'est dans les archives de Clairefontaine et de Cherlieu que nous trouvons plus fréquemment leur souvenir.

Girard, le premier de tous, fut témoin d'une donation faite à l'abbaye de Clairefontaine par Bernard d'Annegray, du consentement de Henri, frère du comte Frédéric (1150). Il est encore nommé dans un acte par lequel Richard et Ulrich de Blondefontaine donnent au même monastère leurs possessions de Villars-Saint-Marcellin, de la Grange-Rouge et de Besinville, au territoire de Polaincourt.

Hugues de Bourbévelle figure comme témoin dans plusieurs chartes émanées des sires de Jonvelle en faveur de Clairefontaine (1152, 1157, 1164 et 1174). Il était à la brillante assemblée qui honora de sa présence le manoir de Guy Ier de Jonvelle, en 1157. Ces illustres personnages étaient Humbert, archevêque de Besançon, Mathieu, duc de Lorraine, Philippe d'Achey, Villencus de Voisey, le sire de Bourbévelle, Albéric de Blondefontaine, les frères Hugues et Richard de Gevigney, Odes et Théodoric d'Augicourt, Libaud, prévôt de Jonvelle, avec les abbés de Clairefontaine, de Theuley, de Rosières, de Bithaine et de Beaupré. Entre autres affaires, on régla dans cette circonstance les limites qui devaient séparer les possessions de Clairefontaine de celles de Philippe d'Achey, seigneur de Senoncourt, Menoux et Saint-Remy, où il faisait sa résidence. Grâce à la médiation du prince de Lorraine et de l'archevêque, le sire d'Achey non-seulement se montra facile au sujet de la délimitation, mais de plus il abandonna aux religieux toutes ses possessions de Senoncourt, comprises entre le chemin de *Drolirs* et le *rupt de Brinvaux*. Déjà il avait signalé son bon vouloir pour eux, en leur donnant à Menoux le domaine des saints Berthaire et Athalin, puis à Faverney le parcours de ses prés et la glandée de ses bois. En compensation de ces droits sur Faverney, les donataires lui avaient accordé celui de bâtir un moulin sur la Superbe (1), avec tous les terrains qu'ils possédaient sur la rive gauche de cette rivière. Ces arrangements furent sanctionnés par l'assemblée de Jonvelle (2).

---

(1) Les chartes du moyen âge l'appellent *Amantia*, *Esmantia*, comme la rivière qui descend de la Haute-Marne à Jussey.
(2) Archives de la Haute-Saône, H, 283.

Hugues de Bourbévelle eut deux fils, Lambert et Richard. Le premier fut témoin des donations faites à Clairefontaine par Bertrand et Guy II, sires de Jonvelle (1182, 1210). Il accorda lui-même à Cherlieu les pâturages de Betaucourt, plusieurs hommes de ce village avec leurs meix, la reconnaissance de mainmorte sur Odot, de Betaucourt, le droit de pêche dans l'Amance, et la confirmation du droit de collation d'une chapelle à Bourbévelle (1197).

On voit que Betaucourt faisait alors partie de la seigneurie de Bourbévelle ; mais bientôt, par libéralités, ventes ou engagements successifs, ce village passa presque tout entier dans le domaine de l'abbaye de Cherlieu. Les principaux auteurs de ces mutations foncières furent Barthélemy de Bourbévelle, chevalier, seigneur de Betaucourt, et son fils Girard (1236, 1256, 1267 et 1272) ; Gauthier et Liébaud, fils de Thomas de Bourbévelle, écuyer (1264, 1267, 1268) ; Henri et son fils de même nom (1271) ; Vuillaume, dit *Ladent*, époux de Marguerite de Betaucourt (1286) ; Agnès et Jean, leurs enfants (1290, 1298, 1300) ; Alix et Marguerite, filles de celui-ci (1343) ; Girard et Liébaud de la Grange (1343, 1354, 1391, 1400 et années suivantes).

Toutefois, dans tous ces actes, les droits du comte de Bourgogne et des autres seigneurs de Bourbévelle étaient formellement réservés : nous en avons la preuve dans une charte de Girard (1256) ainsi conçue : « Je Girars de Vorbeville, qui suis filz mons Bertholomey, fais savoir à tous cils qui verront ces présentes lectres, que je suis homs liges, salve la fiauté à soignour de la Ferté, à noble Hugon, conte palatin, et à la contesse palatine de Borgogne, sa feme, et tiens de eux ma maison fort, qui est au finaige de Betacourt, et le gaignaige et les appartenances de cette maison et les II parties du four bannal de la dicte ville, et V maignies d'omes en ycelle ville, et lour tenemens, et mon grant estapms de Betacourt, et pour le four bannal de Sandrecourt, que mes pères tenoit de eux. J'ay repris de eux en fiez et en chasement pour ladicte ligée, pour eschange de ce four et pour XX lb. d'estevenant que il mont donné, dont je me tiens pour paiez, le fiez que Girardin de Montrivel (Montureux) et mon sieur Poincz de Ville tiegnent de moy et de Sandrecourt et ou finaige. Et en tesmoignaige de ces chouses ay-je fait séeler les présentes lectres du seel à religioux Besançon, par la grâce de Deu abbé de Chilleu (Cherlieu) (1). »

Cette *maison forte* de Betaucourt, appelée *château de la Grange,* dont on voit encore les vestiges au fond des bois, était environnée de fossés et d'étangs qui la défendaient assez bien contre l'ennemi, surtout avant l'invention de l'artillerie. Ruinée depuis par les guerres incessantes qui ont ravagé nos frontières, elle n'était habitée que par un fermier qui exploitait les terres attenantes. Nous la trouvons mentionnée une dernière fois dans un dénombrement donné à la chambre des comptes de Dole, par dame Charlotte Hérardine d'Anglure, veuve de messire Louis marquis de Beauvau [2], maréchal de

---

(1) Cartul de Bourgogne.
(2) La maison de Beauvau, une des plus anciennes et des plus illustres de France, descendait des comtes d'Anjou ; elle était alliée à la maison royale de France, par Isabeau de Beauvau, qui épousa Jean de Bourbon II, comte de Vendôme, et fut bisaïeule de Henri IV. Le fameux

Lorraine et Barrois. Elle donnait ce dénombrement pour son acquisition des seigneuries que feu messire Thomas, marquis de Jouffroy, possédait à Raincourt et à Betaucourt (1er octobre 1743).

Par son mariage avec Agnès, fille de Vuillaume de Betaucourt, Vichard de Bourbonne, bailli du Comté (vers 1290), partagea la seigneurie de ce village avec Jean, son beau-frère. Sa portion comprenait cent journaux de terres, vingt-quatre fauchées de prés, plusieurs familles avec leurs héritages, l'étang et la moitié de son moulin, etc. Perrin de Bourbonne et Girard de la Grange, fils de Vichard, déclarent par des reconnaissances revêtues du sceau de la prévôté de Jussey (1322, 1323), qu'ils tiennent en fief cette seigneurie de l'abbé de Cherlieu, excepté la maison forte, les fossés et un autre fief qui relevait de Vichard de Passavant. Déjà en 1269, celui-ci faisait savoir à tous que messire Liébaud de Vorbeville, chevalier, était *son hons et féaulble;* et en 1337, il déclarait que le même Liébaud avait vendu ses héritages au couvent de Cherlieu, *sauf le fief de Passavant.* Le sire de Passavant avait sans doute acquis une portion de la seigneurie de Bourbévelle par quelque alliance avec cette maison. Du reste, ce seigneur était très puissant. Il maria Gisèle, sa fille, en premières noces à Eudes, comte de Toul, petit-fils de Mathieu, duc de Lorraine, et en secondes noces à Jean du Châtelet, cousin de son premier mari et fils d'Isabelle de Joinville, sœur de l'historien de saint Louis. Ces deux alliances de la maison

---

Louis de Beauvau, seigneur de Tremblecourt, appartenait à cette famille.

de Passavant avec celle de Lorraine, le titre de *monsignor* donné à Vichard dans un acte d'échange (1285), et les actes nombreux des seigneurs de sa lignée, conservés dans les cartulaires de Champagne, montrent assez que cette famille jouissait alors d'une haute considération. Ses armes étaient d'or à deux fasces de gueules, accompagnées de neuf merlettes de même mises en orle.

Jean du Châtelet et Gisèle de Passavant eurent pour petit-fils Erard II, époux d'Odette de Chauvirey. Philibert du Châtelet, petit-fils d'Erard II, fut la tige des branches de Sorcy et de Vauvillers, d'où sortit Antoine du Châtelet. Celui-ci eut pour épouse Anne, fille unique de Charles de Beauvau II, seigneur de Passavant, et de Barbe de Choiseul-Praslin. L'un et l'autre furent inhumés dans la chapelle seigneuriale de l'église de Martinvelle, sous un mausolée de marbre blanc qui les représentait agenouillés et qui portait les deux inscriptions suivantes :

Cy gist haut et puissant seigneur messire Antoine du Chastelet, baron de Chasteauneuf, seigneur de Passavant, de Sarthes et Pompierre, bailly de Nancy, grand chambellan et conseiller de Monseigneur, lequel décéda le XXV. jour du mois de janvier MDLXXVII.

Et plus bas : *Cy gist honorée dame Anne de Beauvau, femme et épouse dudit seigneur bailly de Nancy, qui décéda le X. jour du mois d'octobre MDLXXIX.*

Les armoiries de Beauvau étaient d'argent à quatre lionceaux de gueules mis en écartelures.

Les sires de Raincourt et ceux de Blondefontaine avaient aussi des fiefs à Bourbévelle.

L'église de Bourbévelle conserve à son entrée quelques vestiges de style roman. Dédiée à saint Martin, elle était autrefois sous le patronage du prieur de Jonvelle. En 1581, le prieur Claude d'Andelot amodiait le revenu de ce patronage au curé Jean Dubois, pour soixante francs. En 1623, du temps de Nicolas Jolyet, de Jonvelle, aussi curé de Bourbévelle, ce revenu n'était que de quarante francs.

Le curé de Bourbévelle avait droit de dîme sur le finage de Villars-le-Pautel, ainsi que le prieur de Jonvelle et le curé de Sainte-Croix. Cette redevance leur était servie à cause des messes qu'ils célébraient dans l'église du lieu, *avec des recommandations et prières pour la santé et prospérité de Sa Majesté*. Le curé de Bourbévelle remplissait ce pieux devoir quatre fois par an, et le curé de Sainte-Croix à la fête de sainte Madeleine, patrone de Villars. Ils percevaient les fruits de leur bénéfice quand les officiers de la prévôté avaient certifié l'acquittement des messes [1].

En 1288, Lambert, curé de Bourbévelle, avec Parisot, curé de Passavant, fut arbitre d'un différend survenu entre les habitants d'Ormoy et les moines de Clairefontaine, au sujet du droit de paisson que les premiers voulaient exercer dans le bois de la Bouloye, appartenant au couvent. C'est sur la demande des parties elles-mêmes que les deux juges de la querelle avaient été nommés par Jacques de Baon la Fauche, agissant au nom de ses pupilles, Guy III et Simon III de Jonvelle. Les demandeurs se virent déboutés de leurs prétentions, et la sentence fut rédigée sous le sceau du sire de la Fauche.

---

(1) Archives du Doubs, chambre des comptes.

Plus tard, la communauté d'Ormoy cessa d'être satisfaite de l'accord, et il fallut une nouvelle sentence confirmative de la première; elle fut rendue par Hugues de Vienne et Jean de la Fauche, au nom des enfants de Guy III de Jonvelle, leurs neveux et pupilles [1].

Pierre Godard était curé de Bourbévelle en 1655, lorsqu'il fut appelé comme témoin, ainsi que le notaire Pierre Valley, de Cendrecourt, et quelques autres, au sujet des invasions ennemies sur Jussey, en 1636. Il s'agissait de savoir si les habitants qui avaient fui dans l'attaque du 16 novembre, étaient fondés à décliner toute solidarité pour la composition faite alors avec les Suédois, au nom de la communauté, par un sixième de la population retranchée aux Capucins. Godard était neveu de Louis Ligier, curé de Jussey, et il se trouvait chez son oncle à l'occasion des vendanges, lorsque Turenne prit et saccagea cette ville (12 septembre 1636) [2]. Il fut emmené prisonnier avec un grand nombre de personnes, et il ne se tira des mains de l'ennemi qu'en payant une rançon de cent pistoles. En novembre suivant, à l'approche

---

[1] Archives de Vesoul, H, 363, 364. A cette époque, où l'usage de l'écriture était si peu répandu que les gentilshommes souvent ne savaient signer leur nom et s'en faisaient honneur, le sceau remplaçait la signature. Appendu ou appliqué au parchemin, il donnait l'authenticité aux actes qui en étaient revêtus. Le sceau était un objet de haute importance dans la vie civile ; un loyal chevalier n'avait rien de plus cher que sa femme, sa bannière et son sceau, qu'il faisait garder avec le plus grand soin. Après sa mort, le précieux instrument était brisé sur sa tombe. Dans le principe, il présentait ordinairement l'image de celui qui s'en servait, et quelquefois des emblèmes, qui passèrent plus tard dans les armoiries. Les sceaux étaient exprimés en cire, quelquefois en plomb, en cuivre, en argent ou même en or. L'empreinte des sceaux appendus était double : celle du revers ou contre-sceau était plus petite que l'autre.

[2] Voir page 244.

de Weymar, il se réfugia, comme beaucoup d'autres, à Jonvelle, et il eut encore la mauvaise chance de voir les Suédois pénétrer dans cette place, où il demeura trois semaines avec eux [1]. A cette époque il était jeune encore, et il n'entra que plus tard dans les ordres sacrés.

Devenu curé de Bourbévelle, Pierre Godard restaura la chapelle de saint Genès, située près du village, et l'enrichit d'une relique du bienheureux martyr. Depuis longtemps on y accourait de toutes parts en pèlerinage, pour demander la guérison de la lèpre et des maléfices. Une tombe de l'église d'Oigney rappelle par son inscription que Marc Rondot, de Vellexon, un de ces pieux pèlerins, mourut dans ce petit village, en revenant de Bourbévelle (1580) [2]. Dans Labbey de Billy, Adrien Thomassin, premier président du parlement, rapporte (1629) une procédure intentée contre une femme, pour crime de sorcellerie : sur dix-sept chefs d'accusation, on lui reprochait des *maléfices,* des *sorts,* jetés sur une personne qui en fut guérie par l'intercession de saint Genès de Bourbévelle. La malheureuse accusée fut condamnée à périr dans les flammes. C'était le temps où tout le monde croyait aux sorciers et à leur sabbat, avec un aveuglement inconcevable. Henri Boguet, de Pierrecourt, grand juge de la terre de Saint-Claude, les poursuivait à outrance par toute la province. Entre autres victimes, il fit brûler une fille de Betoncourt-les-Ménétriers (1600). Jean Clerc, bailli de Luxeuil, se montra son digne émule.

(1) Voir page 265, et Preuves, 12 septembre 1636, *Enqueste sur les désastres de Jussey.*
(2) Voir Notice sur Oigney.

BOURBONNE.

Bourbonne, situé dans le Bassigny, sur les limites de la Haute-Saône et des Vosges, est une des villes les plus intéressantes de la Haute-Marne. La corrélation de son histoire avec celle de Jonvelle, sa voisine, demande que nous lui consacrions encore quelques pages, où seront insérés plusieurs détails inédits, qui ne manquent pas d'intérêt.

Nous avons dit [1] que les eaux minérales avaient donné à cette ville une grande importance dans les temps gallo-romains, importance fatale, qui la fit périr avec tous ses monuments sous la trombe des premières invasions germaniques. Ce n'est qu'en 612 qu'elle reparaît comme un *castrum,* appelé *Vervona* par Aymoin, annaliste du neuvième siècle. Ensuite ses archives sont muettes jusqu'en 1112. A cette date seulement, Bourbonne commence à sortir de son obscurité, parce que son nom se rattache dès lors à celui des grands person-

---

[1] V. première époque.

nages qui l'ont possédé à titre de seigneurs. Rappelons quelques souvenirs.

1112. Roscelin de Bourbonne est un des premiers bienfaiteurs de l'abbaye de Morimond, nouvellement fondée.

1145. Hugues, son fils, est témoin d'une donation faite par Cono, seigneur de Choiseul, à la même abbaye. Il eut pour fils Reignier Ier.

En 1173, paraissent dans la même famille Foulques et Geoffroy, et peu après Hugues et Reignier, nommés dans une donation faite aux templiers de Genrupt.

En 1182, Reignier II fait des dons à l'abbaye de Morimond. Pierre, son frère, prend part à la troisième croisade, avec Pierre de Voisey et les sires de Dampierre (1189).

1202. Dame Vuillaume, fille de Reignier, épouse Guy de Trichastel et lui apporte en dot une partie de la seigneurie de Bourbonne. En 1204, elle accorde à ses sujets leurs premières libertés, qui furent confirmées par Louis le Hutin (1313), alors roi de Navarre et comte de Champagne, et par son frère Charles le Bel, roi de France (1323). Dans cet intervalle, Philippe le Long, sur la demande des habitants eux-mêmes (1318), révoqua le droit de commune dont ils jouissaient, et leur quitta les 170 livres de rente qu'ils payaient pour ce droit. Ce corps de bourgeoisie était établi depuis longtemps, car il est mentionné dès l'an 1227, dans une charte de Reignier, seigneur de Choiseul, confirmant à l'abbaye de Cherlieu le don que Foulques, seigneur de Bourbonne, son parent, lui avait fait, du consentement d'Elisabeth, son épouse, et de Reignier et Guy, ses frères ; ce don consistait principalement dans la possession d'un certain Huon, *burgensem Borboniœ*, et de tout son ténement. Comme le sire de Choiseul ajoute que cet homme était de son fief et qu'il en abandonne la paisible propriété audit couvent, on en peut conclure aussi que ce baron était un membre de la maison de Bourbonne. Il avait épousé Alix de Dreux, dame de Traves et veuve de Gauthier IV, sire de Salins, dont il eut deux fils, Jean et Robert.

Guillaume de Trichastel, seigneur de Bourbonne, fils de Jean et petit-fils de Guy, nommé plus haut, vivait sur la fin du treizième siècle. A cette époque, le comte de Bourgogne, Othon IV, détacha le fief de Bourbonne de ses nombreux domaines, avec Jussey, Contréglise, Amance, Montaigu, Baulay, Faverney, Buffignécourt et Gevigney, pour compléter l'apanage et satisfaire les jalouses réclamations de Jean, son frère. Cet arrangement eut lieu par l'arbitrage de Jean de Montbéliard-Montfaucon et de Jean de Chalon, oncle des parties. Bourbonne se trouvait engagé, pour le moment, au comte de Champagne [1]; en attendant qu'il devînt libre, Jean de Bourgogne fut nanti des baronnies de Jonvelle, de Scey-sur-Saône, de Thoraise et de Chauvirey (1292, 1293) [2]. Mais ce fief demeura longtemps sous la main des sires de Champagne, qui s'y faisaient payer douze muids d'avoine par les tenanciers du lieu. Louis le Hutin

---

[1] C'est à ce titre que Guy III de Jonvelle lui fit hommage pour ce qu'il tenait à Bourbonne (1294). (M. Jolibois, *La Haute-Marne ancienne et moderne*.)

[2] Cartulaire de Bourgogne, fol. 454, 460; Gollut, livre VII, chap. 81.

avait cédé ses droits sur Bourbonne à Renaud de Choiseul, coseigneur du lieu, et à quelques autres nobles. Plus tard, en 1320, cette concession fut révoquée par Philippe le Long [1].

Le bailli du Comté était alors Vichard de Bourbonne. Une charte donnée à Chissey par ce noble chevalier, le jeudi après l'*Apparition* (Epiphanie) (12 janvier 1285), porte qu'il est nommé « par comandemenz monsignor li conte de Bourgoingne, por enquérir et por encerchier lez torz faiz par bailli, chastelains, prevotz, maïours et li genz et li gouvernours qui ont gouverné sa terre de Bourgoingne. » Cette institution des réformateurs, déjà vivement recommandée par saint Louis à son fils, était alors en pleine vigueur dans notre pays. Vichard, qui fut chargé de cette mission confidentielle, avait épousé Agnès, fille de Vuillemin de Bourbévelle et de Marguerite de Betaucourt.

1338. Renard de Choiseul, chevalier, frère de Jean, seigneur de Choiseul, et de Reignier, seigneur d'Aigremont, obtint la seigneurie de Bourbonne par son mariage avec la petite-fille de Guillaume de Trichastel.

1339. Isabeau, leur fille aînée, fit passer la terre de Bourbonne dans l'illustre famille des Vergy, en épousant Guillaume Ier de Vergy, seigneur de Mirebeau et de Fontaine-Française. De cette noble alliance sortirent Jean et Isabeau de Vergy, au nom desquels leur père fit hommage à Philippe de Valois, pour le château de Bourbonne et quatre cents livrées de terres dépendant de la châtellenie. En retour et par grâce spéciale, le prince lui

---

[1] Cartulaire de Bourgogne, fol. 482, verso.

abandonna cent quarante-sept livrées de terre, avec tous les droits et biens qu'il possédait dans la châtellenie de Bourbonne, à l'exception des bois et des fiefs qui devaient rester au domaine royal (1348). Deux années après, Guillaume de Vergy était au service d'Eudes IV, duc de Bourgogne, avec plusieurs autres chevaliers comtois, dans son expédition de Flandres contre Robert d'Artois, son rival. Nommé exécuteur testamentaire du même duc (1346), chargé de défendre les Etats de Jean, roi de France, contre les entreprises de Renaud de Bar, seigneur de Pierrefaitte (1350), lieutenant général et gouverneur du Dauphiné pour le dauphin Charles (1355), dans toutes ces circonstances il sut justifier, par sa prudence et sa valeur, la confiance dont l'honoraient ces têtes couronnées. Il avait épousé en secondes noces Agnès de Durnay, et en troisièmes noces Jeanne de Montbéliard. Il termina sa carrière en 1360.

Jean de Vergy, son fils unique, lui succéda dans ses seigneuries et fut marié à Isabeau de Joinville, dont il n'eut qu'un fils, appelé Guillaume [1].

1370. Guillaume II de Vergy contracta mariage avec Agnès de Jonvelle, fille de Philippe, seigneur de Jonvelle, et de Guillemette de Charny. Il mourut vers 1374, laissant pour enfants Jean, Marguerite et Jeanne. Les deux premiers moururent adolescents. Pierre de Bard, seigneur de Pierrefort, tuteur de Jean, fit hommage au roi Charles V, au nom de son pupille, pour les châteaux de

---

[1] Le blason de Bourbonne, à cette époque, était écartelé un et quatre d'azur à la croix d'or tréflée : deux et trois d'argent, au croissant de gueules. (M. JOLIBOIS, *La Haute-Marne ancienne et moderne*.)

Coiffy et de Bourbonne (1376). Deux ans auparavant, la veuve de Vergy avait repris sa dot, qui comprenait les forteresses de Bourbonne, de Soilley et d'Epernoux, avec toutes leurs dépendances; mais Philibert de Bauffremont, son second mari, vendit ces propriétés pour trois cents francs d'or, à Jean de Vergy, seigneur de Fouvent.

1389. Jeanne de Vergy, fille de Guillaume II de Vergy et d'Agnès de Jonvelle, épousa Henri de Bauffremont, baron de Scey-sur-Saône, conseiller et chambellan du duc de Bourgogne, et fit ainsi passer la seigneurie de Bourbonne à la maison de Bauffremont (1). Héritière de Jean, son frère, elle reçut encore d'Agnès de Jonvelle, sa mère, la seigneurie de Charny. Elle eut six enfants, entre autres Jean qui va suivre, et Pierre, seigneur de Charny, conseiller et chambellan de Philippe le Bon. Pierre de Bauffremont portait de Bauffremont écartelé de Vergy, sur le tout de Charny. C'est de lui que sont descendus les comtes de Charny, les marquis de Mirebeau et d'autres gentilshommes illustres, dont les noms sont rapportés dans l'histoire de la maison de France. Lieutenant général de Charles le Téméraire, il osa, aidé de son frère, lutter de front, dans l'assemblée des états, contre les entraînements du prince, et lui faire entendre avec énergie la voix du pays. Pierre de Saint-Julien le désigne en ces termes : « le sieur de Jonvelle, qui aussi estoit sieur de Charny. » Les Bauffremont-Charny continuaient à se qualifier de Jonvelle, quoique dépouillés de ce fief (2).

(1) V. page 100.
(2) V. page 108.

Jean de Bauffremont, frère aîné du précédent, seigneur de Bourbonne, Mirebeau, etc., et marié à Marguerite de Chalon, fut commis par la noblesse à la rédaction des coutumes de Bourgogne (1459).

Anne de Bauffremont, son unique héritière, donna sa fortune et sa main à Pierre de Bauffremont-Senecey, son cousin, sire de Vauvillers, etc. Ils eurent quatre filles, dont l'aînée, Françoise, épousa Bertrand de Livron (1477).

Bertrand de Livron, seigneur de la Rivière, de Wart en Limousin et de Bourbonne par son mariage, grand écuyer du roi et capitaine du château de Coiffy, mourut vers l'année 1505. François Ier de Livron, son fils, eut pour femme Clauda de Roy. François II, son petit-fils, seigneur de Bourbonne, Courtenay, Longepierre, etc., épousa Bonne du Châtelet, fille de Nicole de Lénoncourt et d'Erard du Châtelet, seigneur de Vauvillers, Montureux-sur-Saône, Demangevelle, etc.; il mourut en 1563.

Erard de Livron, fils du précédent, baron de Bourbonne, chevalier de l'ordre royal du Saint-Esprit, grand-maître d'hôtel du duc de Lorraine et gouverneur de Coiffy, épousa Gabrielle de Bassompierre, dame de Ville-sur-Illon.

Charles de Livron, marquis de Bourbonne, était leur fils. Entré comme son père et ses aïeux dans la carrière des armes, il fut successivement capitaine de cinquante chevaux, enseigne des gens d'armes de Marie de Médicis et maréchal de camp. Jeune encore, il mérita la reconnaissance de son pays et de son roi, par une capture importante, que Macheret raconte ainsi, d'après le *Journalier du roy Louis XIII :*

« Faut sçavoir que les princes voisins de France, poussez d'une rage entièrement diabolique, firent contre l'Estat françois une maudite ligue, dont les trois principaux moteurs estoient les roys d'Angleterre et d'Espagne et le duc de Lorraine. Le factum du complot, rédigé et signé à Londres, fut porté à la signature de Madrid par le sieur Milour Montagu, qui le debvoit ensuite présenter au prince Charles. En conséquence, après avoir traversé la Gaule Narbonnoise, le Lyonnois et la Bresse, il fit halte à Besançon, pour illec se rafroichir. Puis, costoyant la Comté et cherchant les chemins les plus asseurez pour entrer en la Vosge et arriver droit à Nancy, il fut prins en un petit village appelé Ruaulx, par le seigneur Charles de Livron, marquis de Bourbonne et seigneur souverain dudit Ruaulx, qui le guettoit et poursuyvoit depuis son entrée en France, sans avoir encore treuvé l'occasion favorable pour se saisir de sa personne. Il le conduisit à son chasteau de Bourbonne, et le mesme soir, après souper, environ les unze heures, il fit assembler les soldats mousquetaires pour le transférer en la citadelle de Coiffy, luy disant : « Monseigneur, vous avez soupé chez moy, mais vous prendrez la peine de venir coucher chez mon maistre le roy, en sa maison de Coiffy. » Six semaines après, suyvant les ordres de Sa Maiesté, et assisté du grand prévost de France, le marquis de Bourbonne conduisit son prisonnier à Paris, en passant par Lengres, le 10 décembre 1627, de là par Grancey, Tonnerre, Nevy et aultres lieux, avec les lettres, chartes et paquets qu'il portoit de la part des souverains ennemis de la France. Or, ceste prinse valut au dit sieur marquis une des quatre lieutenances générales de Champaigne, pour les villes de Chaumont, Vitry, Bar-sur-Aube, Saint-Dizier et aultres (1). »

Le 5 mai 1633, Charles de Livron fut créé chevalier de l'ordre royal du Saint-Esprit, avec Henri d'Orléans, le duc de la Trémouille, les cardinaux de Richelieu et de la Valette, les archevêques de Bordeaux, de Narbonne et trente-sept autres (2).

La même année, les jeunes princes de Wurtemberg, ayant mis leur comté de Montbéliard avec leurs seigneuries d'Héricourt, de Châtelot, de Blamont et de Clémont, sous la protection de Louis XIII, obtinrent pour ces pays une garnison française, dont le commandement fut confié au marquis de Bourbonne. Il arriva à son poste le 11 septembre, avec cinq compagnies d'infanterie et deux de cavalerie, en tout cinq à six cents hommes. Toute la ville et les paysans des environs s'empressèrent à sa rencontre, enseignes déployées, au bruit des salves d'artillerie. Il amenait avec lui un chapelain, dont la présence et la messe vexèrent beaucoup ces fanatiques luthériens : l'un d'eux écrivait dès le premier jour : « Le marquis at amené un prestre pour faire l'exercice de papisme, chose qui est grandement à contre-cœur à tous. » Mais personne n'enragea plus contre les soldats papistes que la duchesse douairière de Wurtemberg, obligée de passer devant un de leurs corps de garde en allant à la chapelle du château pour le prêche. Néanmoins le fier Livron sut tenir haut, peut-être aussi avec raideur, le drapeau du roi Très Chrétien au milieu de ces hérétiques

---

(1) *Journal de Macheret*, fol. 3.
(2) Ibidem, fol. 8.

protégés. Au reste, par les réparations importantes qu'il fit à la place et surtout par sa bonne contenance, le gouverneur de Montbéliard conserva dans la sécurité le pays confié à sa garde. Il écrivait hardiment à la cour de Dole : « Je ne laisseray de me plaindre à vous qu'un Contois vint hier en ceste ville faire mils mauvais discours séditieux..... Je vous prie d'empescher, parce que, s'il en vient encor quelqu'un, je le feray prendre et pendre, et puis je vous le manderay (1). » Cependant Forstner, chancelier des princes, l'appelait dans ses lettres un soldat sans savoir et sans expérience de son métier : *homo militiæ et bellorum insolens*. Mais il parlait ainsi sans doute par rancune pour les procédés hautains du gouverneur.

Charles de Livron fut remplacé dans son commandement de Montbéliard par Louis de Champagne, comte de la Suze (2), en février 1636, et il revint à Bourbonne, avec ses meubles, par Vesoul et Jonvelle, muni d'une sauvegarde que le roi de France avait demandée pour lui au parlement de Franche-Comté (3). La guerre éclata bientôt après, et l'épée du marquis de Bourbonne fut souvent occupée contre Jonvelle (4). Il mourut en 1671, et sa postérité s'éteignit en 1728, dans la personne de Jean-Baptiste-Erard, son arrière-petit-fils.

---

(1) *Documents inédits de l'Académie de Besançon*, II, 349 à 464.
(2) Celui-ci mourut le 27 septembre suivant et eut pour successeur Jacques Rouxel, comte de Médavy de Grancey, alors maréchal de camp, qui devint lieutenant général en 1644, et maréchal de France en 1651.
(3) Archives du Doubs, corresp. du parlem., B, 777, 2 février, lettre à la cour.
(4) V. page 287 et suivantes.

Charles de Livron II, son petit-fils, fut abbé d'Ambronay, et vendit la terre de Bourbonne à Colbert du Terron (vers 1680), qui la fit passer au prince de Carpagna, son gendre. Celui-ci la vendit, en 1711, à Nicolas Desmarest, marquis de Maillebois, neveu du grand Colbert et contrôleur général des finances.

C'est vers ce temps qu'arriva l'incendie général de Bourbonne. Le feu prit dans une maison de la rue Vellone, le 1er mai 1717. Excité par un vent impétueux, il enveloppa bientôt toute la ville et dévora, en moins de trois heures, cinq cents maisons, l'église paroissiale, le presbytère, le château, le couvent des capucins, les halles, l'auditoire, les moulins et presque toutes les archives publiques ou privées. Quarante-deux maisons seulement furent épargnées. On ne peut lire sans la plus vive émotion la relation de ce désastre adressée au prince de Talmont par M. Charles, alors curé de Bourbonne. « Les pierres sont toutes calcinées par le feu, dit-il ; pas un pan de mur, pas un vestige de poutre qui puisse bien servir. Les caves sont la plupart enfoncées, le vin répandu ou gâté par la chaleur du feu. Les vignes, les arbres des jardins, les chariots, pressoirs, fours banaux et couvertures des puits, les provisions en fourrages, grains, farines et viandes, les fonds de boutiques, les outils des ouvriers, etc., tout est consumé. On n'a pu rien sauver des différents bureaux du roy, dont les receveurs estoient en campagne ; presque rien des greffes, peu de papiers des maisons particulières ; peu d'argenterie, de linge et de meubles, en quoy consistoient principalement les facultez des habitants de Bourbonne, à cause de leurs chambres garnies pour recevoir une multitude de malades étrangers, qui y venoient depuis Pasques jusqu'à la Toussaint. »

Desmarest profita de sa haute position sociale pour procurer à ses concitoyens, soit avant, soit après cette terrible catastrophe, des grâces et des exemptions extraordinaires. Il fit décharger les habitants de Bourbonne, pendant dix ans, de la capitation et des autres impôts, outre les arrérages, et réduire les tailles à cinq sols par personne, à condition qu'on résiderait dans la ville et que les maisons seraient rétablies dans l'espace de quatre années.

Nicolas Desmarest mourut en 1721, laissant la seigneurie de Bourbonne à son fils Jean-Baptiste-François, marquis de Maillebois, maître de la garde-robe du roi, grand d'Espagne, enfin maréchal de France. Le fief de Bourbonne fut vendu par ce dernier, vers 1734, à François-Gabriel-Bénigne de Chartraire, président à mortier du parlement de Dijon, et passa successivement à Marie-Antoine-Renaud-Claude de Chartraire (1740), au comte de Mesmes d'Avaux, par son mariage avec demoiselle Reine-Claude de Chartraire, ensuite au comte Regoley d'Ogny (1783), à M. Lahérard (1822), enfin à M. Tonnet, ancien sous-préfet, propriétaire actuel. Le château moderne a remplacé l'ancienne forteresse des sires de Bourbonne, et il reste à peine quelques vestiges de celle-ci, pour rappeler la puissance des maîtres qui l'ont construite ou habitée.

Quoique ville du Bassigny, Bourbonne était du diocèse de Besançon, comme les paroisses des environs. Son église, dédiée à l'Assomption de Notre-Dame, est du douzième siècle. Malgré les dégradations que l'injure des siècles lui a fait subir, elle présente encore dans son ensemble un aspect imposant et digne de l'attention des archéologues. Jadis elle était desservie par un vicaire perpétuel, au nom de l'abbé de Saint-Vincent, de Besançon. Le patronage des chapelles de Saint-Nicolas et de Sainte-Barbe appartenait au seigneur du lieu. La famille de Livron avait droit de sépulture dans celle du Rosaire.

En 1654, Notre-Dame de Bourbonne reçut l'honorable visite de l'archevêque Claude d'Achey, alors en tournée pastorale. Après y avoir donné la confirmation, il y conféra les ordres sacrés et mineurs aux ordinands du diocèse de Langres, le samedi des quatre-temps, 19 septembre. L'évêque de Langres avait été empêché par la maladie de faire lui-même cette ordination [1]. De là, Claude d'Achey s'en alla mourir en son château de Gy, le 6 octobre suivant.

Cependant, malgré l'intérêt archéologique et religieux qu'elle inspire, l'antique église de Bourbonne appelle une reconstruction : l'exiguité de l'édifice, le voisinage insalubre et tumultueux de la place publique, et surtout le manque de solidité, ne permettent plus de conserver désormais ce monument vénéré, qui a vu tant de révolutions et survécu à tant de désastres. Pour le relever, de louables efforts ont été tentés par M. Boileau, curé de la paroisse, et par le conseil de fabrique. Economies, quêtes, souscriptions, loteries, associations de prières, rien n'a été épargné pour cette œuvre, à la fois paroissiale et artistique. Il est réservé à l'administration municipale, dont la sollicitude intelligente n'est sans doute

---

(1) *Journal de Macheret*, fol. 158, verso.

pas moindre pour les intérêts religieux et moraux que pour les intérêts civils et matériels de la cité, de mettre la dernière main à l'entreprise, et de donner enfin satisfaction aux besoins et aux vœux de toute la population.

Sur le plateau qui touche à l'établissement thermal, se trouvait le prieuré de Saint-Laurent. Ce bénéfice fut donné, en 1140, par l'archevêque Humbert à l'abbaye de Saint-Vincent, avec l'église paroissiale et la chapelle du château, auxquelles furent attachées plus tard toutes les dîmes seigneuriales (1250). Les papes Alexandre III (1179) et Luce III (1184), les archevêques Guillaume d'Arguel (1250) et Aymon (1364), confirmèrent les bénédictins dans la possession de ces droits. Enfin Honoré-François de Grimaldi, de la maison princière de Monaco, autorisé par Benoît XIII, Louis XIII et Gaspard de Grammont, évêque d'Aréthuse et abbé de Saint-Vincent, unit définitivement le prieuré à la mense abbatiale de ce monastère (4 août 1727). A dater de cette époque il cessa d'être conventuel par la démission de dom Constant Guilloz, dernier prieur régulier, et devint un simple prieuré rural, dont les revenus furent perçus désormais par un religieux délégué à cette fin. La chapelle de Saint-Laurent possédait une image de la Vierge, devant laquelle les malades accouraient pour obtenir leur guérison. Un prêtre était chargé d'y célébrer la messe tous les dimanches.

Bourbonne avait aussi un hôpital fondé avec l'autorisation d'Antoine-Pierre de Grammont (1737), et une commanderie de religieux antonins, pour le service des malades et des pèlerins, remplacée plus tard par un couvent de capucins.

CHATILLON.

Châtillon est bâti sur les ruines de l'ancienne ville de ce nom. Son étymologie (*castellum*), ses routes et ses antiquités romaines, dont nous avons parlé dans notre première époque, sa situation topographique, ses fortifications, ses ruines, sa prévôté, ses seigneurs, en un mot les souvenirs historiques les plus intéressants, attestent l'importance de cette petite ville dans les siècles passés. Elevé sur un promontoire escarpé, au confluent de l'Appance et de la Saône, ce village a toujours servi de point stratégique aux différents maîtres qui l'ont occupé. Ses relations avec trois provinces rivales et souvent ennemies, surtout son voisinage de Jonvelle, en ont fait un poste d'honneur des plus difficiles, à la défense duquel n'a jamais failli le courage de ses habitants.

En 1300, le comte Henri de Bar, mêlé aux querelles de l'empire et de la France, fut fait prisonnier et donna pour sa rançon les châteaux de Conflans, de Lamarche et de Châtillon. Le traité fut signé à Bruges, en 1301, par Philippe le Bel et par l'empereur Adolphe.

En 1402 et 1440, Châtillon fut choisi pour les conférences à tenir entre les plénipotentiaires de Lorraine et de Bourgogne (1).

En 1432, il fut livré pour gage à Philippe le Bon, duc de Bourgogne, par le duc de Lorraine et de Bar, René d'Anjou (2).

Les guerres de Louis XI et de Charles le Téméraire furent pour Châtillon une époque de malheurs et de désastres. Plus tard, en 1525, le conseil de Bar, au nom du duc de Lorraine, « considérant la pauvreté et les grandes pertes et dommaiges que les habitants de Chastillon ont eu en la prise et destruction de leur ville, désirant qu'ils puissent vivre et demeurer sous ledit seigneur et refaire ladite ville, sur leur requête, les quitte des redevances domaniales. » C'est entre cette date et celle de 1574, inscrite sur quelques pans de murailles, que Châtillon s'est relevé de ses ruines. Du reste, les blasons, les sculptures et les bas-reliefs qui ornent les portes et les fenêtres de plusieurs maisons, sont tous de cette époque. La ville comptait deux cent vingt feux, lorsque la guerre amena les Français et les terribles Suédois sur nos frontières. Dès l'année 1635, cette place fut emportée, démantelée et brûlée avec ses faubourgs, et ses habitants passés par les armes, faits prisonniers ou mis en fuite. La peste venant en aide à la guerre, Châtillon demeura désert pendant toute la durée des hostilités. En 1648, il n'offrait encore qu'un monceau de ruines, habité par huit personnes (3), lorsque le duc de Lorraine fut supplié, par une requête de ses officiers,

(1) V. pages 114 et 125.
(2) V. page 121 et *Notice sur Chauvirey*.
(3) V. page 326.

de relever cette ville de son tombeau [1]. Elle se repeupla et se rebâtit insensiblement; mais ses fortifications demeurèrent couchées sur le sol; les ponts-levis, les créneaux, les fossés du château fort, ont fait place à une élégante habitation. Cependant on voit encore partout, dans le vieux Châtillon, des vestiges de remparts, de tours, de bastions, de portes, de places d'armes, d'hôpital et d'écussons, qui restent là comme les derniers témoins d'une puissance anéantie.

Dès le XIIe siècle, Châtillon avait donné son nom à une famille de gentilshommes, qui contracta des alliances avec plusieurs maisons nobles de Franche-Comté. Gauthier, chevalier, fils de Humbert de Châtillon, figure parmi les premiers bienfaiteurs de l'abbaye de Cherlieu (1189). Béatrix, son épouse, Hugues et Girard, ses fils, Chevrière, sa fille, mariée à Thiébaud de Scye, et Valon, son frère, approuvent ses libéralités, en présence de Odon de Rupt et de Vicard, abbé de Saint-Vincent. En 1215, il donne encore au même monastère la moitié de ses dîmes de Cendrecourt.

En 1250 et 1252, Thiébaud, seigneur de Neufchâteau, Jonvelle et Châtillon, est témoin avec Etienne, curé de Châtillon, de plusieurs traités concernant le prieuré d'Enfonvelle [2]. Robert de Châtillon était connétable de Bourgogne et gardien du Comté de 1337 à 1339 [3].

Ensuite le fief de Châtillon passa successivement dans

---

[1] Archives de Châtillon, n° 1, enquête de 1648, après la supplique des habitants du lieu présentée au souverain devant la chambre des comptes du duché de Bar. Entre autres témoins, fut entendu François de Baudricourt, maïeur à Lironcourt, pour les sujets du comté de Bourgogne.
[2] V. page 73.
[3] *Histoire des sires de Salins*, I, 30.

les maisons de Vergy, de Toulongeon et du Châtelet. Jean III de Vergy et Antoine, son fils, seigneurs de Châtillon, portaient dans leurs armoiries : de Vergy, brisé d'une bordure d'argent, écartelé de Châtillon, qui était d'azur à deux barbeaux adossés, côtoyé de deux croix de Lorraine d'argent.

La terre de Châtillon fut possédée par les sires du Châtelet, de 1523 à 1648. Un des plus illustres fut Jean du Châtelet, capitaine de cent hommes d'armes, gouverneur de Langres, surintendant des places du Bassigny et chevalier de l'ordre du Saint-Esprit (vers 1585). Du reste, la plupart des membres de cette famille furent honorés de la confiance des rois de France et des ducs de Lorraine, et remplirent les fonctions les plus importantes à la cour de ces souverains, dans leurs armées ou dans leurs provinces. Les seigneurs de Thons et ceux de Trichâteau étaient des branches de la maison du Châtelet et portèrent aussi le nom de Châtillon.

Parmi les familles importantes de cette petite ville, on doit nommer les Vernisson, les Savarin, les Baudricourt et les Jallin. La première de ces familles donna François Vernisson, tabellion de la prévôté (1561), Jean, Sulpice et Pierre Vernisson, successivement prévôts de la châtellenie (1571-1635). Ce dernier, qui commandait la place en 1635, fut pendu par les Suédois à la porte de sa maison. Du Hay était capitaine de Châtillon en 1574, de Forget en 1581, de Valleroy en 1606, de Grandet en 1633 et du Four de 1689 à 1735. Mentionnons surtout, pour l'honneur du pays, le P. Lenfant et Mme de Saint-Ouen. Anne-Alexandre-Charles Lenfant, né à Lyon, le 6 septembre 1726, d'une famille noble du Maine, entra chez les jésuites et devint bientôt un prédicateur célèbre et très goûté, même des incrédules. Il se fit entendre à Vienne, en présence de l'empereur Joseph II, et à la cour de Louis XVI, pendant le carême de l'année 1791. Arrêté par les ordres iniques du tribunal révolutionnaire et conduit à la prison de l'Abbaye, le 30 août 1792, il tomba sous le glaive des bourreaux, malgré les réclamations du peuple, dont il était le bienfaiteur. C'est au château de Châtillon que ce digne religieux venait quelquefois se reposer de ses travaux apostoliques; c'est là aussi que Laure Lenfant, sa nièce, vint se consoler plus tard des malheurs de sa famille. Mariée à M. Xavier de Saint-Ouen, qui fut sous-préfet de Mirecourt, elle employa désormais sa fortune et ses loisirs à soulager les pauvres et à composer pour la jeunesse différents opuscules, où elle a peint son noble cœur et son aimable caractère. Elle mourut au Charmont de Lironcourt, à l'âge de cinquante-neuf ans, le 5 octobre 1838, et fut inhumée dans l'église de Châtillon.

La ville de Châtillon était le siége d'une prévôté comprenant Blondefontaine, Melay, Grignoncourt, Lironcourt en partie, et quelques autres villages. Melay avait sa juridiction particulière. Les causes civiles et criminelles étaient portées en première instance devant le prévôt du lieu, ensuite au bailliage du Bassigny, et en dernier ressort à Langres et à Paris, comme celles des autres communautés mouvant du Barrois. Le duc de Lorraine en était le haut justicier.

La paroisse de Châtillon appartenait au diocèse de Besançon, et se trouvait unie à la mense capitulaire de

Saint-Etienne, comme le constate une bulle confirmative de cette union donnée par Eugène III, le 4 des calendes de mai 1145. Elle continua d'être au chapitre métropolitain, avec plus de quarante-deux autres cures, et ces droits du chapitre furent consacrés par un décret de l'archevêque Vital, en 1314 (1). Ce bénéfice, administré par un vicaire perpétuel, ou curé résidant, était donné au chanoine qui avait le département appelé *super Sagonam*, ou la Saône supérieure. Le prébendier de Supt-le-Haut en était le titulaire en 1785. Les dîmes de Châtillon appartenaient toutes à la cure. Le vicaire du chapitre et le curé de Jonvelle, qui alternaient pour le service religieux de Grignoncourt, se partageaient le casuel de cette desserte, depuis que les choses avaient été ainsi réglées à Jonvelle par l'archevêque Antoine-Pierre de Grammont, alors en tournée de confirmation.

L'église est dédiée à saint Sulpice. L'ancienne offrait le style ogival du second âge. Sur la fin du quinzième siècle, le passage des corps d'armée amis et ennemis n'avait laissé que les murailles de l'édifice ; encore étaient-elles en partie ruinées. Le curé et les paroissiens intéressèrent en sa faveur le cardinal Jean, évêque de Sabine et légat du saint-siége. Par décret daté de Clermont, 1er octobre 1497, il accorda une indulgence de sept années et de sept quarantaines à tous ceux qui, s'étant confessés en vrais pénitents, visiteraient dévotement l'église de Châtillon, dans les fêtes de Pâques, de l'Assomption, de saint Barthélemi et de saint Jean-

---

(1) Archives du Doubs, inventaire du chapitre métropolitain, fol. 4, verso, et 134.

Baptiste, et qui en même temps contribueraient aux réparations ou à la décoration de cette église [1]. Cet appel à la piété des fidèles fut entendu : bientôt le temple sacré sortit de ses ruines et de son indigence. On lisait l'inscription suivante sur la tourelle de l'escalier du clocher :

Cochlea legato præsens constructa piorum est,
Quos alto Christus faxit in æthere beet!
Amen. 1502.
Larga Ceres moritur; dum nascor cochlea grandis,
Pax redit in terras, Marte silente fero.

Ce double distique rappelait tout à la fois la pieuse générosité de ceux qui avaient relevé le monument, les longs malheurs qui venaient de peser sur le pays et l'espérance qui commençait à renaître avec la paix. Un siècle plus tard (1621), les marguilliers Guillemin Gérard et Jean Belin donnaient avec un légitime orgueil l'inventaire de toutes les richesses accumulées dans leur église par la générosité des paroissiens et des autres fidèles. Vases et ornements sacrés, linge, tapisseries et voiles précieux, tableaux et statues, rien n'avait été oublié pour orner et embellir les solennités du saint lieu. Gouverneur, prévôt, bailli, pasteur et troupeau, tout le monde y avait contribué avec une noble émulation, surtout les demoiselles de la conférence, qui, au jour de leur fête patronale, offraient tour à tour leurs joyaux les plus précieux en l'honneur de Marie [2]. Mais sou-

---

[1] Archives de Châtillon, n° 26.
[2] Ibidem.

dain les cris de guerre et le fracas des armes interrompirent les fêtes saintement joyeuses, et le désastre de 1635 fit de toutes ces richesses la proie des flammes et du soldat.

Le pavé de l'église était orné de plusieurs tombes, sur lesquelles se trouvaient représentés des chevaliers armés de toutes pièces et des dames en attitude de prière. Sur l'une de ces pierres funéraires, on voyait les armoiries de Cendrecourt et de Bourbévelle, avec cette épitaphe:

Cy gisent Bernard de Cendrecourt, seigneur dudit lieu, demoiselle de Charmoille et demoiselle Claude de Bourbévelle.

Noble Pierre-Claude de Francourt de Cendrecourt, prieur d'Enfonvelle et chanoine de la Mothe, fut curé de Châtillon (1577-1610). Nous l'avons déjà mentionné [1].

---

[1] Page 342.

CHAUVIREY.

La terre de Chauvirey, *Chalvireicus*, comprenait les deux villages de ce nom, avec la Quarte, Ouge et Vitrey. Vers le milieu du treizième siècle, le seigneur divisa son domaine, pour constituer des apanages à ses enfants: de là les seigneuries de Chauvirey-le-Vieil ou le Haut et de Chauvirey-le-Châtel ou le Bas. Dans le siècle suivant, Chauvirey-le-Bas fut sous-divisé lui-même en Château-Dessus et en Château-Dessous. Cette complication occasionna nécessairement des querelles et des mutations sans nombre; de plus elle a jeté la plus grande confusion dans les généalogies. Essayons néanmoins d'y porter quelque lumière.

Autant qu'on peut le conjecturer par les chartes de nos abbayes, voici la généalogie des premiers sires de Chauvirey. Ces chartes mentionnent : Etienne et Guillaume (1157), Saretta, femme de celui-ci, Gislebert et Humbert, leurs fils, Esseline, épouse du premier (1188), Philippe et Gérard, leurs fils (1200), Elvis, femme de Gérard, Guy, Alix, Boniette et Gillette, leurs enfants (1225), Gérard d'Achey, leur gendre, marié à Boniette (1221). Philippe épousa Marguerite d'Oiselay, issue par son père de la maison de Bourgogne et par sa mère de la maison de Vienne-Pagney. Ils ratifièrent ensemble un traité d'accord passé entre l'abbé de Clairefontaine et Henri d'Anchenoncourt, vassal de Chauvirey. En reconnaissance, les moines leur donnèrent un bœuf, deux vaches et soixante livres estevenantes (1263). Leurs enfants furent Gérard II, Philippe II et Mathélie, qui fut mariée au sire de Melincourt. Marguerite et Jean de Chauvirey, qui épousèrent l'une Guy III de Jonvelle, et l'autre Catherine de Jonvelle, vers l'an 1285 [1], devaient être nés du même mariage que les précédents.

Gérard II, l'aîné des fils de Philippe I, se maria deux fois, d'abord avec Anne de Moissey, ensuite dans l'illustre maison de Commercy, qui naguère avait donné à Jean de Chalon sa troisième épouse, la comtesse Laure. Cette famille possédait les seigneuries de Nans et de Châteauvillain, relevant du comte de Chalon; et c'est par là que Gérard de Chauvirey et ses enfants eurent le fief de Châteauvillain. Les chartes nomment, en 1326, un Perrenet de Châteauvillain, époux d'Isabelle de Nans et seigneur de Chauvirey; mais tout nous porte à croire qu'il n'est autre que Gérard, marié avec Isabelle de Commercy, dame de Nans (Comté) et de Châteauvillain

[1] V. pages 76, 77 et 79.

(Bassigny) (1). Quoi qu'il en soit, seigneur principal des deux Chauvirey et encore simple damoiseau en 1290, Gérard II fit hommage au comte de Bourgogne, sous le sceau d'Etienne d'Oiselay, son oncle. Neuf ans plus tard, devenu écuyer, il se reconnaissait vassal de la comtesse Mahaut et déclarait que ses seigneuries de Chauvirey-le-Vieil et de Chauvirey-le-Châtel lui valaient quatre cents livres. De concert avec son frère Philippe, il fonda dans l'église de Cherlieu l'anniversaire de leur mère, en donnant aux religieux six sous tournois de rente sur les entrées de Chauvirey, et trente sur les tailles de Bussières (1292). Il mourut vers l'an 1334 et fut inhumé dans le chapitre de la même abbaye : ses bienfaits personnels et ceux de sa famille envers le monastère lui avaient mérité cette honorable sépulture. Il laissait pour enfants Jean II, Gérard III et Béatrix; du moins les chartes, en nommant ces personnages, les désignent tous comme seigneurs de Chauvirey-Châteauvillain et nés d'un Gérard.

Quant à Philippe II, frère du précédent, il s'unit à Isabelle, fille de Guillaume de Saux (1299). Il acheta la part d'Alixant, sa belle-sœur, en lui donnant pour sa vie durant la terre de Preigney, qu'il tenait en fief du seigneur de Ray, et il céda la seigneurie de Saux à Philippe le Bel, pour un fief d'égale valeur, situé dans le voisinage de Troyes. Bailli de Mâcon en 1314, il figura, vers cette époque, parmi les nobles du Comté ligués contre le roi de France. Il parait qu'il eut deux enfants, Marguerite,

---

(1) V. *Histoire des sires de Salins*, I, 139 et suiv.; *Documents inédits de l'Académie de Besançon*, III, 217, note 4.

abbesse de Belmont, et Vauthier, qui mourut avant lui. Philippe fut inhumé auprès de son frère, après avoir fondé son anniversaire, en assignant aux religieux quatre livrées de terre, et en les quittant de toutes réparations pour l'assassinat d'un de ses hommes de Chauvirey-le-Vieil, qui avait été tué par un homme de Montigny, sujet de l'abbaye (1335).

C'est quelqu'un des enfants de Gérard II ou de son frère qui figura dans la défense de Gray, pour le souverain légitime, en 1346. Jean de Chalon-Arlay II et Thiébaud de Neufchâtel, à la tête d'une ligue formidable soulevée contre le duc Eudes IV, ravageaient les rives de la Saône et menaçaient la ville de Gray. Un message pressant de la duchesse Jeanne appela tous les vassaux demeurés fidèles, au secours de la place menacée. Bientôt les sires de Chauvirey, de Jonvelle, de Ray, de Vergy, d'Achey, de Dampierre et quelques autres, arrivèrent à Gray, suivis de leurs vassaux, écuyers et gens d'armes. Cette petite garnison attendit pendant dix-neuf jours Othe de Granson, lieutenant du prince; mais elle prit patience en usant largement du confortable qui lui était fourni; car elle consomma, selon les comptes de Jean de Morey, vingt-six muids de vin et quarante bœufs, sans compter « les porcs, veaux, poulailles, oisels de rivière, poissons, fromages de gahin (d'automne), espices, aulx, oignons, vinaigre, moutarde, sel et verjus. » Granson parut enfin dans les premiers jours de décembre, avec quatre-vingts chevaux. Il encouragea les chevaliers et les bourgeois, et pour enflammer leur ardeur guerrière par l'attrait du succès, il détacha, sous les ordres de Jacques et de Hugues d'Achey, une troupe d'élite qui alla mettre le siége devant le château de Mantoche. La forteresse, qui était occupée par Jean d'Abbans, un des chevaliers rebelles, fut bientôt emportée, et des ouvriers maçons et mineurs furent commandés pour la *desroichier* [1].

A la mort de leur père, Jean et Gérard de Chauvirey-Châteauvillain se partagèrent son héritage. Le lot du premier fut le fief de Chauvirey-le-Châtel avec la moitié de Châteauvillain, dont l'autre moitié échut à Gérard. Quant à Béatrix, elle fut reléguée par l'avarice de ses frères dans le couvent de Belmont, dont l'abbesse était Marguerite de Chauvirey, sa tante. Elle y fit ses vœux, après avoir renoncé aux biens de la terre (1340). Mais la victime de cette vocation forcée, telle que l'intérêt mondain en produisait quelquefois, avait emporté dans le cloître et conservé sous le voile l'amour de Louis de Joux, duc de Nancy. Celui-ci finit par délivrer la captive, qui se fit relever de ses vœux, pour soulager la vieillesse de sa mère et principalement pour donner sa main à son libérateur. Sur ces entrefaites, Gérard vint à mourir: aussitôt les nouveaux époux, qui étaient sans domaine du côté de Béatrix, à cause des dispositions précédentes, se saisirent de Châteauvillain, dont ils refusèrent l'entrée à Jean, leur frère. Mais il eut bientôt forcé le château; les téméraires usurpateurs, tombés entre ses mains, furent contraints de se désister de leurs prétentions, pour une faible indemnité de soixante soudées de terre, et d'engager dix mille livres en garantie de leurs promesses pacifiques (1350). Béatrix mourut en 1368 et fut inhumée devant le grand autel de Montbenoît [2].

(1) MM. GATIN et BESSON, *Histoire de Gray*, p. 50.
(2) *Documents inédits de l'Académie de Besançon*, III, 217 et 218.

Ici les trois châteaux de Chauvirey commencent à se dessiner séparément dans l'histoire: donnons à chacun d'eux un article particulier.

CHAUVIREY-LE-VIEIL.

Vauthier, fils de Philippe II, avait eu deux filles, N. qui épousa Jean de Montjustin, et Odette qui porta son héritage en dot à Erard du Châtelet, maréchal de Lorraine. Cette alliance est le premier établissement de la maison du Châtelet dans notre pays.

Renaud, fils aîné d'Erard du Châtelet, lui succéda dans les seigneuries de Chauvirey-le-Vieil, Removille, Theullières, etc. Il eut encore du chef de Jeanne de Chauffour, sa femme, la terre de Deuilly en partie. Exécuteur testamentaire de Philibert de Beauffremont (1406), conseiller et bailli du cardinal duc de Bar (1416), nommé chevalier de l'ordre de la Fidélité, avec Erard II, son fils, et bailli de Bassigny, il mourut en 1429 et fut inhumé dans l'église des cordeliers de Neufchâteau. Six ans plus tard, la même tombe s'ouvrit pour son épouse.

Jean du Châtelet, son frère, aussi qualifié seigneur de Chauvirey, avait commis des dégâts sur les terres de Robert, son souverain, duc de Bar et de Lorraine ; mais il entra bientôt dans la voie du repentir, en se reconnaissant vassal fidèle et en promettant de comparoir, quand on voudrait, devant le prince offensé, pour lui faire, séance tenante, les réparations obligées (1367). Son père et Thierry de Lénoncourt furent les principales cautions de sa parole, qui fut loyalement gardée, car l'année suivante, Erard et Jean du Châtelet demeurèrent prisonniers à la journée de Ligny, en se battant pour le duc de Lorraine, contre son rival, le comte de Vaudémont et les Messins. La paix se fit à Metz le 9 août 1370. Robert s'engagea envers cette ville pour 60,000 petits florins d'or de dédommagement ; Jean du Châtelet et Philibert de Bauffremont cautionnèrent le débiteur, avec quelques autres gentilshommes (1).

Renaud du Châtelet-Chauvirey eut cinq enfants : 1° Erard II le Grand, qui lui succéda dans les domaines de Deuilly, Antigny, Cirey, Coiffy, Blécourt, etc., et qui fut maréchal, gouverneur général de Lorraine et chambellan de René d'Anjou, duc de Lorraine et roi de Naples ; 2° Gérard ; 3° Philibert, qui eut la seigneurie de Chauvirey ; 4° Béatrix, qui épousa Pierre de Bauffremont l'aîné ; 5° Isabelle, qui fut mariée à Simon d'Anglure. Philibert, le troisième de cette famille, souverain de Vauvillers, pays de surséance, et seigneur de Chauvirey, du Châtelet en partie, de Sorcy, Doncourt, Saint-Amand, Bulgnéville et Horchechamp, devint bailli de Chaumont, conseiller et chambellan de René d'Anjou. Le 2 juillet 1431, à peine sorti de minorité, il était avec ses frères à la funeste journée de Bulgnéville ; ils y furent faits prisonniers, comme leur infortuné maître, et ils languirent dix-huit mois dans les prisons d'Antoine de Vergy, tandis que le prince était enfermé dans la vieille forteresse de Bracon, à Salins. Philibert acheta sa liberté au prix de mille florins du Rhin, et pour sûreté du paiement il fut obligé de livrer en gage Chauvirey-le-Vieil, Betoncourt et

---

(1) Généalogie de la maison du Châtelet, preuves, p. xxv.

Vitrey. La rançon d'Erard, son frère, fut encore plus chère. Plus tard, il exposait en ces termes au duc de Lorraine ce que lui avait coûté sa captivité : « A l'occasion de la besoigne qui fut près de Bullegnéville, je fus navrés, prins et détenu en rude prison par messire Antoine de Vergy, auquel, avant que je puisse avoir quelque appoinctement (traité) envers lui, fus contrainct lui délivrer en ses mains le chastel de Coiffy, que je tenoye pour lors, lequel estoit adonques très grandement fourny de tous vivres, artillerie et habillements de guerre. En oultre, je fus contrainct à moy mettre à rançon de quatre mils vielz florins de Rin, et pour les despens que je avoye fais en prison, quatorze cens vielz florins de Rin. Avec ce ay esté contrainct à quitter Pierre de Chauvirey (seigneur de Châteauvillain), ensemble ung gentilhomme appelé Vausillot de Sainct-Veronne et dix autres, tant des pays de Bourgoigne comme de ceulx de Montigny et Nogent ; tous lesquels je tenoye et avoye prisonniers au jour de ma prinse, et desquels je eusse peu avoir grosse finance, s'ils me fussent demourés, etc. »

Rentré en Lorraine, Erard du Châtelet fut immédiatement député à la cour de Bourgogne, avec Gérard d'Haraucourt, seigneur de Chauvirey-le-Châtel, pour négocier la liberté du royal captif. Elle fut enfin accordée, mais à condition que le prince d'Anjou reprendrait ses fers au bout d'un an, si quelque tentative était faite en sa faveur pour les Etats de Lorraine. Gérard d'Haraucourt, les trois du Châtelet et trente-six autres gentilshommes lorrains donnèrent parole à Philippe le Bon pour leur maître et se rendirent solidaires de sa loyauté, s'engageant, à son défaut, à se constituer eux-mêmes prisonniers à Dijon, un mois après le terme expiré. C'est l'année suivante qu'Erard du Châtelet présenta son mémoire au duc René, pour lui demander indemnité de tous les frais qu'il avait subis à son service. Il réclama aussi pour son gendre, Jean de Nancy, mille francs que celui-ci avait dû payer à Didier de Cicon-Demangevelle, pour dégâts commis sur ses terres depuis la guerre finie. Deux ans après, l'empereur Sigismond, dans le concile de Bâle, ayant adjugé la succession de Lorraine au comte d'Anjou, qui était son parent, Philippe le Bon somma celui-ci de tenir sa parole. Le noble prince obéit et fut reconduit à Salins, où il gémit encore deux ans sous les verroux de Bracon [1].

En 1440, Erard du Châtelet figure au nombre des commissaires nommés par les ducs de Lorraine et de Bourgogne pour assurer l'observation de la paix [2]. Mais ensuite, avec Philibert de Chauvirey, son frère, il se permit sur les pays voisins des hostilités aussi déloyales que funestes à la paix publique, et ils encoururent l'un et l'autre la disgrâce du prince de Calabre, fils et lieutenant de René, qui fut obligé de marcher contre eux pour arrêter leurs excès.

Philibert du Châtelet-Chauvirey n'était plus en 1478. De Claude de Parroye, sa première épouse, il avait eu Renaud, qui continua la branche de Sorcy. Louise de Granson, sa seconde femme, lui donna Nicolas ou Colard, chef de la branche de Vauvillers, qui hérita de

---

(1) V. page 121 ; *Essai sur l'histoire de Franche-Comté*, pages 419 à 129; D Calmet, *Histoire de Lorraine, généalogie de la maison du Châtelet*, aux preuves, pages xxxviii et suiv.

(2) V. page 125.

Chauvirey-le-Vieil et à qui s'allia Bonne de Cicon, fille de Guillaume de Cicon et de Catherine d'Haraucourt. Il paraît qu'après Nicolas du Châtelet, la seigneurie de Chauvirey-le-Vieil fut annexée à celle de Chauvirey-le-Châtel.

CHAUVIREY-LE-CHATEL.

Jean II, seigneur de Chauvirey-Châteauvillain, marié à Jeanne de Salins, eut deux fils, Jean III et Vaucher. C'est lui qui bâtit le Château-Dessus à quelques pas du Château-Dessous, pour laisser là une maison à chacun de ses enfants.

CHATEAU-DESSOUS. Jean III l'aîné eut dans son lot le Château-Dessous et la partie orientale du Château-Dessus. En 1398, à l'exemple de ses prédécesseurs, il reprit en fief de l'abbaye de Cherlieu, pour trois cents florins d'or, ce qu'il tenait d'elle à Chauvirey [1]. Il avait épousé la fille de Jean le Voigien d'Auxelle et d'Alix de Vy-Demangevelle. Ce mariage lui donna en partie le fief de Saules et Grenant, qui avait passé des Trichastel aux Demangevelle.

Jean III eut deux filles : Catherine, l'aînée, fut mariée à Jacquot d'Amoncourt, seigneur de Lieffrans ; sa sœur entra dans la maison de Chauffour et laissa une fille de même nom que sa tante, qui, n'ayant pas d'enfants, légua tous ses biens à sa nièce. Dans leur aveu féodal adressé au duc de Bourgogne en 1424, le sieur d'Amon-

---

(1) Cartulaire de Cherlieu, cotes 8, 11 et 12.

court et sa femme mentionnent « le chastel dessoubz Chavirey, tout ainsy comme il se comporte, en long, en large et en rondesse, ainsy comme ses murs et la cloison d'icellui, le pont avec les fossés, excepté que la grant tour quarrée, la cloison et les fossés d'icelle, sont du fief des religieux, abbé et couvent de Cherlieu, à cause de l'église dudit lieu. Ledit Chastel-Dessoubz entre les hoirs de feu messire Vauchier de Chavirey, d'une part, la voye Charrault, les maisons de la rue par où l'on vat à Vitrey, dès l'église et les fossés et boilloz de ladite grant tour quarrée, d'autre part, etc. (1). » Peu de temps après, Jacquot d'Amoncourt et Catherine abandonnèrent aux moines de Cherlieu ce qu'ils tenaient d'eux en fief à Chavirey et à Vitrey.

En 1426, ils confirmèrent les franchises des vingt-trois familles qu'ils avaient à Saules et à Grenant. Ils les croyaient d'abord « de serve condition, taillables haut et bas deux fois l'an à mercy et voulontey, mainmortables, de poursuitte et de seur mairiaige. Par quoi, dit la charte, chacun d'eulx nous debvoient dou temps passé de grosses sommes de deniers, des tailles et drois dessusdits, à nous par eulx non payés. » Mais les sujets, repoussant ces servitudes, vu leur condition de bourgeois, appuyaient leurs prétentions sur les lettres de franchise qui leur avaient été octroyées par Guillaume, dame de Trichastel, deux siècles auparavant, et qui venaient d'être confirmées par Jean de Demangevelle, et par Philippe, frère de celui-ci, seigneur suzerain de Saules et Grenant. Ces titres, qui ne laissaient subsister que de minimes rede-

(1) Chambre des comptes, registre 17, fol. 17, verso.

vances, étaient avérés et incontestables : Jacquot et Catherine le reconnurent loyalement et ils se firent un devoir de les confirmer en y ajoutant le privilége suivant: « Et s'y pourront nos dits bourgeois et subgets vandre et acheter héritaiges quels qu'ils soient, en autruy seignoirie que la nôtre, et sans amende ou offense aucune. » Cet acte, daté du 14 janvier 1426 (v. s.), fut ratifié le 30 mars suivant par le suzerain du fief, Didier de Cicon, seigneur de Demangevelle [1].

Catherine de Chauffour-Chauvirey, nièce et héritière des précédents, donna sa main et sa fortune à Gérard d'Haraucourt, un des plus illustres chevaliers de Barrois et de Lorraine. Nous l'avons vu avec Erard du Châtelet négociateur de la liberté du prince René (1432), ensuite commissaire pour le maintien de la paix (1440). En 1442, donnant le dénombrement de sa terre de Chauvirey au souverain de Bourgogne, il déclare qu'elle est mouvante de l'abbaye de Cherlieu [2].

Pierre d'Haraucourt-Chauvirey, fils de Gérard et mari de Claudine de Ray, mourut en 1510. Marguerite, sa petite-fille et son héritière, vit encore sa belle fortune agrandie par la succession de Chauvirey-le-Vieil, qui lui vint de Colard ou Nicolas du Châtelet. Elle porta cette riche dot à Claude Ier de Fauquier, et mourut en 1534. Son mari lui survécut jusqu'en 1553. Ils laissèrent trois fils, Claude-François l'aîné, Gérard et Claude le jeune. Gérard, qui eut dans son lot la moitié du Château-Dessus, avec le château de Vitrey, la céda par échange au titulaire de l'autre moitié (1565).

[1] Archives du château de Saules (Haute-Marne).
[2] Chambre des comptes, registre 23, cote 240.

Claude-François de Fauquier, marié à Jeanne de Saux, eut pour fils Humbert-Claude. Celui-ci, dans son hommage de reprise adressé à François de Vergy, comte de Champlitte (1585), mentionne le Château-Dessous avec ses deux grosses tours et la garde de l'abbaye de Cherlieu [1]. Humbert-Claude mérita la confiance de Leurs Altesses Sérénissimes Albert et Isabelle, et remplit à leur cour des charges importantes. Il était à Bruxelles lorsque Claude de Vergy, gouverneur du Comté, ayant repris Jonvelle aux Lorrains, le proposa pour en être le capitaine, à la place de la Villeneuve, disgracié (1595) [2]. En 1609, il vit son château de Chauvirey vendu aux enchères, avec ses dépendances, par décret du parlement. Nous supposons que les dettes furent le motif de cette aliénation forcée. L'acquéreur des biens vendus, qui fut Martin de Villers, gendre de Fauquier, les revendit à son fils pour 20,200 francs [3].

Humbert-Claude de Fauquier laissa deux enfants, François-Orillard et Marguerite. Le premier, seigneur d'Aboncourt, Gesincourt, Ouge, la Quarte, Vitrey, Nervezain, Vadans, etc., fut pourvu du gouvernement de Jonvelle après la mort de son père (1625). Nous avons raconté son emprisonnement, ses principaux faits d'armes et sa fin malheureuse [4]. Humbert-Claude II et Dorothée, ses enfants, moururent sans postérité ; toute leur fortune passa aux enfants de leur tante, et le nom de Fauquier fut éteint. Quant à Marguerite, elle avait

---

[1] Chambre des comptes, reg. 23, cote 176, fol. 290.
[2] Voir troisième époque, chapitre IV.
[3] Chambre des comptes, cotes 179 et 180.
[4] V. troisième époque, chapitre V.

donné sa main à Martin de Villers, seigneur de Ranzevelle. Claire-Françoise, leur fille, fut mariée à Claude de Buffignécourt, et Béatrix-Françoise, fruit de cette union, à François de la Fontaine, comte de Verton, qu'elle rendit seigneur de Chauvirey, au même titre que ses aïeux.

Le sang des Fauquier donna encore à Chauvirey des seigneurs d'un autre nom. Vers l'an 1600, André de Bernard de Montessus, d'une illustre famille du duché de Bourgogne, avait épousé Catherine de Fauquier, fille de Gérard et petite-fille de Claude I. Il obtint, par décret du parlement, la part qui était échue à son beau-père : c'était le quart et demi de Chauvirey-le-Châtel et la moitié de Chauvirey-le-Vieil, avec Ouge, Vitrey et la Quarte. Ce dernier village, qui s'appelait aussi les *Loges* ou baraques, commençait alors à s'établir par le défrichement de quatre cents arpents de bois. Chauvirey-le-Châtel a conservé le sang des Montessus jusqu'à nos jours. Mme N. de Montessus, dernière de ce nom, a laissé une mémoire bénie de Dieu et des hommes.

Guillaume Lulier, de Morey, docteur ès droits, acheta en 1589 la portion qu'avait eue Claude le jeune, autre fils de Claude Ier de Fauquier, et se qualifia seigneur de Chauvirey. Cette portion était le huitième de Chauvirey-le-Châtel, Ouge et Vitrey, avec le sixième de Chauvirey-le-Vieil et la Quarte. La famille Lulier avait été anoblie par Charles-Quint. Claude-François, l'un de ses membres, docteur ès droits, orateur habile, devint conseiller du parlement de Dole en 1632 et président de cette cour en 1653. Il prit, avec Matherot de Preigney, son collègue, une part active et dévouée dans l'administration de la province, pendant les guerres et les malheurs de cette époque. Marié à Claude-Françoise de Santans et n'ayant pas d'enfants, il employa la plus grande partie de ses biens à doter les bénédictins de Morey (1657). Bienfaitrice non moins pieuse, son épouse donna une partie de sa fortune à Mont-Roland et aux PP. capucins de Jussey.

La seigneurie des Lulier passa par mariage aux Matherot de Preigney, qui la vendirent à François-Salomon Régent (1687) [1], dont le nom était anobli depuis 1671.

Le Château-Dessous, à moitié renversé en 1641 [2], fut réparé plus tard. Mais depuis longtemps il n'a plus ni remparts, ni fossés, ni ponts-levis : ce n'est plus aujourd'hui qu'une agréable maison bourgeoise, présentant une vaste façade, qui se terminait jadis par deux ailes. Celle du nord, de style roman, qui renfermait la salle d'armes, vient malheureusement de disparaître. Au centre de la grande cour, se trouve la chapelle de saint Hubert. Ce petit édifice, construit dans le style ogival, sur la fin du quatorzième siècle, est sans contredit le plus remarquable monument que possède notre pays dans ce genre d'architecture. Des clochetons sveltes et légers couronnent ses contre-forts à gargouilles bizarres. Ses trois fenêtres élancées en accolades n'ont plus leurs belles verrières; mais il n'a rien perdu de ses autres ornements. La voûte repose sur des faisceaux de colonnettes, qui s'épanouissent en nervures élégantes, reliées entre elles par les écussons armoriés des sires de Chauvirey et de leurs

---

[1] Chambre des comptes, reg. 30, fol. 103.
[2] V. pages 299 et 300.

alliés. Surtout rien de plus harmonieux que les arcatures ajourées qui retombent en gracieuses draperies devant chaque fenêtre latérale. L'autel, qui est du treizième siècle, supporte un bas-relief représentant la légende de saint Hubert. L'inscription *Hubert Chappuis pbter*, gravée dans un compartiment inférieur de ce retable, indique le nom du donateur ou peut-être celui de l'artiste. La chapelle possède un cornet de chasse richement émaillé, qui, selon la tradition, fut celui du saint patron des chasseurs. Cette relique précieuse, tombée aux mains des Annonciades de Gray, en 1636, fut restituée plus tard à la maison de Montessus par arrêt du parlement.

CHATEAU-DESSUS. Vaucher ou Gauthier, second fils de Jean II de Chauvirey-Châteauvillain, eut dans son lot la partie occidentale du Château-Dessus. Il déclare au souverain, dans ses dénombrements de 1385 et 1406, deux charrues et vingt-cinq fauchées de pré, quatre-vingt-huit *maignis* ou ménages de sujets, réduits à treize par les malheurs de la guerre, tous taillables à volonté, mainmortables et soumis aux trois justices; trois étangs, et la moitié indivise avec son frère Jean II, dans les bois, ventes et dîmes, ainsi que dans l'éminage et la justice sur les étrangers, aux jours de foire et de marché. En outre, il énumère à Vitrey une maison forte, cinquante-quatre familles réduites à vingt-deux par la guerre, le quart du four banal et des dîmes, les fiefs de Thiébaud Favez de Gevigney et de Jean de Cemboing, avec la haute justice sur tous leurs sujets; à Ouge, qui était autrefois de franc alleu, vingt-huit *maignis* d'hommes.

Anne-Béatrix de Nans, femme de Vaucher de Chauvirey, lui donna six enfants. Pierre, l'aîné, eut Châteauvillain, et Jean III, le second, les biens de Chauvirey. Marguerite, leur sœur, entra dans la maison de Rougemont, puis dans celle de Choiseul-Aigremont.

Au seizième siècle, un descendant de Jean III de Chauvirey-le-Châtel, nommé Claude, épousa Marguerite, fille de Jean II du Châtelet et de Marguerite d'Haussonville. Son beau-père était un chevalier des plus marquants de son temps. Souverain de Vauvillers et de Châtillon-sur-Saône, marquis de Trichâteau, seigneur de Bonnay, Champigneul, etc., gentilhomme ordinaire de la chambre du roi, lieutenant de cent hommes d'armes de ses ordonnances, maréchal de Lorraine, surintendant des places du Bassigny et gouverneur de Langres, il fit preuve de trente-deux quartiers de noblesse pour être reçu chevalier de l'ordre du Saint-Esprit. Parmi ses ancêtres figuraient les nobles de Chauvirey, de Chauffour, de Bauffremont, de Neufchâtel, de Vienne, de Charny, de Rougemont, d'Amoncourt, etc. Il fut la tige des seigneurs de Thons.

Claude de Chauvirey, son gendre, réunit dans son avoir les deux portions du Château-Dessus, par des transactions faites avec Gérard de Fauquier (1565). Dans son dénombrement de 1584, il déclare « la forteresse de Château-Dessus, le cloux, pourpris, six grosses tours foussoyées, pont-levis, bons remparts, demeurances et appartenances, la garde de l'abbaye de Cherlieu, le cas advenant de la vacance, comme l'ung des co-fondateurs d'icelle. Item, à cause du voisinage de France et de Lorraine, les sujets des deux Chauvirey, Ouge, Vitrey, Rosières et Preigney, sont tenus en tous temps à l'entretien du pont-levis et des fossés, aux guets, charguets et garde dudit chasteau. En temps de paix, le devoir de guet et de garde est rachepté par quinze bichots d'aveine. Lesdits habitants ont aussi à faire le port des lettres pour le service du seigneur. Il a 75 mesnages à Chauvirey, 133 sujets à Ouge et 212 à Vitrey. Il a aussi le patronage de la cure de Chauvirey-le-Châtel, dont le revenu consiste dans les dîmes sur les deux Chauvirey, la Quarte et Vitrey, avec le quart du mesme droit sur la cure de Chauvirey-le-Vieil (1). »

René, petit-fils de Claude, ayant passé au service de la cour de Lorraine, le parlement de Dole fit saisir ses biens, qui furent adjugés pour 22,000 francs à René du Châtelet, son grand-oncle, seigneur de Thons et aussi de Chauvirey (8 octobre 1606). Celui-ci, d'abord abbé commendataire de Beaulieu et de Flabémont, avait ensuite quitté l'église pour épouser Gabrielle de Lénoncourt (1600). Philippe, leur fils aîné, colonel d'un régiment de cavalerie que le duc de Lorraine envoya au service de l'empereur, mourut à Munich.

Antoine, frère de Philippe, continua la lignée : il eut deux femmes, Catherine de Priessac et Gabrielle (1633), fille d'Anne d'Anglure et d'Africain de Mailly, baron de Clinchamp et seigneur de Remiremont.

Béatrix, petite-fille du précédent, porta en mariage (1693) la seigneurie du Château-Dessus à Philippe-François d'Ambly, baron des Ayvelles, capitaine de dragons dans le régiment de Wartigny. La maison d'Ambly, originaire du Rhételois, était déjà connue au treizième

---

(1) Chambre des comptes, reg. 23, cote 178.

siècle; avec elle s'éteignit la lignée de Vaucher de Chauvirey-le-Châtel. Château-Dessus, habité par tant d'illustres familles, le refuge assuré de leurs sujets et le boulevard de la contrée dans les jours d'alarmes, avait survécu à toutes les guerres et à toutes les révolutions. Ruiné par l'abandon depuis le commencement de ce siècle, il n'offre plus aujourd'hui qu'un amas informe de murs écroulés et ensevelis sous l'herbe et les buissons, inutiles débris que se disputent encore des maîtres incertains. Un écusson aux initiales de René du Châtelet, un manteau de cheminée décoré d'arabesques, quelques vestiges de remparts et de fossés, partout le silence du tombeau, voilà tout ce qui reste de la magnificence de cet antique manoir.

Telle est en abrégé l'histoire des deux Chauvirey. Elle nous montre que les diverses maisons de ce nom se sont illustrées par les plus nobles alliances, dont les principales et les mieux connues ont été: Oiselay, Commercy, Achey, Vienne, Joux, Saulx, Jonvelle, Châteauvillain, Bauffremont, Vergy, Salins, Charny, Nans, Accolans, Vaudrey, Vy, Cicon-Demangevelle, Chauffour, Amoncourt, Haraucourt, Ray, Fauquier, Damas, Colombier, Salins, Moissey, Châtelet, Neufchâtel, Lénoncourt, Montmartin, Scey, Tartre, Buffignécourt, Cusance, Watteville, Grammont, Choiseul, Aigremont, Rougemont, Montjustin, Montfaucon (Savoie), Haussonville, Orsans, la Tour-Gevigney, Chabot, Priessac, Silly, Montessus, la Fontaine, Bonneval, Ambly, etc.

Les ordres militaires ont tiré de Chauvirey ou des familles alliées à Chauvirey: Renaud, grand-maître des

Templiers (1226), Jean-François de Fauquier, chevalier de Malte ; Vaucher, Jeanne et Guillaume, ses enfants ; Léonard et Philibert de Chauvirey-Châteauvillain ; Claude d'Haraucourt ; Etienne, Jacques, Louis et Claude de Montmartin ; Claude de Scey ; Jean d'Orsans ; Charles du Tartre, tous chevaliers de Saint-Georges.

De plus, Chauvirey a donné à l'Eglise : Guillaume, archidiacre et comte de Lyon ; Hugues, abbé de Clairefontaine ; Girard, prieur commendataire d'Arbois ; Guillaume, autre prieur ; Antoine, chanoine de Neufchâtel, et Marguerite, abbesse de Belmont.

A tant de titres recommandables s'ajoutèrent les générosités envers les maisons religieuses. Les seigneurs de Chauvirey ont comblé Cherlieu, Clairefontaine, Saint-Marcel et Belmont, de leurs bienfaits en tout genre. Voisins de l'abbaye de Cherlieu, ils ont concouru à sa fondation avec les nobles de Jonvelle, de Jussey, de Pesmes, de Purgerot, etc. Ils en avaient la gardienneté et ils exerçaient ce devoir honorable avec conscience et dévouement. Ils élevèrent même une tour fortifiée dans l'enceinte de leur Château-Dessous, pour servir d'asile aux religieux en temps de guerre. Cette enclave, appelée la *Tour de Cherlieu*, fut une espèce de fief pour lequel chaque seigneur de ce château faisait hommage au couvent. Il lui payait, à ce titre, un cens variable, qui s'est élevé jusqu'à trois cents florins d'or. On a les preuves de ce fait singulier dans un grand nombre de reprises, en particulier dans celles des années 1329, 1375, 1398, 1442, 1453, 1454, 1461, 1493 et 1584 [1]. Du reste, cet

---

(1) Chambre des comptes, registre 23.

acte de vassalité, tout volontaire dans son principe comme dans sa continuation, réservait toujours la suzeraineté du comte souverain.

Les moines reconnaissants ouvraient leurs cryptes funèbres aux dépouilles mortelles de leurs bienfaiteurs et priaient chaque jour pour le repos éternel de leurs âmes. Près des mausolées du comte Hugues, d'Alix son épouse, et de leur fils Othon IV, on voyait les tombes de plusieurs seigneurs et dames de Chauvirey. Voici les inscriptions des plus remarquables :

Cy gist madame Marguerite, fille de Monseigneur d'Oiselaye, dame de Chauvirey et de Soilley, qui trespassa l'an M.CC.XC.

Hic jacet Girardus miles de Chauvirey dominus. Æternis divitiis plenus probitate quievit. Quos vivens sprevit, moriens sibi conciliavit. Pacem dilexit. Pax sit æterna sibi. (Vers 1334.)

Cy gist dame Marguerite de Neufchasteau, femme de Claude de Chauvirey, seigneur du Chastel d'Amont, qui trespassa le XXVIII septembre, l'an MCCCCXVIII.

Cy gist damoiselle Catherine de Chauvirey, dame du Chastel-Dessous dudit lieu, veuve de feu Guillaume de Chauffour, écuyer, seigneur de Marault, qui décéda le XVI juin MCCCCXXXIII.

L'église actuelle de Chauvirey-le-Châtel n'était autrefois qu'une simple chapelle de secours, desservie par le curé de Vitrey et appartenant au diocèse de Langres. Les jésuites de cette ville en étaient les patrons et percevaient la grande dîme du village, dont ils donnaient un tiers à leur vicaire et autant au chapelain de Saint-Hubert ; celui-ci partageait encore avec le titulaire de la chapelle de Sainte-Anne, érigée dans l'église paroissiale.

Cette église a perdu les meneaux et les verrières de ses fenêtres ogivales ; mais elle offre toujours à l'admiration des connaisseurs un beau retable en style de la renaissance, orné de trois statues, dont la plus remarquable représente saint Sébastien. Dans le sanctuaire, plusieurs tombes recouvraient la sépulture de quelques seigneurs du lieu. Les soins intelligents de M. le curé Desingle ont conservé à l'archéologie ces monuments si dignes d'intérêt. Citons les épitaphes de quelques-uns :

Cy gisent haulx et puissantz seigneur messire Girard, seigneur de Haraucourt, de Loppey et de Chavirey, gouverneur et séneschal du pays de Barrois et de Lorrenne, lequel trespassa le premier jour de javier mil quatre cetz LX et XI ; et madame Kathine de Chauffourt, sa feme, le jor de saict Pierre en febur. la. q. dessuz.

Cy gist Pierre de Haraucourt, seigneur de Chavirey, qui trespassa le XXIII du mois de novembre l'an mil cinq cents dix, dont Dieu a l'âme. Amen.

Cy gist le corps de hault et puissant seigneur messire Claude de Chavirey, seigne. dud. lieu, lequel passa de ceste vie à une plus heureuse le 12 de juin 1590. Et dame Marguerite du Chastellet sa loyale épouse, fille de hault et puissant seig. Jan du Chastellet chêl. des deux ordres de Frâce, qui décéda le...

CORRE.

Nous avons étudié Corre et ses monuments en traitant l'époque gallo-romaine. Après les invasions des barbares, il sort de ses ruines et reparaît au neuvième siècle, déjà environné d'une certaine considération. Rodolphe Ier, roi de Bourgogne, à la prière du comte Rotfrède, donne au prêtre Pharulphe l'église de Saint-Maurice de *Coldrinicum*. Pharulphe, issu sans doute d'une famille patricienne, possédait dans le comté de Port plusieurs autres domaines. Il en fit don la même année à l'église métropolitaine de Saint-Jean, pour le salut de son âme, de ses parents, du comte et du roi, ses premiers bienfaiteurs, en stipulant expressément que quiconque attaquerait cette fondation pieuse, serait condamné à payer cent livres d'or. Cette charte, rapportée par Dunod dans son *Histoire du comté de Bourgogne,* fut donnée à Besançon le 3 des nones de février de la cinquième année du règne de Rodolphe Ier (3 février 893).

Vers 1090, l'église de Corre fut détachée, avec plusieurs autres bénéfices, de la mense capitulaire de Saint-Jean, par l'archevêque Hugues III, pour la dotation du monastère de Saint-Vincent. En 1184, le pape Lucius III, à la prière de l'abbé Guichard, renouvela les confirmations que les papes Innocent II et Alexandre III avaient faites des possessions de cette abbaye. Dans l'énumération de ses bénéfices figurent la chapelle de Corre et ses appendices.

En 1150 et 1155, Arnulphe, clerc de Corre, *de Colrâ*, est témoin d'une charte de l'archevêque Humbert en faveur de Clairefontaine. En 1172 et 1178, d'autres donations, faites aux mêmes religieux par Thierry de Vellefaux, sur les territoires de Melincourt et de Dampierre, eurent pour témoins Nochaire et Varin, chapelains de Corre, avec les abbés Guy de Cherlieu, Thiébaud de la Charité et Vuillaume de Bithaine.

En 1242, Hugues, curé de Corre, donne à Saint-Vincent sa maison située sur le cimetière de l'église Saint-Pierre. Cette église était donc paroissiale.

En 1247, transaction entre l'abbaye de Saint-Vincent et le curé de la chapellenie de Corre : on y convient que celui-ci et ses successeurs auront *le denier de charité des dimanches*, *le denier de baptême*, *le denier de visite*, les gerbes, les prestations, le trenténal et les aumônes dépassant six sous estevenants. Quant aux autres revenus, le curé en aura le tiers, et le reste sera pour le couvent.

1250. L'archevêque Guillaume de la Tour confirme aux mêmes bénédictins les bénéfices reçus de ses prédécesseurs, en particulier l'église de Bourbonne avec la chapelle du château, les églises de Vauconcourt, d'Ormoy, d'Aisey, de Buffignécourt, de Blondefontaine, de

Raincourt, et à Corre l'église Saint-Maurice avec la moitié de Saint-Pierre.

1294. Sur la présentation de l'abbé de Saint-Vincent, l'archevêque Eudes nomme Gaucher de Brégille à la cure de Corre, devenue vacante par la résignation d'Aimon dit Joseph. Le nouveau titulaire est institué avec dispense des ordres sacrés, non encore reçus.

1329. L'archevêque Vital réitère l'union de la paroisse de Corre à l'abbaye de Saint-Vincent, et il ordonne à l'abbé d'y entretenir un vicaire perpétuel pour les fonctions pastorales. En 1416, le droit de patronage sur les églises de Corre rapportait à Saint-Vincent cinq livres huit sous estevenants. En 1527 et 1711, le revenu de la cure était amodié cent soixante francs et celui du patronage huit francs, plus tard cinq francs huit sous.

Il ne reste que l'église Saint-Pierre, dont le sanctuaire offre un cachet d'antiquité assez semblable à ceux de Demangevelle, de Jonvelle et d'Aisey. Le *sacrarium* caché derrière le retable et une peinture murale que le badigeon a recouverte, indiquent une architecture du treizième ou du quatorzième siècle. La nef est récente, et la chapelle latérale est du dix-septième siècle.

Avant 1793, Corre possédait encore une chapelle dans la Grande-Rue : on en voit les vestiges dans une cave.

Corre faisait partie de la seigneurie de Jonvelle. Guy II de Jonvelle (1210), Simon Ier de Saissefontaine et Elisabeth, son épouse (1238), y accordèrent plusieurs droits aux religieux de Clairefontaine. Toutefois, ce village eut aussi ses chevaliers. Sous ce titre, les chartes données à Clairefontaine par les sires de Jonvelle mentionnent

Pierre (1130), Hugues (1160), Richard (1195, 1198), Pierre (1205, 1218), Liébaud (1257), etc. Villencus de Blondefontaine, qui possédait à Corre un petit fief, imita la pieuse générosité du suzerain, en donnant aux moines de Clairefontaine les pâturages de sa terre, le bois nécessaire aux bergers et quatre sous de cens (1217).

Vers le milieu du quinzième siècle, Corre servit de rendez-vous aux plénipotentiaires des ducs de Bourgogne et de Lorraine, pour le règlement des frontières respectives [1]. Un siècle plus tard, il devint lui-même un sujet de grandes contestations entre les deux princes. Les officiers de Lorraine s'étaient permis d'élever publiquement les panonceaux et blasons de leur maître ; mais la cour souveraine de Dole ordonna au procureur fiscal du bailliage d'Amont de « faire discrètement et honnestement oster lesdits pannonceaulx, et mettre ceulx de l'empereur, comme conte et seigneur patrimonial du conté de Bourgoigne. »

1586. La communauté de Corre contribue au rétablissement du pont de Jonvelle. En 1608, le roi lui accorde cent cinquante francs sur les revenus de la ville, en paiement de ses déboursés et de ses services pour cette œuvre [2].

En 1589, la seigneurie de Corre était démembrée du domaine de Jonvelle, du moins en partie. A cette date, François de Choiseul, chevalier et capitaine de cinquante hommes d'armes, donna son dénombrement au comte de Champlitte, pour sa terre de Corre, acquise de Marie-

---

[1] V. page 127.
[2] V. page 180.

Marguerite de Cicon, dame de Richecourt, et d'Anne de Montureux, femme de Nicolas de Pouilly, seigneur d'Aisey, Ranzevelle, etc.

Au dix-septième siècle, Corre était *mi-parti,* c'est-à-dire avait deux juridictions bien distinctes, l'une du Comté et l'autre du Barrois. Les sujets du Barrois, ressortissant de l'officialité de Châtillon, étaient alors au nombre de vingt-six, et possédaient autant de maisons, qui furent ruinées par la guerre, à l'exception de trois. Cette rue s'appelle encore aujourd'hui rue de *Lorraine.* En 1660, le procureur général de Bassigny déclare, dans un procès-verbal, que les habitants de Corre, Barrois et Comtois, ne possèdent aucun bois propre à bâtir, et qu'ils ne peuvent relever leurs maisons qu'au moyen d'emprunts écrasants.

Dans le voisinage de Corre, d'autres villages étaient même *tri-partis* entre Lorraine, Champagne et Comté. D'autres étaient de *surséance,* en totalité ou en partie, tels que Montureux, Fresne, Melay, Blondefontaine, Vauvillers. Les territoires étaient dits de surséance quand ils n'étaient attribués à aucun des Etats limitrophes. A cette bizarre indécision des lignes démarcatives de frontière s'ajoutait la singularité des enclaves réciproques : autant de complications qui occasionnaient les plus grands embarras pour le commerce et pour le transit des marchandises.

En 1703, la justice seigneuriale de Corre, distraite de la prévôté de Jonvelle, fut achetée pour deux mille livres, par Elisabeth de Masson, marquise de Clermont, dame de Corre, Vauvillers, Demangevelle, etc. En 1704, le roi de France et le duc de Lorraine firent entre eux un traité de partage et d'échanges, dans lequel fut stipulée la cession de la justice seigneuriale que le duc avait à Corre. L'année suivante, cette portion fut adjugée à Jean Leroux, juge royal et maire du lieu, pour 426 livres 13 sous 4 deniers.

DEMANGEVELLE.

Demangevelle est écrit dans les vieux titres *Dominica villa, Diemencheville*. Il était compris dans la ligne stratégique qui appuyait Jonvelle, pour couvrir notre province au nord-est, de Passavant à Chauvirey. Son château, bâti sur un plateau rectangulaire de la colline, avait une enceinte de solides murailles, protégées d'un côté par l'escarpement, et couvertes du côté accessible par un fossé large et profond. A ses angles, la forteresse était flanquée de quatre tours massives, dont les créneaux élancés défiaient l'ennemi et maintenaient dans l'humble soumission les serfs établis au pied des redoutables remparts. Un parapet en pierre, crénelé ou percé de meurtrières, couronnait les courtines. Au centre s'élevait le donjon, et contre les murs d'enceinte s'adossaient les autres corps d'habitation. Trois de ces tours étaient rondes ; la quatrième, d'une construction plus antique, avait la forme carrée et six étages. A l'intérieur était la chapelle Sainte-Anne, dont la cloche argentine tantôt appelait à la prière, tantôt sonnait le tocsin des combats. Telle fut, pendant sept siècles, la demeure des seigneurs de Demangevelle, tous vassaux de la châtellenie de Jonvelle, et recrutés tour à tour dans les nobles maisons de Cantecroix-Lomond, de la Chassagne, de Vy, de Cicon, d'Haraucourt, de Gevigney, de Bourbévelle, de Richecourt, de Lénoncourt, du Châtelet, de Livron, de Vienne, de Clermont-Tonnerre, etc. Tel fut aussi l'asile où les habitants d'Hurecourt, de Melincourt et de la Basse-Vaivre venaient se réfugier et monter la garde, en temps d'*éminent péril*.

Dès l'année 1257, les trois frères Eudes, Henri et Pierre de Demangevelle se font connaître par leur munificence envers l'abbaye de Clairefontaine. Thomas et sa fille Elisabeth, mariée à Foulques de Melincourt, continuent à l'envi ces pieuses traditions de famille (1258-1270).

Selon l'usage féodal suivi dans la transmission des fiefs par héritage ou autrement, Elisabeth de Jonvelle fit hommage de ses fiefs au comte de Bourgogne en cette manière :

« Je Isabeal, dame de Jonville sur Sone, fais savoir à tuiz que je tiens en fiez et en homage de Mons Hugon, conte de Bourgoigne, et de Madame Alis, contesse de Bourgoigne, sa femme, Jonville, Corre, Ormoy, et ce que l'on tient de moy à Worbévelle, et ce que l'on tient de moy à Raincourt, la garde de Clairefontaine et des granges qui sont de la garde de Jonville; tout ce que je ay à Vougécourt, et ce que l'on tient de moy à Villers le Patel, et ce que l'on tient de moy à Diemencheville, la garde d'Enfonville, la garde de Saponcour, et ce que l'on tient de moy à Contréglise et la garde d'Eparcé (Epernoux?). En tesmoignage de laquelle chouse j'ay mis mon seel en ces présentes lettres, et ay fait mettre le seel mons Thiébaud, conte de Bar, et le seel mons Hugon par la grâce de Deu abbé de Saint-Vincent, en tesmoignage de vérité, en l'an de l'Incarnation 1263, le mercredi après la Pentecoste (22 mai) (1). »

La discorde s'étant mise entre Elisabeth et Simon, son fils, sire de Saissefontaine (2), le comte Hugues, la comtesse Alix et Ottenin, leur fils aîné, intervinrent officieusement dans ce démêlé. On décida que les parties s'en rapporteraient à l'arbitrage de Thierry de Montbéliard et de son frère Amé de Montfaucon. L'acte par lequel Elisabeth accepte cette médiation est du 24 juin 1263, et scellé de Hugues, abbé de Saint-Vincent. Reconnaissante pour ce service de la famille souveraine, elle fit don au jeune prince de son fief de Demangevelle, que tenait d'elle Etienne de la Chassagne. « Je Isabey, dit-elle, por mon proffit que je ay prosperez et esgardés, et por la peigne et l'entendue que Othe, filz de noble baron Huguenin, conte palatin de Bourgoigne, et de la noble dame Alix, contesse palatine de Bourgoigne, a miz en mes affaires, ay donné et outtroiez permaignablement à devant dit Othe et à ses hoirs, le fiez de Diemencheville, qui est dou fiez que je tienz dudit conte et de ladite contesse, et vuilz et consens que Estaines, sires de la Chassaigne, entrat en l'homaige à dit Othe, aussi comme il estoit en mien homaige, et que il teigne de luy les chouses devant dites à Diemencheville, et que cil que lesdites chouses tenront, les teignent et repreignent

---

(1) Cartulaire de Bourgogne, tome VIII, et chambre des comptes, cote 5, 91.
(2) V. page 74.

dudit Othe et de ses hoirs, comme l'on les tenoit de moi. Et en tesmoignage, etc. [1]. » La dame de Jonvelle avait encore pour vassaux à Demangevelle, Marie Cornu et Jean de Jussey, qu'elle fit passer également sous la suzeraineté immédiate du jeune Ottenin. Avant cela, cette terre était entre les mains de Guillaume de Cantecroix, seigneur de Lomont, de qui Etienne l'avait obtenue par le mariage de l'un de ses fils avec Alix, fille unique de Guillaume.

En 1290, Demangevelle était possédé par Philippe de Bourguignon (lez Conflans) et par Jean de Blondefontaine, au nom du comte Othon IV. Alix, fille du premier, donna son héritage et sa main à Guy de Vy (1336), qui devint bailli général de Bourgogne (1340-1342).

Un titre curieux de 1384 nous apprend le degré d'esclavage qui pesait sur les populations mainmortables. Les époux Regner et Jeannotte, de Demangevelle, sujets des seigneurs de Blondefontaine, s'étaient retirés sur les terres de l'abbaye de Clairefontaine, par dévotion, *pour delaisser le monde et faire lour sauvement.* Or, Guyot de Blondefontaine, Isabelle, sa sœur, et Marie de Cornot, leur mère, requirent les déserteurs « de retorner dessoubz lour, au leu de Blondefontenne, en la forme et manière qu'ils estoient par avant lour homes. » Cependant les réclamants finirent par s'adoucir, et ils leur octroyèrent une transaction qui les autorisait, « de grâce espécial, à demourer en ladicte abaye, » et affranchissait, « par bonne et pure quittance, les corps et per-

---

[1] Cartulaire de Bourgogne.

sonnes desdis sujets de la chasce et poursuite qui lour faisoient, devoient et povoient faire [1]. » Ainsi la personne d'un mainmortable, sa famille et même sa descendance, ses biens meubles et immeubles, appartenaient tellement au seigneur, que non-seulement il pouvait les donner ou les vendre à son gré, mais encore, en cas de désertion, il avait sur eux le *droit de suite*, c'est-à-dire le droit de les faire saisir partout et de les ramener de vive force à leur glèbe malheureuse. « Dans les siècles suivants, dit M. Longchamps [2], les progrès de l'organisation communale emportèrent rapidement les mailles du réseau féodal et contribuèrent à l'amélioration du sort des serfs. Là même où les seigneurs, peu touchés de l'exemple venu du trône, persistaient à refuser à leurs sujets des lettres d'affranchissement, le régime du servage devenait plus tolérable à mesure que les conquêtes de l'esprit de liberté le reléguaient dans un cercle plus restreint. De sorte que les villages tenus en mainmorte n'étaient plus que de rares exceptions au commencement du dix-huitième siècle. »

En 1385, Guy de Vy-Demangevelle fit hommage de sa terre de Demangevelle au comte de Bourgogne. Mais son esprit guerroyeur et aventurier, faillit la lui faire perdre, cinq ans après. Sur la fin de 1390, malgré son grand âge, il se mit à la tête d'une troupe de chevaliers comtois, parmi lesquels se trouvaient Jean d'Oiselay, Garnier de Pesmes, Huguenin de Montureux, Jean et Philibert de Raincourt, et il les conduisit en partisans sur les terres du duc de Lorraine. La tentative échoua : un

---

[1] Archives de la Haute-Saône, H, 360.
[2] *Glanures*.

grand nombre des siens furent faits prisonniers, et les autres battirent en retraite avec lui. Le duc de Bourgogne, indigné de la conduite de ses gentilshommes et poussé par les plaintes de son *féal et amé cousin* Charles de Lorraine, manda auprès de lui le sire de Demangevelle. Après l'avoir rappelé au devoir, il lui fit promettre de s'obliger solidairement avec ses complices à s'abstenir désormais de pareilles entreprises. Tous acceptèrent l'engagement par des lettres revêtues de leurs sceaux et de celui de la cour ducale; et, pour en assurer l'exécution, Philippe le Hardi délégua Jean de Vergy, gardien général de Bourgogne, dont il connaissait le zèle et la prudence. D'un autre côté, Raoul de Coucy, évêque de Metz, Charles de Lorraine, Robert, comte de Bar, les échevins, les treize jurés et toute la communauté de cette ville, firent entre eux un pacte d'alliance offensive et défensive, pour préserver leurs provinces respectives des courses dévastatrices que des voisins se permettaient ainsi, contre le droit des gens et la foi des traités (1391).

Guy de Demangevelle reçut, en 1395, l'hommage de Geoffroy de Raincourt et de Jean de Jussey, pour ses fiefs de Scye et de Combergeon. L'acte eut pour témoin Pierre de Rupt, prieur de Saint-Marcel. Le seigneur de Demangevelle, presque centenaire, vivait encore en 1405; car il figure, à cette date, dans un traité par lequel Antoine de Vergy autorise son épouse, Jeanne de Rigny, à vendre ses droits sur les châteaux de Rigny, Frollois, Richecourt, etc., à qui bon lui semblera.

Philippe de Vy, successeur de Guy, son père, dans la seigneurie de Demangevelle, n'était plus en 1426. Marie, sa fille unique, avait épousé Jean de Cicon, fils de Guyot de Cicon et de Huguette de Gevigney. C'est par ce mariage que Demangevelle passa dans la maison de Cicon, déjà établie, depuis le douzième siècle, à Purgerot, à Augicourt et en d'autres lieux du voisinage. En 1394, Jean de Cicon fut mandé par Jean de Vergy, maréchal de Bourgogne, avec Jean d'Etrabonne et plusieurs autres chevaliers, pour marcher contre le sire de Beaujeu, dont les courses ravageaient le Comté.

Didier de Cicon, fils du précédent, fut l'un des plus illustres chevaliers de son temps. Il débute dans l'histoire par des actes de bienfaisance envers l'abbaye de Cherlieu, en lui cédant ses droits à Betaucourt sur la succession de Liébaud de la Grange (1401). Douze ans plus tard, il fut convié par le bailli d'Amont, avec Jacques de Montigny, abbé de Cherlieu, et Aimé de Vaudrey, prieur de Saint-Marcel, pour juger les délinquants dont se plaignait le bailli de Chaumont. C'étaient des gens du ressort de celui-ci, qui se donnaient licence de porter leurs pénates à Demangevelle et à Magny. L'officier champenois requit son collègue de lui faire payer par les fugitifs son droit de *geline*, avec promesse de lui rendre au besoin le même service.

En 1413, il était mandé à Montereau par la duchesse de Bourgogne, avec les sires de Chauvirey, de Ray, de Pesmes et autres vassaux du Comté, pour résister aux entreprises des Armagnacs et des Anglais, dans les environs de Paris. En 1414 et 1417, Didier de Cicon servait comme chevalier banneret dans l'armée de Bourgogne, sous les ordres de Jean de Vergy [1]. En 1423,

---

(1) D. PLANCHER, III, 382 et suiv.

il fait hommage au duc de Bourgogne, et dans son dénombrement il mentionne son château de Demangevelle avec les dépendances, et trente-cinq sujets avec leurs familles et tènements, taillables à merci deux fois l'an, mainmortables, justiciables et grevés de trois corvées et de trois charretées. Il énumère de plus les fiefs ou arrière-fiefs de Bourbévelle, Raincourt, Navenne, Rancenière, Purgerot, Gevigney, Mercey, Bougey, Oigney, Jussey, Argillières, Bourguignon, Montbarrey, Saules, Grenant, etc. Adeline de Faverney relevait aussi de lui pour la huitième partie des bois de Demangevelle et le cours du Coney. Exécuteur testamentaire de Marguerite d'Oiselay (1426), témoin d'une reprise de fief de Philibert de Poinctes-Gevigney envers Etienne, abbé de Cherlieu (1427), témoin du contrat de mariage de Pierre de Beaujeu avec Jeanne de Montot (1436), il fit voir en toutes ces occasions de quelle considération il jouissait parmi ses contemporains. Après la guerre de la succession de Lorraine, René d'Anjou lui paya mille francs d'indemnité (1433), pour les dégâts commis sur ses domaines, pendant la trève, par Jean de Nancy, seigneur de Lénoncourt et gendre d'Erard du Châtelet [1]. En 1440, Didier de Cicon et Philippe de Vaudrey, bailli d'Amont, furent nommés conservateurs des frontières du Comté en regard de celles de Lorraine [2]. A la fin de sa glorieuse carrière, Didier ordonna par son testament (1458) la fondation d'une chapelle dans l'église de Cherlieu, suivant l'intention de son épouse défunte, Béatrix

---

(1) V. page 387.
(2) V. page 125.

de Villersexel. Il mourut cinq jours après et fut inhumé dans la salle capitulaire de cette abbaye. Sa tombe le représentait en habit de guerre, avec cette inscription :

Cy giest noble chevalier messire Didier de Cicons, seigneur de Gevigney et de Demangevelle, qui trespassa le XXV. jour de janvier, l'an Mil CCCCLVIII.

L'épitaphe de sa femme, enterrée sous la même pierre, était ainsi conçue :

Cy giest noble dame dame Bietris de Vilersesels, femme dudit seigneur. Elle trespassa le XXV. jour de juillet, l'an Mil CCCCLIIII. Dieu ait leurs âmes. Amen.

Didier de Cicon laissait deux fils, Guillaume et Henri. Jean, son aîné, était mort la même année que sa mère, et sa dépouille mortelle avait reçu la même sépulture. Guillaume eut la seigneurie de Demangevelle, Henri, celle de Rancenière, et Guy, leur neveu, celle de Gevigney. Du vivant de leur père, Guillaume et ses frères avaient assisté à l'installation de Ménard de Saint-Quentin, archevêque de Besançon, avec Jean de Lambrey, Jean de Poinctes, Viennot de Buffignécourt et quantité d'autres chevaliers (1440). Le même Guillaume épousa Catherine d'Haraucourt-Chauvirey, dame de Richecourt du chef de Jean, bâtard de Vergy, son premier mari (1458). Quelques années plus tard, pour indemniser ses sujets de Demangevelle des maux que la guerre leur avait causés, en particulier de l'incendie de leurs maisons, il les affranchit de la mainmorte, à condition qu'ils rebâtiraient et maintiendraient leurs habitations auprès du château (1471) [1]. Son épouse mourut en

---

(1) *Histoire des sires de Salins*, I, 129.

1489 et fut inhumée dans la chapelle seigneuriale de Demangevelle, avec cette épitaphe :

Hic jacet nobilis domina Catharina de Haraucour, domina Villæ Dominicæ, quæ obiit XX. novembris, anno M.CCCCLXXXIX.

Cependant elle avait d'abord eu l'intention de recevoir la sépulture à Cherlieu, comme le prouve l'inscription suivante, que l'on y voyait :

Cy gist haulte et puissante dame dame Katerine de Haraucour, à son vivant femme de hault et puissant seigneur messire Guillaume de Cicons, chevalier, dame de Cicons, Demoingevelle, Beaume, Cusey, Richecour, qui trespassa l'an M.....

Guillaume de Cicon-Demangevelle, mort avant son épouse, laissa quatre enfants, entre autres Bonne, qui épousa Nicolas ou Colard du Châtelet, seigneur de Vauvillers (1487), et lui offrit en dot la terre de Demangevelle, avec onze cents livres de rente à prendre sur Corre et en Lorraine, sur les domaines de Serécourt, Tignécourt, Saint-Julien, Ische, Provenchères, Fresne, Ainvelle, Frain, Lamarche, etc. Son mari lui assura de son côté deux mille livres de revenu sur Vauvillers. Erard du Châtelet, leur fils, marié à Nicole de Lénoncourt en 1512, et mort en 1555, repose dans l'église de Vauvillers [1].

Nicolas, fils du précédent, seigneur de Demangevelle, Vauvillers, Montureux-sur-Saône, Ville-sur-Illon, Ische et Magnières, reçut le privilége de battre monnaie. Il avait épousé à Vesoul Elisabeth d'Haraucourt (1543).

---

(1) *Histoire des sires de Salins*, I, 134 et suiv.

Il mourut glorieusement à la bataille de Dreux, livrée contre les huguenots (1562), et fut enterré dans le chœur de l'église de Vauvillers, où l'on voyait sa statue équestre. Avant son départ pour la campagne (1560), il avait réglé plusieurs dispositions testamentaires en faveur des églises et des curés de toutes les paroisses de ses propriétés. Les curés de Vauvillers, de Demangevelle et de Montureux reçurent chacun cinquante sous tournois, à charge de chanter le *Libera* et de réciter le *De profundis* pour lui, tous les dimanches. Le don fait à chaque église fut de cent sous.

Nicolas du Châtelet ne laissait pas d'enfants : il institua pour héritiers Nicolas de Vienne, fils de sa sœur Claude, mariée à Claude de Vienne, et Nicolas de Livron, fils de Bonne, son autre sœur, et de François de Livron-Bourbonne [1].

C'est ainsi que la terre de Demangevelle passa aux maisons de Vienne et de Livron. En 1583, Erard de Livron, seigneur de Bourbonne, et Marc de Vienne, seigneur de Vauvillers, donnent leur dénombrement au roi d'Espagne, comte de Bourgogne, pour le fief de Demangevelle, qu'ils possédaient par indivis. Dans ce titre, ils énumèrent toutes les constructions du manoir : deux grosses tours rondes reliées entre elles par un corps d'habitation, une autre tour carrée à six étages, des galeries en pierre à *claire voie*, un donjon, des murailles, des fossés larges et profonds, un pont dormant, un pont à *planchettes*, et un *portail en boulevard*. Le seigneur possède à Demangevelle, à Hurecourt et à la Basse-

---

[1] *Histoire de la maison du Châtelet*, pag. CLXX et suiv.

Vaivre, la totale justice, les trois quarts des grosses dîmes, dont le reste appartient à Clairefontaine, la dîme entière sur les pois, les lentilles, le millet, le vin, le chanvre et le lin, le droit de couper du bois dans les forêts d'Ormoy et dans celle de la Rièpe de Montdoré, pour l'entretien du château de Demangevelle. Les fiefs relevant de celui-ci étaient alors le château de Menoux, tenu par Antoine de Malains, du chef de son épouse Barbe d'Aubonne, la seigneurie de Montbarrey (Jura), le four banal de Jussey, les terres que Philippe de Bourbévelle avait à Corre, la terre de Jean d'Amance à Chargey, celle de Jean de Boigne à Magny, celle de Nicolas de Montagnon, enfin la pêche du Coney, depuis l'embouchure du ruisseau de Vougécourt jusqu'au ruisseau de Faniouse (1).

En 1629, Demangevelle était tenu par Aymon de Myon et Jean de Lambinet. Celui-ci dut fournir 15 francs au ban de milice pour la présente année, et l'autre 6 francs : c'était le dixième de leur revenu dans cette terre.

Le château de Demangevelle fut rasé par Grancey, en 1641, après la destruction de Jonvelle. Il n'en reste plus que la base d'une tour, ayant encore quinze mètres de hauteur. Au dix-huitième siècle, la terre de Demangevelle passa des seigneurs de Vauvillers et de Bourbonne à la marquise de Viéville. Ce village, qui avait quatre-vingt-deux feux en 1583 et quatre-vingts en 1614, en a deux cent vingt aujourd'hui.

L'église de Demangevelle, dédiée à saint Remi, était

(1) Chambre des comptes, registre 23, fol. 153.

autrefois sous le patronage de l'archevêque de Besançon. Elle a été consacrée en 1493 par Odot Tranchet, évêque de Tibériade, de l'ordre des Carmes. Le plein-cintre, orné d'une triple archivolte, qui décore la porte d'entrée, les modillons des corniches et certaines formes architecturales du chœur, indiqueraient assez l'époque romane ; mais le monument a subi des modifications successives qui en ont dénaturé le caractère et l'unité. Outre Catherine d'Haraucourt, cette église reçut encore sous ses dalles funèbres les morts les plus illustres appartenant à la famille des seigneurs du lieu.

ENFONVELLE.

Enfonvelle, de l'ancien bailliage de Langres, mais du diocèse de Besançon, existait déjà au milieu du septième siècle, puisque Bodon, évêque de Toul, qui l'avait reçu de ses ancêtres, en gratifia son Eglise. L'abbaye de Saint-Léger d'Enfonvelle passa dans les domaines de Louis de Germanie, frère du roi Lothaire, avec celles de Faverney, Luxeuil, Lure, Baume-les-Dames, Moustier-Hautepierre, etc. (870) [1]. Elle est encore mentionnée dans une charte de Louis d'Outre-mer (940). C'est ainsi que les princes disposaient à cette époque des bénéfices ecclésiastiques et se les partageaient comme les provinces et les villes. Aussi l'abbaye d'Enfonvelle, possédée pendant plus de deux cents ans par les laïques, finit par déchoir de son ancienne splendeur et par être totalement ruinée. Mais le comte Burchard en fit don, vers le milieu du onzième siècle, aux bénédictins de Saint-Bénigne de Dijon, pour la relever et y mettre des religieux. Henri III, empereur d'Allemagne et roi de Bourgogne, approuva

---

[1] PÉRARD, page 165, et D. BOUQUET, IX, 592.

cette libéralité par un diplôme accordé sur l'intervention d'Agnès, son épouse. Cette charte, qui est de 1053, dit expressément que l'abbaye d'Enfonvelle était d'une antique fondation (1). Toutefois, après son rétablissement, Enfonvelle ne fut plus qu'un simple prieuré rural, qui, vers le milieu du treizième siècle, se trouvait aux mains du clergé séculier.

(1) « Ob interventionem dilectissimæ conthoralis nostræ Agnetis, corroboramus ecclesiæ sancti Benigni... cellam et ecclesiam Offonis villæ *antiquitùs* abbatiæ in memoriam sancti martyris et episcopi Leodegarii consecratæ, cum omnibus pertinentiis ejus, sicut Buchardus ejus beneficium fusiùs eidem ecclesiæ tradidit. » (PÉRARD, page 189, et ici, *Notice sur Saint-Marcel.*)

ÉGLISES DE JONVELLE.

Saint-Pierre. Cette église, autrefois dédiée au prince des Apôtres, est maintenant consacrée à l'Assomption. Les différents styles d'architecture qu'elle présente, indiquent autant de reconstructions et d'additions successives. Le sanctuaire, dont le plan est rectangulaire, remonte au commencement du quatorzième siècle. Une lourde ogive formant arc-doubleau partage la voûte en deux travées, ornées de nervures diagonales. C'est un essai de transition vers cette forme nouvelle qui allait apporter tant de charme et d'élégance dans les constructions religieuses ; et pourtant cet appareil large et carré de la voussure rappelle encore les robustes échines du plein-cintre de l'époque antérieure. Du reste, les parements latéraux et les pilastres à triples colonnes qui portent les retombées des nervures, semblent fléchir sous le poids et présentent un écartement considérable, qui est un effet voulu, sans autre soutien que de simples contreforts. Ce qui fait croire que cette partie, la plus ancienne de l'édifice, appartient à cette date, c'est qu'en

même temps que l'ensemble affecte un certain air de pesanteur, comme les ouvrages de cette époque, d'un autre côté les colonnes annelées et leurs chapiteaux maniérés témoignent déjà d'une certaine recherche dans l'ornementation, qui est étrangère à l'architecture romane.

A l'extérieur du chœur, une corniche très simple, appuyée sur des consoles, se retourne en bandeaux sous la partie triangulaire du pignon. Une fenêtre ogivale surbaissée, mesurant 4^{m}55 de hauteur sur 3^{m}78 de largeur, a été pratiquée en plein dans le mur de l'abside. Elle est divisée en cinq panneaux, avec couronnement et tympans trilobés, de style flamboyant. Murée après la ruine des anciennes verrières, elle a été ouverte de nouveau, dans une pensée de restauration intelligente, que l'on étendra sans doute à toute l'église, si l'on tient à lui rendre son ancienne splendeur.

La distribution intérieure est à trois nefs. Les larges piles qui servent d'appuis à la division des travées, font penser que le plafond moderne de la nef principale n'est que du provisoire, en attendant le rétablissement des choses dans leur ancien état. Le bas-côté gauche accuse, en plusieurs endroits, l'œuvre de la renaissance, par ses baies rondes, cloisonnées et rayonnées. L'extrémité de la nef est éclairée par une fenêtre latérale du quinzième siècle. On voit encore dans ses meneaux supérieurs quelques débris de vitrail, dont l'élégance et la richesse font regretter la destruction des anciennes verrières. La chapelle placée sous la tour a des soubassements sculptés en arcatures, plus anciens que les parties supérieures. Elle est éclairée par une fenêtre trilobée et fermée par une claire-voie de pierre, en style du seizième siècle, avec des colonnettes légères, une frise découpée en rinceaux ajourés et une corniche à denticules sur le larmier. La voûte à nervures repose sur des consoles en écussons non armoriés.

En avant de l'édifice, est un porche récemment restauré, qui compose une sorte de dé saillant, carré, à nervures et supporté par deux colonnes rondes, sans chapiteaux. La tour du beffroi, disposée à gauche de la façade, est couronnée par une flèche recouverte en bardeaux, et rappelle par sa forme le clocher de la ville de Gray.

A l'intérieur, sont appendues plusieurs peintures assez remarquables ; mais les plus intéressantes sont deux tableaux votifs de forme allongée et peints sur bois. Le premier représente un seigneur dans le costume du seizième siècle, vêtu de noir, avec la fraise et les moustaches, ayant les mains jointes et agenouillé devant un saint religieux. Un enfant, sans doute son fils, se tient à ses côtés, dans la même attitude. Au bas du tableau, sur la couverture d'un livre, est couché un écu d'azur, au chevron d'argent et cantonné de trois roues d'or, disposées deux en tête et une en pointe, entre les branches du chevron. Dans le sujet de vis-à-vis, figure une dame aussi agenouillée, entre ses deux jeunes filles, avec le costume de la même époque, de couleur sombre. A ses pieds, se trouve pareillement un livre armorié d'un écu losangé et coupé mi-parti à dextre d'azur, au chevron d'argent cantonné de trois roues d'or ; à sénestre, d'azur, en chef au soleil d'or, coupé d'or, au bouquet composé de trois fleurs à six pétales de gueules, au bouton d'or, avec feuilles pointues de sinople, rattachées aux branchages de même. Ces peintures sont évidemment des portraits qui rappellent le souvenir de quelque famille seigneuriale ou du moins influente du pays [1].

L'église Saint-Pierre était en même temps prieurale et paroissiale. Plus tard, le maître-autel fut exclusivement réservé pour les offices du prieuré, et le service paroissial se fit hors du chœur, à un autel latéral, érigé sous le vocable de l'Assomption. Cependant les fidèles continuèrent pendant longtemps encore à honorer saint Pierre comme leur ancien et premier patron.

Le prieur [2], curé primitif de la paroisse, nommait un vicaire perpétuel pour remplir les fonctions pastorales, moyennant une pension congrue, qui a varié selon les temps et les besoins. Celui-ci était secondé dans son ministère par une communauté de prêtres familiers, tous originaires de Jonvelle et baptisés dans son église. Mais leur insubordination envers le doyen ayant détruit plusieurs fois l'harmonie nécessaire au bien spirituel des paroissiens, Ferdinand de Rye, archevêque de Besançon, dont le zèle et la vigilance s'étendaient à tous les détails de l'administration, les remplaça par des chapelains, qu'il soumit à des règlements plus sévères (31 août 1607). Cette utile réforme portait les plus heureux fruits, quand les désastres de la guerre vinrent détruire l'institution et les revenus dont elle était dotée (1636). Plus tard, la familiarité fut rétablie : ses revenus étaient de 1,300 livres en 1765.

---

[1] La roue se trouve dans les armes de la maison de la Trémouille, qui a donné des seigneurs à Jonvelle.
[2] Parmi les prieurs de Jonvelle, on peut citer Antoine Marmier (1520), Pierre d'Andelot (1550) et Claude d'Andelot (1581).

Le village de Grignoncourt, qui dépendait moitié de Jonvelle et moitié de Châtillon, était desservi par les curés de ces deux paroisses : ils alternaient chaque semaine et se partageaient les droits du bénéfice. Le prieur de Saint-Pierre avait aussi une dîme à Villars-le-Pautel, ainsi que les curés du faubourg Sainte-Croix et de Bourbévelle. Cette dîme était pour des prières à célébrer en faveur du roi [1].

Sept ou huit chapelles rayonnaient autour de l'édifice sacré, comme une glorieuse couronne. C'est là que chaque confrérie ou corporation avait son autel, dédié au saint patron qu'elle avait choisi pour modèle sur la terre et pour protecteur dans le ciel. Nommons d'abord la chapelle Saint-Georges, fondée en 1676 par Catherine Ponsot, qui en céda le patronage à Claude Jeannerot, curé du lieu. Chacun sait combien la dévotion envers cet illustre martyr était populaire dans notre pays, surtout parmi les nobles. Un grand nombre de paroisses et de châteaux, comme Jonvelle, Jussey, Châtillon, Gevigney, Raincourt, etc., avaient leur chapelle de Saint-Georges. La confrérie de ce nom, instituée en son honneur, dès l'an 1300, et rétablie après les guerres, en 1388, par Philibert de Molans, comptait parmi ses membres les premiers seigneurs de la contrée. Philippe de Jonvelle, Philibert de Bauffremont, son gendre, Guy de Cicon, seigneur de Gevigney et Demangevelle, Henri de Raincourt, Vaucher de Chauvirey, Erard du Châtelet-Chauvirey, étaient chevaliers de Saint-Georges de la première création. Ensuite on vit s'enrôler sous la sainte

[1] V. page 354.

bannière les d'Andelot, seigneurs de Jonvelle, les sires de Demangevelle, de Richecourt, de Gevigney, de Jussey, de Raincourt, de Chauvirey, de Cemboing, de Lambrey, etc. (1). Toujours prêts à se montrer les vaillants défenseurs de la religion et de la patrie, les confrères tenaient ordinairement leurs assemblées à Rougemont. Grâce à l'esprit de conciliation et de charité qui animait l'association, bien souvent son intervention pacifia les familles, en arrêtant les procès, comme on le vit à Gevigney, en 1574 (2).

La chapelle Saint-Nicolas fut fondée en 1534, par Antoine Daulay, prêtre, qui en transmit le patronage à la famille Gradoz, de Charriez. La chapelle Sainte-Catherine fut érigée par les PP. Carmes, selon les intentions pieuses de Claude Jeannerot, dont ils furent les héritiers (1713). La chapelle de l'Immaculée Conception et de Saint-Michel est de 1599 ; celle de Saint-Jean-Baptiste, de 1557. Celle du Saint Rosaire fut fondée par Jean Mougin en 1635, et celle de Saint-Simon en 1620, par Jean Bresson et son épouse, Jeanne Bresson. Les jésuites de Dole, en leur qualité de prieurs de Jonvelle,

---

(1) Jean d'Andelot fut reçu chevalier de Saint-Georges en 1494, et son fils, Jean d'Andelot, en 1546 Au château de Demangevelle, la confrérie compta Guy de Vy (1437), Guillaume de Cicon (1464), Nicolas du Châtelet (1545) ; à Richecourt, François, Jean et Claude de Cicon (1515, 1531 et 1569) ; à Gevigney, Jean de Vy (1432), Guillaume, Jean, Thiébaud, François de Gevigney (1461, 1497 et 1543), et Henri de Vy (1562) ; à Chauvirey, Guillaume, Léonard et Philibert de Chauvirey (1440, 1504 et 1510), et Claude d'Haraucourt (1511) ; à Cemboing, Marc, Christophe et Balthasar de Cult (vers 1560) ; à Raincourt, tous les seigneurs, depuis Vaubert (1530) jusqu'à Charles-Ignace (1773). Quelques femmes furent aussi acceptées dans l'association, telle que Jeanne de Chauvirey, épouse d'Henri d'Accolans (1423).

(2) V. la notice sur Richecourt.

permirent à ces deux honorables époux d'ériger cette chapelle, destinée à leur usage, mais sous la condition de la fermer par une balustrade, d'y faire un caveau pour les sépultures et de doter un chapelain, dont la présentation fut dévolue à la famille. Les religieux du prieuré pouvaient y célébrer la messe et y confesser, et ils avaient le droit de patronage à défaut des présentateurs. Cette chapelle, qui sert aujourd'hui de sacristie, est remarquable par ses deux fenêtres ogivales, par sa voûte en arcatures rayonnantes, et par un écusson orné d'enroulements et de volutes, sur lequel sont gravées les inscriptions suivantes :

Urbis Jovellanœ honorabilis simul ac antiquus civis consulumque sive scabinorum primus atque electus Johannes Bresson, unà cum carissimâ conjuge dominâ Nicolâ Bresson, sacellum hoc instruxit donavitque. Cujus conferendi jus ac dominium tàm prœdictis fundatoribus quàm eorumdem posteris masculis, rectâ aut transversâ stirpium serie oriundis RR. PP. Dolani collegii, societatis Jesu, pro suâ prioris Jonvellani potestate, concesserunt.

ANAGRAMMA.
Joannes Bressonius : *In Jesu sorbes annos.*

EPIGRAMMA.
Mors, aperi fauces; annos tu dummodò nostros
In Jesu sorbes, mortuus haud perii.
Obiit anno 1628.

Après Jean Bresson, les principaux membres de sa famille qui exercèrent le droit de présentation à la chapelle Saint-Simon, furent : N. Bresson, fils du précédent, commissaire général des vivres et munitions de guerre, en 1636; Antoine-Joseph de Bresson, seigneur de Dombasle (1707-1733), et Louis-Joseph de Bresson, écuyer, seigneur d'Ameuvelle (1760).

Comme la chapelle de Saint-Simon, celles des fonts baptismaux et de Saint-François-Xavier avaient leur caveau funèbre. A côté de celle-ci est incrustée une pierre tumulaire qui porte l'inscription suivante :

Gist en cette chapelle le corps de fut Mre Antoine Rousselet, à son vivant procureur pour Sa Majesté Catholique, en la terre et seigneurie de Jonvelle, qui mourut le 21 juin 1597. Dieu mette son âme à repos.

Antoine Rousselet, né à Port-sur-Saône, procureur et bailli en la seigneurie de Jonvelle, s'appliquait à l'étude des antiquités ; c'est lui qui composa la généalogie des ducs de Lorraine, que D. Calmet cite dans son histoire [1].

SAINTE-CROIX. Le faubourg de Jonvelle, si vaste et si peuplé avant les guerres, avait aussi son église paroissiale, érigée sous le titre de Sainte-Croix, qui lui donna son nom. Voisin du château, cet édifice en partagea souvent les malheureuses destinées et fut détruit sans retour dans l'invasion de Tremblecourt. Le dernier curé de cette église fut Jean Dubois. La paroisse fut réunie à celle de Saint-Pierre de la ville, par ordonnance de Jean Doroz, de Poligny, évêque de Nicopolis, vicaire général et suffragant de Ferdinand de Rye. Ce décret d'union, rendu le 28 février 1598, après l'autorisation du

---

[1] D. PAYEN, *Bibliothèque séquanaise.*

recteur de Dole, patron de Sainte-Croix, réserve qu'on érigera, sur l'emplacement de l'ancienne église, un oratoire où les prêtres familiers de la paroisse Saint-Pierre célébreront une messe basse, aux jours de dimanches et de fêtes, et les offices solennels, aux fêtes de l'Invention et de l'Exaltation de la Sainte-Croix.

GARDIENNETÉ DE JONVELLE.

Le seigneur de Jonvelle avait la garde des établissements religieux suivants :

L'abbaye de Faverney [1].

L'abbaye de Clairefontaine, fondée en 1133, par Guy Ier de Jonvelle. Fille de Morimond, de l'ordre de Cîteaux, elle eut pour premier abbé le bienheureux Lambert, et donna naissance elle-même à l'abbaye de Vaux-la-Douce [2].

Le monastère de Saint-Marcel, dont nous parlerons en son lieu.

Le monastère d'Enfonvelle, dont nous avons dit un mot.

Le prieuré de Jonvelle, fondé par le seigneur, de concert avec le comte de Bourgogne, vers le même temps que Clairefontaine. Cette petite communauté avait quatre

---

[1] V. D. GRAPPIN, *Histoire de Faverney*; Mlle Fanny DE POINCTES-GEVIGNEY, *Faverney et sa sainte Hostie*.

[2] V. M. l'abbé BRULTEY, *Histoire manuscrite de Clairefontaine*, couronnée par l'Académie de Besançon en 1861; *Vies des Saints de Franche-Comté*, IV, 274.

religieux de l'ordre de Saint-Benoît et de l'obédience de Cluny. Le prieur était patron des deux églises de Jonvelle et aussi de celles de Bousseraucourt, Bourbévelle et Vougécourt. En 1586, cet établissement fut donné aux jésuites de Dole [1].

Une maison de carmes déchaussés, établie dans le faubourg Sainte-Croix.

Le prieuré de Voisey, aussi fondé par le sire de Jonvelle, à la même époque et dans les mêmes conditions que celui de cette ville.

Enfin le prieuré de Villars-Saint-Marcellin. Nous en parlerons plus loin, ainsi que de celui de Voisey.

[1] V. page 180.

LE JOYANT.

La famille le Joyant, de la plus ancienne noblesse du Maine, ainsi qu'un arrêt du conseil d'Etat l'a reconnu (30 décembre 1718), fait remonter la connaissance de ses aïeux jusqu'en 1280. A cette date, Jean Ier le Joyant était seigneur de la Joyantière et de la Ferrière, près du Mans. Au seizième siècle, Jean V le Joyant, seigneur de la Croix et de la Vacherie, prit, avec ses parents, une grande part dans la ligue des princes de la sainte Union catholique. Il était échevin du Mans, dont le duc de Guise avait fait un de ses plus grands centres d'opérations. Antoine, son second fils, capitaine d'une compagnie dans l'armée de la Ligue, entra probablement en Franche-Comté avec le prince de Lorraine, en 1587. Il trouva plusieurs Joyant ou Joyandet de sa parenté, fixés à Lavoncourt depuis longtemps, sans doute amenés en ce lieu dans le quatorzième siècle, à la suite des Grandes Compagnies. Antoine le Joyant s'établit auprès d'eux. Il était déjà marié en 1593 ; son épouse, nommée

Barbe, paraît avoir été de la famille des Richardot, de Morey ; du moins nous voyons François Richardot tenir à Lavoncourt, vers cette époque (1604-1614), un arrière-fief avec castel, qui passa de ses mains, sans doute par héritage, à celles d'Antoine le Joyant. Sur la fin du seizième siècle, la seigneurie de Lavoncourt, jadis à la maison de Rye, était advenue à Charles de Lorraine-Lillebonne, par son mariage avec Marguerite, fille de Léonor Chabot-Charny et de Françoise de Rye. Ce prince, l'un des chefs de la Ligue, fut enchanté d'avoir sur ses terres un gentilhomme tel que le Joyant, dont il connaissait la bravoure et la couleur politique. Celui-ci demeura fidèle aux principes de son suzerain comme au drapeau de sa nouvelle patrie. La tradition locale, qui l'appelle le *commandant Joyant,* nous dit que le roi d'Espagne le décora de la *Clef d'or*. Nous avons raconté son héroïque défense et son glorieux trépas, en juin 1637 [1].

Pierre, son petit-fils, alors âgé de vingt ans, échappé presque seul au massacre de sa famille, se réfugia au village désert de Bougey, où il acquit un fief servant du château, entièrement exempt de dîmes, tailles et mainmorte. Ce domaine avait, au milieu du village, une maison forte à deux tourelles [2], isolée des autres habitations, jadis ruinée dans l'invasion de Wolfgang, puis relevée en 1589 par le tenancier du fief, Nicolas Charreton, tabellion de l'abbaye de Cherlieu. Nous croyons que la fille de celui-ci épousa le Joyant et

[1] Page 281.
[2] Aujourd'hui la maison Favret.

lui transmit ainsi son héritage. Pierre II, leur petit-fils, restaura de nouveau le castel (1690), que les Français avaient brûlé de nouveau en 1641. La famille le Joyant devint la première de Bougey, après les châtelains. Sur les registres de la paroisse, ses membres principaux sont appelés, comme eux, *dominus, domina, domicella,* et ils avaient leur sépulture dans l'église.

Pierre II le Joyant, qui vécut près d'un siècle (1656-1753), possédait à Bougey cinquante fauchées de pré, des vignes, des bois et deux cent quarante quartes de terre *par pie.* Il avait aussi la ferme des gabelles, sur la frontière du Bassigny, depuis le Fayl-Billot jusqu'à Jussey. Sa bienfaisance était si grande, que le souvenir en est resté dans une tradition populaire : une dame blanche, disait-on, conduisait chez lui les voyageurs égarés pendant la nuit, et ils y recevaient la plus généreuse hospitalité. Son fils Pierre-Antoine, et son petit-fils Claude-Antoine, docteurs en médecine, laissèrent les mêmes souvenirs de bienfaisance, l'un à Jussey et l'autre à Fresne-sur-Appance, où ils s'étaient fixés. Le premier, d'abord officier dans le régiment de Maistre-de-camp (dragons), fut pensionné par Louis XVI, sur la requête des quatre provinces de Champagne, Lorraine, Bourgogne et Franche-Comté. Sa haute réputation en médecine et des services rendus partout lui avaient mérité cette honorable intervention. Il fut inhumé dans l'église des capucins de Jussey, puis transféré dans le cimetière de Bougey (1782), et sur sa tombe on lit cet éloge : « Mort trop tôt pour sa famille et pour l'humanité. » Dom Romuald, prieur de Faverney, était son frère. Catherine, sa sœur, avait épousé Jean-François de Mandre, d'Amance (1720), qui remplaça les le Joyant à Bougey.

Les armes de cette famille sont d'azur à la croix d'or alaisée et potencée, avec cette devise : *Gaudens exultabo in Deo*. Depuis son établissement en Franche-Comté, ses principales alliances ont été Richardot, Charreton, du Bois, de Mandre, Crapelet, seigneurs de Fresne-sur-Appance et des deux Coiffy, de Vaxoncourt (Lorraine), de Montmorency-Laval, Masson, de Vallois et de Morainville (Normandie), de Widranges et de Mahuet (Lorraine), etc.

Aujourd'hui, les représentants de la maison le Joyant, en Franche-Comté, sont M. Antoine-Nicolas le Joyant, chevalier, lieutenant-colonel d'artillerie, chevalier de Saint-Louis, officier de la Légion d'honneur, retiré à Gray, et ses fils, MM. Louis-Marie-Félix, sous-inspecteur des douanes à Binic (Côtes-du-Nord), et Henri-Charles-Jean-Baptiste, sous-inspecteur des lignes télégraphiques à Lons-le-Saunier.

DE MANDRE.

La maison de Mandre, *aliàs* de Mandres, tire son nom du château de Mandres-sous-Châtillon, situé dans la prévôté d'Etain (Barrois). Ses armes sont d'azur à une bande d'or, accompagnée de sept billettes du même, posées quatre en chef et trois en pointe; couronne de comte, avec deux sauvages pour supports; devise : *Aliquid in minimo*. Elle a fourni les preuves de sa noblesse de race et d'ancienne chevalerie, pour la réception de plusieurs de ses membres dans la confrérie de Saint-Georges et dans l'ordre de Saint-Jean de Jérusalem. Les de Mandre sont mentionnés dès les années 1111 et 1115. Ils sont souvent qualifiés hauts et puissants seigneurs, dans les titres anciens et dans les épitaphes, comme on peut le voir sur leurs tombes de Montureux-lez-Gray. Leur domaine féodal était considérable : ils ont possédé, entre autres seigneuries, celles de Mandres, de Montureux-lez-Gray, de Vereux, de Prantigny, de Chauvirey, d'Autet, de Montarlot, de la Tour-du-Bois et de l'Aigle. Leurs principales alliances, dans notre province et dans les alentours, sont de Bauffremont, de Senailly, Marlin, d'Orsans, de Montureux-en-Ferrette, d'Arguel, d'Aroz, de Citey, d'Arlay, de Blans, de Cléron, de Poligny, de Trestondans, d'Andelot, de Cicon, de Maillard, de Brunickhoffen, de Laubespin, de Thomassin, Fouchier de Savoyeux, de Chauvirey, de Harlay, de Précipiano, de Salives, Barberot, de Malarmey, de Franchet, d'Aynstelle, de Rye, de Montjustin, d'Étrabonne, de Riancourt, de Lavier, Massey, Bourrelier, le Joyant, de Bains, Dard, Henri de Marcilly, Petit-Huguenin, etc.

La famille de Mandre est éteinte en Lorraine, et ne subsiste plus que par la branche de Montureux-lez-Gray. Le premier de cette maison que mentionne l'histoire de Franche-Comté, est Jean de Mandres, écuyer, qui, soutenu par Guyot d'Aurain, fit la guerre à Jean de Chauvirey, vers 1356. C'était dans ces années d'anarchie où le pays était déchiré par les sanglants démêlés des seigneurs entre eux. Huart de Mandres, que nous avons déjà mentionné (1), guerroyeur célèbre, fils ou frère de Jean, fut arbitre d'une de ces déplorables querelles entre Jean de Vergy et Renaud d'Aigremont. C'est à ces deux de Mandres que Duvernoy attribue le premier établissement de leur famille en Comté, dans les seigneuries de Montureux et de Vereux, qui venaient des Vergy.

Un autre Jean de Mandres était prévôt de Langres en 1402; c'est à ce titre qu'il délivra aux échevins de Jonvelle une copie de leurs franchises (2). Un troisième Jean

---

(1) Voyez page 103, note.
(2) Voyez page 114, note.

de Mandres s'allia par mariage aux Malarmey de Roussillon, vers 1440.

En 1476, Claude de Mandres, époux de Jeanne de Rye, accompagna Charles le Téméraire dans sa malheureuse campagne contre les Suisses. Guillaume, son fils, chevalier d'armes de la main de l'empereur Charles-Quint, assistait à son couronnement à Bologne (1511) et le suivit dans plusieurs de ses campagnes. Il fit restaurer le château de Montureux en 1560, et y mourut neuf ans après.

Humbert Ier, reçu chevalier de Saint-Georges en 1569, et marié à noble damoiselle Marie Martin, de Gray, fut gouverneur ou capitaine de la garnison de Besançon, comme lieutenant de François de Vergy, gouverneur de la province. Il mourut en 1585.

Guillaume, reçu chevalier de Saint-Georges en 1577, fut ensuite élu abbé de Theuley en 1591, ayant pour coadjuteur François, son frère. Il mourut en 1602.

Humbert II, cadet de sa maison, marié à Marguerite Martin, fut aussi gouverneur de Besançon, et de plus commissaire ou inspecteur général de la cavalerie. On l'appelait le capitaine de Mandre *l'aîné*. Pendant le siége de Dole, entre autres faits d'armes, il conduisit trois cents chevaux contre le château de Beaumont-sur-Vingeanne, qui fut emporté ; puis il ramena ses compagnies devant la forteresse de Rigny, qui fut enlevée aux Français et rasée de fond en comble (juin et juillet 1636) [1].

Claude-Léonel, fils d'Humbert II, Ermenfroid ou Herman-François et Léonard, ses petits-cousins,

---

[1] *Lettres de Pétrey de Champvans*, p. 34 à 44.

exercèrent la même charge après lui. Léonel, seigneur de Savoyeux, Vereux, Autet, etc., ne laissa qu'une fille, la belle Oudette-Bénigne, qui épousa, en 1665, Maurice de Malarmey, comte de Roussillon, premier gentilhomme comtois admis au service de la France.

Herman-François, connu dans l'histoire sous le nom de capitaine de Mandre *le jeune* (1), était fils d'Antoine de Mandre et de N. de Cicon. Il épousa (1622) Hélène de Trestondans, fille de Gabriel de Trestondans, seigneur de Suaucourt, Genevrières, etc., et de Françoise de la Baume. Il affranchit le village de Montureux, en 1628. Capitaine de deux compagnies montées, celle du marquis de Conflans et la sienne, commissaire général de la cavalerie, gouverneur de la garnison de Besançon après de Mandre l'aîné, nous avons vu quel rôle brillant il remplit dans les premières guerres du dix-septième siècle. Hélène, son unique héritière, ne laissa pas d'enfants, et ses biens allèrent à Oudette, sa cousine, sauf la seigneurie de Montureux, qui était restée en douaire à sa mère. Celle-ci appartenait, comme son mari, à une famille dévouée à l'Espagne et ennemie jurée de la France. Les soldats de du Hallier avaient failli être empoisonnés à Suaucourt, dans le château de son père (2). Le sieur de Suaucourt, neveu de la veuve de Mandre, avait figuré noblement à la défense de Gray contre Louis XIV, en 1668 (3). Avec une telle conduite et de pareils sentiments, il fallait s'attendre à une ven-

---

(1) Boyvin, *Siége de Dole*; *Lettres de Pétrey*; Girardot, *Guerre de dix ans*.
(2) V. page 300.
(3) MM. Gatin et Besson, *Histoire de Gray*, p. 230, 235.

geance politique : en effet, le châtiment fut infligé aux coupables, lorsque l'avocat Antoine Jobelot, de Gray, qui avait bien mérité de la France, trop bien pour son patriotisme, pendant le siége de cette ville (1), se fit adjuger la seigneurie de Montureux, confisquée par décret du parlement (3 mai 1681), comme celle de Bougey sept ans plus tard.

Léonard, fils d'un autre Antoine de Mandre et de Jeanne-Baptiste de Cicon, qualifié seigneur de Chauvirey, sans doute parce qu'il s'était allié à cette maison, commanda aussi la garnison de Besançon vers 1658 (2). Il n'a point laissé de lignée. Mais sa maison ne s'est point éteinte, comme Dunod l'a dit, dans celle de Malarmey-Roussillon, aujourd'hui représentée par la famille d'Autet; le nom de de Mandre s'est conservé dans la postérité de Claude, frère aîné de Léonard. Son fils, de même nom que lui, épousa Catherine Vaucaire (1650), qui sortait peut-être de la famille de Frasne-le-Vaucaire, ou Velleclaire; c'est ainsi que se nommait Frasne-le-Château au quatorzième siècle (3). En 1406, vivait à Besançon un Vaucaire, co-gouverneur de cette ville ; du reste, une famille de ce nom, originaire d'Italie, s'était fixée en Franche-Comté, dès les temps les plus reculés.

---

(1) Ibidem, p. 231.
(2) Archives du bailliage de Vesoul.
(3) Le *Vaucaire* est le surnom porté par Richard de Neufchâtel, connétable de Bourgogne. Il l'avait pris du hameau de Velleclaire, dépendant de la seigneurie de Frasne-le-Château. Il eut pour fils Thibaut le Vaucaire, célèbre chef de routiers, qui fut longtemps la terreur des rives de la Saône, avec Jean de Sauvigney et les Champenois Arnaud de Cervole, Jean de Corgirnon, Thibaut et Jean de Chauffour, « tous capitaines outrageux, apperts à bien adviser bataille, assaillir et escheller villes et chasteaulx, à robber homes et choses. » (Vers 1360.)

Quoi qu'il en soit de ces conjectures, Claude de Mandre, brouillé avec sa parenté et ruiné par la guerre, se réfugia au bourg d'Amance, vers 1658. La paix venue, il redemanda la fortune aux travaux de l'industrie, et amodia des du Châtelet la terre de Beauregard, au territoire de Baulay (1682). Ses descendants la tinrent jusqu'au moment où ce domaine fut confisqué comme bien d'émigrés. Il reste à Baulay trois branches de cette famille.

A leur tour, Jean-Baptiste et Jean-François, petits-fils de Claude de Mandre, s'établirent dans le voisinage de leur aïeul et s'enrichirent comme lui, l'un à Saint-Loup, l'autre à Bougey. Le premier, après avoir épousé Claude-Françoise Massey, prit à ferme toute la baronnie de Saint-Loup (1720), qui appartenait aux Saladin d'Anglure, marquis de Conflans. Dans cette terre se trouvaient plusieurs forges, dont la prospérité a fait la belle fortune que possèdent aujourd'hui ses descendants, MM. de Mandre de Saint-Loup, de Briaucourt et de la Chaudeau. Le chef de cette maison est M. Charles de Mandre, maître de forges, membre du conseil général de la Haute-Saône, chevalier de Malte et de la légion d'honneur.

Deux membres de cette famille ont appartenu à l'Eglise. 1° Claude-Simon, d'Amance, né le 15 mars 1727, d'abord bénédictin en Lorraine, devint aumônier des pages du roi Stanislas, qui lui donna la cure et la seigneurie de Donneley. Il transmit cette seigneurie à Joseph, son neveu, qui la perdit en 1793. Il composa un *Traité de mécanique* enrichi de planches, qui, sur la demande de Bureau de Pusy, devait être imprimé aux frais de la nation. Il mourut à Paris, le 3 décembre 1803.

2° Jean-Baptiste de Mandre, né à Saint-Loup, le 28 octobre 1739, fut préfet des études au collége de Besançon après l'expulsion des jésuites, ensuite curé de la paroisse Saint-Pierre, député du clergé aux états généraux, évêque constitutionnel du Doubs, et vicaire général de Claude Lecoz. Il est mort en 1823, curé de Sainte-Madeleine.

Pour Jean-François, autre petit-fils de Claude de Mandre, de Beauregard, marié à Catherine le Joyant, de Bougey (1720), il obtint en partage le castel des le Joyant et fut amodiataire du domaine seigneurial. De lui sont nés cinq enfants, entre autres Claude-François, curé de Lambrey, dont la conduite orthodoxe, pendant le schisme révolutionnaire, consola sa famille et son pays des égarements de son cousin Jean-Baptiste de Mandre. Confesseur de la foi et émigré en 1793, il fut néanmoins rayé des listes de proscription, par l'influence de son parent, Claude-François le Joyant, l'un des défenseurs de Louis XVI. C'est de cette lignée que sortent les de Mandre de Bougey et de Rigney.

MONTDORÉ.

Montdoré, appelé dans les vieux titres *Mons deauratus* et *Onormont,* est bâti sur une montagne dont la hauteur est de 406 mètres au-dessus du niveau de la mer. C'est le vignoble le plus élevé du département. Le point culminant conserve encore les vestiges d'un château fort, dont les nobles maîtres figurent dans les chartes dès le douzième siècle. Celles de Clairefontaine signalent comme bienfaiteurs du monastère, Gérard (1151), Simon et Gérard, fils de Gérard de Haydons, et Marguerite de Lébat, leur mère (1271), André, Gérard et Sibille, enfants de Simon (1319) et Huars de Ruppes (1383), tous qualifiés seigneurs d'Onormont. En 1376, Jeannette de Magny, veuve de Guyot de la Coste, fait hommage au duc de Bourgogne, seigneur de Jonvelle, pour son fief de Montdoré, entre les mains de Jean de Raincourt, bailli et capitaine de Jonvelle. En 1421, Perrin de Montdoré, seigneur d'Ancerville, transige avec Jean de Vergy au sujet de la terre de Roche-sur-Marne, et l'acte a pour témoins Jean de Blamont, seigneur de Vellexon, Erard du Châtelet et Simon de Châtillon. Le château de Montdoré servait alors de place d'armes principale aux sires de la Trémouille. Il fut ruiné en 1641, après le sac de Jonvelle. En 1628, ce fief était tenu par Clément de Thomassin et lui produisait six cents francs de rente.

L'église de Montdoré était jadis paroissiale pour Vauvillers, qui s'en détacha en 1605, moyennant une redevance annuelle. Cette église, qui est du quinzième siècle ou des premières années du seizième, ne manque pas d'intérêt archéologique. On y remarque la porte principale, la chapelle seigneuriale, une voûte aux arcatures étoilées, les fonts baptismaux et surtout le sanctuaire, quand même il a perdu plusieurs de ses ornements, tels qu'une crédence en pierre, une piscine et un tabernacle en forme de niche, pratiqué dans le mur de l'abside, le tout d'un travail très élégant. Sept fenêtres ornées de vitraux coloriés répandaient à l'intérieur une lumière douce et mystérieuse : malheureusement, celle de l'axe de l'édifice a été masquée par un retable du dix-septième siècle, et la première de gauche, par un toit de sacristie. Les fenêtres qui restent ont deux panneaux qui se terminent en arcatures trilobées ; le triangle de l'ogive est diversement ajouré par des trèfles, des quatre-feuilles et des rosaces de style flamboyant.

C'est Montdoré, et non Vauvillers, comme le dit Feller, qui a donné le jour à un illustre écrivain, Jean-Claude Sommier. Né le 22 juillet 1661, il fit ses études à Besançon, où il reçut les ordres sacrés, après avoir pris les grades de docteur en théologie et en droit. Attiré dans le diocèse de Toul, il fut d'abord curé de la Bresse et de Giraucourt, ensuite pourvu de la cure de Champs, sur la présentation de l'abbesse de Remiremont. Un avent et un carême qu'il prêcha dans cette ville portèrent son nom au duc Léopold I*er*, qui l'appela à Lunéville pour y faire le même cours d'instructions, et le nomma son prédicateur ordinaire. De Bissy, évêque de Toul, voulut aussi l'avoir : il le mit au nombre de ses docteurs et lui fit prêcher un carême dans sa cathédrale. De plus en plus estimé du prince de Lorraine, il fut chargé par lui de plusieurs négociations importantes à Rome, à Venise, à Mantoue, à Parme, à Vienne et à Paris, et il devint successivement conseiller-prélat de la cour et conseiller d'Etat. Le pape Clément XI et ses deux successeurs lui donnèrent aussi des marques sensibles de leur estime. Innocent XIII le fit son camérier, et Benoît XIII, l'ayant préconisé archevêque de Césarée *in partibus infidelium* (29 janvier 1725), voulut le sacrer lui-même. Après la cérémonie, qui fut faite devant une assistance distinguée, le nouveau prélat, tout ému, remercia le saint-père, qui lui répondit en présence de toute l'assemblée : « C'est moi plutôt qui dois vous remercier, pour les services que vous avez rendus à l'Eglise par votre parole et par vos écrits. Je ne devais pas laisser sans récompense un prêtre qui a si bien mérité du saint-siége. C'est de mon propre mouvement et sans présentation ni recommandation de personne, que, de simple curé, je vous ai fait archevêque ; et vos humbles remontrances au sujet de cet honneur vous en ont rendu plus digne encore à mes yeux. » Sommier reçut, pour comble de distinction, le titre d'évêque assistant au trône pontifical, et il revint en Lorraine au mois de juin suivant. Nommé grand-prévôt de l'église collégiale de Saint-Dié et abbé commendataire de Bonzonville, il exerça les fonctions épiscopales dans ce diocèse jusqu'à sa mort (5 octobre 1737) (1). Au milieu de ses grandes occupations, il avait trouvé du temps pour composer des ouvrages considérables : il nous a laissé l'*Histoire dogmatique de la religion*, l'*Histoire dogmatique du saint-siége*, l'*Histoire et l'Apologie de l'Eglise de Saint-Dié*, plusieurs oraisons funèbres, des sermons et quelques pièces de vers. Dom Calmet, son ami, a dit de lui : « M. Sommier était assez contrefait et d'une physionomie peu prévenante, mais d'un cœur droit et sincère. Il prêchait solidement, mais sans beaucoup d'art, et il aimait à faire des vers latins, en quoi il ne réussissait pas mal. »

---

(1) L'épître dédicatoire de son *Histoire de Saint-Dié* rend compte en ces termes à Benoît XIII de ses occupations : « Verè opus Dei, qui humilia respicit, Sanctitas Vestra, quæ in altis habitat, operata est, dùm me humilem respexit et cum principibus populi collocavit..... Protinùs è pedum vestrorum vestigio digressus, provinciam mihi demandatam petii ; sicut sagitta de manu potentis emissa, vallem Galilæam (de Saint-Dié) penetravi ; asperrimos Vogesi montes superavi ; loca episcopisanti impervia adii ; juvenes ac virgines, senes cum junioribus sacro chrismate inunxi ; ad me confluentes undequàque ab ordinariis suis dimissos ordinavi, ibique parochiales ecclesias Summo Numini dicavi, ubi à sæculis multis legitimo ritu nulla fuerant consecrata templa.

OIGNEY.

Dans les anciennes chartes, le nom de ce village est *Ogneium, Oigne, Oignez, Ougney, Ogney*. Ce fief, comme celui de Bougey, appartenait primitivement aux seigneurs de Pesmes.

1131. Guillaume Ier de Pesmes, sire de Rupt, Bougey, Oigney, etc., donne au monastère de Cherlieu un meix et un pré sur le territoire d'Oigney. Sur la fin de sa vie (1150), il lui cède tout son avoir au même lieu.

1244. Jacques Ier de Rupt reconnaît que Cherlieu possède à Oigney le meix et la dîme appartenant à Foulques, de Rupt, sujet de Clémence de Fouvent.

1279. Jean Ier de Rupt, petit-fils du précédent, abandonne aux religieux tous ses droits sur la forêt de *Charlemagne*, au même lieu. La charte fut scellée par Jean de Vergy, sénéchal de Bourgogne, et par Poinsard de Pesmes, sire de Valay.

1287. Guillaume de Ray, coseigneur de Rupt par sa femme, Isabelle de Rupt, acquiert à Oigney l'avoir de Jacquette de Fondremand.

1349. Jacques II de Rupt fonde son anniversaire à

Cherlieu par une rente de dix sous et de deux bichets de blé à Oigney, sur le moulin des Taquois.

1370. Gauthier de Rupt, fils du précédent, remplace les deux bichets de blé par une rente de quarante sous estevenants.

1386. Jean II de Rupt fait hommage à Marguerite de Pesmes, veuve de Jacques de Granson, pour le fief que Guy de Demangevelle tient de lui à Oigney (1).

Au dix-septième siècle, Oigney, comme la châtellenie de Rupt, était au marquis de Saint-Georges, de la maison de Clermont. En 1614, il comptait 51 ménages; en 1789, il en avait 80 et 350 habitants; aujourd'hui il a 80 feux et 260 habitants.

La voie romaine de Jussey au camp de Morey (2) passe le long des bois d'Oigney. On y voit beaucoup de ruines antiques, notamment près des fontaines de Boguet, de Sarrazin et d'Argillères, et l'on y a trouvé des débris de sarcophages, en pierre de Fédry, ainsi que plusieurs médailles des Antonins, de Dioclétien, de Constantin, etc.

L'église d'Oigney, dédiée à saint Martin, située près de la maison seigneuriale et orientée, était autrefois paroissiale. Dans sa visite du 13 septembre 1654, Jean Millet, procureur général et fiscal de l'archevêque, reconnut que cette église avait conservé les insignes de paroisse, qui sont le cimetière et les fonts baptismaux (3).

Sur la fin du treizième siècle et dans les premières années du quatorzième, les sires de Rupt abandonnèrent

---

(1) Cartulaire de Cherlieu; *Histoire des sires de Salins*, notes sur les maisons de Pesmes et de Rupt.
(2) V. page 22.
(3) Pouillé du diocèse de Besançon.

leurs droits sur cette cure aux moines de Cherlieu. En 1308, l'official de Besançon constata cette juridiction acquise par eux sur les deux églises de Bougey et d'Oigney, qui furent réunies un peu plus tard.

En 1793, les chefs de la commune d'Oigney achetèrent à Jussey, pour quatre cents francs, l'autel des capucins de cette ville, le retable avec son tableau, les boiseries du chœur et deux autres tableaux ; ils placèrent le tout dans leur église, dont les ornements et les vases sacrés furent préservés de la profanation, et dont la cloche ne cessa de sonner l'*Angelus*, pendant les mauvais jours de la persécution religieuse. Ce retable est d'ordre composite et riche en sculptures. Son tableau représente l'Assomption. La beauté du dessin et du coloris atteste que c'est un ouvrage de maître. La pose de la Vierge, au milieu des anges qui la soulèvent sur les nues, ou qui saluent son passage, est pleine de grâce et de majesté. Au bas de la toile se trouvent saint François d'Assise et saint François Régis. Le devant du tabernacle présente en relief le Sauveur agonisant au Jardin des Olives, et un peu plus bas un *Ecce Homo*. De chaque côté du tabernacle se prolongent des appendices également ornés de riches sculptures. A droite, c'est le sacrifice d'Isaac ; à gauche, c'est la manne tombant du ciel et recueillie par les Hébreux. L'autel et le tableau du retable ont été faits à Gray, en 1747. Les boiseries ont été sculptées en 1703, par Aubert, de Purgerot, pour trois cents francs, qui servirent à payer la prise d'habit et la dot de son fils reçu chez les capucins.

On conserve l'ancienne cuve baptismale, mise hors d'usage depuis longtemps par une fracture : c'est un bloc de grès arrondi et couvert de bas-reliefs, qui présentent, en assez mauvaise exécution, 1° une espèce de griffon se mordant la queue, au milieu de feuillages et d'arabesques ; 2° un personnage qui donne le baptême à un enfant par immersion. Tous ces détails indiquent certainement une époque reculée du moyen âge.

La croix du cimetière est une belle colonne en pierre, ornée de tous les insignes de la Passion. Pendant la Terreur, deux ou trois sacriléges iconoclastes voulurent la renverser ; mais ils furent mis en fuite par les femmes du quartier, accourues à sa défense avec leurs tabliers pleins de pierres, et la croix resta debout.

Parmi les tombes anciennes qui pavent l'église, on distingue celle dont nous avons parlé dans la Notice sur Bourbévelle. Son inscription gothique est ainsi conçue :

Cy gist honorable Marc Rondot, natif de Vellexon. Pauvre, il soldat pour la milice en la garnison à Gray : qui retornant de son voïage de dévotion à sainct Genais, décéda en ce lieu le vingt-troisième de juin 1580. Dieu ayt son âme. Amen.

DE POINCTES-GEVIGNEY.

Le nom de Poinctes est celui d'un fief situé près de Bussières. Du douzième au dix-septième siècle, cette famille a possédé plusieurs seigneuries sur les frontières de Champagne et de Bourgogne : Chaudenay, Pisseloup, Velle, Anrosey, furent de ce nombre. Le premier seigneur de cette maison mentionné dans les chartes est Regnaud, mort en 1333. Il prenait le titre de baron de Fayl-Billot, sans doute parce qu'il avait les petites seigneuries de ce bourg. Ses héritiers se sont qualifiés de même jusqu'au seizième siècle. Les derniers barons de ce nom furent Etienne et Pierre, dont le fils, nommé Philippe, épousa Hélène de Montormentier (1480). Il y avait encore des de Poinctes dans le Bassigny en 1789 [1].

Vers le commencement du quatorzième siècle, Jean Ier de Poinctes épousa Jacqueline de Gevigney, fille unique de Vuillemin de Gevigney et de Marguerite d'Angirey. Il prit le nom et les armes de Gevigney écartelées des

(1) M. JOLIBOIS, *La Haute-Marne ancienne et moderne*.

siennes, et plus tard les puînés de sa descendance s'appelèrent de Gevigney, *aliàs* de Poinctes.

Au dix-septième siècle, paraissent Claude de Poinctes-Gevigney, Françoise Chappuis de Rosières, sa femme, Jean-François et Béatrix, leurs enfants. Jean-François épousa Charlotte de Bernard de Montessus; sa sœur fut mariée à Claude-Antoine Benoist, bailli de Jonvelle et seigneur de la terre de Voisey, qu'il avait achetée le 2 mai 1697, pour 3,600 livres et deux sous pour livre. Claude, leur père, avait longtemps servi dans la compagnie des gendarmes anglais de l'armée du prince; Jean-François prit sa place en 1674. Nommé trois ans après capitaine de Jonvelle, par lettres-patentes de Louis XIV, datées du camp de Valenciennes, il prêta serment au roi entre les mains du sieur d'Aligre, grand chancelier de France. Puis, le parlement de Franche-Comté ayant enregistré sa nomination, il prit possession de sa charge le dimanche 21 septembre suivant. La cérémonie se fit à Jonvelle, après la messe paroissiale, devant la maison d'audience du bailliage, en présence des habitants et des sieurs Simon Billot, lieutenant dudit bailliage, et Pierre-Antoine Parisot, procureur d'office, qui donna lecture publique des lettres royales, ainsi que de l'ordonnance de la cour enjoignant à tous de reconnaître le nouveau capitaine de la châtellenie. Le 24 avril 1678, Jean-François de Poinctes-Gevigney paya vingt-trois livres **dix** sous pour le droit d'apposer ses blasons sur ses **cachets,** carrosses et autres meubles. Il mourut en **1729** [1].

---

[1] Archives de la famille de Poinctes-Gevigney.

RAINCOURT.

Ce fief relevait de Jonvelle. Les cartulaires de Clairefontaine et de Cherlieu mentionnent les sires de Raincourt, *Rencort, Rehencort*, dès le douzième siècle. En 1181, Vuillaume, avec l'approbation de Simonette, sa femme, donne à l'abbaye de Cherlieu une fauchée de pré sur le territoire de Raincourt, et tous ses droits sur le Closlois, à condition qu'on lui fournira, chaque année, sa vie durant, du pain avec un habit et une paire de souliers.

Jean de Raincourt, seigneur de Betaucourt, Scye, Melin, Blondefontaine, etc., époux de Marguerite de Jussey, avait la maison neuve du château de Jussey avec des terres au même lieu, à Jonvelle et à Bourbévelle. Thiébaud, son fils, bailli et gouverneur de Jonvelle pour Jean de la Trémouille, fut commis par la duchesse de Bourgogne à la garde de Jussey (1420) [1]. Simon, frère de Thiébaud, fut aussi bailli de Jonvelle (1432).

Ambroise de Raincourt, dernier mâle de la branche

---

(1) V. page 121.

aînée, qui eut pour femme Anne d'Augicourt, dissipa les biens de sa maison, qui furent vendus par décret, après sa mort (1588), et achetés par son gendre, François de Saint-Belin. Ensuite ils passèrent à la maison de Vesoul. En 1669, Claude de Vesoul, baronnet, seigneur de Raincourt, Pierrecourt, etc., et colonel d'infanterie, obtint le titre de citoyen de Besançon, pour son dévouement à la défense de la ville et de la province.

Après la conquête, Raincourt fut confisqué et entra dans le domaine royal, qui le vendit à François de Jouffroy, seigneur de Novillars, pour trois mille livres, à titre de rachat perpétuel devant courir au bout de trente ans. Les droits seigneuriaux étaient alors la justice totale, six livres treize sous quatre deniers de tailles, dix-sept poules, cinq chapons, un denier par feu, deux gros sur le pressoir et deux livres sur différentes propriétés particulières.

La terre de Raincourt passa des Jouffroy-Novillars aux Deuilly. Mais en 1759, elle fut rachetée par Jean-Baptiste de Raincourt, seigneur de Fallon, chef du nom et des armes de sa maison. Les Raincourt-Fallon descendaient de Geoffroy, petit-fils d'Orry de Raincourt et de Marguerite de Betaucourt (vers 1350). Le personnage le plus marquant de cette lignée fut Christophe-Louis, chevalier de Saint-Georges, qui mérita si bien de son pays par ses services militaires, en 1636 [1]. Il mourut glorieusement au siége de Verceil, deux ans après, à la tête de son régiment [2].

---

(1) V. page 262.
(2) V. *Histoire des sires de Salins*, 1, 320 et suiv.

L'église de Raincourt, dédiée à saint Valbert, était mère de celle de Blondefontaine. En 1250, le collateur de ces églises était Gratien, curé d'Arc, qui tenait ce droit de sa famille. Il s'en démit en faveur de l'abbaye de Saint-Vincent, de Besançon, à qui l'archevêque Guillaume de la Tour conféra le bénéfice, avec les églises de Bourbonne, Ormoy, Buffignécourt, Aisey et quelques autres (1250). Parmi les revenus du patronage, les religieux avaient à Raincourt le tiers du luminaire, des *trenténaux*, des *charités rédimées* et des autres oblations, ne demandant pour cela au curé que deux livres de cire et 40 sous annuels [1].

Raincourt avait 73 ménages en 1614, et 167 en 1851.

---

(1) Inventaire de Saint-Vincent, aux archives du Doubs, fol. 471.

RICHECOURT.

Richecourt, nommé *Ruschecurtis, Ruchecort* dans les vieilles chartes (1150-1217), était primitivement du comté de Bourgogne et de la châtellenie de Jonvelle; mais plus tard il fut annexé, avec Aisey et Villars, au comté de Champagne, pour le bailliage de Chaumont, sans cesser néanmoins d'appartenir au diocèse de Besançon. Ces enclaves étaient fréquentes sur nos frontières : ainsi Blondefontaine et Conflans relevaient du Barrois. Quelques villages, comme Fresne, Corre et Passavant, étaient partagés en plusieurs juridictions; tandis que d'autres, tels que Vauvillers et Saint-Loup, étaient laissés en *surséance,* c'est-à-dire que la souveraineté de ces terres en litige entre différents Etats se trouvait provisoirement confiée aux mains d'un seigneur choisi par les parties, en attendant une sentence définitive.

Au treizième siècle, Foulques de Rigny, seigneur de Richecourt, ayant tenté d'y élever un château, sur les ruines d'une ancienne forteresse, sans l'autorisation de Guy III de Jonvelle, le comte Othon IV intima l'ordre à celui-ci d'arrêter le projet de son insubordonné vassal, sous peine d'être puni lui-même (1290) (¹). Cependant le château fut achevé, soit par la permission du suzerain, soit par le droit du plus fort. Ses murailles, de trois ou quatre mètres d'épaisseur, appuyées au couchant sur le lit de la Saône et sur un profond ravin, étaient flanquées de quatre tours de trente-six mètres de circonférence, dont les restes montrent encore un de ces terribles cachots appelés *oubliettes :* c'est une espèce de puits d'étroit orifice, pratiqué dans l'épaisseur de la maçonnerie. Le château de Richecourt était une place d'armes importante, pour surveiller les passages de la rivière et les abords de Jonvelle. Cependant, malgré la force de ses remparts et de sa position, il fut pris en 1476, 1595, 1636 et 1641, autant de dates funestes que l'on retrouve marquées par les diverses constructions du vieux manoir.

Jean de Rigny, fils de Foulques et sénéchal de Bourgogne, épousa Guillemette de Vienne (1327). Jeanne, leur petite-fille, porta par mariage la terre de Richecourt à Antoine de Vergy, seigneur de Châtillon, etc., qui la donna, du gré de sa femme, à Jean de Vergy, son frère illégitime (1439). Celui-ci, mari de Catherine d'Haraucourt, mourut en 1457 et fut inhumé à Theuley. Entre autres enfants, il laissait une fille nommée Isabelle. L'année suivante, sa veuve fut remariée à Guillaume de Cicon (²). Douze ans plus tard, Isabelle fut elle-même donnée à Guy de Cicon, neveu de Guillaume et seigneur de Gevigney et Mercey, qu'elle investit du fief de Richecourt (1470).

(1) V. page 77.
(2) V. la Notice sur Demangevelle.

François, fils des précédents, s'unit à Huguette de Bessey (1522), et de leur mariage sortirent Guillaume et Claude, qui se partagèrent la seigneurie. Guillaume, l'aîné, eut en préciput le château de Richecourt. Philiberte de Moissy, sa femme, lui donna deux filles, Marie et Jeanne. Celle-ci épousa Henri de Vy-Demangevelle, seigneur de Gevigney et Mercey, qui devint ainsi seigneur de Richecourt en partie. Claire, leur fille, eut pour époux Jean d'Occors, fils de Claude, capitaine de Jonvelle.

Claude de Cicon, frère puîné de Guillaume, seigneur de Richecourt, Gevigney, Mercey, Purgerot, etc., fut capitaine de la prévôté de Conflans et chambellan du prince de Lorraine. Anne d'Achey, sa seconde femme, le rendit père de Charles-François, dont nous parlerons tout à l'heure. Chevalier de Saint-Georges, comme son frère, Claude de Cicon-Richecourt fut en querelle avec Henri de Vy-Gevigney, son neveu, au sujet de certaines prérogatives seigneuriales. Déjà la cour de Dole et les juges royaux de Chaumont étaient saisis du procès, lorsque survint la médiation de la confrérie de Saint-Georges. Le conseil délégua François de Grammont, haut-doyen du chapitre métropolitain, Antoine d'Oiselay la Villeneuve, gouverneur de Jonvelle et chevalier du parlement, François de Leugney, seigneur de Landresse, et Jean de Vaudrey, seigneur de Valleroy-le-Bois, qui s'assemblèrent à Gevigney même. L'affaire fut entendue sur la place publique, en présence des sieurs François d'Achey, seigneur d'Avilley et gouverneur de Dole, Antoine d'Orsans, Jacques de Montureux, Bonaventure de Jacquelin, seigneur de Vesoul, Claude de Vy, Hugues Rougeot, curé du lieu, et d'autres notables personnages; puis une sentence de conciliation fut rendue, et chacune des parties jura de s'y conformer, sous peine de cent francs d'amende au profit de la confrérie (1574). La plupart des procès entre les chevaliers des ordres religieux militaires se terminaient de la même manière, et ce ne fut pas un des moindres services rendus par ces pieuses associations, que de procurer ainsi dans les grandes familles le rétablissement et le maintien de la bonne harmonie.

Charles-François, fils de Claude de Cicon-Richecourt, eut pour femme Anne de Roucy, qui lui donna deux filles, Françoise-Elisabeth et Anne-Catherine. La première, qui épousa Charles-Henri de Saint-Vincent, seigneur de Jouy, eut en partage (1659) le château de Gevigney, la moitié de cette terre, avec le fief de Jussey qui en dépendait, les seigneuries de Mercey, Combeaufontaine et Purgerot, le cens de Fouchécourt, etc. Anne-Catherine conserva la seigneurie de Richecourt, avec une portion dans celles de Bourbévelle, Ameuvelle, Aisey, Ormoy, Vougécourt, Passavant, Oigney, etc., et donna sa main à Charles-François de Mauléon la Bastide, seigneur d'Antigny-la-Tour, bailli et gouverneur du Bassigny. Marc-François de Mauléon, leur fils, seigneur de Richecourt, fut capitaine de cavalerie dans l'armée de Lorraine et gouverneur du Bassigny lorrain (1678).

En 1706, Simon Humblot et Simonne-Ignace Lambert, son épouse, seigneurs en partie de Richecourt, y fondèrent une chapelle en l'honneur de saint Antoine [1].

---

[1] Archives du château de Gevigney; *Histoire des sires de Salins*, tome I, pages 134 et suiv., généalogie de la maison de Cicon.

A moitié démantelée dans les invasions de Tremblecourt et des Suédois, la forteresse de Richecourt acheva de tomber en délabrement après la conquête de la Franche-Comté. Près de ses ruines s'élève le château moderne de M. le baron de Dalmassy, membre du conseil général de la Haute-Saône, qui consacre fort utilement ses loisirs aux affaires de son pays.

SAINT-MARCEL.

En 579, Godin et Lautrude, son épouse, de la première noblesse de Bourgogne, donnèrent aux bénédictins de Saint-Bénigne, de Dijon, leur domaine allodial d'*Albiniacum*, situé dans le canton *Collatin*, appelé depuis le canton *Portusien* : *allodium Albiniacum situm in pago de Colatunse, quod nunc generaliter Portuensis dicitur* (1). Ces derniers mots démontrent déjà que l'on s'est trompé en prenant Albiniacum tantôt pour l'ancien Hubillacus, où fut érigée la célèbre abbaye de Saint-Marcel près de Chalon, tantôt pour Aubigny-en-Prauthois, tantôt pour Aubigney-lez-Pesmes, dédié à saint Nicolas et appelé *Abeneius, Albeneius,* au treizième siècle. Nous ajoutons, avec Perreciot, que ce lieu ne peut être que Saint-Marcel-lez-Jussey, et voici nos preuves :

Le canton ou comté Collatin, appelé aussi *Colerensis* ou de Corre, ne fut pas autre que le comté de Port : la chronique de Saint-Bénigne le dit expressément. De plus, une ordonnance de Charles le Chauve (877) enjoignant à son

(1) V. pages 13 et 14.

ministre Bozon de faire restituer tous les domaines enlevés à Saint-Bénigne, mentionne formellement Albiniacum situé dans le Portois : *in pago Portensi*. Nous trouvons encore la même désignation dans une charte par laquelle Otte-Guillaume, comte de Bourgogne, et Brunon, évêque de Langres, ordonnent à leur tour « de rendre à l'abbé Guillaume de Saint-Bénigne la terre d'Albiniacum, située dans le comté de Port, autrefois donnée à sa maison et depuis longtemps entre des mains usurpatrices : *in pago Portuensi Albiniacum villam in præstariâ datam et longinquitate temporum perditam* (1003). » L'évêque de Langres intervenait ici parce que ce bénéfice était de sa juridiction, quoique du diocèse de Besançon. Rentré dans ses droits, l'abbé construisit, sous l'invocation de Notre-Dame, un vaste monastère de son ordre à Albiniacum, où, déjà depuis longtemps, ses prédécesseurs avaient élevé une église dédiée à saint Marcel. Dans la première dotation de cette abbaye entrèrent les églises d'Enfonvelle, de Cemboing et de Noroy, *in Cimbinno* et *in Duellare Villare*, avec de grands domaines provenant de la pieuse générosité du comte Otte-Guillaume. Cinquante ans après, l'empereur Henri III, cédant aux instances d'Agnès, son épouse, du comte Regnaud Ier et de l'archevêque Hugues Ier, confirma deux fois les religieux de Saint-Bénigne dans la possession de tous leurs biens de Bourgogne (1053 et 1056). Les deux diplômes mentionnent les églises de Saint-Marcel, de Cemboing, *Cymbiliacum,* et de Noroy, *Duellaris Villare*, avec « l'église et le monastère très anciens d'Enfonvelle, *Offonis villæ,* consacrés à saint Léger. » L'archevêque Guillaume d'Arguel à son tour, par une charte de 1114, reconnut comme étant de la mense abbatiale de Saint-Bénigne les églises de Saint-Marcel, de Cemboing et de Noroy, avec celles d'Ische, *Ischinon,* de Fresne, *de Frayno,* de Serqueux, *de Sarcophagis* et quelques autres, toutes appartenant à son diocèse. Enfin les papes Calixte II (1124), Alexandre III (1177) et Célestin III (1193), ajoutèrent l'autorité de leurs bulles à ces lettres impériales et épiscopales [1].

Le prieuré de Saint-Marcel fut longtemps conventuel avant de devenir rural. Enrichi dès ses premiers temps par les comtes de Bourgogne, il demeura toujours sous leur garde [2], et il en reçut les franchises et les priviléges les plus signalés. Ainsi le prieur, avec ses hommes de Saint-Marcel, de Noroy et de Cemboing, était exempt de contributions militaires. Les baillis de Chaumont et de Mâcon, les receveurs de l'impôt de guerre, les prévôts de Coiffy et de Jussey, respectèrent cette immunité dans les années 1247, 1342 et suivantes. En 1395, Marguerite de Bourgogne, qui gouvernait le Comté en l'absence de Philippe le Hardi, son époux, confirma les anciens priviléges accordés à Saint-Marcel, défendit à ses baillis et autres officiers d'y porter atteinte, et fit apposer ses armoiries et panonceaux sur les maisons des religieux, pour les garantir contre la violence et les rapines. Il est vrai, lorsque les gendarmeries de Jussey allaient en guerre pour le service du souverain, les hommes du prieuré devaient les remplacer au château.

---

(1) *Chroniques de Saint-Bénigne et de Bèze* dans ACHÉRY ; pouillé du diocèse de Besançon ; cartulaire de Saint-Marcel aux archives du Doubs.
(2) V. pages 60 et suiv.

Mais ils n'étaient tenus ni à la corvée pour les fortifications ni à la fourniture des vivres. En effet, le duc Eudes manda, le 10 mai 1343, à Guy de Vy, son bailli d'Amont, de réprimer les exactions commises à cet égard au préjudice de Saint-Marcel. En 1317, les principaux habitants ayant été requis par Jean-Esteveniot Leveille, prévôt de Jussey, pour travailler aux réparations de la grande porte du château, ils ne consentirent à cette corvée qu'à raison de l'*éminent péril,* et sous la condition expresse que cette violation de leurs franchises serait sans conséquence pour l'avenir. Du reste, Philippe le Bon, par une ordonnance adressée au parlement de Dole (1421), exempta formellement les sujets du couvent de contribuer pour les fortifications de Jussey, et leur confirma tous les priviléges accordés par sa mère. Déjà l'année précédente, il avait donné mandement à Aimé Darbon, capitaine de Montigny-le-Roi, ainsi qu'à tous les gens d'armes, sujets et alliés du roi de France, pour leur défendre d'imposer ni logements ni subsides militaires aux hommes du prieuré de Saint-Marcel, vu les charges excessives que les guerres précédentes avaient fait peser sur eux. Néanmoins, dans les cas pressants, ils payaient les taxes demandées, soit pour la guerre, soit pour l'université de Dole, soit pour le mariage des princes. La taxe varia de quinze à quarante francs dans les années 1422, 1423, 1424 et 1425. Celle de 1425 avait pour motif le mariage d'Agnès de Bourgogne avec Charles de Bourbon, pour laquelle occasion le clergé et les villes fournirent 8,000 francs.

A l'exemple du souverain, les seigneurs de Bougey, de Chauvirey, de Faverney, de Fouvent, de Cemboing et quelques autres du voisinage de Saint-Marcel, comblèrent à l'envi le prieuré de leurs bienfaits en tout genre, dont les titres remplissent son cartulaire. En 1217, Guy de la Résie, co-seigneur de Bougey, lui quitta le cens annuel d'une voiture de vin, *una charreya* (1217). Mais cette concession était intéressée : Gislebert, abbé de Saint-Bénigne, et le prieur de Saint-Marcel, avaient promis, en compensation, qu'ils feraient entrer dans un monastère la petite-fille du donateur. Ce projet n'ayant pas reçu d'exécution, la famille exigea du prieur, pour dédit, la somme de quinze livres estevenantes avec un muid pair de froment et d'avoine, mesure de Jussey (1242).

Le couvent de Cherlieu et celui de Saint-Marcel firent ensemble de fréquentes transactions. En 1251, l'abbé Guillaume acense à perpétuité aux religieux du prieuré la Grange de Valotte, *Vilotta*, et un champ sur Montigny, pour trois muids pairs de froment et d'avoine. En 1266, Bisontius ou Besançon, successeur de Guillaume, leur acense de même la ferme de Girecourt, pour cinq muids de froment et autant d'avoine. De plus, en échange de ce qu'ils possédaient entre Montigny et Cherlieu, en hommes, terres et maisons, il leur quitte les trois pairs de Valotte, et il accorde à leur moulin de l'étang de Noroy, situé entre ce village et Montigny, des droits de pâturage très étendus et l'usage de mort-bois dans la forêt voisine, appelée le Chêne-Gilbert, depuis la Saint-Martin jusqu'à la Saint-Jean-Baptiste. Cet arrangement eut pour témoins les abbés du Gard et de Beaulieu.

Le prieur de Saint-Marcel avait rang dans les états généraux de la province. En 1290, les revenus du monastère étaient de cinq cents livres estevenantes, équivalant à 7,500 francs d'aujourd'hui. Le supérieur avait la totale justice, le droit de sceau, de corvées et de tailles sur les villages de Saint-Marcel, Noroy et Cemboing, comme on le voit par les titres des années 1266, 1337, 1339, 1340, 1342, 1343, 1381, 1387, 1400, 1403, 1416, 1420, etc. Jean de Cemboing avait vendu aux moines les dîmes de son village pour cent vingt livres (1284). Le même supérieur avait le patronage des trois églises de ces paroisses, et il en partageait le casuel avec les curés, suivant un règlement ainsi arrêté entre le prieur dom Guillaume et Besançon Chemaden, curé de Cemboing, sous les sceaux de l'official diocésain et de Richard, curé de Chauvirey, secrétaire de la chancellerie archiépiscopale (1304) : « Le prieur aura la moitié de tout ce qui vient à l'autel des aumônes mortuaires ou de mariage ; mais il abandonnera aux curés les offrandes pour les baptêmes, les confessions, les bénédictions de maison neuve et de pèlerin, celles qu'on appelle *oblationes cassellarum*, celles des relevailles et des visites pastorales, les deniers de charité, les quêtes de vin, les deux deniers et la poule de mariage, enfin les cierges offerts à la fête patronale, et pour sa pitance douze deniers pris sur l'offrande. Après la mort des titulaires actuels, le prieur aura la moitié des cierges. Dans cette même fête, le curé aura alternativement la totalité ou le tiers des offrandes, et dans ce dernier cas, les prêtres assistants seront rétribués sur la part du prieur. »

Entraînés par le courant des idées libérales, les prieurs de Saint-Marcel surent accorder à propos les franchises réclamées par les habitants du lieu. Ainsi, en

1322, ils reçurent la permission de gérer leurs intérêts communaux, dans un procès qu'ils soutinrent contre Jean de Choiseul, seigneur d'Aigremont et de Rosières, pour le droit d'usage dans le bois de Lignemont. La sentence du bailli d'Amont leur fut favorable.

Ils avaient un autre procès sur les bras en 1410. Le prieur, Jean de Bourbonne, leur donna *licence et congié de s'assembler en lieu licite et honeste,* d'élire un ou plusieurs prud'hommes pour défendre les biens et les droits de la communauté, et de lever une imposition ne dépassant pas soixante livres, pour couvrir les frais du procès. La permission fut renouvelée en 1413 par frère Aimé de Montrion, successeur de Jean de Bourbonne. En 1429 et 1444, d'autres franchises furent accordées à différents particuliers et aux villages de Saint-Marcel et de Noroy. Tous ces droits portaient le sceau du prieuré, représentant en chef l'image de la Vierge sous un arceau gothique, avec un ange de chaque côté sous deux arceaux pareils, et saint Benoît en pointe, le tout entouré de cette légende : *Sigillum prioratûs Scti. Marcelli.*

L'église du prieuré, dédiée à Notre-Dame et à saint Marcel, avait trois nefs. On y voyait les chapelles de la sainte Vierge, de sainte Catherine et de sainte Yolande, dont le patronage appartenait au prieur. La statue de la sainte Vierge, antique souvenir de cette église, que l'on conserve dans l'église paroissiale, a toujours été en grande vénération. Le cloître du monastère existait encore en 1670, avec les cellules des religieux : peu de temps après, tout fut détruit par des gens intéressés à faire disparaître tout indice de conventualité.

PRIEURS CONNUS DE SAINT-MARCEL.

Lembert,	vers 1109.
Halinard,	vers 1140.
Frédéric,	1226.
Jacques,	1286.
Guillaume,	1291.
Guillaume de Vadans,	1307.
Aimé de Rye,	1334.
Humbert de Poitiers,	1357.
Pierre de Rupt,	1395.
Jean de Chairey,	1400.
Jean de Bourbonne,	1410.
Aimé de Montrion,	1417.
Jean de Thoissy,	1420.
Jean de Saint-Jean-de-Losne,	1423.

Il fut convoqué par le duc de Bourgogne aux états de 1424.

Guy de Vaudrey,	1431.
Guillaume de Bauffremont,	1486.

Il fut inhumé au chœur de l'église prieurale, en 1500.

Richard de Trestondans,	1501.
Antoine de Mypont,	1525.

Il fut appelé par Charles-Quint aux états de 1530 et de 1533. Dernier prieur conventuel, il fut inhumé au chœur de l'église, sous une tombe qui représentait un religieux bénédictin, avec cette épitaphe :

Cy gist noble et scientifique personne frère Antoine de Mypont, docteur ez droits, en son vivant prieur d'Es-

clans et sacristain de Saint-Bénigne de Dijon, et jadis général prieur dudit lieu, qui trespassa le neuvième de mars 1547. Dieu ayt son âme. Amen.

François d'Igny, premier prieur commendataire nommé par le pape, 1544.

Marc de Rye.....

Thomas.....

François-Claude Ladvocat, clerc bisontin, nommé par le cardinal de Givry, évêque et duc de Langres, 1552.

N..., sacristain de Saint-Bénigne, 1572.

Ferdinand de Rye, 1580.

Né vers 1556, il devint successivement prieur de Saint-Marcel, prieur d'Arbois (1584), haut doyen du chapitre métropolitain, évêque de Césarée, abbé de Cherlieu et de Saint-Claude, archevêque de Besançon (1586) et abbé d'Acey (1615.) Il mourut en 1636.

Henri Othenin.

Marin Boyvin, nommé sur la présentation de Philippe IV, roi d'Espagne, 1656.

Egidius Brunet, nommé sur la présentation de dom le Tellier, abbé de Saint-Bénigne, 1670.

Durand de Remilly, parent de Brunet, lui succéda par résiliation, 1710.

Pierre-Jean de Siry, abbé de Saint-Etienne et chanoine d'Autun, successeur du précédent, par résiliation.

François-Gabriel-Eléonore Jouffroy d'Abbans, chanoine de Saint-Claude, 1785.

Colbert, dernier prieur.

SAISSEFONTAINE.

La maison de Saissefontaine ou Sexfontaine, *Saxifontis*, en Champagne, connue dès les premières années du onzième siècle, remplaça les comtes de Prologue. Simon II de Saissefontaine, chevalier banneret, s'illustra dans la quatrième croisade (1201-1204). Partisan d'Erard de Brienne dans la querelle pour la succession de Champagne, il finit par se soumettre à la princesse Blanche agissant au nom de son fils mineur, et lui livra son château de Saissefontaine, à la condition qu'il lui serait rendu quarante jours après la paix rétablie (1220). Il figura dans l'assemblée des barons convoqués à Troyes pour y régler les partages de succession entre fils nobles (1224). L'abbaye de Theuley reçut sa dépouille mortelle en 1232 [1].

---

[1] M. Jolibois, *La Haute-Marne ancienne et moderne*. Nous ignorions ces détails quand nous avons composé la 68e page de ce livre.

Simon III, fils du précédent et marié à Elisabeth de Jonvelle, mourut en 1238 et fut inhumé à Clairefontaine. Les chartes lui donnent pour frère un Richard de Dampierre, qui sans doute n'était que son beau-frère, s'il appartenait à la maison de Dampierre-lez-Conflans ou bien à la célèbre famille de Dampierre-sur-Salon.

VILLARS-SAINT-MARCELLIN.

On lit dans une charte de l'an 880, qu'un riche Bourguignon nommé Aigard et son épouse Rotlende, cédèrent à l'abbaye de Bèze tous leurs biens situés à Villars, dans le comté de Port. Plus tard, en 1092, époque de la fondation de l'abbaye de Saint-Vincent à Besançon, par l'archevêque Hugues III, le prieuré de Villars fut donné à ce monastère pour faire partie de sa dotation, et il ne cessa de lui appartenir jusqu'à la suppression des ordres religieux. L'archevêque Humbert, dans une charte confirmative des biens de la même communauté, lui accorde la possession de plusieurs églises, parmi lesquelles se trouvent mentionnées celles de Saint-Marcellin, de Senaide, de Fresne-sur-Appance et la chapelle de Plainemont (1140) [1]. Du reste, l'antiquité du prieuré de Villars est incontestable. Les habitants du lieu s'en prévalaient dans un procès qu'ils soutinrent en 1683 et dans les années suivantes, contre l'abbé de Saint-

---

[1] *Spicilége d'Achéry*; cartulaire de Saint-Vincent; pouillé du diocèse de Besançon.

Vincent, qui leur réclamait le seizième du vin. Les religieux convenaient eux-mêmes qu'une maison prieurale de leur ordre, détruite depuis plus d'un siècle, avait existé à Villars, et qu'on en voyait encore les ruines.

Les bénédictins possédaient là sept ou huit sujets et la dîme sur les trois quarts du village : le reste appartenait à la seigneurie de Jonvelle. Les archives du prieuré nous révèlent une particularité qui n'est pas sans intérêt : c'est que la plantation du tabac était pratiquée à Villars dès le commencement du siècle dernier. Plusieurs habitants, pour se soustraire à certaines redevances envers l'abbé de Saint-Vincent, avaient remplacé la culture des céréales, sujette à la dîme, par celle du tabac, qui en était encore exempte. Les bénédictins, qui réclamaient aussi cette dîme, furent déboutés par un arrêt du 13 décembre 1718, sauf, en cas de fraude, à se pourvoir en règlement. Le parlement préjugeait par là que, s'il y avait abus, la dîme du tabac serait due, quoique insolite par rapport à la qualité du fruit [1].

Villars dépendait en toute souveraineté de la baronnie de Jonvelle ; mais nous voyons, à différentes époques, des seigneurs particuliers y posséder des arrière-fiefs. Ainsi, en 1248, Olivier de Villars, damoiseau, vend à l'abbaye de Clairefontaine pour quatre-vingts livres estevenantes ses domaines d'Anchenoncourt [2]. En 1249, Humbelin, Adon et Sara donnent leurs possessions de Villars au prieuré, pour le soulagement d'Elisabeth, leur mère défunte, et pour celui de leur âme après leur dé-

---

[1] DUNOD, *Observations sur la coutume du comté de Bourgogne.*
[2] V. page 72.

cès. La même année, en présence des abbés de Cherlieu et de Vaux-la-Douce, Erard de Provenchères et Henri, son petit-fils, reconnaissent avoir vendu, pour vingt-six livres estevenantes, au même prieuré les grosses et menues dîmes qu'ils tenaient à Villars comme fiefs des religieux. En 1258, Lembert de Bays et Ayceline, sa femme, de Villars, leur cèdent, pour trente-une livres estevenantes, la sixième partie des dîmes qu'ils avaient en fief du couvent.

Mais le plus connu des seigneurs de Villars fut Jacques de Saint-Cry, co-seigneur de Bourbonne. Né d'une illustre famille de Lorraine, il avait épousé en premières noces Jacquette de Raincourt (1510), fille de Pierre de Raincourt et de Jeanne de Guyonvelle; et en secondes noces Françoise de Moustier (1540). Maître libéral, il accorda des lettres de franchises à ses sujets, qui étaient alors au nombre de trente-six, et il les mit sur le même pied que ceux du roi, moyennant une légère redevance (1519-1530). En vertu de cette concession, ils purent à leur gré faire tous les contrats et toutes les transactions nécessaires, disposer de leurs biens par donations entre-vifs et par testaments, se marier où bon leur semblerait, enfin hériter, selon les droits du sang, en ligne directe et collatérale. Du reste, cet affranchissement, octroyé après une peste qui, en trois années, avait fait périr plus de trois cents habitants, avait pour but de réparer les malheurs de ce fléau, de diminuer les charges des survivants et d'encourager les étrangers à venir repeupler le pays. Chevalier renommé par son courage, Jacques de Saint-Cry avait un cheval qui, dans le combat, attaquait des pieds et de la bouche les ennemis de son maître, comme s'il eût compris d'instinct ses inclinations guerrières. Cet intrépide soldat, que la mort avait épargné sur les champs de bataille, périt assassiné dans le calme de la retraite. Se promenant un jour à l'ombre de ses bosquets un livre à la main, il fut blessé mortellement de deux coups d'arquebuse partis du clocher. Cet odieux guet-apens était l'œuvre des co-seigneurs de Villars et de Bourbonne, que la jalousie avait armés contre lui. La victime se relève, inondée de sang, fond sur ses meurtriers, et l'un d'eux tombe sous ses coups. Mais Saint-Cry retombe avec lui pour ne plus se relever. Son corps repose dans l'église paroissiale.

Jacques de Saint-Cry ne laissait qu'une fille, nommée Gabrielle, qui épousa Pierre, seigneur de Grilly en Savoie, chevalier de l'Annonciade. Celui-ci, après la mort de son beau-père, hérita de ses seigneuries de Villars et de Bourbonne. Nicole de Grilly, leur fille, fut mariée, en 1586, à René II de Poinctes-Gevigney, un des aïeux de M. le comte Charles-Amédée, de Poinctes-Gevigney.

En 1665, la seigneurie des Grilly à Villars se composait d'un château-fort avec tours et fossés et de quatre-vingt-huit sujets affranchis. A cette époque, elle était déjà rentrée par voie de rachat dans le domaine royal de Jonvelle.

Joachim de Bonnay, successeur des seigneurs de Voilleran, avait aussi sa part dans la seigneurie de Villars, et siégea plusieurs fois aux états généraux de la province. Sa famille est représentée aujourd'hui par Mme veuve de Bonnay-Renty, née du Houx, et Mlles Lucie, Valentine et Marie de Piépape, ses petites-filles.

Villars-Saint-Marcellin n'avait que cent vingt feux en

1665. Un maire et des officiers royaux y rendaient la justice.

L'église, érigée sous le vocable de saint Marcellin, prêtre et martyr, dépendait de l'abbé de Saint-Vincent, qui en était le curé primitif. Son antiquité et surtout sa crypte remarquable l'ont fait classer parmi les monuments historiques (10 février 1843). Elle est construite sur le revers oriental du coteau qui porte le village en amphithéâtre. On y descend par sept marches, tandis que le pavé du chœur s'élève de cinq ou six mètres au-dessus du sol extérieur. Cette différence de niveau a été utilisée pour la construction de la chapelle souterraine, qui est la partie la plus intéressante de l'édifice. Cette église se compose d'une nef plafonée, de construction récente, d'une abside circulaire et d'une travée de voûte en avant de l'abside, ayant à droite et à gauche un transsept qui donne au monument la forme d'une croix latine. Ses parties les plus anciennes sont du douzième siècle.

La crypte mesure dans œuvre environ huit mètres et demi sur neuf. Sa voûte, qui a un peu plus de trois mètres sous clef, est supportée par des pilastres et par douze colonnes monolithes, alternativement cylindriques et octogones, avec des chapiteaux légèrement sculptés. Au fond de l'abside, deux autres colonnes encadrent l'autel. Cette chapelle, éclairée par neuf fenêtres longues et étroites, renferme un autel en pierre fort ancien. On y voit deux sarcophages en pierre placés l'un sur l'autre, dont l'un renferme encore des ossements. Le couvercle du tombeau supérieur est orné de bas-reliefs, mais sans aucun symbole ni inscription. On pense que ces tombeaux ont servi de sépulture à quelques seigneurs de la localité, fondateurs ou bienfaiteurs de la chapelle. La dévotion envers le saint patron de la paroisse attirait autrefois, le jour de sa fête, une affluence considérable de pèlerins qui venaient lui demander la santé, surtout pour les enfants ; et souvent le Ciel s'est plu à récompenser leur foi par des faveurs signalées.

VOISEY.

Voisey, nommé *Vogesus, Voysie, Vousey,* dans les vieilles chartes, est un des villages les plus intéressants de la châtellenie de Jonvelle. Liébaud de Voisey, prévôt de Jonvelle, Villencus et Rofroy, ses frères, avec Richard, leur neveu, et l'abbé Guy de Cherlieu, furent témoins d'une donation faite à l'abbaye de Clairefontaine par Henri, frère de Frédéric, comte de Toul (1150). Sept ans plus tard, les mêmes nobles figuraient dans une illustre assemblée tenue à Jonvelle [1]. Jean de Voisey accompagna le sire de Joinville dans la première croisade de saint Louis. Jacquot de Voisey combattit devant Arras avec Jean sans Peur et les chevaliers du Comté (1414) [2].

Voisey avait un prévôt dès le commencement du treizième siècle : Guy et Viard étaient revêtus de cette charge en 1218 et 1248. Au quatorzième siècle, ce village reçut de Philippe de Jonvelle, comme le reste de la

---

[1] V. page 349.
[2] V. page 117.

seigneurie, des franchises en rapport avec les besoins de l'époque : il eut dès lors son procureur, son maire et ses échevins (1). En 1560, les habitants se trouvèrent en litige avec les frères Jean-Baptiste, Georges et Gaspard d'Andelot, seigneurs de Jonvelle et de Voisey, au sujet des bois et des communaux : la cour de Dole envoya Joseph Perrin, son notaire et greffier, pour examiner l'affaire, et celui-ci reconnut en ces termes les droits des sujets :

« J'ai de par la majesté du roi, duc et comte de Bourgogne, souverain seigneur, et de par ladite cour de parlement de Dole, maintenu et gardé, maintiens et garde lesdits impétrans ès droits ci-après déclarés : à savoir, les habitans particuliers de Voisey appelés *les francs*, en la possession, jouissance, saisine ou quasi, et tant par eux, leurs serviteurs que leur certain commandement, prendre, couper, abattre et emmener des bois assis et situés en et rière le finage et territoire dudit Voisey, selon qu'ils s'étendent et comportent, toutes manières de bois vifs, sauf le sorbier, poirier, pommier et cerisier, sans danger d'encheoir en aucune amende envers ledit seigneur défendeur et ses dits frères seigneurs dudit Voisey, en payant néanmoins par iceux habitans francs les redevances de cire accoutumées. *Item* les manans et habitans dudit Voisey n'étant appelés francs, en la jouissance et possession de, pour leurs commodités, prendre, couper, abattre et emmener toutes manières de bois vifs autres que lesdits sorbier, poirier, pommier et cerisier, sans pour ce être amendables envers iceux seigneurs de

---

(1) V. pages 86 à 92 et 161 à 163.

Voisey, sinon au cas qu'ils seront trouvés coupans et abattans lesdits bois vifs autres que les quatre ci-dessus déclarés, par le sergent de la gruerie dudit Voisey ; pourvu toutefois qu'iceux pieds de bois vifs soient de telle grosseur qu'au travers d'un pied l'on puisse faire un pertuis avec un aviron appelé un chausseur, sans que faisant ledit pertuis, ledit pied se fende ; et au cas que ledit pied de bois se fendroit en faisant ledit pertuis, ils sont exempts de payer ladite amende de cinq sols estevenans ni autres au profit d'iceux seigneurs de Voisey. *Item* tous lesdits habitans impétrans, tant ceux appelés francs qu'autres, en la jouissance et possession du droit de perception et immunité de payer aucune amende de soixante sols estevenans au profit desdicts seigneurs de Voisey, quand ils prendront, couperont les bois de sorbier et autres, sinon au cas qu'ils seront trouvés coupans et abattans lesdits bois par ledit sergent, dit le doyen, et non autrement. Et quand lesdites amendes ou de cinq ou de soixante sols estevenans seront par eux ou aucuns d'eux commises, pour être trouvés coupans lesdits bois seulement et non autrement, d'être gagés pour le recouvrement d'icelles amendes par le sergent d'iceux bois ; et en cas d'opposition seront assignés par-devant le bailli de Jonvelle ou le maire de Voisey, ou leurs lieutenans, sans pour ce pouvoir être autrement ni en autres justices poursuivis. »

La même garantie est accordée aux habitants de Voisey sans distinction pour la jouissance de leurs communaux (1).

(1) Archives de la commune.

Le prieuré de Voisey, de l'ordre de Cluny, fondé par un des premiers sires de Jonvelle, sous l'invocation de Notre-Dame et de Saint-Vivant, dépendait du monastère de Saint-Vivant-sous-Vergy, à qui la possession en fut assurée par le pape Alexandre III (1178). Le patronage des cures de Cendrecourt et de Voisey lui appartenait. La conventualité y fut conservée jusqu'en 1548, époque où il tomba en commende. Dom Antoine de Saint-Antide fut le dernier prieur régulier, et Pierre Frémiot, chanoine de la métropole, le premier bénéficier commendataire. L'un de ses successeurs fut Herman d'Ortenberg, auditeur de rote, évêque d'Arras, qui abandonna les levées du prieuré à Pierre Humbert, curé de Maîche (1608). Il fut remplacé par Jean-Baptiste de Cusance, chanoine de Saint-Jean, camérier d'honneur de Sa Sainteté, personnage de la première distinction. A sa mort, le prieuré fut uni au collége des jésuites de Dole, avec plusieurs autres bénéfices (1629). En 1709, il fut donné à Camus d'Artaufontaine, simple clerc tonsuré. Nommé gouverneur de la citadelle d'Anvers, celui-ci résigna son bénéfice à François-Xavier Mareschal de Longeville, qui mourut en 1740. Claude-Antoine Buson de Champdivers, Boulangier, Camuset et Bossu, terminent la liste des prieurs de Voisey.

L'église paroissiale, dédiée à saint Martin, mérite surtout l'attention des archéologues. Le style dominant de son ensemble assigne évidemment l'époque romane à sa première construction. L'entrée du portail est ornée de quatre colonnettes à chapiteaux, et la voussure formée par une quadruple archivolte à plein-cintre. Le clocher, carré, lourd et d'un appareil moyen, est terminé par deux pignons, et percé de quatre larges fenêtres aussi à plein-cintre, encadrées de trois colonnettes et divisées par un meneau trilobé, que surmonte une rosace ajourée. La corniche de l'édifice, appuyée sur de simples modillons, présente çà et là quelques figures grimaçantes. L'église est à trois nefs ogivales, sur un axe incliné de droite à gauche, symbole mystérieux qui rappelle la tête penchée du Christ expirant. Les piliers, par leur énorme grosseur, et les arcades à peine brisées des travées, appartiennent encore à l'époque primitive ; mais déjà les arceaux plus élancés de la voûte principale préludent aux formes gracieuses de l'ère suivante, qui a enfanté ces immortels chefs-d'œuvre, la gloire de l'art et de la religion. Les deux piliers voisins du sanctuaire sont cantonnés d'un faisceau de trois colonnettes à chapiteaux historiés. Les deux premiers piliers, dont l'un est cylindrique et l'autre octogone, ont un aspect moins élégant. Les nervures diagonales des voûtes, arrondies dans le sanctuaire et dans les chapelles latérales, deviennent prismatiques en s'éloignant vers le portail ; et au lieu de s'appuyer sur les chapiteaux ou sur des consoles, elles se perdent dans la masse du pilier. Toutes les fenêtres latérales sont élevées, étroites et cintrées ; celle de l'abside, qui est ogivale et à deux meneaux, avait une rosace et sans doute des verrières. Elle a été murée à l'époque de la renaissance et masquée par un retable d'un assez bon travail, il est vrai, mais qui jure avec l'ensemble et prive le sanctuaire de son plus beau cachet d'antiquité.

En résumé, les formes lourdes et rudimentaires, les

ornements irréguliers et sans grâce, les différents caractères que nous venons d'étudier dans l'église de Voisey, font penser que cet édifice a été construit d'un seul jet, sauf quelques détails, et qu'il appartient à la troisième période de transition du roman au style ogival. A ce titre il doit être classé parmi les rares monuments qui ont résisté aux injures des siècles comme au vandalisme des guerres et des révolutions. Une restauration facile et dirigée avec art lui rendrait son ancienne splendeur.

ARMORIAL
DES PRINCIPALES FAMILLES
CITÉES DANS L'HISTOIRE DE JONVELLE.

AMONCOURT portait : De gueules au sautoir d'or.
ANDELOT : De gueules à l'aigle d'argent membrée et couronnée d'or ; *aliàs*, échiqueté d'azur et d'argent, au lion de gueules brochant sur le tout, armé et couronné d'or ; *aliàs,* de gueules à la fleur de lis d'or, et pour devise : *Leurs combats sont mes ébats.*
ANGLURE-GUYONVELLE : D'or semé de grelots d'argent soutenus de croissants de gueules.
APREMONT (Lorraine) : De gueules au lion d'or couronné d'azur.
AUGICOURT : A la croix ancrée d'or.
AYMONET : De gueules coupé d'azur au château d'argent sur gueules ; deux lions d'or sur azur.
BAR : D'azur à deux bars d'or adossés, semé de croix recroisetées, au pied fiché.
BAUFFREMONT : Vairé et ~~contrevairé~~ d'or et de gueules.

Beauvau-Passavant : D'argent à quatre lionceaux de gueules mis en écartelures.

Besancenot : D'or au palmier arraché de sinople.

Bichin : D'azur à la fasce d'or surmonté d'une montagne à trois copeaux de sinople et d'une biche naissante d'argent ; *aliàs,* d'argent à la licorne passante de gueules, couronnée d'or.

Bougey : D'azur à la bande d'or accompagnée de sept croix au pied fiché et recroisetées, quatre et trois.

Bourbonne : Ecartelé un et quatre d'azur à la croix d'or tréflée ; deux et trois d'argent au croissant de gueules (XIVe siècle).

Bourbévelle : D'azur à une bande dentelée d'or à six croix, pommetées de même, trois et trois.

Chateauvillain : Au lion d'or armé et lampassé sur fond semé de billettes.

Cendrecourt : D'azur à trois quintefeuilles d'or ; *aliàs*, trois roses ou ancolies d'argent, sur un champ d'azur, et pour brisure un bâton ou cotice.

Cemboing : D'or à trois bandes de gueules.

Charny : De gueules à trois écussons d'argent.

Chatelet : D'or à la bande de gueules chargée de trois fleurs de lis d'argent.

Chauffour : D'argent au chef de gueules chargé de roses boutonnées.

Chauvirey : D'azur à la bande d'or accompagnée de sept billettes de même, quatre et trois. En 1269, un sceau de Philippe de Chauvirey porte quinze billettes. (*Cartulaire de Saint-Marcel.*)

Choiseul : D'azur à la croix d'or cantonnée de dix-huit billettes de même, dix en chef et huit en pointe.

Cicon : D'or à la fasce de sable et pour timbre un buste de Maure.

Craon : Losangé de gueules et d'or.

Caumonts de la Force : D'azur à trois léopards d'or, l'un sur l'autre, armés, lampassés et couronnés de gueules.

Commercy : De gueules à la bande d'or.

La Fauche : De gueules à trois têtes de lionnets d'argent.

Faulquier : Trois faulx d'argent emmanchées d'or.

Frolois-Richecourt : De sable au lion d'argent couronné d'or.

Grancey : D'or au lion d'azur couronné, armé et lampassé de gueules.

Haraucourt : D'or à la croix de gueules, au franc quartier dextre d'argent, chargé d'un lion de sable, armé et lampassé de gueules et couronné d'or.

Joinville : D'azur à trois broyes d'or au chef d'argent, chargé d'un lion de gueules naissant.

Jonvelle (seigneurie) : D'argent au lion de gueules armé et lampassé d'azur.

Jonvelle (ville) : De sinople au château d'or, sur une terrasse de sable (1696).

Le Joyant : D'azur à la croix d'or alésée et potencée, avec cette devise : *Gaudens exultabo in Deo*. Pour les cadets, la croix est cantonnée de douze étoiles d'argent, posées deux et une.

Jussey : De sable au lion d'or, à la bordure de même.

Lénoncourt : D'argent à la croix engrêlée de gueules.

Livron : D'argent à trois fasces de gueules au franc canton d'argent, chargé d'un roc de gueules, ou d'échiquier de gueules.

Lulier : D'argent à un olivier arraché de sinople, à deux branches passées en sautoir, et pour timbre, une aigle naissant de sable.

Mandre : D'azur à une bande d'or, accompagnée de sept billettes de même, quatre en chef et trois en pointe.

Montessus : D'azur au chevron d'or, avec trois molettes de même, deux en chef et une en pointe.

Neufchateau : D'or à la bande de gueules chargée de trois tournelles d'argent; *aliàs*, de gueules à la bande d'argent, écartelée de gueules à l'aigle d'argent.

Occors : De gueules au chef emmanché d'or de trois pièces.

Poinctes-Gevigney : D'or à trois lions naissants de sable, posés deux et un ; écartelé de Gevigney, qui est d'or à cinq burelles de gueules.

Raincourt : De gueules à la croix d'or, cantonnée de dix-huit billettes de même, dix en chef et huit en pointe.

Raucourt : D'azur à la fasce d'or, accompagnée de trois épis de maïs, dressés et portés par une portion de la tige garnie de trois folioles, deux et une, le tout d'or.

La Rochelle : De gueules à sept lozanges d'argent.

Saint-Cry : De gueules au lion d'argent, accompagné de quatre croissants de même, trois en chef et un en pointe.

La Trémouille : D'or au chevron de gueules, accompagné de trois aiglettes d'azur et membré de gueules.

Vergy : De gueules à trois quintefeuilles d'or.

Vienne : De gueules à l'aigle d'or.

PREUVES
OU
PIÈCES JUSTIFICATIVES.

PREUVES

OU PIÈCES JUSTIFICATIVES.

1127.

Anséric, archevêque de Besançon, confirme en faveur de Germain, prieur de Cherlieu, les donations qui ont été faites à son église par différents seigneurs du voisinage et spécialement par Guy Ier de Jonvelle.

Germane, fili karissime, Ecclesiam de Caroloco cum appenditiis suis, in quâ te, Deo auctore, priorem statuimus, sub nostrâ nostrorumque protectione in perpetuum assignamus, et decimas vestri laboris et vestre domestice familie, et vestrarum carrucarum, laudante Drogone clerico, Ecclesiam de Bugiaco (*Bougey*) consensu nostro tenente, in cujus parochiâ Ecclesia vestra sita est, illic et in Vugney (*Oigney*) perpetuâ firmitate vobis vestrisque successoribus habendas et possidendas in posterum, confirmamus.

Pretereà quodquodque Gislebertus de Jussiaco, vocatus Paganus Rufus, et Odo Rufus, et Calo, et Richardus, sororius ejus, et uxor sua Bertha, Ecclesie donaverunt per manus nostras in Marlay, in campis, in pascuis, in pratis, in nemoribus, perpetuò tenendum stabilimus ; videlicet ab antiquâ viâ quâ itur ad Jussiacum, usque ad quercus que vocantur *Duo Fratres* ; eo videlicet tenore ut quodquodque infrà predictum terminum cultum vel incultum fuerit, et quodcumque uxor Odonis de Domino-Petrâ et filius suus Odo in eisdem locis videbantur habere, liberè sine omni servitio teneatis.

Illud etiam confirmamus quod *Guido de Juncivillá* per manus nostras prenominatæ Ecclesie concessit, et laudamus videlicet quodcumque prescripti milites in prefatis locis vobis donaverunt, vel donaturi, vel concessuri sunt.

Donum et quod à Guillelmo de Pesmes, et uxore suâ, et à conjuge Odonis de Dona-Petrâ et filio ejus Odone, in presentiâ nostrâ factum est, similiter confirmamus. Scilicet si quid in potestate de Bugiaco colueritis vel edificaveritis, liberè possideatis, et ad omnia animalia vestra pascenda in eâdem potestate liberi et quietè usumfructum absque ullo servitio habeatis in pratis, silvis, aquis, aquarumque decursibus, et in nemore quantum ad usus vestros et vestra edificia necessarium fuerit.

Hæc et alia quecumque, Deo auctore, acquisivit Ecclesia vestra, nostre auctoritatis privilegio, vobis perpetuis temporibus in pace tenenda corroboramus, anno gratie millesimo centesimo vigesimo septimo.

(*Cartulaire de Cherlieu, à la bibliothèque impériale.*)

VERS 1140.

Charte concernant le combat judiciaire entre Louis de Jussey et Olivier de Jonvelle.

Judicio et justitiâ Reginaldis, Burgundionum comitis, actum et decretum est ut ex tempore quo inter Lodovicum et Oliverium apud Juncivillam duellum peractum est, ecclesiæ Faverniacensi et ecclesiæ Sancti Marcelli rapinæ et exactiones per Heinricum et per eosdem principes atque ipsorum coadjutores factæ à Domino Guidone de Juncivillâ principe, nisi habeat qui rationabilitèr expediat, restituantur; ità ut ablata utriusque ecclesiæ pecunia modis omnibus reddatur et pax eisdem ecclesiis usque ad rectam consuetudinem conservetur.

Sententiam autem ab ipso comite et ipsius curiâ Guido princeps judicialitèr suscepit et per pluvinæ sacramentum confirmavit, ut ex judicio comitis irrationabilitèr non declinet, neque, si ejus præceptum neglectum fuerit, satisfactionem nisi per comitem et ejus collaterales saltem dominos, videlicet Rainaldum de Trevâ, Jeremiam de Ruffiaco, Guidonem abbatem (Cariloci), vel, si hi quoque modo defuerint, consimiles, salvâ pace descriptarum Ecclesiarum, recipiat. Si ergò quolibet modo erga dominum Guidonem de hâc re vuerra exsurrexerit, comes se adjutorem et defensorem promisit et fidem suam super hoc per pluvinam obligavit. Quod de rapinis abbatiæ Faverniacensis probandum erit, apud Faverniacum probabitur; de rebus ecclesiæ Sancti Marcelli apud Sanctum Marcellum.

Testes fuerunt hujus rei : Galcherius de Salinis, Garinus decanus, Rainaldus de Trevâ, Jeremias de Ruffiaco, Guillelmus de Pasme, Odilo de Montebozone, Heinricus de Prohihereth (*Purgerot*), Stephanus villicus Vesulanus.

Actum Faverniaci, tempore Bernardi, abbatis Faverniacensis, et Alenardi, prioris Sancti Marcelli.

Idem autem supradictus Oliverius, post non multum temporis, in præsentiâ comitis Renaldi, apud Luxovium potestatem et res Sancti Marcelli vuerpivit, et per sacramentum super sanctas reliquias juravit, quod etiam idem famuli ejus fecerunt, quatenùs nunquàm deinceps per se aut per alios homines suos de rebus sancti (Marcelli) accipiat. Quòd si fortè aliquandò injuriam facere acciderit, infrà VII dies quo ei ostensum fuerit à monachis, redderet.

(PÉRARD, *Recueil*, p. 229.)

1157.

Charte de Guy de Pesmes en faveur de Cherlieu.

Guido, miles de Pesmes, concessit fratribus de Cari Loci ut quicumque de suis hominibus ad conversionem eorum venerint, eos liberè valeant retinere ; prætereà quæcumque possidebat eodem die ecclesia nominata, et quidquid calumniabatur in pratis de Juvegne, et in terris Borandi de Gorgon apud Ognez, et terram de Charmis in finagio de Saynt Mardion; et quidquid de casamentis suis domus eadem possidebat ; necnon eleemosynas Hugonis fratris sui apud Sanctum Marcellum, duos scilicet modios vini, et

Verneium de Buge, et omnes eleemosynas antecessorum suorum liberè et quietè possidebit ecclesia Cari Loci.

(*Cartulaire de Cherlieu.*)

1230.

Simon de Saissefontaine fait hommage au comte pour son fief de Jonvelle.

Ego Simon de Saissefontaine, dominus de Jonville, notum facio universis presentes litteras inspecturis, quòd Otho dux Meranie, comes palatinus Burgundie, dedit mihi in feodum et chasamentum Jonville et castellaniam, et de hoc sum homo ligius dicti ducis, salvâ fidelitate comitis Campanie. Et si ego habebo duos heredes, ille qui tenebit Jonville erit homo ligius dicti ducis, vel heredum suorum. Si verò me mori contigerit, ità quòd non habeam heredem de uxore meâ, quæ fuit filia domini Guidonis de Jonville, medietas de Jonville et medietas castellanie redibit ad dictum ducem vel ad heredes suos, cùm dictus dux vel heredes sui persolverint mille libras et quadringentas libras stephanienses illis qui remanebunt in loco meo. Si verò uxorem meam, quæ fuit filia Guidonis de Jonville, mori contigerit absque herede, terra Jonville et tota castellania redibit ad dictum ducem vel ad heredes suos, cùm dictus dux vel heredes sui persolverint mihi vel heredibus meis dictas mille et quadringentas libras stephanienses : hoc salvo quod Voysie (*Voisey*) remanebit mihi vel heredibus meis in gagio pro mille libris et centum libris stephaniensibus, quas ego persolvi in debito domini Guidonis de Jonville, cùm ego filiam suam duxi in uxorem. Et cùm dictus dux vel heredes sui persolverint dictas mille et centum libras mihi vel heredibus meis, Voysie redibit ad dictum ducem vel ad heredes suos.

Actum anno D^{ni} M° CC° tricesimo, mense februario.

(*Archives du Doubs, chambre des comptes*, J, 3.)

1250.

Règlement contre un habitant d'Enfonvelle qui voulait décliner la justice prieurale.

Nos Isabel, dame de Jonvile, et Richard, priors de Jonvile, fasons savoyr a tos ces qui veront ces latres, que cum Perrenes d'Anfonvile fust pris por les tors fas que il avait fas à l'abbé de sant Bénigne de Dijon et a prior d'Anfonvile, si cum li abbés et li priors disoent, et por ceu qu'il ne voloit veneir davant labbé, por faire droit as jors que labbés disoit; Herbeles et Bauduins li frères à li Perrenes promirent labbé que faroit droit par davant labbé o par davant son commandement, de ceu que labbés et li priors Danfunvile li demanderoent, et que par Perrenes ne mal ne damages ne faroit à labbé neu à choses qui appartiennent à l'abbeye; et ceu ont promis et jurez sus sante avangele, Herbeles, et Félice sa fame, et Besancenes sa fis, et Bauduins li freres Perrenes, et Jeannete li fame Perrenes, et Parisos sa fis. Et de ceu à tenir ont enlié tos lors biens mobles et immobles, et tos lors héritages en la mayn a dit abbé, que si Perrenes ne voloit faire droit por labbé, o mal o damages venant par Perrenes o par li suens a labbé o a sa chose, et il peut estre prové ne atent, tut lor bien et tut lor héritages seroent enchoet en la mayn labbé por farer sa volenté. Et ont convent qu'il proeront o mo signor Thébalt de Nouefchasteil, signor de Jonvile, que tel forme de latres overtes saeloit de son seel a labbé. Et ceste promaste et ces saremens ont fait les personnes de sus nomées par davant nos et par davant mo signor prior de Borbone et mo signor Hugon sa fil et mo signor Godefroy Thébalt et le mastre de Jonvile. Perrenes, mainant Danfunvile, queut il fu déluvré sa propre volenté et sens nule force jurai sus sante avangele et enlia tus sas biens et tut son héritage en la mayn labbé en tel manière cum sus frère avoent fait davant, et promist qu'il proeroit mo signor Thébalt de Nouefchastel, signor de Jonvile, que tel forme de latres overtes saelait de son seel à labbé. Et ceu fut fait l'an que li miliares corroit par mil et deux cent et cinquante, lo marsti après les octaves des apostres sant Pierre et sant Pol.

(*Archives de la Haute-Marne, Cartulaire d'Enfonvelle.*)

1252.

Bérault de Gilley donne la terre de la Mothe au monastère de Saint-Bénigne de Dijon et au prieuré d'Enfonvelle.

Ego Beraudus, domicellus de Gilegio, notum facio universis presentes litteras inspecturis, quòd cùm controversia verteretur inter me ipsum ex unâ parte et abbatem et conventum Sancti Benigni Divionensis et priorem de Anfumvillâ ex alterâ, super medietate mansi de Motâ cum appendiciis suis et super terris, pratis, reditibus, et rebus aliis que omnia dicebam, ad jus et proprietatem meam jure hereditario pertinere; sed me nunquàm fuisse in verâ possessione, et predicti venerabilis abbas et conventus Divionensis et prior de Anfumvillâ omnia suprà dicta mihi denegaverunt. Tandem de bonorum virorum consilio, pro salute et remedio anime mee, et omnium antecessorum meorum, de laude et assensu Adeline uxoris mee, et Odonis et Petri filiorum meorum, et Adeline filie mee, dedi et concessi in perpetuam eleemosinam quietè et pacificè in perpetuum possidendam, Deo et ecclesie Sancti Benigni Divionensis et ecclesie de Anfumvillâ, quidquid juris habebam aut habere seu reclamare poteram in omnibus supradictis. Et hæc omnia ego et uxor mea et filia et filii mei supra dicti, in facie ecclesie de Castellione, penitùs aquitavimus. In cujus rei memoriam et testimonium, nobilis Theobaldi, domini predicti Castri et Jonvile, et Stephani, curati de Castellione sigilla apponi fecimus. Actum anno Domini millesimo ducentesimo quinquagesimo secundo.

(*Ibidem.*)

1263 ET 1264.

Elisabeth de Jonvelle fait hommage au comte Hugues et donne son fief de Demangevelle au jeune comte Othon IV. (V. pages 408 et 409.)

1264.

Elisabeth de Jonvelle fait des dons au prieuré de Villars-Saint-Marcellin.

Nos Elisabeth, domina Junciville, notum facimus universis presentibus et futuris, quòd cùm nos essemus in possessione vel quasi juris percipiendi annis singulis quoddam gestium in prioratu de Villario Sancti-Marcellini et sumptibus ejusdem, nos, auctore Domino, in sanâ et liberâ potestate mentis et corporis existentes, solum Deum pre oculis habentes et motu proprio, in puram et perpetuam eleemosynam, pro salute anime nostre et maximè et specialitèr anime bone memorie matris nostre, quæ, dum viveret, dictum prioratum per multos dies tenuit, et animarum antecessorum nostrorum, dictum gestium dicto prioratui remisimus, ipsum penitùs quitantes. Dedimus etiam dicto prioratui et concessimus in formâ eleemosyne predicte omnes reditus nostros qui nobis debentur annis singulis in predictâ villâ de Villario, quoquo modo et quocumque jure ad nos spectent vel spectare debeant in denariis, blado, ductis seu jornatis hominum, ratione mansorum seu aliâ quâcumque ratione ; volentes quòd prior qui dicto prioratui deserviet, loco et nomine abbatis et conventûs monasterii Beati Vincentii Bisuntini, cui monasterio idem prioratus subjicitur, tàm de remissione seu quitatione dicti gestii quàm de aliis possessionibus prenominatis gaudeat, et ipsas, à tempore confectionis presentium ut anteà, perpetuò possideat et habeat pacificè et quietè ; in tantùm quòd si memorata mater nostra, dum dictum prioratum teneret, vel alias ab ipso prioratu vel ipsius proventibus aliqua indebitè extorsit, vel alter nomine ipsius scientèr vel ignorantèr, undè anima ipsius ligetur, quod absit! dicti abbas, conventus et prior ipsam penitùs, quantùm suâ interest, quitaverunt et ipsam à Domino deprecati sunt absolvi, promittentes contrà predictam eleemosynam per nos vel per alium nunquàm venire, sed ipsam dicto prioratui fidelitèr garantire; hoc solùm in predictis nobis reservato et retento quòd predicti religiosi possessiones hujusmodi in parte vel in toto vendere vel aliquo modo alienare non possunt, nisi de consensu nostro vel heredum nostrorum procedant.

In cujus rei testimonium presentes litteras sigilli nostri munimine duximus roborandas. Actum anno Domini millesimo ducentesimo sexagesimo quarto, mense decembris.

(*Archives du Doubs, Cartulaire de Saint-Vincent, carton* 10, n° 4.)

1289.

Guy III de Jonvelle fait quelques dons à l'abbaye de Saint-Vincent, sur le territoire de Villars-Saint-Marcellin.

Nos officialis curie Bisuntine, notum facimus universis presentes litteras inspecturis, quòd in nostrâ presentiâ propter hoc personalitèr constitutus Guido, dominus Jonciville, domicellus, ad hoc specialitèr veniens, in jure et judicio coram nobis laudat, approbat et confirmat penitùs et expressè medietatem furni de Villario Sancti Marcellini et exituum ejusdem, et quadraginta quinque minas bladi moturarum percipiendas quolibet anno, ad mensuram de Borboniâ, à viris religiosis abbate et conventu ecclesiæ Sancti Vincentii Bisuntini, in molendino dicte ville de Villario, que dominus Oliverius, ejusdem loci miles, et predecessores ipsius, dederunt et concesserunt predicte ecclesie Sancti Vincentii, et quidquid iidem religiosi in dictâ villâ de Villario Sancti Marcellini seu in finagio et territorio ejusdem ville, à temporibus retroactis usque ad diem confectionis presentium litterarum, acquisiverunt; quæ sunt de feudo seu de retrofeudo dicti Guidonis, retentâ à dicto Guidone bonâ custodiâ quam habet seu habere debet in predictis; promittens idem Guido, fide datâ in manu nostrâ ab ipso propter hoc, contrà predicta non venire in futurum per se vel per alium, tacitè vel expressè.

In cujus rei testimonium presentibus litteris apposuimus sigillum nostrum, ad requisitionem ipsius Guidonis, unà cum sigillo ipsius Guidonis. Et ego predictus Guido presentibus litteris apposui sigillum meum unà cum sigillo curie Bisuntine, in testimonium veritatis. Datum sexto idus maii anno Domini millesimo ducentesimo octogesimo nono.

(*Ibidem*, n° 11.)

1290.

Le comte Othon IV ordonne à Guy III de Jonvelle d'empêcher la construction d'un château fort à Richecourt.

Nos Othes, coens palatin de Bourgoingne et sires de Salins, faisons savoir à tous que coustume générale est, en tout nostre conté de Bourgoingne, que nulz ne puet faire maison fort ne autre forteresse dedans la chastellenie d'un chastel d'un autre, sans la volunté dou seigneur dou chastel, ou dedans autruy justice; et se il le fait, ly sires qui ai la seignorie ou la justice, la puet abattre sans autoritey d'autre personne; ou se il ne le fait, li chier sires san puet panre à luy. Et Guiot, sires de Jonvelle, nos anst monstrey que messire Forques de Rigney façoit et édifioit maison fort à Richecort contre sa voluntey, liquel leux est si comme il dit dedans la chastellenie de Jonvelle; pourquoy nous avons fait enquérir diligemment de ceste chouse et avons trouvey, par bounes gens, que ladite maison de Richecort estoit et est dedans les poins de laditte chastellenie de Jonvelle et dedans le paiages doudit Guiot, et en partie en la propriétey et en l'éritaige doudit Guiot. Pourquoy nous commandames audit Guiot que de ceste chouse fiat son davoir, ou nos nos en panriens à luy. En tesmoing nous avons fait matre notre seel en ces lettres. Douné à Columpne, le vanredy après l'Apparition (*Epiphanie*), l'an Notre Signour mil CC et nonante.

(*Archives de la Côte-d'Or, Recueil*, t. II, p. 821 et 822.)

1329.

Philippe de Jonvelle confirme l'abbaye de Saint-Vincent dans ses possessions de la terre de Jonvelle.

Nos officiaux de la court de Besançon, façons savoir à tous que, en la présence de Thomas Cochy, clerc de Besançon, publique notaire de l'authoritey l'Emperahour et jurié de la court de Besançon, par nostre commandement espécial,..... nobles damiselx Philippes, sire de Jonville, fis cay en erriers noble damisel haut et puissant Jehan, jaydis signour de Jonville, non par force, par baret ou par pahour à ce menez ou décehuz, mes de say propre et franche velontey et de certein propos ensit, comme il lay affermey par son sairement endroit par devant nostre dit commandement ; hay louhey, approvey, rattifié et confirmey pour lui et pour tous ses successours et pour ses hoirs, dois cy perpétuement à tous jours mais, toutes les chouses contenues ès lettres esquelles ces présentes sunt annexées et tous les acquets fais par religiouse personne Guillaume de Quingey, abbey de Saint-Vincent de Besançon, en nom de lui et dou couvent de ladite yglese de Saint-Vincent, conjointement ou devisement, et par tous ses devanciers abéis de Saint-Vincent et de tous quelconques que ce soit, desous lay signorie et en la terre dou dit signour de Jonville, de quelque personne que ce soit et en quelque lue que ce soit, ensamble ou devisement, par eschait, par eschange, par quittance, par donation, par cession ou par quelque menière de contrait ou de convenances que ce soit, par tout le temps passé jusques à jour de la confection de ces présentes lettres ; permey la somme de sexante livres de bone menoye corsable en la citey de Besançon, c'est à savoir l'engromne dou roy pour doux deniers. Laquelle somme d'argent li dis Philippe hay confessey et publiquement recognehu en droit, par devant nostre dit commandement, lui havoir heu et recehu doudit Guillaume abbey, en bons deniers bien et léament nombrez et tournez en son profit. Et toutes les chouses dites et une chescune d'ycelles hay promis et promet li dis Philippes, pour lui et pour ses hoirs, par son sairement pour ce doney en la main de nostre dit commandement, à dit Guillaume abbey et à ses successours, fermement tenir, garder et accomplir, et non mie venir encontre par lui ou par autruy, par fait ou par parole, taisiblement ou expressément... Et pour plus grant sahultey havoir des chouses dessus dittes, li di Philippes, pour lui et pour ses hoirs, hay obligié et oblige à dit Guillaume abbey et à ses successours en ladite ynglese de Saint-Vincent, lui et ses hoirs et tous ses biens mobles et non mobles, présens et à venir, en quelque lue que ils soient et puissent être trouvez, pour panre, vendre et aliéner, de la propre autoritey doudit Guillaume abbey ou de ses souccessours, sans offense de droit, de partie et de juge, sans demander ou faire recréance, lay sentence d'excomuniement nonobstant; et hay renué li dis Philippes en cest fait, par son sairement pour ce doney à toutes exceptions de mal, de barest, de cession, de déception, de circonvention, de action, en fait de condition sens cause ou de moyens suffisant causé; à l'exception de la dite somme d'argent non haüe, non recephue et non tornée en son profit;..... et à l'exception de décevance outre lay moitié de juste et droiturier pris et extimation à la copie de ces présentes lettres, à tous priviléges donez et à doner de pape, de emperahour, de roy ou de quelque personne que ce soit, et à toutes coustumes et statuz de pays et de lues, et à toutes autres exceptions de fait, de droit et de coustume que pourroient être opposées contre ces présentes lettres, ou contre aucune chouse des chouses contenues en yceles..... Et toutes ces chouses dessus dites et une chescune d'yceles hay confessey li dis Philippes en droit par devant nostre dit commandement estre veraies; et hay vuillu et houtroyé li dis Philippes que nos, lui et ses hoirs que il oblige quant à ce à l'observation de toutes les chouses dessus dites et d'une chescune d'yceles, controigniens par sentence d'excommuniement et par la caption de ses biens tout ensemble, et une fois et chescune par foy, exception quelque elle soit non obstant. Et hay submis li dis Philippe, lui, ses hoirs et tous ses biens quant à ce à la jurisdiction de la court de Besançon. En tesmoignage de laquelle chouse, à la réqueste des dites parties à nous faite et respourtée par nostre dit commandement, havons mis le seel de la court de Besançon pendant en ces présentes lettres, ensamble le soing et la subscription doudit publique notaire. Ces chouses furent faites l'an Nostre Signour courant mil trois cens vingt et nuef, le jour dou mardy après la feste de la saint Nicholaux d'yvers ou mois de décembre, à Besançon, en l'abbaie de Saint-Vincent, à hour d'entour prime, la indiction xiij, ou pontificat de notre saintpère en Jésus-Christ et signour monsire Jehan, par la divine puissance, pape vingt-deuxième, en l'an quatorziesme; en la présence Jehan de Cromary, clerc, Estevenin dit Menu de la Barre, Colas de Bourbévelle, escuiers, et plusors autres témoins sus ce appellez et requis.

(*Cartulaire de Saint-Vincent*, carton 10, n° 24.)

1354.

Charte des franchises accordées à Jonvelle par Philippe, seigneur dudit lieu (1).

..... S'ensuit la teneur des chartes dont cy-devant est fait mention : A tous ceulx qui verront et orront ces présentes lectres, Nicolas Renard, prevost de Langres, salut : Saichent tous que l'an de grâce mil quatre cens et deux, le premier jour du mois de novembre, nous séant en jugement, vindrent en leurs propres personnes Perrenot Gaulthier, Guillaume Alexandre, eulx deux eschevins de Jonvelle, Jehan Alexandre et Robert Garnier, bourgeois dudit lieu : lesquelx exhibarent en jugement une certainne lettre faicte et donnée soubz le seel de très hault, excellent et puissant prince, nostre très chier seigneur, monseigneur Philippe, duc de Bourgoingne, conte d'Artois et de Bourgoingne, palatin et sire de Salins, scellée de son grand seel de cire blanche, en double queue pendant, sainne et entière, si comme de première face pouvoit apparoir : lesquelles lettres, à la requeste que dessus, nous publiasmes et fismes lire de mot en aultre ; desquelles la teneur s'ensuyt :

Philippe, duc de Bourgoigne, etc..., savoir fasons à tous, présens et à venir, que nous avons vehues les lettres ci-dessoubs escriptes contenant la forme que s'ensuyt :

A tous ceulx qui verront et orront ces présentes lettres, Philippe, sire de Jonvelle sur Soone et de la Votisse, salut. Saichent tuiz que nous, pour nous et pour nos hoirs et successeurs et les ayans cause de nous à tousjoursmais perpétuellement, de bon propos, comme bien advisé et sur ce en considération regardant nostre grand proufflt et utilité et le proufflt aux avant de noz dits hoirs, successeurs et ayans cause de nous, avons franchis et abounés, affranchissons et abounons de toutes tailles, débites et servitutes quelxconques, nostre ditte ville et finaige de

(1) Cette copie, extraite du *Manuel des droits seigneuriaux de Jonvelle* (1537-1539), n'offre plus l'orthographe des chartes du quatorzième siècle.

Jonvelle, les habitans d'icelle que à présent y sont et que y seront par le temps advenir, par la manière que s'ensuyt :

Premièrement que chascun desdits habitans qu'ils sont et que y seront, seront nostre homme proprement, sans avoul et sans réclamacion d'autre seigneur, qu'ils ont ou auront héritaiges en la ville et finaige ; payeront chascun feug à nous, à nos hoirs, successeurs et ayans cause de nous seigneurs dudit lieu, dix sous estevenans chascun an ; c'est assavoir cinq sols à Pasques charnel et les autres cinq solz à la Sainct-Remy ; et ou cas qu'il y auroit deffault que chascun n'auroit payez, dedans l'uytave après lesdites Pasques et aussi dedans l'uytave après ladite Sainct-Remy, lesdits cinq solz, il debvra pour chascun jour d'enquin en avant, pour deffault, avec lesdits cinq solz, douze deniers d'émende de ladite monnoye.

Item chascun marchant suigans et fréquentans marchandise, soit qu'il y eust héritaiges ou non, payeroit pour feug dix sols de ladite monnoye chascun an, esdits termes, ensemble ladite émende par la manière dessus dite.

Item mannouvriers suigans journées que n'auront héritaiges, payeront chascun pour feug, chascun an, cinq sols de ladite monnoye aux dits termes ; à chascun desdits la moitié ensemble six deniers d'émende en la manière dessus dite.

Item femme vesve qui n'auroit héritaiges, payera cinq solz par semblable manière.

Item si le sire, chief de ladite ville, après nostre décès devenoit chevalier, lesdits habitans, à cause de sa chevalerye nouvelle, luy debvroient six vingtz libvres de ladite monnoye ; ne de plus ne les porroyons contraindre.

Item si nous ou nos hoirs, sire et chief dudit lieu, marient l'une de nos filles ou l'une de nos seurs, pour le premier mariaige ou pour les premières nopces d'une chascune lesditz habitans payeront six vingtz livres de ladite monnoye ; ne de plus ne les porroyons contraindre.

Item ou cas que nous ou nostre hoirs, sire ou chief dudit lieu, achepterions léalment et sens fraude quatre cens livres de terres ou plus à une fois, conjoinctement lesdits habitans nous debvroient six vingtz libvres de ladite monnoye ; ne de plus ne les porroyons contraindre.

Item touteffois que nous ou nostre hoir ou successeur, chief de ladite ville, serions en guerre, pourquoy il nous convenisse chevaulcher ou aller feur (*foràs*, dehors), pour cause de ladite guerre, lesdits habitans nous doibvent faire ung chair à trois chevaulx ronssins. Et ou cas que nous serions mandez ou requis pour le fait de nostre seigneur et souverain le conte de Bourgoigne, ilz nous debveroient faire deux chairs chascun à trois chevaulx ronssins. Et ès cas dessusdit on leur doit faire sçavoir huict jours devant le partir, et deans icelluy partir ly chevaulx et chairs sont et seront à nos despens jusques à la revenue audit Jonvelle. Les chevaulx et chairs revenus, nous les debvons et debverons rendre aux dits habitans en l'estat qu'ilz seront.

Item la justice et jurisdicion de tous cas criminelz et civilz, soient murtres, larrecins ou quelque autre cas, demeureront à nous et à noz hoirs successeurs, en la manière que de anciens tems a esté, et de mainmise de husserie brisée (bris de clôture), de cry et de hahay nuytemment faictz (tapage nocturne.) La chose vériffiée d'un chascun desdits cas, l'on nous debvroit soixante solz d'émende.

Item d'asseurement brisée (rupture de ban), de saisine brisée, de mainmise (vente de biens saisis), par jour de foire, de marchiez, d'une désobéyssance faite de nous, de nostre bailly, ou de nostre chastellain, prévost ou sergent; pour chascun desdits cas soixante solz d'émende d'une chascune personne, qui à ce seroit comprinse, attaint ou convaincue par preuves souffisantes, ou cas qu'il apperroit le commandement estre émaney de nous, et qu'il apperroit que ce commandement aussi fut juste et raisonable.

Item de vendre à faulce mesure, à faulce haulne et à faulx poix; pour chascun cas soixante solz d'émende.

Et tous autres cas de justice haulte, basse et moyenne demeure à nous, à nos hoirs et successeurs, si comme de ancienneté a esté.

Item lesdits habitans ne debvront, ne pourront advouer ne réclamer leurs ne leurs biens d'autre seigneur que de nous ou de noz hoirs, ne ne pourront faire bourgeoisie ne mectre en garde, ce n'estoit par la volonté de nous ou de noz hoirs, ne ou préjudice de nostre dit seigneur le conte de Bourgoingne ou de ses hoirs et successeurs.

Item ou cas qu'ils feroient ou réclameroient audit seigneur ou guarpiroient (déserteraient à) autre seignorie, à nostre préjudice, par quelque manière que ce fust, tous leurs biens meubles et non meubles qu'ilz auroient, seroient acquis à nous et à noz hoirs successeurs, ce n'estoit ou cas touchant la souveraineté de la conté de Bourgoingne.

Item retenons pour nous, nos hoirs et successeurs toutes nos rentes, censes, banvins, esmenaiges, ventes et toutes autres choses dehues à nous en la manière que dit est et que cy après dit sera.

Item lesdits habitans ne moldront, cuyront, treulleront à autres molins, fours et treulles que aux nostres, ce n'estoit par le deffaulx desdits molins des mugniers, desdits fours des fourniers, desdits treulles des treulleurs. Et si autrement le faisoient, cilz qui autrement le feroit payeroit cinq sols d'émende avec le prouffit, c'est assavoir la moture, le fournaige et treullaige, ce n'estoit pour le deffaulx desdits amodians officiers, duquel deffaulx chascun desdits habitans seroit crehu, ou leur excusant, par son serement avec ung tesmoing suffisant.

Item lesdits habitans doibvent maintenir leurs murs, leurs cloisons, tant réparacions de fosselz comme de réfection de murs, et doibvent guecter et escharguetter laditeville, touteffois que mestier sera. Et nous, pour nous et pour noz hoirs, donnons auxdits habitans licence et auctorité de prandre bois en noz bois d'Ormoy ou aultre part, pour faire lesdits cloisons, sans ce qu'ilz puissent y aller pour aucune autre cautelle (prétexte).

Item touteffois que nous serions en guerre, il doit venir des proudhommes de la ville que en seroient requis, pour ayder à garder nostre chaistel, jusques à dix ou douze chascun à son tour.

Item doibvent lesdits habitans l'ost et la chevaulchée (service militaire à pied et à cheval), en la manière accoustumée.

Item si aucuns desdits habitans estoient en gaige de bataille (en duel), avant qu'ilz seroient armés, ilz en peuvent faire paix et accord et oster de péril, parmy soixante solz d'émende. Et c'ils étoient armés et dedans lez lices avant que coups en fussent donnés, ils se peullent oster et départir de péril parmy cent solz d'émende. Et ou cas que le premier cop seroit donnez que l'on dit le *coup le Roy* (première passe d'armes), encoir se peullent départir et hoster de péril, parmy dix libvres d'émende, réservé les despens de nous, de nostre conseil et de partie, loyale taxacion précédente. Et c'il advenoit que le champ (le combat) fut parfaict et finy, nous ferions du convaincu (du vaincu) par nostre bon conseil, par droit ou par coustume, ce qu'il se appartiendroit par raison.

Item chascun feug payera la faulcille, ou moissons de blefz et d'avenne, et la courvée de fourche ou de ratel, en fenoison, exceptez ceulx qu'ilz les doibvent entièrement au priorey ; et exceptez auximent (aussi) les feugz de ceulx qu'ilz tiennent ou tiendront chevaulx ou ronssins suffisans et harnois pour armez et pour leur monter sur leurs dits chevaulx ou ronssins ; et exceptez de rechief les habitans qu'ilz tiennent ou tiendront chevaulx et harnois, à cause de ce qu'ilz nous payeront le charroy cy après escript ; et exceptez les arbelestriers. Et ou cas que nous ne prandrons lesdites courvées, ils nous payeront pour chascune six deniers estevenans.

Item ou temps de vendange, chascun feug debvra à nous un vendangeur pour vendanger noz vignes de Jonvelle.

Iem lesdits habitans qui ont ou auront esploix de charrue en ladite ville, nous debvront pour chascun esploix trois courvées de chascune l'an, pour ayder à faire nostre bouverot de Jonvelle : c'est assavoir en temps de sombrey, en vain et en tramois ; et lesdites courvées le jour qu'elles seront en noz euvres, tant en moissons, en fenoisons, de sombrey comme d'autre temps, nous leur debvrons donner à mangier et à boire.

Item lesdits habitans qui ont ou auront charyotz nous debvront chascun une voiture pour auberger nos blefz, une aultre pour charrier nos avennes et une autre pour charrier nos foingz dudit bouverot, aux soisons.

Item à chascun harnois de cheval nous debvra amenez une charretée de loingnier, une fois l'an, prinse en noz bois de Jonvelle, pour faire nostre loingnier à Noël ; et parmy ce nous, nostre hoirs, noz genz ne pourons prandre, ne debvons prandre, ne faire prandre chevaulx, harnois ou autres choses desdits habitans, par quelque besoing que nous en ayons, ne les contraindre d'aucune chose, fors ce que dessus est deviser, à cause desdites courvées et charroys.

Item voulons et ouctroyons que lesdits habitans ayent et mectent quatres ou six proudhommes qu'ilz seront eschevins, et touteffois qu'ilz seront esleuz, ils doibvent et debvront estre présentez par devant nous ou noz gens, pour faire le serement en nostre main de faire bien et loyalment ce que par luy sera fait et ordonnez, lesquelx regarderout léalment sur les vivres communs, et les admodereront et mectront à juste pris, au prouffit commung et selon le port du pays.

Item pourront, debvront et auront auctorité lesdits eschevins de faire traicts et giestz (taille et impôt) et provisions sur lesdits habitans, pour faire cloisons et fermetez dessus dites, et autre nécessité de la ville, léalle considéracion tousjours précédent. Et iceulx eschevins pourront lesdits habitans oster et renover, si ilz leur semble que bon soit, chascun an le jour de la Nativité sainct Jehan-Baptiste, ou eulx laissier en tel estat.

Item nous ou nostre hoirs ne pouvons ou pourrons, par quelque nécessité que se soit, prandre ne faire prandre gelynes, poulailles, ne avoir ruz de baston (redevance en volailles), en ladite ville, ne prandre aucuns vivres autres que commungs, qu'ils feussent blefz, vins, chair grasse ou maigre, morte ou vive, ne autres denrées, quelles fussent ou puissent estre, par quelque nom qu'elles fussent dictes ou nommées, sur lesdits habitans ou aulcuns d'eulx, en quelque lieu que ce fut, se elles n'estoient premièrement achetées suffisamment par nous et poyées, se n'estoit par la propre volonté desdits habitans.

Item leur avons ouctroyé et ouctroyons qu'ilz puissent mouldre à tous tems à noz molins de Jonvelle, payant pour penaul une escuelle de moture, telz blefz comme sera ledit penaul; et pour ce qu'il moldra oultre lesdits penaul, le munier prendra pour ung chascun penaul plainne ladite escuelle. Et sera icelle escuelle mesurée en manière qu'il en aura xxiiij en un penaul; ainsi sera ce tousiours de vingt-quatres ung, et debvra estre ladite escuelle enchainnée sur la trainure (trémie), et à icelle prendre tousiours ledit munier sa moture et non de autre mesure, selon ce que dit est.

Item debvront lesdits habitans pour cause des fournaiges, cuysans leurs pains ou fourt, de xxiiij pains ung, et payeront paste, et tousiours de plus en plus et de moings en moings à l'advenant; et encoir par semblable manière payeront aux fourniers pour cause du portaige et du rapportaige, et plus ne leur en povons demander.

Item ne pourrons contraindre aucuns desdits habitans de pourter ou faire pourter lettres en aucuns messaiges, ce n'estoit pour fait de guerre évidant; et en ce cas au messaigier qui a ce seroit envoyez nous lui debvrons bailler, avant tout œuvres, pour chascune lieux, en allant son chemin, deux estevenans, et pour chascune lieux de son revenir deux estevenans, pour ses despens.

Item si aucuns desdits habitans vendoit ou achetoit en foire ou marchiez ou par sepmaine aucunes denrées à solvables ventes, nous voulons et octroyons qu'ilz n'en puissent estre contrains ne traict à émende, pour deffaut de payer ladite vente d'une nuyt et d'un jour après ladite marchandise vendue ou achetée; et, le terme de la nuyt et du jour passé, ce ledit ventier lui demande ladite vente, il doit bailler gaige ou argent, ou, ce il ne luy baille et ledit ventier se clame à nostre justice, il payera soixante solz d'émende.

Item ne pourront lesdits habitans gaigier (saisir) l'un l'autre en autre lieu qu'en ladite ville et finaige, s'il n'est obligiez par nostre scellez ou par le scellez des cours de nostre souverain le conte de Bourgoingne; mais, se ilz leur plait, feront appelez l'un l'autre entre leur, par devant nous ou noz justiciers; et ou cas que demande seroit faicte, se partie congnoist, l'on luy enjoindra que dans quinzenne il aie fait satisfaction, sans payer émende, et l'on baillera audit demandeur lectre exécutoire, et la quinzenne passée, l'on pourra gaigier le debteur et exécuter sur luy; et encoir ce qu'il nyera estant preuvé est sur luy, et l'on exécutera et demeurera en l'émende de trois sols.

Item ne pourront adjourner lesdits habitans l'un l'autre en autre court que en la nostre, en nostre préjudice, excepté que en cas de souveraineté, si ce n'estoit des cas qu'ils pourroient toucher à la court de chrestienté.

Item toutes successions tant meubles que héritaiges viendront et escherront par succession aux prouchains (parents, *proximi*), qu'il alinaigier se pourront, jusques au cinquième degré, de quelque costel et de quelque ligne que ce soit, jaçois ce qu'ils fussent nez de ladite ville ou non, mais qu'ilz aient demeurez en la manière que s'ensuyt et que nostre homme y demeure.

Item ne povons, debverons, ne pourrons, nous, nostre hoirs ne noz gens justiciers, arrester ne faire arrester, saisir, prandre ne faire prandre hommes ne femmes desdits habitans, ne autres, ne aucuns de leurs biens, si ce n'est pour murtre, larrecin ou pour autre cas criminel, ou pour nostre propre debt et sur nos officiers ou pour chaulde et pressante meslée (rixe violente); mais seront appelé par voie d'action.

Item voulons que à qu'il plaira, soit homme ou femme, de defforains, qu'ilz puissent venir et appourter ses biens à ladite ville et enquy demeurer, par la condicion des autres, tant comme il luy plaira; et cil luy plaist de partir, il se peult départir par le congié de nostre justice et empourter avec luy ses biens, sans ce que l'on luy puisse mectre aucuns empeschemens ne destourbier, parmy ce que nous en aurons et debvrons avoir la cinquième partie de ses biens. Et s'il s'en départoit sans congiez prandre et obtenir, il perdroit tout ce que l'on treuveroit du sien en tout nostre pouvoir et nous seroit acquis.

Item voulons et ouctroyons que nulz bans ou édict soit mis par nous ou par noz successeurs ou officiers, en temps de fenoison, de moissons ou de vendanges, ce n'est à la requeste desdits eschevins ou de l'un d'eulx; mais cuilleront chascun desdits habitans ses biens à sa volonté.

Item voulons et ouctroyons que chascun desdits habitans tenans harnois de cherrues, de chairs ou de charrette, tant de chevaulx, buefz comme d'autres, pour maintenir son arnois, puisse prandre chascun an deux charretées ou charrettes de bois en noz bois d'Ormoy, folz (hêtre) ou chaisne. C'est assavoir entre la Nativité sainct Jehan-Baptiste et l'Assumption Notre-Dame, et non en autre temps.

Item voulons et ouctroyons que lesdits habitans ayans harnois de cherrues puissent prandre et cuyllir hayes, roites, amblais (fascines pour claies et bennes), en tous noz bois de Jonvelle, pour maintenir leurs charruaiges, par tout le mois de mars pour chascunes années et non en autre temps que oudit mois, ce n'estoit en cas de nécessité. Que se ung amblais, hayes ou roites rompoit aux champs, en autre temps que oudit mois, qu'ilz le puissent cuyllir pour faire lesdits hayes, roites ou amblais, sans accuson (risque) d'émende.

Item ouctroyons auxdits habitans qu'ilz puissent cuillyr lyens pour loyer les bledz et avennes et autres biens, en temps de moissons, en quelque lieu qu'il luy plaira, en tous nosdits bois et de tous bois excepté de chaisne.

Item avons ordonnez et ordonnons, pour le prouffit desdits habitans et à leur requeste, que toutes femmes mariées aux habitans de ladite ville ayent dès maintenant et preignent pour eulx et pour leurs hoirs la moitié des meubles et acquestz que seront faitz et acquis doires en avant, le mariaige durant, au décès de leurs marys; et iceux tiendront et posséderont perpétuellement, tant comme elles ou leurs hoirs seront résidans et demeurans en ladite ville, dessoubz nous ou noz hoirs, cy comme ly autres nostres hommes, nonobstant us et coustumes par le temps passé ayt esté au contraire.

Item ou cas que ban seroit mis en tems de garder les biens, si bestes sont treuvées en garde faicte en dommaige d'aultruy de jour, chascune beste payera trois solz d'émende ; et si elles sont treuvées en garde faicte de nuyt en dommaige d'aultruy, chascune beste payera soixante solz d'émende et rendra le dommaige ou la beste perdue. Et en cas que la beste seroit perdue, si elle estoit treuvée en dommaige, elle payera quatre deniers pour pargie (amende), en rendant le dommaige.

Item qu'il seroit treuvez en cuillant en vignes ou en blefz, avennes, poiz, febves, pommes, poires et tous autres fruictz et biens, en dommaige d'aultruy, il payera trois solz d'émende et rendra le dommaige ; et qu'il seroit treuvé par nuyt, il payeroit soixante solz d'émende.

Item qu'il seroit treuvez par jour coppant pommier, poirier, vignes ou autres arbres en dommaiges d'aultruy, il payera soixante solz d'émende et rendra le dommaige ; et cilz qu'il sera treuvez de nuyt coppant lesdits arbres ou vignes, sera pugniz et corrigez selon la qualité du faict, raison gardée.

Item avons ouctroyez auxdits habitants que ung chascun de leurs que tient héritaige dessoubz nous, autre part que en ladite ville de Jonvelle, quelque part ou lieu qu'ilz les tiennent, puissent tenir ou posséder tousjours, culx et leurs hoirs, sans payer à nous ne à noz hoirs ou successeurs ou ayans cause, tailles, prises, supprises, courvées ne aultres débites quelxconques, pour cause des lieux où lesdits héritaiges sont assiz ; mais les tiendront comme leur propre héritaige, leurs demeurans dessoubz nous en ladite ville de Jonvelle, réservé ce que pour lesdits héritaiges qu'ils tiennent au présent aux dites villes et finaiges, hors de ladite ville de Jonvelle, y payeront de tous traicts, de tous giests, appartenans à la communaulté de ladite ville, selon leur pouvoir raisonnable.

Lequel abonnement, liberté, ouctroy et franchise dessus dits, ensemble toutes et singulières les choses dessus dites ou escriptes, sans nulle autre chose retenir et sans aucune chose adjouster, ammoindryr ne accroistre, tant par devers nous, noz hoirs successeurs et ayans cause de nous, comme par devers lesdits habitans, leurs hoirs et successeurs, nous ledit Philippe, sire desdits lieux, avons promis et juré, jurons et promectons auxdits habitans, à leurs hoirs et successeurs, que au présent sont et seront par tout le temps advenir, tenir, observer, garder et garantir bien et léalment pour nous et pour noz hoirs, successeurs et ayans cause de nous, par nostre serement faict et donnez, jurez et attouchez de nostre propre main sur sainctes Evangilles, en lieu de serement; et que contre lesdits abonnemens, libertés, ouctroys et franchises ne contre les choses ci-dessus escriptes ou aucunes d'icelles nous ne irons, aller ferons, consentirons, ne contredirons, par nous ne par autre, en recoy ne en appert (en secret ni ouvertement); renonçant en ce faict pour nous, noz hoirs, successeurs et les ayans cause de nous, à toutes exceptions, déceptions de fraulde, de barat, lésion, circonvencion de toutes cautelles, engins et cavillation (ruse, tromperie et chicane) ; à tous drois de canon et civil, à tous autres drois escriptz et non escriptz, à toutes coustumes généraulx et locaulx ; à tous priviléges, grâces données ou à donner de pape, d'empereur, de roy, de duc, de conte ou d'autres seigneurs, à toutes autres choses et aydes, faisans pour les nobles contre les laiz (mainmortables), ou leurs subjectz, à toutes raisons, deffenses et autres choses que contre les choses dessus escriptes ou aucunes d'icelles pourroient estre dictes objiciées et mises en avant, et au droit disant général renunciacion non valoir.

Et pour ce que les choses dessus dites soient plus fermes et plus estables, et que nous, nostre hoirs, successeurs et ayans cause de nous, soient tenuz et obligez de fermement et establement tenir et garder toutes et singulières les choses dessus dictes, de poinct en poinct, selon leur teneur, en cas que nous yrions au contraire et que deffault y auroit par devers nous, noz hoirs, successeurs et ayans cause de nous; nous en avons obligié et obligeons, submis et submectons à la court et jurisdicion de nostre très chier et redoubté seigneur le conte de Bourgoingne tous noz biens meubles, non meubles, présens et futurs, pour prandre, détenir et exécuter par les gens et justiciers de nostre dict seigneur le conte de Bourgoingne, quelxconques que mieulx plairoit aux dits habitans, pour le deffault ou contreditz des choses cy-dessus escriptes, ou de l'une d'icelles, si point y en avoit par devers nous, noz hoirs, successeurs ou ayans cause de nous, jusques ad ce que aurions faict au contraire seroit mis en l'estat pristin, si comme dessus est escript. Et n'est mie nostre intencion que les choses dessus dictes seroient d'aucune valeur ou d'aucun mouvement, jusques ad ce qu'elles seront ratiffiées et confermées par nostre dit sire le conte de Bourgoingne, palatin et seigneur de Salins, duquel nous tenons en fief, à cause de ladite conté de Bourgoingne, nuement (absolument) le chaistel et ville de Jonvelle dessus dit ; que cil, comme souverain et sire du fied, les choses dessus dites vuille aggréer, ratiffier et confermer et mectre son décret. Et encore supplions au roy de France nostre très chier et redoubté seignour, pour tant comme li touche pour cause du bail et du gouvernement doudit nostre seignour le conte de Bourgoingne, qu'il li plaira mectre en ces présentes sa confirmacion et décret.

En tesmoignage de laquelle chose, nous Philippe, sire de Jonvelle et de la Votisse dessus dit, avons mis nostre seel pendant à ces présentes lectres, en signe de vérité, que furent faictes et données en nostre chaistel dudit Jonvelle, le premier jour dou mois de janvier, l'an de grâce mil trois cens cinquante-six (1).

Ratification de l'acte précédent par Philippe de Rouvres, duc de Bourgogne.

Toutes lesquelles chouses et chascunes contenues esdictes lectres, nous duc et conte de Bourgoingne dessus dit ayans aggréable, avons icelles de nostre auctorité et de certainne science, et par délibéracion et advis de nostre grand conseil, louhées, ratifiiées et appreuvées en tant comme en nous est, à cause de nostre dit conté de Bourgoingne, et par ces présentes louhons, ratiffions, appreuvons et confermons, sauf nostre droict en aultre chose et l'aultruy en tout. Et par ainsi toutes voyes que pour ce aucuns droit nouvel ne soit acquis au préjudice de nous ne de nostre dit conté, ne aucun préjudice ne nous soit pour ce fait ne engendré, et que ce soit ferme et estable à tousjours, nous avons, en tesmoing de ce, faict mectre nostre grand seel à ses lectres.

Donné à Rouvres, le vingt-septième jour du mois d'octobre l'an de grâce mil trois cens cinquante et sept. Ainsi signé au reploix d'icelle : Par monseigneur le duc, en son grant conseil et en présence de la royne, sa mère : P. CUIRET.

Collation est faicte à l'original des lectres dont mencion est faicte en ces présentes, lesquelles lectres ainsi publiées et lehues en notre jugement, pour ce que lesdits eschevins et bourgeois

---

(1) Une autre copie porte la date du 27 avril 1354.

dudit Jonvelle nous affermarent et disrent que en plusieurs et divers lieux ilz avoient affaire desdictes lectres et leur en ayder en maintes causes : esquelx lieux icelles ne pourroient bonnement souffrir, vehues les distances d'iceulx, et pour ce nous ont requis à grande instance ung transumpt ou plusieurs leur estre concédez et faire, soubz le seel de la prévostey de Langres, et y mectre nostre auctorité et décret avec nostre propre seel en contre-seel, afin que plénière foy soit audit transumpt adjoustée comme aux propres lectres originaulx ; laquelle chose nous leur avons concédé et ouctroyé estre faictes ; et en ce avons mis et mectons à ces présentes nostre auctorité et décret.

En tesmoignaige de ce nous avons mis et mectons le seel de la prévostey de Langres, ensemble nostre propre seel en contre-seel à ces présentes lectres de transumpt, que furent faictes et données audit Langres, l'an et jour dessus dit (1er novembre 1402).

Ainsi signé : Jo. DE MANDRES.

Collation faicte par nous notaires et tabellions soubscriptz à l'original, le xxviij jour du mois de juing mil cinq cens et douze.

Ainsi signé : MATHIEU et P. BUNLOTI.

(*Archives du Doubs, chambre des comptes*, J, 6, fol. 22-25.)

L'approbation du roi de France fut donnée en août 1354. V. *Trésor des chartes*, registre 82, n° 338 ; *Ordonnances des rois de France*, IV, 292-302. Là se trouvent relatées *in extenso* les franchises de Jonvelle, avec leur véritable date, qui est le 27 avril 1354, mais avec un texte encore plus incorrect que celui des archives de notre province.

1383.

Sentence de Jean Darbo, gouverneur de Jonvelle, en faveur de Clairefontaine.

Jean Darbo, gouverneur de Jonvelle pour noble et puissant seigneur messire Guy de la Trémouille, seigneur de Jonvelle et de Chastelguillon, fesons savoir à touz que Edme-Vincent Bodenot, procureur de mondit seigneur, pourseguet frère Guy, abbey de

Clairefontaine et ses hommes, en plusieurs choses par lui fates et perpétrées, dont il les disoit estre amendables à mondit seigneur..... (On reprochait à l'abbé 1° des violences faites en son nom sur plusieurs sujets du seigneur; 2° des paroles injurieuses contre ses officiers.)...... Nous, de grâce espéciale, avons mis et mettons à néant toutes les choses et poursuites dessusdites, au profit dudit abbey et de ses hommes ensemble, et avec toutes autres greuses et querelles de quoi le procureur les poursuygoit..... 12 juillet 1383.

(*Archives de la Haute-Saône, cartulaire de Clairefontaine.*)

1493.

Lettres patentes de capitaine bailli de Jonvelle données à Claude d'Occors.

Marguerite d'Angleterre, par la grâce de Dieu duchesse de Bourgoigne, etc., et dame de Jonvelle,... commettons par ces présentes nostre amé et féal Glaude d'Occors, escuier, seigneur de Chay, pour capitaine et bailly de nos ville et chastel de Jonvelle, au conté de Bourgoigne, vacant à nostre disposition, parce que, depuis la réduction faite par monseigneur le roy des Romains, nostre fils, en son obéissance et la nostre desdites ville et chastel, n'y avons encoires pourveu..... Sur quoi il sera tenu de faire le serment à ce présentement en nos mains ou de nostre amé et féal conseiller Anthoine Conroy, procureur de Charoloys, que commettons à ce,... pour qu'il le mette et institue, de par nous, en possession et saisine dudit estat et office, en lui fesant bailler et délivrer les clefs, engins, pouldres, traitz, artilleries et autres choses nécessaires, servans et appartenans audit chastel, par bon et loyal inventaire.....

Donné en nostre ville de Malines, le xxj jour de novembre, l'an de grâce mil CCCC quatre-vingt et treize.

(*Archives du château de Gevigney.*)

1609.

Lettres de franchises accordées à Jonvelle par les archiducs Albert et Isabelle.

Albert et Isabelle Clara Eugénia, etc., sçavoir faisons à tous présens et advenans nous avoir receu l'humble supplicate et requeste des bourgeois, manans et habitans de la ville de Jonvelle et des villages dépendans de ladicte seigneurie, contenant que, passé plus de sept vingt ans, ils auroient obtenu exemptions et franchise de contribuer aux tailles, aides et impôtz mis et accordés sur nostre pays et comté de Bourgongne, faicte qu'auscune chose leur pust estre demandée, dont lectres patentes leur sont estées despeschées et icelles successivement confirmées par tous nos prédécesseurs de très haulte et immortelle mémoire, l'empereur Maximilian, le roy dom Philippe Ier, madame Marguerite d'Autriche et empereur Charles cinquième, en leur vivant ducs et comtes de Bourgongne, selon que nous est apparu par les copies autenticques des dictes lettres de confirmate à nous exhibées ; à quoy les trois estats dudit comté de Bourgongne se sont conformés et réglés, ainsi que nous est apparu par coppies de lectres ; acte aussi exhibé, constant par icelluy qu'en l'an mil quatre cens quatre-vingt-quinze, lorsqu'on voulut imposer lesdits subjets pour aider fournir à la somme de cent mille frans qu'il convenoit lever pour mectre hors ledict comté les soldats et gens de guerre lors y estans, ladicte feue dame Marguerite, douyière de Savoie et contesse de Bourgongne, auroit ordonnés à son receveur de paier la somme de cent cinquante frans de son revenu dudict Jonvelle, pour par ce moyen maintenir lesdicts subjectz en toutes franchises et exemptions desdictes aides et impôtz, pour quelle occasion ou nécessité qui pourroient avoir estés faicts et jectés et se pourroient jecter sur la généralité dudict pays et comté de Bourgongne.

A raison de quoi et qu'ils se sont toujours maintenuz très fidèlement en l'obéissance de leurs princes souverains, ayans souventes fois résistez aux sièges des ennemis, pour estres lymitrophes et sur ces frontières des païs de France et de Loreayne ;

de sorte que par telle résistance ils auroient perdus la plus grande partie de leurs biens, et mesmement aux dernières guerres de l'année 1595, auquel temps ils ont soustenus le siége au commencement; et enfin iceux subjects ont très humblement requis qu'il nous plaise confirmer, ratiflier et approuver leurs dicts previléges, et sur ce leur faire despescher nos lectres patentes, en tel cas partenantes.

Pour ce est-il que nous, les choses sus dictes considérées, inclinans favorablement à la supplicate et requeste desdicts bourgeois, manans et habitans de ladicte ville de Jonvelle et des villages dépendans de ladicte seigneurie, nous avons aggréé, confirmé, ratiflié et appreuvé, aggréons, confirmons, ratiffions et appreuvons, de nostre certaine science, auctorité souveraine et grâce espéciale, par ces patentes, pour nos hoirs et successeurs, ducqs, comtes et comtesses de Bourgongne, lesdicts priviléges, franchises, immunités, exemptions et confirmate, par nosdicts prédécesseurs auctroyés auxdictz subjects.

(La charte finit en ordonnant à tous les gens du roi de respecter et de faire respecter le présent privilége.)

Bruxelles, 22 septembre 1609.

(Chambre des comptes, registre 6, fol. 145.)

1614.

Répartition de l'arrière-ban ou du contingent militaire pour la seigneurie de Jonvelle.

Jonvelle ayant déclaré 189 feux, fournira un cheval léger, deux hallebardes, deux piques, un arquebusier à cheval et quatre arquebusiers.

Ameuvelle, 10 feux, fournira un mousquet.

Auchenoncourt, 17 feux, fournira un mousquet.

Bousseraulcourt, 28 feux, fournira une pique et un arquebusier.

Bourbévelle, 58 feux, fournira une hallebarde, une pique et deux arquebusiers.

Fignévelle, 21 feux, fournira deux arquebusiers.

Gaudoncourt, 127 feux, fournira une hallebarde, deux piques, deux mousquets et quatre arquebusiers.

Grignoncourt, 33 feux, fournira une pique et un mousquet.

Lironcourt, 21 feux, fournira deux arquebusiers.

Montcourt, 41 feux, fournira une pique et deux arquebusiers.

Montdorey, 40 feux, fournira une pique et deux arquebusiers.

Ormoy, 131 feux, fournira une hallebarde, deux piques, deux mousquets et quatre arquebusiers.

Polaincourt, 44 feux, fournira une pique, un mousquet et un arquebusier.

Ranzevelle, 16 feux, fournira un mousquet.

Raincourt, 73 feux, fournira deux piques, un mousquet et deux arquebusiers.

Selle, 75 feux, fournira deux piques, deux mousquets et un arquebusier.

Villars-Saint-Marcellin, 65 feux, fournira deux piques et deux mousquets.

Vougécourt, 49 feux, fournira deux piques et un mousquet.

Voisey, 230 feux, fournira un cheval léger, un arquebusier à cheval, deux hallebardes, trois piques, trois mousquets et deux arquebusiers.

Corre, 62 feux, fournira deux piques, un mousquet et un arquebusier.

Saponcourt, 27 feux, fournira un mousquet et un arquebusier.

Plainemont et la Grange d'Amoncourt, 10 feux, fourniront un arquebusier.

(*Bibliothèque de Vesoul, manuscrits*, nº 163.)

Jonvelle, en janvier 1636. — Fauquier d'Aboncourt au parlement.

Les forces ennemies grossissent à la frontière. Il faut garer Jonvelle.

Messeigneurs, nous sommes ici en continuelles alarmes des advis que nous recepvons de tous costés des mauvais desseings de ces troupes qui se vont toujours grossissans. Ceste nuict mesme, nous avons receu à la minuit la lettre dont j'envoye la copie à VV. SS. (1). Il est très constant que la cause du ravage qui a esté fait icy n'est autre que les lences qui s'y fesoient et qui s'y continuent, comme aussi dans certains villages dépendans d'icy ; tellement que je supplie très humblement VV. SS. me commander sy je le dois souffrir, comme aussi permettre sy ces soldats, qui sont icy tous estrangers, se puissent trouver dans les alarmes et les devoirs que nous fesons pour notre conservation ; car l'on les y amène soubs prétexte que sont soldats du roy, quoiqu'ils me soient fort suspects et que l'on en a recogneus dans la volerie de ceux qui avoient jà pris party ici. Il est fort à craindre qu'affriandés du grand butin qu'ils ont fait icy, cela ne les rende plus entreprenans. Je sçay de fort bonne part que Luxeul, Faucogney, Vesoul, Faverney, sont fort menacés. Il n'y se passe guiers de jours qu'ils ne volent quelques particuliers, maisons des villages de ce pays, sur ceste frontière.....

Je n'ay point encore osé mettre de soldats dans le chasteau que je n'en aye l'ordre de VV. SS., quoique le peuple le désire fort, et que la conservation du faubourg Saincte-Croix, qui ne fut pas pillé, dépendit de la communauté qui avoit mis des soldats audit chasteau qu'ils n'osèrent jamais approcher. Que s'il y heut le moindre devoir de guarde en l'un ou l'autre lieu, ce malheur ne fut arrivé. Nous avons envoyé recognoistre leur gros, et sçavoir, s'il est possible, quelle route ils prendront. De quoi nous resservirons VV. SS., si nous en avons des nouvelles asseurées.

C.-F. DE FAULQUIER.

(Archives du Doubs, correspondance du parlement. Les pièces suivantes viennent de la même source.)

Vesoul, 12 février 1636. — Les officiers du bailliage d'Amont au parlement.

Ils donnent avis des dégâts commis par des courses de partisans aux environs de Jonvelle et de Jussey.

Messeigneurs, nous sommes obligés de resservir VV. SS. que l'on commet un grand nombre de meurtres et voleries du costé de Jonvelle, Jussey, Charlieu et autres limitrophes, où l'on

(1) **Lettre de Warrods du Magny**, capitaine de Port-sur-Saône, annonçant la formation de corps ennemis sur la frontière de Lorraine.

trouve tous les jours des corps morts, et où les païsans voient souvent des voleurs en trouppe, comme de six ou huict et quelques fois de douze, qui sont en attente sur les passages et qui font quelques fois leur retraite dans des granges proches de Charlieu, et lesquels en veulent aux étrangers plutôt qu'à ceux du pays ; en sorte néanmoins que personne n'ose passer du costé de Jonvelle ou Jussey. Nous avons sceu d'abord que se pouvoient estres quelques-uns des garnisons suédoises de Richecourt, Deuilly et autres lieux du voisinage ; mais nous avons advis que ce sont plutost quelques soldats des trouppes de S. A. de Lorraine, qui n'ont pu le suivre ; tent qu'ils s'assemblent quelques fois pour faire des parties sur les François ; en sorte que, ces jours passés, il y avoit un certain de ces gens-là se disant capitaine, qui s'estant retiré à Saint-Marcel avec sa femme, fit quelque butin sur les François. Mais le lendemain il arriva que les François vindrent jusques dans Saint-Marcel, avec une trentaine de chevaulx, et pillèrent la maison où estoit retiré ledit capitaine, emmenèrent sa femme prisonnière et tout son ménage, sans faire autre mal dans le village.

Pareillement, moy avocat d'Amont, estant samedy dernier à Port-sur-Saône, prins garde qu'un certain capitaine nommé le capitaine Longe, retiré audit lieu dès environ un mois, partit dudit Port-sur-Saône avec quatorze ou quinze soldats de cavalerie qui l'estoient venus prendre ; et m'estant informé où il alloit, j'apprins qu'il alloit en partie sur les François, et qu'il y avoit une trouppe d'autres trente chevaux qui l'attendoient de delà Jussey, et qu'il avoit demandé quel chemin il pourroit prendre pour ne pas passer à la vue de Richecourt et aller proche Jonvelle. Je deffendis aux habitants de le recevoir à Port-sur-Saône, en cas il retournât, et donnay ordre pour en envoyez une femme qu'il entretient audit lieu, sur ce que j'apprins qu'elle ne vouloit point aller à l'église, et m'informai bien particulièrement si elle avoit point mangé de viandes prohibées : ce que je ne treuvay.

Nous ne sçavons autres moyens de tenir libres les chemins de la campagne en ces endroits là, pendant le temps et saison du labeur prochain, auquel les pauvres laboureurs appréhendent de se mettre aux champs avec leurs chevaux, pour la juste crainte qu'ils ont de semblables vagabonds. Sinon qu'il vous plaise le sieur de Dournon avec toute sa trouppe d'archers faire quelques voyages le long de ceste frontière, y ayant apparence qu'au seul bruit de sa venue, ces gens là prendront quelque autre route hors de cette province.

Quelques soldats des garnisons de Belfort firent encore quelques courses, le jour de carnaval, auprès de Melisey, et emmenèrent du bestial de ce pays.

De Mongenet, d'Agay et Jornand.

Vesoul, 12 février 1636.

Nota. — De Mongenet était lieutenant local du bailliage d'Amont; d'Agay, avocat fiscal, et Jornand, procureur fiscal. Le grand prévôt des archers était le sieur de Dournon.

Neufchâteau, 15 février 1636. — Le marquis de la Force au parlement.

Il demande satisfaction des hostilités commises à Jonvelle contre quelques-uns de ses gens.

Messeigneurs, j'ai reçu celle que vous m'avez escrite sur le subject d'une qui vous a esté rendue que M. de Gassion escrivoit au gouverneur de Jonvelle, pour avoir satisfaction des actes d'hostilité qui ont esté commis en la personne de son lieutenant et des cavaliers qui l'accompagnoient, revenant de Jonvelle, où il estoit allé trouver ledit gouverneur, pour des affaires qui regardoient la neutrallité, par des Bourguignons ou des Lorrains qui sont protégés par ceux de Jonvelle, Godoncourt et autres lieux, où ils se retiroient; et ay esté adverty qu'on vist depuis peu les nommés Mougon, Bémont, Lescamoussier, Sainct-Denis, La Croix, Gaultier, Théophile, Lespaux et autres dont nous ne sçavons les noms, lesquels ont commis les mesmes actes dans Jonvelle, mesme en plein midy, dans la place publique, sur ceux que ledit sieur Gassion avoit envoyez porter sa lettre audit gouverneur de Jonvelle, dont l'un y est encores bien blessé. Ne désirant point qu'il soit contrevenu en façon quelconque par ceux de nostre armée à la neutrallité, aussi ne pouvons-nous souffrir qu'il leur soit faict aucun préjudice. Et vous supplie de donner ordre à ce que ledit sieur de Gassion soit satisfait, et faire que tels actes soient réprouvés, et ceux qui les commettent chastiez;

autrement je seray obligé d'en tirer satisfaction, et d'en donner advis à Sa Majesté.

Sur ce je suis, Messieurs, votre bien humble serviteur.

DE CAUMONTS.

La Cour répond le 28 au maréchal de la Force que les coupables dont il se plaint seront châtiés. « Et non-seulement en les choses icy, ajoute-t-elle, ainsy en toutes aultres, vous cognoistrez nos saines intentions pour la bonne observance de la neutralité. Et ne croyons pas aussy que celle du roy très chrestien ny la vostre soit de la rompre, pour les querelles particulières arrivées de la sorte sans desseing ny soubçon quelconque qui puisse accuser personne de ce pays y avoir participé. C'est pourquoy, Monsieur, nous vous prions et requérons très instamment d'empescher l'effect des menasses du sieur de Gassion, en lui représentant le respect qui doibt estre gardé touchant la généralité des provinces neutralisées. »

Dole, 29 février 1636. — *La Cour au gouverneur de Jonvelle, au sujet des plaintes du maréchal de la Force.*

Monsieur d'Aboncour, en mesme temps que nous despeschions vostre messagier, est arrivé le porteur qui nous a délivré les responses des sieurs de la Force et de Gassion; ensemble de la vostre à eulx, joincte à la lectre que nous escrivez à mesme fin. Et sommes estonnés que ne nous ayez rien dict par la précédente de la querelle du sieur de Mitry avec les particuliers, puisqu'elle estoit survenue trois jours auparavant le départ de vostre messagier, et que l'affaire estoit de la conséquence que vous voyez. Au subject de quoy nous escrivons la cy-joincte audit sieur de la Force, laquelle vous lui envoyerez après l'avoir veue et fermée, pour ce qu'elle est à cachet volant, afin de vous informer de la teneur. Que si vous et ceulx de Jonvelle eussiez conclu à nostre dernier ordre de n'y laisser aucunes gens de guerre qui puissent donner de l'umbrage, nous ne serions pas en ces paines. C'est un bien qu'ayez faict arester et garder ceulx qui ont blessé le sieur de Mitry, afin de les chastier ; et ne manquérez d'en faire

faire une garde exacte, qu'ils ne s'eschappent point. Que s'il est vray qu'ils ayent commis l'aultre faict concernant le sieur de la Lane, ainsi que nous l'escrit ledit sieur de la Force, nostre intention est qu'après quelque violence deheuement recognue, soit par ledit sieur de la Lane ou aultrement, par devant les officiers de la justice, vous iceulx lesd. rendiez aud. sieur de la Force, s'il les répète, en conformité de ce que nous lui escrivons. Et comme en tout cas, il est besoing d'estre bien sur ses gardes contre toutes surprises, vous redoublerez vos soings, ferez appeler punctuellement tous les retrahans, et entrer promptement audit Jonvelle les cent hommes que nous vous escrivismes dernièrement, pour la solde desquels aussi bien que de ceulx du sieur de Raucour nous ferons délivrer argent sans faulte à l'admodiateur (de la seigneurie) Grosjean, que nous attendons icy au premier jour pour cest effet. Et cependant les habitans dud. Jonvelle leur feront ce peu de crédit, ainsi que nous leur ordonnons et à vous et à eulx de ne souffrir désormais audit Jonvelle aucuns officiers ny soldats estrangers ; et disposer doulcement les aultres gens esménagés y réfugiés de se retirer plus avant dans la province, tant pour leur propre bien et asseurance que pour nostre repos particulier, qui nous doit toucher de plus près.

Thons, 2 mars 1636. — De la Lane, lieutenant du colonel Gassion, à son officier de Mitry, retenu blessé à Jonvelle.

Monsieur, l'affaire dont m'avez escript touche tellement mon honneur et celluy de mes officiers, estant envoyé par eulx pour le service du roy, pendant lequel voyage j'ay receu un si grand affront, qu'il ne se peult réparer par quelque satisfaction que ce soit. Toutefois, puisqu'ils se soubmettent à quelque honnesteté, non point approchante à la centiesme partie de l'injure que nous en avons receu moy et les miens, je remect le tout à vostre prudence et vous asseure ce que vous en ferez, je le tiendrai à faict.

De la Lane.

Châteauvieux (près de Vuillafans, Doubs), 3 mars 1636. — L'archevêque Ferdinand de Rye à la Cour, au sujet de l'affaire précédente.

Messieurs, j'ay receu vos lectres du premier de ce mois, et les y joinctes de messieurs les marquis de la Force, de Gassion, de Mandre, d'Aboncour et bailly de Luxeul, ensemble des copies des responces faictes de vostre part auxdicts sieurs marquis et d'Aboncour, que j'ay treuvé contenir ce à quoy les affaires présentes nous obligent, et appreuvé la prudente résolution y prinse et la diligence y apportée, sans en attendre mon advis, vous priant en ainsi user en toutes semblables occasions pressantes, puisque je ne puis me rendre présentement auprès de vous sans intérest de ma santé, comme desjà je le vous ay signifié par aultres miennes précédentes.

Et sans doubte, si le sieur d'Aboncour et les habitans de Jonvelle se fussent conformé aux ordres que leur avoient esté donnez de ne laisser aulcungs gens de guerre audit Jonvelle, qui peust donner ombrage, l'on ne seroit pas maintenant en peine de donner satisfaction aux plainctes desdits sieurs marquis et de Gassion. Et partant lesdits sieurs d'Aboncour et habitans feront bien d'observer punctuellement à l'advenir ce que leur aura esté ordonné et en avoir plus de soing que du passé.

Et cependant je treuve bon l'ordre donné pour faire redoubler les gardes audit Jonvelle par les y retrahans, et d'y faire entrer promptement les cent hommes que luy avoient esté mandé de tenir approchez, et de faire payer leur solde par l'amodiateur Grosjean. Et pour ce il me semble avec tous qu'il ne convient pour le présent grossir les compagnies de cavalerie commandées par ledit sieur de Mandre, ny les tenir tant approchées des troupes françoises, pour les raisons contenues en vos dictes lectres ; car encor que ledit sieur de Mandre soit assez prévoyant, il est fort difficile de retenir des soldats qui ont envye de rencontrer les occasions de faire quelques butins. Et serois estonné comme il s'est rendu audit Jonvelle avec sa troupe, sur lectres dudit sieur d'Aboncour, sans nous en préadvertir ; n'estoit qu'il ayt estimé la diligence y estre requise et le danger fort éminent.

Et sur ce, vous présentant mes plus affectionnées recommandations, je demeure, Messieurs, votre très affectionné à vous faire service. FERD., *Arch. de Besançon.*
Chasteauvieil, 3 mars 1636.

Jonvelle, 4 mars 1636. — Jean Clerc, bailli de Luxeuil, écrit au parlement que le sieur d'Aboncourt vient d'arranger les démêlés avec les officiers français et qu'il a fait sortir de Jonvelle tous les soldats étrangers. Il ajoute : « La présence de M. de Mandre avec ses deux compaignies a bien advancé les choses..... Tout sera cy après plus tranquil par deçà. M. de Mandre, suivant les commandements de VV. SS., sortira tantost d'icy pour Vesoul, où je le suivray. »

Jonvelle, 8 avril 1636. — *Le gouverneur de Jonvelle au Parlement.*

Les ennemis commettent toutes sortes d'hostilités ; la guerre est imminente.

Messeigneurs, pour obéir aux commandements de VV. SS. de vous resservir de ce qui se passe d'important sur ceste frontière, j'ay cru estre obligé d'envoyer ce messager exprès, pour advertir VV. SS. que les troupes suédoises s'émancipent maintenant de piller et attaquer les villages entiers de cette province, comme ils ont fait Mailleroncourt-Sainct-Pancras, Fignévelle, Lironcourt, Grignoncourt, Bousseraulcourt, ont volé et emmené les chevaulx, grains, linges et lards, à Ormoy vingt chevaulx et trois à Corre, et empeschent entièrement le trafic et le labourage, destellant journellement toutes les charrues et tuant les paysants, comme ils firent encore hier à Voisey. Cela donne grand estonnement à toutes ces communaultés, et encore plus le bruit qui court et continue qu'ils se doivent jetter dans ce païs, sur la fin de ce mois ; de quoy l'on m'a donné advis depuis deux jours de trois divers endroits. Deux pères capucins qui sont icy m'ont asseuré que le maire de Mirecourt leur dit avant hier qu'ils deussent m'advertir et me dire que le roy de France avoit licentié Weymard, et qu'il venoit se jetter dans ce païs avec toutes les troupes estrangères.

Nous n'avons plus icy que les habitans fort effrayés de ces nouvelles, et pas un retrahant ne veut ou ne peut venir faire son devoir au chasteau, ainsy que VV. SS. m'avoient commandé le leur ordonner. Elles apporteront tel remède qu'il leur plaira à tout ce que dessus.

Dole, 9 avril 1636. — Le vice-président et les conseillers du Parlement à l'archevêque.

On l'informe de l'arrestation de Faulquier d'Aboncourt. Le sieur de Raucourt le remplacera dans ses fonctions.

Monsieur, nous avons entendu le rapport qui nous at esté faict par les fiscaux de céans et veu le besoingné par eux dressé au faict de la mort et occision du fut sieur de Chauvirey. Et comme nous avons recogneu que le sieur d'Aboncour y avoit participé, c'est ce qui nous a donné subject de procéder contre luy et contre les aultres culpables, par mandement de saisie et de prise de corps. Mais d'aultant qu'il ne seroit pas raisonnable que, pendant que la cause criminelle se traicterat, ledict sieur d'Aboncour exerce la charge de capitaine de Jonvelle, pour l'offense que ce seroit à la justice, nous prions pour ce Vostre Seigneurie révérendissime d'y pourveoir au plustost, et de commettre à l'exercice de ladite charge tel personnage qu'il luy plaira d'envoyer en son lieu et place. Et comme nous croyons que le sieur de Raucour est présentement audict Jonvelle pour licencier sa compagnie, suyvant les ordres qu'il at receu de vostre part et de la nostre, nous avions jetté les yeux sur luy, si V. S. R. l'avoit pour aggréable. A laquelle pour ce remettant le choix qu'elle en ferat, et luy présentant nos bien affectionnées recommandations à ses bonnes grâces, prions le souverain Créateur luy donne, Monsieur, en santé longue et heureuse vie.

En date du 12 avril, l'archevêque adresse à la Cour la commission demandée pour le sieur de Raucourt.

Dole, 18 avril 1636. — Ordonnance du Parlement pour l'arrestation du sieur d'Aboncourt.

La Cour souveraine de parlement à Dole, advertie de la saisie du sieur d'Aboncour, faicte par les prévost et archiers de Sa Majesté, at ordonné et ordonne aux villes et villages et communaultés du pays, qui requis seront de la part dudit prévost et ses archiers, leur donner toute aide et assistance nécessaire, en sorte que la main de la justice demeure la plus forte, pour conduire et rendre aux prisons de ce lieu ledit sieur d'Aboncour, à peine d'en demeurer responsables en leurs propres personnes ; et les maires et eschevins des lieux, qui de ce faire auront esté requis par lesdits prévost et archiers et n'y auront satisfaict, en répondre aussi en leur particulier.

Faict au conseil, le 18 apvril 1636. Les archevesque, vice-président et conseillers, etc.

Même date. — Ordonnance de la Cour concernant la garde du château de Jonvelle.

Même date. — Lettre de la Cour aux échevins, conseil et habitants de Jonvelle, concernant l'ordonnance précédente.

Messieurs les eschevins, conseil et habitans, nous vous envoyons un mandement cy-joinct, par lequel nous ordonnons la garde dans le chasteau de Jonvelle aux retrahans en iceluy; et s'ils veulent mettre des soldats à leur place, nous estimons que ce sera le mieux, tant pour la plus grande seurté de la place, que pour le soulagement desdicts retrahans, qui pourront ce pendant vacquer à leur labeur ordinaire. Ayant escrit au sieur de Raucour d'y entrer et en prendre soing, vous vous comporterez envers luy comme vous auriez deu faire envers le sieur d'Aboncour, puisqu'il y tient sa place par commission de nostre part. Et puisque vous nous mandez que dès quinze mois, il n'y a eu aucuns retrahans audict chasteau, vous ne manquerez de nous esclaircir par quelle cause tel manquement est arrivé, d'autant qu'il avoit esté à diverses fois ordonné auxdicts retrahans de s'y retreuver et y faire le guet et garde. Nous serons attendants des nouvelles de vostre frontière de jour à autre, par vostre moyen, pour selon les occurrences pourveoir à vostre conservation et du reste de la province. Sur quoy prions Dieu qu'il print garde de vous.

Dole, 23 avril 1636. — La Cour à Jornand, procureur fiscal d'Amont, concernant les abus commis à Jonvelle envers les retrahants.

Monsieur le procureur fiscal, nous sommes advertis qu'il se commet de grands abus à la garde du chasteau de Jonvelle, et que l'on traicte à bonnes et grosses sommes envers les retrahants, pour les exempter de ladicte garde, selon qu'il se vérifierat par les quittances estant aux mains des communaultés voisines dudict Jonvelle, et particulièrement de celle de Voisey. Et dit-on de plus que ceulx qui n'ont voulu traicter, ont esté contraincts de payer pour deffault faict à ladicte garde six ou huict gros et jusques à vingt sols. De quoy nous vous ordonnons bien expressément d'informer avecque la plus exacte dilligence que faire se pourrat, et nous en envoyer au plustost le besoingné clos et scélé.

18 avril. — Dépêche du conseil de Jonvelle pour donner avis des mouvements de plus en plus menaçants du maréchal de la Force et du prince de Weymar du côté de Conflans. Cinq cavaliers français ont arrêté ce courrier près de Renaucourt et saisi ses lettres.

Jonvelle, 25 avril 1636. — Les échevins et conseil de Jonvelle au Parlement.

Ils font part des avis qu'ils ont reçus de Lorraine.

Messeigneurs, nous avons, par l'entremise de monsieur de Géroncourt, gentilhomme lorrain, une fort fidelle et asseurée intelligence en Lorraine, au moyen de laquelle nous sçavons de par un aultre la disposition des armées qui sont de Nancy en deçà. Nous envoyons à VV. SS. le billet que cejourd'huy matin nous avons receu de cest ami, qui contient toutes les nouvelles que nous leur sçaurions mander, et leur promettons que cy-après nous les rendrons certains de tout ce que nous croirions leur servir ainsy qu'à la province, sans aucune faulte.

Sur ce les saluant en toute humilité, nous nous dirons, Messeigneurs, vos très humbles, etc.

Par ordonnance, Léonard GROSJEAN.

Billet annoncé dans la lettre précédente.

Advis d'un homme venant de Chaloy (?) et autres lieux, envoyé exprès.

Les troupes qui estoient logées dans Fontenoy et Vauvillaiere sont des troupes qui appartiennent à M. le duc Danguien, qui tyrent à leurs caretiers qu'est Mirebeau, ayant veu ses répartements.

On attant un gros d'armée contre Langres et Neufchastel de 30/m. (30,000) hommes, et toutes les troupes qui estoient dans la Bresse françoise tyre à ceste place d'armes.

Les troupes qui tyroient du costé de la Valteline sont esté empesché de passer par les Suisses et Grisons, leur ayant refusé passage.

Le paquet du roy est arrivé à M. le prince, avec défenses, sur peine de crime de lèze-majesté, de ne l'ouvrir point qu'au jour assigné.

Dans Auzonne, on attent quarante pièces de canon venant de Paris, et tient on que c'est pour ce pays.

Le paquet mentionné dans ce billet renfermait les ordres donnés par le roi de France pour le commencement des hostilités contre Dole et la Franche-Comté. Divers avis annoncent à la Cour la prochaine ouverture de ces dépêches mystérieuses, à Langres, en conseil de guerre où seraient présents Condé, Weymar, la Meilleraye, la Force et tous les maréchaux de camp. (Voyez *Corr. du parlem.*, B, 783, Choissey, 7 mai, *Lettre de Ballassaux de Pra*, et 784, 16 mai, *Lettre de L. Pétrey de Champvans.*)

Besançon, 2 mai 1636. — Le baron du Châtelet à la Cour.

Il faut se défendre à outrance.

Messeigneurs, les ennemis se vantent que les villes du Comté enverront au devant d'eux leurs clefs et leurs libertés : ce que je ne croiray jamais, dépendant de vostre pouvoir d'y apporter promptement le remède favorable, ordonnants à toutes villes et chasteaux forts de ne se rendre que par l'effort du canon. C'est ce qui me faict vous supplier de m'accorder un mandement de vostre autorité à pouvoir contraindre les retraihans de Senoncour à venir aider à conserver le chasteau et maison forte, pour le service du pays et pour leurs intérêts particuliers, et adjouster quarante hommes de la milice, pour la plus grande seureté du chasteau, n'y ayant guère d'asseurance aux païsans du lieu, voyans brusler leurs maisons..... Je réserve de tesmoigner de mon sang et de mon pouvoir la passion que j'ai à servir ceste province..... CHASTELLET.

Le lendemain, la cour lui envoya le mandement désiré, avec pouvoir de lever quarante hommes. Ce brave officier était Antoine du Châtelet, baron de Thons, capitaine des gardes suisses du duc de Lorraine, marié à Elisabeth-Louise d'Haraucourt.

Luxeuil, 3 mai 1636. — Le bailli Jean Clerc à la Cour.

..... Hier, M. de Raucour commenda et manda ses soldats esleux, qui sont en nombre de soixante-trois, tant de ceste ville que de ceste terre, pour passer à Jonvelle. J'ay creu bien faire de représenter à VV. SS. la nécessité de gens qu'il y a en ceste ville, n'y ayant pas mesme cinq dizaines de complaittes pour la guarde de la ville, qui est aultant allarmée que peut estre Jonvelle, la peste de l'automne passé en ayant emporté plus d'un tiers et par toute la terre.....

Dole, 17 mai 1636. — *Le parlement au sieur de Raucourt,
à Jonvelle.*

Monsieur de Raucour, nous sommes bien marrys du ravage que les trouppes estrangères ont faict en la terre de Jonvelle, et avons incontinent envoyé les ordres que se peuvent pour maintenant, afin d'en éviter la continuation plus avant. Croyons que ce sera par équivoque que vous aurez datté vostre lettre de Raucour, pour ce que nous estimons en tout de vostre soing que n'aurez voulu quicter Jonvelle au temps où la rumeur est arrivée au voysinage, ains que vous continuez là vos bons soings et debvoirs, ainsi que nous vous en prions, et au Créateur qu'il vous donne en santé longue et heureuse vie.

Dole, 9 mai 1636. — *La Cour au capitaine de Mandre
le jeune.*

Ordre de se porter vers Jussey et Jonvelle, avec deux compagnies.

Monsieur de Mandre, nous vous avions envoyé à Gray l'ordre qu'avez receu par exprès, pensant que vous y seriez. Et encor que les raisons que nous représentez soient bien considérables, néantmoins nous n'estimons pas qu'il y ayt de péril en conséquence de nostre ordre susdit, puisque ces trouppes estrangères ne sont pas dans le pays, et que, par votre grande expérience et prévoyance, vous saurez bien prendre cognoissance de leurs dispositions et vous placer en lieu où vos gens ne puissent estre surprins. Ainsi, vous partirez incontinent avec vostre trouppe, et advertirez diligemment celle de Vesoul de se tenir preste et complette, et vous joindre en lieu que lui marquerez, affin d'ung peu rasseurer ceste pauvre frontière et la protéger autant que vous y aurez de pouvoir.

Avons cy joinct un mandement pour vos logements, esquels nous croyons de vostre sage conduitte qu'il n'arrivera aucun désordre, jusqu'à ce que Travail vous suyvra pour payer les rations ordinaires à vos soldats. Et au plutost vous aurez ordre pour grossir lesdites compagnies, selon nos précédentes lettres.

10 mai. — Nous croyons que vous serez jà à la frontière de Jonvelle, où nous mandons au sieur de Raucour de grossir ses compagnies jusques à trois cents hommes. Et outre que Bresson vous joindra aussi avec cinquante chevaulx de la compagnie du fut de Brachy, en attendant que vous pourvoyez pour grossir vos compagnies, de quoy vous aurez incontinent ordres.

Dole, 10 mai 1636. — La Cour aux échevins et conseil de Jonvelle.

On leur donne avis des dépêches précédentes.

Messieurs les eschevins et conseil, la particularité que nous escrivez de ces ravages faicts à vostre voysinage, ont redoublé nos desplaisirs; et avons pressé de nouveau le sieur de Mandre d'hâter son aller à vostre secours, et mandé au sieur de Raucour de grossir ses compagnies jusques à trois cens hommes, pendant que nous ferons tenir d'aultre infanterie preste pour vous assister encor. Cependant vous continuerez tousjours vos soings à vous bien garder, et prions Dieu, etc.

Jussey, 10 mai 1636. — Symonez, receveur des finances, à la Cour.

Désastre de Corre.

Messeigneurs, je suis contrainct de représenter à Vos Seig., ayant la larme aux yeux, les cruautés et barbaries que cejourd'huy les Suédois environ midy ont exercé au village de Corre, qu'ils ont forcé, nonobstant que quarante soldats du lieu d'Ormoy fussent allés à leur secours, lesquels avec ceux dudict Corre ont demeuré à la bataille, du moings la plus grande partie; et ne sçay encor qu'est devenu le reste. De sorte que, s'il ne plaist à VV. SS. nous envoyer du secours pressant, nous serons tous de mesme, et nos villages voisins. Que s'il ne leur plaist nous regarder en ceste misère d'ung œil de pitié, nous en donnons advis, chacun s'enfuira où se pourra. C'est de quoy je les supplie de tout mon cœur. Les habitants du lieu d'Ormoy et circonvoisins ont quitté leur résidence et ont gaingné les bois. Nous attendrons, au mieux que possible nous sera, la résolution de VV. SS., pour nous y conformer ; avec la mesme volonté que je demeure, après leur avoir humblement baisé les mains, très honorés seigneurs, de VV. SS. le très humble et très obéissant serviteur.

SYMONEZ.

Amance, 10 mai 1636. — Le capitaine et les officiers d'Amance à la Cour.

Désastre de Corre et des villages voisins.

Très honorés seigneurs, ayant esté bien advertis et asseurés que les trouppes françoises et suédoises ont entré hostilement au pays, depuis huict jours en çà, ayant pillé et saccagé plusieurs villages aux envyrons de Jonvelle, comme Godoncourt, Vaugécourt, Borbéville, Montcourt, Ameuvelle, Grignoncourt, Ficgnévelle et plusieurs aultres, où ils ont exercé toutes sortes de crualtés, ravagé, prins prisonniers et tué grand nombre de personnes, fignallement aud. Godoncourt comme d'envyron six vingt, après s'estre valheureusement deffenduz. Mesme ce présent jourd'huy se seroient emparés de Corre, nonobstant la résistance que les pauvres habitans y ont apporté par deux jours entiers.....

Jean DOYER, Claude DARD, Loys GOUX, P. GRESSIS.

Jussey, 12 mai 1636. — Le payeur Travail à Chaumont, vice-président du Parlement.

Il vient d'arriver à Jussey avec de Mandre et ses deux compagnies.

Monsieur, cejourd'huy matin nous sommes arrivés en ce lieu de Jussey avec les deux compagnies ; de quoy ceulx dudit Jussey ont esté fort réjouys, à la craincte qu'ils ont d'estre bientost ravagez. L'on est espouvanté par tout ce cartier sur les nouvelles qu'arrivent de part et d'aultre, que les Suédois paroissent tant du costel de Jonvelle que de Corre, Ormois et lieux circonvoisins, avec menasses d'entrer plus avant qu'ils n'ont faict. Monsieur de Mandre n'ose rien entreprendre avec ses deux compagnies, la sienne estant complette et celle de M. le marquis de Conflans (Watteville) n'estant que d'environ trente-cinq ou quarante soldats au plus, bien que le sieur de Nancey en attend aujourd'huy quelques autres..... Les ennemys courent ce pays avec au moings cinq ou six cens chevaulx.....

Dole, 13 mai 1636. — La Cour à de Mandre, à Jussey.

Ordre de faire des enrôlements de cavalerie à trente écus de prime.

Monsieur de Mandre, ayant prins la résolution de grossir vostre compasgnie jusqu'à cent chevaulx, ainsi que nous vous avions jà proschainement escrit, nous avons désiré vous en advertir, et que nous sommes demeurés d'accord avec le marquis de Conflans que nous lui donnerons et à vous, pour cest accroissement de vos compasgnies, au prix de trente escuz par chasque soldat, pour tout d'avantage, qu'est au mesme pied de la précédente levée, pour ce que les quinze escuz qu'il y avoit de plus estoit pour la nourriture de six sepmaines. Et dès le jour qu'ils entreront en service dans vostre compasgnie, leurs rations leur seront payées comme aux aultres, sans difficulté.

Jonvelle, 13 mai 1636. — De Grachault-Raucourt au Parlement.

Il se plaint de l'insubordination qu'il trouve à Jonvelle, et de Bresson en particulier. Violences de certaines gens. Il demande du secours.

Messeigneurs, depuis que j'ay receu l'honneur de vos commandemens, je n'ay rien treuvé à Jonvelle de plus rude que la désobéissance. Du 12 de ce mois, Bresson entretient à Jonvelle quatre ou cinc coquins qui faillirent à me tué hors la ville où je cert tout seul, rendant mes devoirs. L'un des fils de Corcel me tesmoiengna toute sorte désobéissance, et en le reprenant doucement, il m'a my le marché à la main, avec toute sorte de mauvais propos. L'un des eschevins fust fort batu d'un homme de la ville. Le sieur Grosjean faillit d'estre tué, luy portant deux arquebuse à la teste. M. d'Aboncourt eut dont juste rayson, lorsqu'il s'est plaien des gens dudict Bresson que je recongneus bien à ceste heure. Je supplie très humblement Vos Seigneurie Illustrissime que Bresson n'aye plus ces gens-là et que Corcel soit chastié. Ledict Bresson n'eu aucun soldat icy, ni aux environs, que sept ou huict hommes. J'ay à ceste heure eu l'honneur de recevoier les dernière lettre de Vos Seigneurie, par là où elle me commande de lever des gens aux frais du roy. J'ay jugé qu'il n'estoit pas besoing et mesme qu'il me seroit difficile. Ma compagnie est de huict vingt homme et croistra encor. Je ne demande à Vos Seigneurie Illustrissime qu'elle me fasse obéyr, et je leurs gardent Jonvelle, jusqu'au poinct que doibs un gentilhomme d'honneur. Que si il leur plaict de m'envoyer une compagnie de la millice, le plustost que l'on pourra, je les asseurerai que je ne la retiendray que aultant qu'il sera besoieng. De quoy je les resserviray tout aussitost et seray toute ma vie de Vos Seigneurie Illustrissime, etc.

La Cour ne reçut cette lettre que le 17, et dépêcha incontinent à Grachaut un mandement pour sévir contre les insubordonnés. On lui promettait une compagnie d'élus.

Magny-lez-Jussey, 14 mai 1636. — *Le capitaine Gaucher du Magny à son père, le capitaine Jean Warrods, dit Gaucher, à Port-sur-Saône.*

Deux mille cavaliers de l'armée de Weymar ont attaqué son château du Magny ; il les a repoussés bravement.

Monsieur et cher père, je ne croyois pas que j'aurois plus le lieu de vous voir, attendu que aujourd'huy, aux cinq heures du matin, je suis esté attaqué par deux mille chevaulx suédois en ma maison, mille ayans mis pied à terre, les aultre mil ayans faict front sur le closé de monsieur Symonez ; et comme voyant qu'il ne me pouvoit forcé, ils ont mis le feu dans la grange du chasteau, lequel nous avons estoffé. Et après trois attaque généralle faittes à ma maison, et toute trois repoussé, avec perte de quelques vingt-trois hommes tués dans la fosse, et bien trois cens de blessé, il ont tenu le conseil, et après m'ont envoyé sommé de me randre, ou bien il n'auroit point de cartier. J'ay respondu aux trompette, qui parloit françois : « Chere amy, va dire à l'ennemy et à celuy qui commande que je suis le capitaine Gauchez, et que nous ne sçavons que c'est que randre des place, ny moins de faire des compositions. » Ce que voyant l'ennemy, il m'a renvoyé dire que de demain, devant le midy, y retornerions avec toutes leur cavallerye. Je luy ay respondu que plus seroit-il de jans, que plus acqueroit-je d'honneur. Lors ont commencé à marché. En mesme temps, jay fais sorty Grand du chasteau, avec deux cavalier, lesquels ont prins deux Suédois et trois chevaulx qu'il ont gaigné, lesquels Suédois jay fais encor tué. Au reste, il y a demeuré l'un de leur capitaine de chevaulx tué devant ma maison ; de quoy il ont tesmoigné en estre bien en colère. Le porteur de cest vous diras comme tous mes fossé sont plein de sang, et toute ma corvé. Au reste l'ennemy, enragés de ne me pouvoir forcer, a mis le feu au villages, et ont bruslé quinze maisons. Ont mis le feu en repaissant à Ormois, avec quantité de paysans tué d'Ormois ; la femme de Choffe emmené prisonnier ; Choffe tué ; le fils Soignot, Perron tué, Germain Fauverot tué, tout dans le villages, et point dans ma maison : il n'y a eulx personne, sinon deux de mes massons blessé, mais légèrement, encor qu'elle a bruslé. Quantité de prisonnier qu'il emmène des environs de chez moy, tout le bestial du Magny emmenez, le village pillé, les deux fils de monsieur Grange Lyénard noyés ; mil désordre que je ne sçay pas encor. Au reste, je croy que tout est perdu, attendu qu'il ne treuve aulcune résistance partout, sy non celle que je leur ay fait. De plus je ne scés à quoy panse nos gouverneurs de ainsy abandonné le peys. Pour ces deux compagnies qui sont à Jussey, elle n'ont nullement paru, ny ne font aulqu'un ombrage dans la campagne.

Sur ce vous baisant les mains et me recommandant à vous, je suis comme aussy à ma mère, votre très obéissant fils.

J.-F. DE W. MAGNY.

*Port-sur-Saône, 14 mai 1636. — Le capitaine Jean Warrods
à la Cour.*

Il lui fait part de la lettre de son fils et il demande qu'on envoie deux
cents hommes à son secours.

Messeigneurs, je n'ay voulu mancquer vous advertir que sur les advis que j'avois receu que les Suédois estoient aux environs de Jussey, j'ay envoyé ce porteur à Magny, pour sçavoir de mon fils ce qui en estoit. Mais il est arrivé si à propos, que les Suédois sortoient devant la maison et chasteau dudit Magny, laquelle les Suédois avoient attaqué, selon que vous recognoistrés par la cy-jointe, que mon dit fils m'a escript par le présent porteur, qui a encor veu les morts devant ladicte maison, et lequel je vous ay voulu prestement envoyer, affin de pourveoir prestement aux désordres que font lesdicts Suédois. Car en escrivant ceste, m'est arrivé un homme qui m'a asseuré qu'ils estoient à Gevigney ; ce qui m'a faict croyre qu'ils passeront plus avant. Ce qui m'occasionne de vous suplier de prestement envoyer au moings jusques à deux cents hommes, pour ayder à garder ce passage, encore que je feray tout mon possible pour le garder comme je fist il y a un an, des Crovattes. Mais j'ay recogneu qu'il n'y a pas beaulcoup d'asseurance avec des paysans, et ne vouldroit perdre ma réputation avec iceulx. Et de plus je vous suplie aussi, si on envoye quelqu'un en ce lieu, de donner ordre qui commandera ; car je ne vouldrois pas estre commandé d'un plus jeune que moy ; aultrement je serai contrainct de me retyrer et de suyvre celuy que commandera l'armée de ce peys. Sur ce, attendant vos commandemens, je prie Dieu, etc. Jean WAROTS, dict GAUCHÈS.

A Port-sur-Saône, le 14 mai 1636, à dix heures du soir.

La Cour lui répondit le 16 mai :

Monsieur le capitaine, nous avions desjà sceu les ravages faicts par les Suédois aux environs de Jussey, mais non pas la bonne résistance qu'ils ont trouvé au Magny, et qui a esté bien à propos; car il nous faut tous efforts à ces violences, avec le plus de courage que se pourra. Et comme les esleux seront tous assemblés après demain, il y aura ordre pour en faire passer à ces frontières. Et cependant vous continuerez vostre soing et grande vigilance ordinaire à la garde de vostre passage, et estant besoing y affecterez de ceulx du voysinage, attendant qu'il y ayt gens establis à ce poste.

Amance, 14 mai 1636. — Claude Dard, un des officiers municipaux d'Amance, au sieur de Villersvaudey, baron de Saint-Remy.

Ravages des Suédois L'épouvante est partout. On fuit même de Jonvelle à Langres. Point de secours.

Monsieur, à l'instant que vostre messager est arrivé, moy et ma femme nous estions sur le discours de vous envoyer un messager pour apprendre quelques nouvelles. Pour celles que nous avons par deçà, je vous diray que hier au soir le sieur Doyer receut lettre de sa femme que luy mande de se retirer, parce que les principaulx de ce pays se retirent, mesme M. de Fers de Dole qui se retire en Suisse. Les François ont destalé plusieurs charrues à l'entour de Gray. A ce mattin, environ cinq ou six cents ont passé à Magny, où l'on dit ils ont mis le feug, et de là ont passé jusques à Venisey et les Loges, et ont emmené tout le bestial qu'ils ont rencontré. L'on dit qu'ils ont esté à Demangevelle et qu'ils y ont mis le feug. L'on nous a encore dit que les compagnies qui estoient à Jussey ont estées rappelées. Ce sont de mauvais discours, et y apparance que l'on nous a délaissé, sans espoir de secours. Ceste nuict deux cavaliers logés en ce lieu ont esté requérir leurs femmes que estoient à Jonvelle, lesquels ont couruz grande risque à leurs retours; et asseurent que tous les principaulx bourgeois dudict Jonvelle se sont retirés à Langres.

Claude Dard.

Saint-Remy, 14 mai 1636. — De Villersvaudey au sieur Roland, à Vesoul.

Ravages commis par les Suédois sur les villages voisins. Les secours manquent ; tout est perdu.

Monsieur, je ne doubte point que les messages que je vous envoye tous les jours ne vous donne de la peine. Donnés moy quelques excuses en ceste saison, si je vous advertis de jour à aultre de ce qui se passe par deçà : le feu en trois ou quatre villages que nous avons veu aujourd'huy m'en donne le subject. Ceulx de Magny-lez-Jussey, Demangevelle, les Loges et Mailleroncourt, où à présent ils sont logé, se sauvent de tout costé, et nous font entendre les cruaultés desquelles les barbares les ont tourmenté. Et afin que nous ne nous flattions, je vous diray qu'ils emmènent des prisonniers ; en quoy nous pouvons juger que c'est un tesmoignage d'une guerre ouverte. L'on m'escrit que du côté de Gray, les François commencent à destaller les charrues. Ils ont courrut Melin. Vous verrez ce que l'on m'escrit d'Amance, par la cy-jointe. Tous ceux de Vauvillers ont abandonné. Nous avons aux environs de Jonvelle de grandes et courageuses communaultés, qui feroient des merveilles s'ils avoient du secours. N'en ayant poinct, ils sont contrainct, à leur regret, de céder à la force, et le tout pour n'avoir levé la milice en temps et lieu. Nous les attendons demain, n'y ayant poinct d'apparence d'en estre plus exemps que les aultres, sur l'apparence qu'il y a que nous sommes dans un peys perdus et misérablement abandonnés.....

Obligé moy de charger ce porteur d'une douzaine de livres de plomb et de six livres de souffre.   VILLERVAUDÉ.

Dole, 14 mai 1636. — La Cour à de Mandre, à Jussey.

Réponse à sa lettre du 12 mai (v. p. 283).

Monsieur de Mandre, nous avons recogneu, par vostre lectre du 12 de ce mois, vostre arrivée à Jussey, qui aura sans doubte

bien consolé ces pauvres gens de ce quartier-là. Et aurez avant
ceste un ordre pour grossir vos compagnies jusques à cent
hommes. En sorte que nous croyons que vous pourrez vous opposer à ces ravages, sans que nous estimions vous puissiez courrir aucun risque à Jonvelle et autres parts voysines ; et tant plus
qu'incontinent les soldats de la milice seront en pied, et y en
aura autour de vous pour vous espauler, s'il en est besoing.

Et quand à ce que nous dictes de Bresson, il nous donna tant
d'asseurance qu'il avoit jà prests plus de trente soldats de la
compagnie du fut sieur de Brachy, et qu'en cinq jours il vous en
enverroit cinquante, que nous jugeasmes son offre ne pouvoir
estre refusée en ceste nécessité ; et ce mesme tant plus que ladicte compagnie ayant esté levée par ordre particulier de Sa
Majesté, nous ne pouvions la mépriser et moins la rompre, outre
qu'elle sera sans constance. Et verrons si ledict Bresson satisfera
à ses offres. Sur quoy, nous prions Dieu, etc.

Même date. — La Cour au sieur de Chassey, seigneur de Purgerot.

Les archevesque, etc..., commis au gouvernement du comté
de Bourgogne, ordonnons au sieur de Purgerot d'incontinant assembler sa compagnie de soldats esleuz au lieu de Jussey, afin de
servir à la garde d'iceluy, jusques à autre mandement. Enjoingnons à toutes les communaultés qui doibvent fournir lesdicts
esleuz de les envoyer promptement audict Jussey, bien armez et
munitionnez, sur peine de chastiment exemplaire contre les
désobéissans.

Dole, 15 mai 1636. — La Cour à de Mandre.

Diverses recommandations. Bresson s'est plaint de lui.

Monsieur de Mandre, nous avons en mesme temps receu deux
de vos lectres, des 13 et 14 de ce mois (elles manquent au recueil), où nous avons veu avec grand ressentiment ce qui est

arrivé de nouveau en ce quartier-là. Nous nous estonnons que n'ayez receu nos lectres précédentes, où vous avez eu ordre de grossir vos compagnies de cent hommes chascune, et au sieur de Purgerot d'incontinent mectre la sienne d'esleuz à Jussey, attendant que les autres troupes de la milice soient sur pied, que sera dans deux ou trois jours. Et croyons que cependant vous pourrez envoyer tousjours quelques secours à ces pauvres villages, soit de Jonvelle ou aultres parts, et réserverez les volontaires, autant qu'il vous en arrivera. Espérant de vostre expérience que sçaurez bien éviter que ne soyez surprins, en attendant qu'ayez du renfort, à quoy nous travaillons incessamment. Car Bresson escript icy que vous n'avez voulu recevoir ses gens, à raison vraisemblablement que vous n'avez encor eu nostre response à son regard; à laquelle vous vous conformerez, puis mesme que nous avons tant besoing de gens. Et direz à Travail de payer ses soldats comme les autres.

Nous avons pensé que si vous logiez à Morey, comme vous dictes, vous seriez à cinq lieues de Jonvelle, et par conséquent trop esloingné d'où il faut des secours.

Même date.

Ordre du Parlement au sieur de Raucourt d'envoyer à Jussey, sous la cornette de Bresson, les vingt ou vingt-cinq maîtres qui restent de la compagnie royale de Brachy.

Ordre à de Mandre de les recevoir en service.

Dole, 16 mai 1636. — La Cour à Pétrey de Champvans, en commission à Gray.

On s'étonne que de Mandre n'ait pas reçu diverses réponses qu'on lui a faites. (V. la lettre de de Mandre, du 15 mai, p. 236.)

Monsieur nostre confrère, nous venons de recevoir vostre lettre d'hier, avec celle y joincte du sieur de Mandre, auquel nous n'avons manqué de respondre promptement à tout ce qu'il nous a escript, comme il est assez justifié par les minutes qui sont enfilacées (1), et nous estonnons pour ce beaucoup qu'il asseure n'en avoir receu aucune. Pour ce il faut en ce cas que ses propres messagers et ceulx du sieur de Raucourt se soient perdus en chemin, avec nos ordres tant pour grossir les compagnies de cavalerie, y recevoir des volontaires, qu'aussy pour haster l'entrée à Jussey de la compagnie du sieur de Purgerot, pendant que les aultres s'assembleront, que sera après demain.

Nous attendrons la relation dont vous nous faictes mention et de sçavoir le succès du voyage du sieur de Ville (2), afin de vous en advertir, estant bien ayses que vos ouvrages s'advancent, et prions Dieu, etc., etc.

Dole, 17 *mai* 1636. — *La Cour à de Mandre.*

On répond à sa lettre du 15, adressée à Pétrey de Champvans.

Monsieur de Mandre, nous avons aprins, par vostre dernière lettre d'avant-hier, que vous estiez retourné à Jussey et de là à Jonvelle. En quoy vous avez fort bien faict, pour ce que la peur de ce pauvre misérable quartier s'estoit augmentée si fort, principalement à cause de vostre retraicte, comme vous dictes qu'ils ont tout abandonné. Et seroit à souhaytter que vous fussiez arrivé à temps à Betaucourt, selon le bon dessing que vous en aviez faict, afin de chastier sur le lieu les dix-huict ou vingt chevaulx qui l'ont pillé. Mais de les aller maintenant prendre hors du pays, dans leur quartier, il y auroit du danger, et cela mérite d'estre un peu considéré.

Il est vray cependant que nous avons respondu à toutes vos lettres, avec punctualité, et sommes estonnés que n'ayez receu les nostres, pour ce que nous n'avons pas aprins qu'aucun messager et commis de lettres ayt esté arresté, qu'un du sieur de Raucourt

---

(1) Les minutes, écrites sur feuilles détachées, sont toutes percées d'un trou indiquant qu'elles étaient enfilées, à mesure qu'on avait expédié les copies. On y joignait les réponses reçues.

(2) Fouchier, baron de Savoyeux, député par le parlement auprès de Gallass, pour lui demander du secours. Il y fut encore envoyé en août suivant, avec le baron de Scey-Bauffremont (v. p. 241).

auprès de Jussey. Toutes nos lettres en substance ne contiennent sinon nos ordres de grossir vos compagnies jusques à cent chevaulx chacune, au prix de trente escuz par chasque soldat; que vous y pourrez aussi recepvoir des volontaires, auxquels les rations seront délivrées par Travail, comme aux autres, sans néantmoins leur faire aucune advance, comme aux maistres que leverez; et que nous ferons incontinent advancer d'autres gens sur ceste frontière là, afin de la conserver de ces ravages; délaissant à vostre prudence et expérience de vous porter aux endroits que vous verrez pressés, pour en empescher la continuation et soulager en quelque chose les misères des pauvres peuples.

Dole, 19 *mai* 1636. — *La Cour à Pétrey de Champvans.*

On le félicite de ses travaux de Gray. On lui adresse des lettres à faire parvenir aux sieurs de Mandre et de Raucourt, par la voie de Fleurey.

Dole, 19 *mai* 1636. — *Instructions à M. Sordet (avocat), envoyé par Mons. l'archevesque de Besançon en Cour souveraine du Parlement à Dole, commis au gouvernement du Comté de Bourgogne, auprès de la personne de Monseigneur le prince de Condé.*

Dire au seigneur prince, après les compliments ordinaires pleins de respect et présentation de sa lettre de créance, qu'il a charge de luy faire entendre que, depuis douze jours, douze cents chevaulx de l'armée commandée par le duc Bernard Veymard estant entrés dans le comté de Bourgogne, après un combat de cinq ou six heures, ils forcèrent le village de Godoncourt, où ils tuèrent huict vingt personnes, emmenèrent le reste prisonnier; de là, continuant leur chemin dans ledit Comté, après avoir inquiété la place de Jonvelle, avec apparence de la penser surprendre et vraysemblablement saccager de nouveau, comme elle avoit esté par le sieur de Batilly, ils furent attaquer Bourbévelle à trois diverses fois, et l'ayant emporté de vive force, ils mirent tout à feu et à sang; de même au village de Corre, composé de plus de deux cents feux.

Pendant quoy d'aultre part entra encor audit Comté de Bourgogne pareil nombre de cavaliers tirés tousjours des armées qui ont leur quartier en Lorraine, qui s'estans portés aux portes de Jussey en quatre escadrons, et n'ayant pu, pour le secours qui s'y rencontra, l'emporter, auroient bruslés les villages de Saponcourt, Sandrecourt, le Magny, Ambiévillers, Ormois, Betaucourt, Vougécourt, Menou, Venisé et aultres, attaqué le chasteau et maison forte dudit Magny et opiniastré le combat huict heures entières, mettant le feu aux granges, pour forcer le jeusne Gaucher, qui estoit au dedans, de venir à composition. Ce que n'ayant peu obtenir et contraincts de se retirer après diverses sommations par les trompettes, l'auroient menacé de retourner dans peu de jours et d'y amener le gros des trouppes. Parmy lesquels attentats ont esté violées filles et femmes, en présence de leurs frères et maris, les sanctuaires profanez et brisez, les précieuses unctions jectées à terre et foulées aux pieds, les enfants à la mamelle meurtris, et ceux que l'espouvante avoit faict retirer dans les bois, courus et traquez comme bestes sauvages, puis inhumainement tuez.

Après quoy ledit sieur Sordet dira audit seigneur prince que jaçoit ceux qui ont commis et commectent encor présentement tels actes d'hostilité ne sont soubs son commandement, néantmoins que, par semblables attentats, la neutralité estant entièrement violée, ensuite du traité d'icelle, c'est à luy, comme gouverneur du duché de Bourgogne, à qui nous debvons nous adresser, pour demander la réparation desdits attentats et faire pourveoir à la cessation d'iceulx.....

Dole, 20 mai 1636. — La Cour au capitaine de Gonsans.

Ordre de se rendre à Jonvelle avec sa compagnie.

Monsieur de Gonsans, croyans que vous serez arrivé maintenant à Vesoul, avec vostre compaignie, nous vous despeschons ce mot, pour vous ordonner d'incontinent passer à Jonvelle, avec vostre compaignie, afin d'y ayder à la garde. Le sieur de Mandre, qui y est, pourra vous donner escorte, s'il en est besoing : à l'effet de quoy vous lui donneriez advis de vostre sortie, et ferez tenir ceste lettre aux habitans de Jonvelle, afin qu'ils logent vostre compaignie, comme leur ordonnons par ceste. Et nous promectans que vous y apporterez la diligence que convient, nous prions Dieu, etc.

Dole, 20 mai 1636. — La Cour au payeur Travail.

On lui envoie dix mille francs pour de Mandre.

Monsieur Travail, nous vous envoyons par Poinssot (juré de la Cour) dix mille francs, pour continuer l'entretien des rations aux compagnies de cavalerie qui sont à Jonvelle. Et n'avons peu en faire partir en monnoye, pour ne s'en treuver guère icy, et d'ailleurs que le danger des chemins oblige de transporter l'argent avec moins de bruit. Et d'aultant que le sieur de Mandre nous escript les grands frais qu'il luy faut supporter, vous luy payerez doresnavant ses gages de commissaire de la cavalerie, pour luy donner moyen de fournir auxdits frais. Nous prenons icy les pistoles à dix francs, en sorte que vous les compterez à ce prix là. Au regard du sieur Bresson, vous le payerez et ses soldats, comme les autres, mais non en lieutenant et cornette, sinon lors que sa compagnie sera complette en cinquante chevaulx, mentionnés en sa commission.

Dole, 20 mai 1636. — La Cour au capitaine de Mandre, à Jonvelle.

La compagnie de Gonsans arrive en cette ville. On lui envoie de l'argent pour payer ses troupes.

Monsieur de Mandre, nous avons ordonné au sieur de Gonssans d'incontinent passer à Jonvelle, avec sa compagnie d'infanterie, qui est à Vesoul, attendant qu'il s'advance encor là quelques secours. Cependant nous adressons à Gray l'argent nécessaire pour la reccreue de cinquante chevaulx en vostre compagnie, affin que vous l'envoyiez prendre là, ou le faisiez distribuer, comme vous trouverez plus à propos, à vostre levée. Nous en faisons aussy convoyer pour la continuation de payer des rations à vos soldats, afin que dès là l'on l'envoye par un commissionnaire à Travail, lequel vous payera doresnavant vos gages de commissaire, ainsy que nous le luy mandons. Et espérons, au reste, que vous apporterez en ce quartier la meilleure ayde que permectront vos forces, attendant que d'autres cavaliers vous ayent joinct. Nous estymons aussy que le lieutenant du sieur marquis de Conflans aura jà travaillé comme vous, pour l'augmentation de sa compagnie; et luy en ferons donner ici l'argent nécessaire.

Nota. — Ici commence le siége de Dole, pendant lequel toute correspondance fut impossible entre le parlement et la province.

La Charité (abbaye), 4 septembre 1636. — Girardot de Nozeroy à la Cour.

Plan de campagne de Gallass. Il faut s'y conformer au prix des plus grands sacrifices.

Messieurs, je prévoy que ceste province ne peut éviter de grands maux; et pour détourner une désolation universelle, n'y a d'autre remède que de se résoudre à une foule volontaire et ruyne d'une partie plus tost que du tout, chose triste après tant de misères, mais nécessaire pour en détourner de plus grandes. Le retour de monsieur le comte de Bussolin (fils du marquis de Conflans) nous a apporté les intentions de M. le comte de Gallass, que sont les propres ordres de S. A. R. et du roy de Hongrie, et ses pensées passent bien plus avant que le sens commun. Et à la vérité entrer en France et laisser ceste province derrière soy désarmée, seroit faire le jeu de ses ennemis. De les attirer au combat, c'est ce que jamais il ne fera, car les chefs sçavent leur mestier; et quand il le feroit et il les auroit vaincu, son armée, disséminée par un combat sanglant, ne seroit plus en estat de faire progrès et n'auroit autre fruit de sa victoire que de ne plus rien pouvoir contre la France, ou le moindre dégast du païs, un débordement de rivières ou des passaiges gardez, l'affameroient et le couperoient, estant esloigné d'Alemaigne. Et s'il prenoit plusieurs villes, toute son infanterie yroit pour la garnison. C'est pourquoy il prétend se servir de ce païs, où l'Alemaigne envoyera incessamment gens et municions de guerre pour son armée; et nos princes luy ont promis que la Bourgogne fourniroit aussy gens jusques à six milz hommes de pied et douze cents chevaulx, pour avoir tousjours une armée de réserve et pouvoir agir en divers lieux, quand besoing sera, enclore et coupper les rivières à l'ennemy. Et comme la saison est tardive, la moindre dilation que nous apporterons de nostre costé, sera jugée la cause du retardement et l'empeschement du progrès des armes de S. M.... Mon advis est, Messieurs, que par tous les moïens nous nous mettions en debvoir d'effectuer les ordres de S. A., sans contester sur les pensées de M. de Gallass, qui sont bien eslongnées et au delà des nostres.....

J. GIRARDOT DE NOZEROY.

Besançon, 11 septembre 1636. — Les conseillers Cl. Boitouset, Jean Lampinet, Cl.-Ant. Buson et Cl.-Fr. Lulier, à la Cour.

Résultat de la négociation des barons de Savoyeux et de Scey auprès de Gallass.

..... La négociation a esté si advantageuse que S. E. auroit non seulement diverty le passage et rafreschissement que son armée devoit prendre en ce pays, la faisant couper au plus droit d'iceluy et par devers Corre, à Bourbonne, Coiffy et autres lieux de la France, la contenant, jusques à ce qu'elle fut là, avec toute sévérité.....

12 septembre, 16 et 24 novembre 1636. — Enquête sur les désastres de Jussey.

Déposition du notaire Pierre Valley, de Cendrecourt.

..... Honorable Pierre Valley, de Cendrecourt, notaire, quart tesmoing, aagé d'environ cinquante-huict ans, souvenant de quarante-huict, produit juré receu, examiné sur les mesmes articles que les précédens :

Dépose qu'il a heu très bonne cognoissance, dez tout le temps de sa souvenance, des habitans de Jussey, pour estre vray que, pendant ses jeusnes ans, il y auroit demouré deux ans et demy, pour y apprendre la practique judiciaire, en la maison de Girard Bonne, qui estoit practicien de profession ; et dez lors il y venoit journellement, à cause du voisinage de Cendrecourt, lieu de son origine et résidence ordinaire..... Au moyen de quoy il sçayt qu'en ladite ville de Jussey on faisoit annuellement choix de quatre eschevins et d'un conseil composé de douze personnes, d'un procureur syndicque et d'un recepveur, lesquels négocioient toutes les affaires de la communaulté; et lorsqu'il y survenoit quelque chose d'extraordinaire, l'on assembloit les notables, sans quoy l'on ne pouvoit rien négocier de vaillable dans ladite ville, laquelle avant les malheurs des guerres estoit composée d'environ quatre cents chefs d'hostel ; mais le nombre en est bien diminué, dez que les guerres sont survenues en ceste province, particulièrement au moïen des ravages que les Suédois ont faict en ladicte ville par trois diverses fois.

La première desquelles arriva le douzième septembre de l'an mil six cent trente-six, de laquelle le déposant est fort souvenant, parce qu'il estoit dans la ville de Jusssey, d'où il eut beaucoup de peine de sortir et de se sauver, pour éviter la furie des ennemys, qui practiquoient de grandes cruautés, ayans tuez grande quantité de personnes et faict plusieurs prisonniers.

Et la seconde fois fut environ la Sainct-Martin de la mesme année, qu'yls viendrent aud. Jussey, pour enlever, ainsy qu'yl firent, les compagnies du régiment du sieur de Mercy, qui estoit en quartier dans led. Jussey et logées en maisons particulières des habitans dud. lieu, qu'estoient encor pour lors en nombre d'environ trois cent chefs d'hostel ; et le bagage des compagnies dud. sieur de Mercy debvoit estre logé à Cendrecourt, où il avoit son quartier, et mesme l'on y avoit jà marqué les logis. Mais il n'y fut pas amené, parce que lesd. troupes dud. sieur de Mercy furent enlevées par lesd. Suédois, soubs la conduitte du général major Tobadel, qui les vient surprendre un dimanche mattin (16 novembre), et ont faict quantité de prisonniers Mais pour le regard des habitans dud. Jussey, ils se sauvèrent presque tous, une partie du costel de Montureux, pour se mettre à convert de la rivière de Saône, qui est entre Montureux et Cendrecourt et led. Jussey; et d'autres se retirèrent d'autre part, n'y en estant pas resté la sixième partie, laquelle se retira au couvent des pères capucins dud. Jussey, où ils furent aussytost investis et faicts prisonniers par les Suédois, qui les contraignirent de traister avec eulx de leur rançon, à une somme d'argent, pour sauver leurs vies et l'honneur des femmes et des filles qui s'y estoient retirées. Mais comme ils n'avoient pas de l'argent pour payer leur rançon, ils baillèrent des ostages, que furent le sieur docteur Jannot, Simon Bonnier, Antoine Cornaire et Nicolas Dubrey; ayant ledit déposant ouy dire de plusieurs personnes, et mesme par un bruict tout commun aud. Jussey, que ceux qui avoient faict lad. composition avoient passé une procuration pour emprunter deniers à frais, dans laquelle ils faisoient mettre ceux qui retornèrent après la retraite desd. Suédois, nonobstant qu'yls ne fussent pas du nombre de ceux qui s'estoient retirés aux capucins; voires, pour en augmenter le nombre, ils y mettoient des personnes qui estoient absentes, et entr'autres Nicolas Perrenot, Simon Nobis et Georges Coudriet. Lesquels, désirant pourvoir aux intérests qu'ils pourroient ressentir, si lad. procuration demeuroit à l'estat qu'elle estoit, auroient requis led. déposant de recepvoir, comme notaire, la déclaration de plusieurs personnes, lesquelles asseuroient que les susnommés ne pouvoient avoir esté présents lorsque lad. procuration fut passée, parce que lors et au temps que lesd. Suédois abordèrent aud. Jussey, pour enlever, ainsy qu'ils firent, le quartier dud. sieur de Mercy, lesd. Perrenot, Nobis et Coudriet s'estoient retirés au delà de la Saône et n'estoient pas sortis des lieux où ils s'estoient retirés de huict jours après. Si que lad. procuration estant seulement de deux jours postérieure à lad. composition, lesd. susnommés n'y avoient peut estre présents, quoy qu'yls fussent dénommez en ycelle.

Led. déposant juge que la communaulté dud. Jussey n'a de rien profitté desd. composition, procuration et emprunt de deniers; car pour les personnes, il est tout notoire que lad. communaulté n'en a pas proffité, puisque le plus grand nombre et les cinq parts de six s'estoient sauvés; et ainsy ils n'avoient pas besoing de composer pour leurs rançons, puisqu'ils n'estoient pas prisonniers. Pour les maisons, il n'y a aussy point heu d'utilité et de proffit pour lad. communaulté, parce que, nonobstant lad. composition, elles ont esté bruslées la majeure part et presque toutes celles de la Grande-Rue, de la rue Dessus et de la rue Siroué, par les mesmes Suédois, avec lesquels l'on avoit traitté du faict de la rançon.

Lesquels retournèrent et entrèrent aud. Jussey au commencement du mois de may (erreur) de l'année suyvante, qui fut pour la troisième fois, et y mirent le feug. Auquel temps ledit déposant courut un grand danger, parce que lors il estoit aud. Jussey et eut bien de la peine à se sauver. Et quoy que les cloches dud. Jussey n'ayent pas esté enlevées par les Suédois, il ne faut pourtant pas inférer que soit esté à la faveur de lad. composition, mais bien parce que lesd. Suédois s'en chargeoient en nulle part, n'en ayant pas enlevé une dans toute la prévosté dud. Jussey; et si quelque village en a perdu, ça esté dez la retraite desd. Suédois hors du pays, par le faict de quelques voleurs qui estoient sur la frontière et de Lorraine, tant à Pressigny, Voncourt, Varenne qu'autres lieux.

Dict de plus que lad. composition n'a pas servy à lad. communaulté de Jussey et n'en doibt pas estre chargée, ains les particuliers qui s'estoient retirés au couvent desd. pères capucins ; et lesquels seuls ont proffitez, puisque parmy eulx il y avoit plusieurs personnes estrangères qui estoient comprinses dans lad. composition, entre autres messire Jean Cassin, prestre curé de Sainct-Boin, Sébastien Maire, dud. lieu, Antoine Ligier, de Cendrecourt, Michiel Liefol dud. lieu, Claude-Philippe Ménassier, de Sainct-Marcel, et autres desquels il n'est pas souvenant ; lesquels avoient tous de grands moyens, hormis led. Liefol, et pouvoient eulx seuls payer la majeure part de la somme accordée auxd. Suédois, pour la rançon desd particuliers retirés aud. couvent ; lesquels pour ce doibvent payer lesd. rentes qui ont esté constituées à ce subjet, puisqu'ils en ont seuls proffitez, et n'en pas charger lad. communaulté, qui n'en a point heu de proffit.

Qu'est l'entier de sa déposition, par nous deheument et singulièrement enquis ; et lecture à luy faicte, il y a persisté et l'a maintenue véritable, s'estant soubsigné. P. VALLEY.

Déposition de Pierre Godard, curé de Bourbévelle, sur les mêmes faits.

Vénérable et discrette personne messire Pierre Godard, prestre curé de Borbévelle, treizième tesmoing, aagé d'environ quarante ans, souvenant de trente, produit juré receu et examiné sur les mêmes articles que les précédents tesmoings.

Dépose que fut messire Loys Ligier, à son vivant prestre, son oncle, desservoit, avant les guerres survenues en ceste province en l'an mil six cens trente-six, la cure de Jussey, que luy donnoit subject d'y venir fort souvent, au moyen de quoy il prenoit cognoissance des habitans du lieu. Et pour ce il sçait qu'avant lesd. guerres il y avoit environ quatre cent chefs d'hostel, et que lad. ville de Jussey estoit gouvernée par quatre eschevins, douze conseilliers et un syndicque, que l'on choisissoit annuellement, sans la participation desquelles l'on ne pouvoit traitter ni résouldre d'aucunes affaires de lad. communaulté. Laquelle portoit encor led. nombre d'habitans, lorsqu'une partie des trouppes suédoises de l'armée du duc de Viéymard prindrent la première fois led. Jussey, que fut au mois de septembre de lad. année mil six cens trente-six, que l'on commençoit les vendanges. Mais par le moyen de lad. prinse, le nombre desd. habitans fut diminué, parce que lesd. Suédois en tuèrent beaucoup et en firent d'autres prisonniers, du nombre desquels fut led. déposant, lequel pour se tirer de leurs mains leur paya cent pistoles.

Et lesd. Suédois retornèrent une seconde fois aud. Jussey, que fut environ la Sainct-Martin de la mesme année, où ils enlevèrent le quartier du sieur de Mercy logé en lad. ville. Et cependant que lesd. Suédois estoient attachés aux soldats dud. Mercy, la plus part desd. habitans dud. Jussey et presque tous se sauvèrent, les uns à Cendrecourt, les autres à Montureux, et d'autres qui çà qui là où ils purent; et ce qui resta desd. habitans, qui estoient en fort petit nombre et qui ne faisoient pas la sixième partie d'yceulx, tous lesquels étoient encore en nombre de trois cents chefs d'hostel, se retira aux pères capucins dud. Jussey, avec quelques estrangers et des femmes, filles, enfants ; où ayans esté investis par lesd. Suédois, ils furent contrainctz de capituler avec eulx et se délivrer, pour une certaine somme qu'ils leur accordèrent pour leur rançon. Laquelle capitulation certainement ne servit à rien et ne profita aucunement au général de lad. communaulté, à raison que la plus grande part desd. habitans, qu'estoient les cinq parts de six, s'estans sauvés et ayans évité les mains des ennemys, ils n'estoient pas obligés de payer rançon. De quoy led. sieur déposant est très certain, pour ce qu'il se trouva dans la ville à ceste seconde fois que lesd. Suédois la prindrent. Mais il eut plus de bonheur que la première, en ce qu'il se sauva et par ce moyen évita de retomber entre leurs mains.

Et pour ce qui concerne les maisons de lad. communaulté, elle n'a non plus de rien proffité de lad. capitulation, pour ce que, nonobstant ycelle, les mesmes Suédois avec lesquels elle avoit esté faicte revindrent pour une troisième fois aud. Jussey (24 novembre), et mirent le feug et bruslèrent presques entièrement les trois principales rues, qui sont la Grande-Rue, la rue Dessus et rue Siroué ; ayant led. sieur déposant ouy dire, et dont le bruit estoit tout commun aud. Jussey et lieux circonvoisins, que led. embrasement estoit arrivé par le moyen de ce que lesd. particuliers, qui avoient traitté de leur rançon avec lesd. Suédois, n'avoient pas payez trente pistoles qu'ils avoient promises à un officier principal, qui s'estoit employé à moyenner pour eulx lad. capitulation.

Et adjouste led. sieur déposant que s'estant retiré à Jonvelle, il y estoit lorsque la ville fut prinse par lesd. Suédois (27 novembre), lesquels y conduisirent les ostages que lesd. particuliers, qui avoient traitté la capitulation dans le couvent des pères capucins, leur avoient donné pour asseurance de leur rançon ; et luy-même les y a veu pendant tout le temps qu'ils y ont esté, et jusques à ce qu'ils s'en retournèrent ; et remarqua fort bien led. sieur déposant que lesd. Suédois ne touchèrent point aux cloches de Jonvelle, ainsy qu'ils en firent à celles dud. Jussey. Aussi ne se chargeoient-ils point de cloches, n'ayant pas ouy dire qu'ils en ayent enlevés aucune en aucuns villages, quoy qu'yl ait demeuré avec eulx dans ladite ville de Jonvelle pendant le temps de trois sepmaines. Ce que luy faict dire qu'yl n'estoit pas nécessaire que lesd. particuliers dud. Jussey fissent aucun traitté avec lesd. Suédois pour le faict des cloches de leur église.

Qu'est l'entier de sa déposition, etc.; soubsigné, P. GODARD.

(*Archives de Jussey*, C, 1/2 m. Enqueste de 1635.)

Conflandey, 13 septembre. — Bresson aux conseillers Matherot et Brun, à Gray.

Il est avec l'armée de Gallass, à Conflandey. Répartition des quartiers. Nouvelles de l'ennemi. Autres détails.

Messieurs, n'ayant pehu trouver commodité qu'hier soir, pour vous advertir de l'estat du passage, pour n'avoir heu aucung archer depuis deux jours avant le départ d'icelle, jaçoit que Son Excellance (Gallass) m'en faict demander souvent, ny personne à mon assistance que mes gens, moings à celle de Chaulx, où l'armée a séjorné deux jours, et commandé par Son Excellance de passer avec trois cens chevaulx aux ponts de Port-sur-Saône et de Conflandey, et par mesme commandement d'en détacher cinquante maistres, tant Crouattes que Hongrois, conduict par l'ung de mes hommes du costel de Jonvelle et sur les frontières, pour prandre langue de l'ennemy.

Sa dicte Excellance est arrivée aud. pont de Conflandey avec l'armée, dont j'ay jugé à propos vous en donner advis, par ce porteur exprès, espérant, aydant Dieu, qu'ils passeront la Bourgogne, prenans contentement et de bonne part de ce qu'ils ont de nous, selon nostre misère et petit pouvoir. Lequel représenté à Son Excellance, il l'a prins de meilleure part que quelque seigneur de la court, que ne cragnient faire pour nostre province; mais ils feson sourdement contre nous.

Je prévoys qu'ils n'auront pas affaire des munitions de chair que j'avois aspresté pour Conflandey, parce que en ayant trouvé tout ce qu'ils ont voulu sur ceste prairie, et desquels ils font bonne provision, quelque ordre qu'on y puisse mettre; à ce subject, j'ay renvoyé ceulx qui se trouvoient affectés. Quant aux aultres munitions, soit de pain ou de vin, je n'en ay encore receu aulcunes, quoy qu'ils pressent estraimement le vin, d'aultant qu'ils n'en ont heu de Vesoul que dix-neuf pièces, pour les deux jours de séjour de Chaulx et celuy de Conflandey; tellement que je suis assés empesché de les remettre de temps en temps. Pour de l'avoienne, ils en trouvent tout ce qu'ils veuillent et la prodigue, ainsi que les gerbes de froment, en sorte qu'ils en font litières à leurs chevaulx. Et fault adjouster que où ils logent, qu'ils ne trouvent leur hoste pour les servir, ils perdent tout ce qu'ils rencontrent.

L'armée est postée, sçavoir le quartier général à Purgerot, et l'a remis à Chaulx ; les sergens de bataille, coronel de cavalerie et infanterie, à Fouchécour, Lambrey, Arbessey, Mercey, Gevigney, Aboncour, Bounion, Amoncour, Villers-sur-Port, Gratery et d'aultres, sans avoir esgard si la contagion y est ou non ; l'intempérie passe en campagne.

Le seigneur quartier maistre général m'a requis estroitement, de la part de Son Excellance, d'envoyer à Gray, pour tascher d'avoir par vostre interposition, une quarte du Bassigny et du duché de Bourgongne, si elles se pourront trouver. Verra monsieur Tissot (directeur du génie) Chaffins, qui loge proche monsieur Chassignez.

L'armée du sieur cardinal de la Valette et de Weimard, après leur insendie en Bourgongne, se sont posté devers Langre, à dessain, selon que l'on publie, de faire un gros. Mais nostre armée, puissante comme elle est, conduicte très régulièrement et pollicé rudement, marche en estat de ne rien craindre que la fuitte de l'ennemy. Le sieur Dezolani (Isolani, chef des Croates) et Forcas ont joinct cejourd'huy l'armée, et sont à Gevigney avec leurs gens. Je croy qu'outres ces nouvelles, que monsieur le marquis de Sainct-Martin est arrivé à Brisac, avec ung autre corps d'armée, que l'on faict valoir pour huict mille hommes de pied et quatre régimens de cavalerie, le seigneur chancelier général m'ayant hier dict à disner, où il daigna me convier, que Son Excellance en avoit heu certitude, et que Sa Majesté impériale luy avoit escript, et par les mesmes lectres luy recommande d'avoir ung soing particulier de la Bourgongne. Il dict aussy que la nouvelle du combat de Picardie continue, à la gloire de nos souverains.

Le seigneur agent de Son Altesse Royalle, qui suyt ceste armée en ladicte qualité, m'a requis luy faire ung estat particulier de la deffanse presparée pour la province, en ce passage et au secours de Dole, par ceulx y envoyés, et non ceulement des munitions, mais aussy des desgats faicts aux particuliers, soit en pertes de chevaulx, bestiaulx, insendie, que aultres et par cui ; ayant charge d'en resservir Son Altesse Royalle. Luy ayant respondu ne le pouvoir faire sans ung commandement, et qu'il en auroit des dicts faicts toute sorte d'instruction; m'ayant réitérément pressé de sçavoir votre intencion sur ce subjet, et que ceulx de la noblesse du pays suyvant Son Excellence de Galas, ny mesme les aultres ne le sceyt pas, et surtout il vous plaira que les présentes soient comme vers vous; j'attendray donc sur le tout vos commandemens et qu'il vous plaise m'ordonner quelque arché attoulemoings sûr, vers Lavinier, prévoyant que l'armée prendra son chemin du costel de Morey, tirant au Féy, à Frette et droict à Langre, où est l'ennemy, jaçoit qu'il ne l'ayt encore dict, et que l'on ne peult sçavoir leur dessain qu'estant prest à marcher.

Je suis encore contrainct de vous dire que les habitans de Port-sur-Saône, ayans veu les cadres qu'il vous a pleut me confier, n'ont voulu ceulement donner le passage par leur lieu, pour aller garder le pont, à celuy anvoyé de ma part pour condhuire les gens de Son Excellance, et ont faict des protestacions contre moy, pour leur avoir faict donner quelque peu de vin et pain aux soldats y passé, selon que le quartier maistre général l'avoit ainsy ordonné, et que estoit en tant nécessaire. Si chascung en vouloit ainsy user, il ne fauldroit poinct de commandement.

Remectant tout à vostre prudance, je me continueray au debvoir, Messieurs, et vostre très humble serviteur. J. BRESSON.

De Conflandey, ce 13 septembre 1636.

A la fermecture des miennes, le porteur d'icelles m'a dict que les Suédois avoient ce jourd'hui bruslé Jussey et quelques aultres villages de la frontière, et qu'ils avoient parus plus de trois mille chevaulx.

Lavigney, 13 septembre 1636. — Gallass à la Cour.

Il se plaint des vivres et des violences des paysans. Diverses demandes.

Messieurs, par la lettre que S. M. le roy d'Hongrie m'at faict l'honneur de m'escrire, il me mande que M. le marquis de Castanéda, ambassadeur extraordinaire de Sa Majesté Catholique en Allemagne, lui a promis et asseuré que ses armées icy venans au secours de vostre province, y trouveroient infailliblement toute sorte d'assistance de pain, viande, de munitions de guerre et de canon, selon les occurrences et les occasions, croyans que luy-mesme, le marquis de Castanéda, en fera quelque mention dans la cy-joincte. Et comme ces jours passés on n'a voulu donner que la moitié du pain, j'ay cru vous devoir prier, pour la conservation de la province, de vouloir ordonner que ceste munition de pain soit entièrement distribuée, estimant que cela se peut faire sans incommodité du pays.

Je ne laisse pas maintenant de marcher contre les ennemis, nonobstant que l'artillerie ne soit pas encore arrivée. Et pour cela, je vous prie de m'envoyer les pièces de canon que les François ont laissé à leur retraite (devant Dole).

Messieurs les barons de Lambois et de Suisse et aultres principaux officiers de ceste armée, se plaignent qu'envoyans de costé et d'aultre leurs valets et gens de leur suitte, tant pour le service et exercice de leurs charges que pour leurs affaires particulières, les gens du pays qui les rencontrent, les assassinent ou les blessent et les maltraictent, et passent au delà de ces violences jusques à faire des actions cruelles et inhumaines, comme ils ont faict à un Croate, qu'ils ont enterré tout vif. Si bien que pour éviter tous ces violents procédés et qu'il ne naisse quelque animosité entre les soldats et les paysans, qui produiroit peut estre quelque désordre au service de nos maistres et de la province, je vous prie de vouloir remédier à tous ces inconvénients et leur couper chemin par des édicts et ordonnances, et m'envoyer cependant une douzaine des archers du pays, que j'entretiendray, pour conduire asseurément, selon qu'il sera nécessaire que j'envoie en quelque lieu, ne pouvant pas fournir la somme des convois, sans faire de nouveaulx frais et dommages que feront les soldats à la province, allans et retornans si souvent; et sera bien difficile de les empescher, comme vous pouvez le sçavoir de M. le baron de Scey, qui a faict tout ce qu'estoit humainement possible pour l'advantage de ce pays.

Et comme je vois que vous le rappelez, je vous prie de m'envoyer quelque autre qui puisse tenir la main aux affaires, et de qui je puisse sçavoir et conférer des chemins, des lieux et des passages du pays.

Et comme je vois que touttes vos trouppes se sont licentiées, je vous prédis vouloir les rappeler et réunir, affin qu'estant joinct à ceste armée, elle en soit tant plus puissante et asseurée, pour le temps nécessaire de la campaigne chez noz ennemis, et s'y establir des quartiers d'hivers, au soulagement et descharge de ceste province, au bien de laquelle j'auray tousjours l'œil et la vigilance, comme M. le baron de Scey pourra vous l'asseurer, à qui je remets à vous advertir du surplus de toutes affaires, et me réserve les occasions à mon particulier de vous tesmoigner le désir et la volonté que j'ay d'estre continuellement, Messieurs, vostre très humble serviteur. M.-C. GALLASS.

De la campaigne près de Lavigney, ce 13 de septembre 1636.

Scey-sur-Saône, 16 septembre 1636.—Claude de Bauffremont, baron de Scey, à la Cour.

L'armée impériale a passé la Saône. Conseil de guerre tenu à Scey. Entretien avec Gallass. Autres détails.

Messeigneurs, je despesche ce messager expret, pour avoir l'honneur de vous randre compte de la commission qu'il vous at pleust me donner, au regard du passage de l'armée impérialle et des instructions que vous m'avez confié. Dès le lieu de Lisle, je vous reservy du jour de l'arrivée de monsieur le comte Gallas en ce pays, du desseing qu'il avoit et des endroicts par lesquels il projectoit de passer, et ainsi de temps à aultres. Je n'ay poinct manqué de vous escrire tout ce que je recognoissois de plus important. Mais comme l'ennemy, qui estoit sur la lisière de ce pays du costé du Bassigny, se jetta avec quelques trouppes, vendredy passé, dans ceste province, pillarent le bourg de Jussey entièrement, bruslarent quelques maisons, y tuarent quantité de personnes et emmenarent tout le reste des habitans prisonniers, cela donna subjet à M. de Limbois, à ce qu'il dict, de passer de ce poste où il estoit, pour joindre M. le comte Gallas, par le costel de Soingt, et dès là sur sa routte à Pontcey, proche Chemilly. Et M. le comte estoit campé dois le vendredy au soir devant le pont de Conflandey, et toute son armée, qui est très puissante, tenoit toute la prairie de Fleurey, Conflandey, Chaux et jusques à Port-sur-Saône. La nouvelle arriva que le cardinal de la Valette et le Veymard de Saxe joinct avec M. de Vaubécourt, marchoient droict à Champlitte, ou pour dès là aller du costel de Dijon joindre le prince de Condé. S. E. le comte de

Gallas avoit esté en quelque froideur avec S. A. de Lorraine, lequel avoit prins une route différante, pour ne rencontrer les quartiers où estoit logé l'armée impérialle ; et cette division estoit de telle conséquence qu'elle estoit capable d'apporter, comme elle apportoit désjà, de grands retardements aux biens des affaires, et nous en ressentions, en ceste pauvre province désjà comme... (deux lignes déchirées).... . du roy de prendre le temps que je jugeat le plus à propos, pour parler plus librement de ceste pernicieuse affaire à S. A. de Lorraine et à M. le comte Gallas, le suppliant très humblement et dans les termes du plus grand respect, qu'il me fust possible de vouloir s'emboucher ensembles et prendre une bonne résolution. Je fus en ce particulier si heureux, qu'ils treuvarent bon d'en user ainsi. Ils choisirent ma maison de ce lieu de Scey à cest effect, et sambady (13 septembre), S. A. de Lorraine, M. le comte de Gallas, le prince de Florance, le prince de Bergame, de la maison de Portugal, et quantité d'aultres princes et seigneurs, me firent l'honneur de venir disner audict lieu de Scey, où je les receu le mieux qu'il me fust possible ; et le tout se passa en sorte que l'intelligence est demeurée très bonne, que S. A. de Lorraine s'en alla content, et M. le comte de Gallas aussy. Cette entrevue ne se passa pas sans boire plus que l'on n'eust pas faict si la compagnie ne l'eust bien mérité. Ils ont résolus de se joindre ensembles, de marcher droict en France, et hier dès l'aube du jour, les trouppes impérialles passarent la Saône au pont de Conflandey, j'entends celles qui sont venues avec Son Exc.; et les aultres, conduittes par M. de Limbois, pour gagner temps, passarent sur le pont de Scey-sur-Saône, ce que j'eust bien peu éviter, si j'eust voulu; mais cela eust retardé deux jours les armées en ce pays. Il ne m'en at pas mal prins d'avoir regardé plus tôt le bien du public que le mien particulier; car ils passarent sans s'arrester et ne portarent pas grand préjudice. Ils firent l'assemblée de toutte l'armée à la plaine d'Arbecey et dès là marcharent droict à la frontière de France.

J'accompagna Son Exc. jusques proche Lavigney, où le quartier général fust choisi. Là je prins congé de Son Exc., laquelle me dict qu'elle avoit plusieurs poincts de grande importance à vous faire entendre, et qu'il les feroit rédiger par escrit pour les vous envoyer. Et comme il m'avait faict veoir auparavant une lettre que M. le marquis de Castanéda vous escrit, il me dit (trois lignes rongées et déchirées)..... que si l'on n'accomplissoit le poinct porté en son mémoire, qu'il ne vouloit pas respondre qu'il ne fust contrainct de prendre ses quartiers d'hivers en ce pays. A quoy je luy objecta toutes les ruines et toutes les désolations de ce pays et n'oblia rien de toutes les raisons qui me furent possibles; jusques il m'eust dict qu'il cognoissoit bien que tout ce que je luy en fesois entendre estoit véritable; et parce qu'il me déclara quels estoient les poincts qu'il vouloit vous représenter, j'eus moyen de luy respondre sur chascun d'iceux tout ce que me fust possible. Et comme je ne mancquois point de matière, je m'efforça, tant par mes raisons que par mes supplications, de luy faire comprendre le tout, selon la justice et l'équité, que nous attendions de ses intentions; ce qu'il print de bonne part. Et comme il me dict beaucoup de choses qui ne se peuvent escrire, je voudrois bien les confier à quelqu'un de vostre part, capable de vous en faire un fidèle rapport.

Je vous envoya un gentilhomme des miens à cest effect : mais en chemin il a esté rencontré par des dragons, qui l'ont dépouillé et luy ont osté un cheval qui valoit plus de cent pistoles, lequel m'appartenoit, et ne luy ont laissé qu'une lettre de créance, qu'il vous portoit de ma part. En sorte que je suis bien empesché comme je pourray vous faire tenir la présente en asseurance, ny aussy comme je pourray m'emboucher avec quelqu'un de vostre part; car les paysans sont esté réduicts à une telle extrémité, qu'ils ne reconnoissent plus personne, et font des cruautez estranges en contréchange de ceux que l'on leur faict. Et le mal est qu'ils s'en preignent au premier qu'ils rencontrent, sans aucune considération.

Néantmoins, nonobstant touttes ces difficultés, pour ne poinct perdre de temps, j'auray l'honneur de vous dire que de s'engager à fornir des vivres à ceste puissante armée estant la ruine signalée en ce pays, je crois que l'on n'en sauroit venir à bout; et j'estime qu'il seroit très nécessaire de supplier M. le marquis de Castañéda d'envoyer par deçà au moings deux cens milles escus, avec lesquels on assisteroit ceste armée, puisque tout autre moyen mancquent par deçà et que nous avons consommé touttes nos forces pour maintenir nostre fidélité en son anciaine pureté, sans aucune.... (deux lignes et demie déchirées)..... nous veoir restablir de nos biens, que nous ne pouvons avoir recours en ceste grande extrémité qu'à nostre roy. Il me semble aussi que cela se pourra négotier heureusement, et que M. le comte Gallas y prestera la bonne main, ainsy que je l'en ay supplié, et que je continueray encores aux occasions. M. le prince de Bergame, Espagnol, est parent du roy, lequel j'ay informé particulièrement de tout l'estat de ce pays, m'at dict que si l'on désirois, il en escrirois particulièrement et à l'ambassadeur d'Espagne (Castanéda), qui est auprès du roy d'Hongrie, et aussy à nostre roy ; en sorte que s'il vous plaict luy escrire comme je vous en ay donné advis, il le prendra de bonne part, et peut rendre de grands offices à ceste province ; car c'est un puissant seigneur, fort accrédité et plain de pouvoir.

Quant au canon que M. le comte de Gallas vous veut demander, je crois qu'il est important de luy accorder, puisque c'est une seulle pièce et qu'il en at besoing, pour prendre quelques places, pour aux environs loger l'hiver l'armée. Pour le surplus, je me remects à ce que porte ce dict mémoire et la lettre que vous recepvrez de M. le marquis de Castanéda y joincte.

J'ay heu l'honneur de recepvoir une de vos lettres, par laquelle vous me donnez charge d'aller saluer de vostre part le roy d'Hongrie, comme aussi de la part de toutte la province. J'accepterois volontiers cet honneur ; mais j'ay heu tant de maux en ceste campagne et à la suitte de ceste armée, que je ne sçay si ma santé me pourra laisser à la force de faire ce voyage. Que si pour ceste raison je n'en puis venir à bout, je vous supplie de m'en excuser. De huict jours, je ne sçaurais estre asseuré si je me porteray assez bien pour entreprendre de m'acheminer jusques-là, outre que l'on m'asseure que sad. Majesté va bientost à Ratisbonne, et qu'elle partira dans quinze jours à cest effect ; en sorte que si il m'estoit impossible de passer où est à présent le roy d'Hongrie et M. le marquis de Castanéda, je vous supplie me mander si vous auriez agréable que j'envoye M. de Gohelans, lequel est très bien cogneu de sad. M. Il est homme d'esprit et qui fera bien sa commission. Je l'informeray des principaux poincts et escriray les plus importantes circonstances à M. le marquis de Castanéda, adjoustant que vous m'aviez donné la commission d'aller en personne présenter vos debvoirs au roy d'Hongrie et à luy, pour en mesme temps luy faire entendre combien il importe d'assister cette province, ou de remédier aux grands maux dont elle est menacée. Et ensuite de cela, je l'advertiray que, ma santé ne m'ayant pas permis de faire le voyage, vous y avez envoyé, pour suppléer à ce deffaut, led. M. de Gohelans. Ou bien s'il vous plaict d'en choisir un autre tel que vous l'aggréerez, je l'informeray de tout ce que j'auray recogneu nécessaire, pour éviter les quartiers d'hiver et pour soulager ceste province.

Mais comme il est impossible de faire aucune chose importante sans argent, je vous supplie mettre ordre, ainsi que vous me l'avez promis, que je puisse estre remboursé à Besançon de ce que j'ay advancé du mien, pendant le passage de M. le comte de Gallas, que j'ay tousjours suivy; et aussy quelque argent pour celluy qui fera le voyage auprès du roy d'Hongrie. Car, oultre que les gentilshommes en ce pays ne sont pas fort pécunieux, j'ay incessamment dépendu le mien, ceste campagne, et je ne suis pas de ceux qui veuillent rien proffiter aux despens du peuple. Que s'il vous plaict de sçavoir ce que j'ay dépendu, je vous diray que je me contenteray de ce dont il vous plaira me rembourser; mais que tout m'at esté si cher, que, pour un jour et une nuict que j'ai séjourné à Vesoul, l'on m'a faict payer quinze pistoles; ainsi à l'advenant aux aultres lieux où j'ay passé. Et comme je prévis cette grande despense estre inévitable, je vous en advertis des l'Isle, à bonne heure; et ay employé très franchement le peu que j'avois pour servir la province, ainsy que je continueray en toute occasion, remettant donc le tout à ce que vous en jugerez.

Je vous diray, Messeigneurs, que M. le comte Gallas me dict hier qu'il désiroit tout à faict avoir des trouppes de ce pays icy avec luy. Et comme je considère que c'est le bien de la province que celles qui sont nécessaires d'estre levées ou qui sont désjà sur pied, soient en France avec les autres trouppes impériales, pour descharger le pays, et néantmoins les avoir à la main, pour s'en servir à toutes occasions de besoing, j'estime qu'il seroit bien à propos de luy accorder sa demande, si vous le treuvez bon. Et en ce cas, je vous supplie me donner le moyen de remettre ma compagnie de cavalerie sur pied, dont les soldats ne sont pas encores tous esgarés, et touttes les autres trouppes de cavalerie qui sont levées et encores sur pied, et celles que vous pourrez encores faire lever, jusques à cinq ou six cens chevaux, les joindre avec moy. J'essayeray, si vous me faictes cet honneur, estant proche de mondict seigneur le comte de Gallas, de ne perdre un moment de temps à servir la province, selon vos intentions, et selon les urgentes occasions que s'en pourront offrir. Et c'est la seule raison qui me le faict désirer; car pour moy, je me passerois fort bien de m'aller promener. Mais puisque nous sommes en une saison où il n'y a poinct de repos, il ne faut pas songer d'en prendre.

Sur toutes ces choses il vous plaira prendre réflexion, telle que vostre prudence ordinaire treuvera convenir. Et moy je demeureray tousjours, Messeigneurs, vostre très humble et très obéissant serviteur.   Cl. DE BAUFFREMONT.

Gray, 17 septembre 1636. — Le conseiller Brun à la Cour.

Il rend compte de son entretien avec le duc de Lorraine. Demandes du comte de Gallass.

Messieurs, j'envoie à VV. SS. les lettres que S. A. de Lorraine me fit l'honneur de m'escrire l'autre jour, dont je pense qu'elles auront grande consolation, voyant qu'il s'est réconcilié avec Son Exc. le comte de Gallasso, à quoy je m'estois essayé de disposer sa dicte A., selon la faiblesse de mon esprit et avec le respect que je luy dois. Aujourd'huy j'ay esté estonné qu'elle m'a mandé de l'aller treuver à Montureux (lez-Gray), pour me dire des choses d'importance ; je m'y suis rendu aussitost ; d'où je retourne à cet instant dans la nuict. Là elle m'a dict que le comte Gallasso désiroit deux ou trois choses de nous qui ne sont pas petites : l'une qu'on luy asseure de l'assortir huict jours de munitions de pain seullement pour son armée de Champlitte, jaçoit il entra en France ; qu'on y establit promptement commissaires à cest effect ; qu'il luy fut permis de loger audict Champlitte cent mousquetiers, tant pour la conservation de la place que garde de ses munitions de gueule, pour le temps susdict, de mesme qu'il peut mettre cent autres mousquetiers à Jonvelle, pour la garde de ses munitions de guerre qu'on luy amenoit, dont il prétendoit loger audict Jonvelle un réservoir et magasin, nonobstant la peste qui y est et qu'il n'ignore point. A deffaut desquels deux chefs, il prévoioit que son armée seroit infailliblement renversée sur nous et bientost. Et tel est aussi le sentiment de sa dicte A., qu'elle fonde sur d'estranges raisons.....

Brun ajoute que Gallass et le duc de Lorraine voulaient de plus qu'on entreprit sur Lure sans délai, qu'on se fortifiât contre

Gassion de Luxeuil à Montbéliard, et qu'ensuite on se portât sur la Bresse. « La comtesse de Champlitte, dit-il en finissant, nous vendra deux mille francs ses deux pièces de canon attelées et assorties de quelques munitions. »

Dole, 19 *septembre* 1636. — *La Cour à Gallass, en réponse à sa lettre du* 13.

Monseigneur,..... c'est bien à nostre regret et contre nos commandemens que les troupes du pays, qui avoient esté levées pour nostre secours, se débandèrent aussitôt que le siège fut levé..... Et certes, plusieurs des soldats, enquis sur la cause de leurs débris, ont pris excuse sur le mauvais traittement qu'ils recevoient des troupes conduittes par led. sieur sergent de bataille baron de Lamboy, qui, les treuvans plus faibles en campagne, les désarmoient et démontoient..... Nous ferons tous nos efforts pour remettre en pied ce que nous pourrons de cavalerie et d'infanterie..... Mais nous supplions très humblement V. E. de considérer la position du pays; que dès quatre mois la guerre et la peste l'ont dépeuplé de plus d'un quart; qu'il soutient seul la guerre à ses frais, depuis plus de quatre ans, sans avoir receu aucun secours d'argent de S. M.; que ses places ne sont ny suffisamment musnies ny entièrement fortifiées.....

Nous travaillerons pour remédier par édicts rigoureux à la cruauté des païsans, qui se treuvans desnués de tous moyens et d'espoir de recueillir ou de semer, et voyans leurs maisons réduictes en cendres, se portent au désespoir.....

La Cour ajoute qu'elle a donné des ordres ponctuels pour les vivres de l'armée et qu'elle en surveillera l'exécution; qu'elle est prête à donner au général le seul canon de batterie que les Français ont laissé devant Dole; enfin que le baron de Scey sera convenablement remplacé auprès de lui.

Nota. — La minute de cette dépêche est de la main de Boyvin, comme elles le sont presque toutes depuis la levée du siége de Dole. Le parlement n'avait plus de secrétaire.

Vesoul, 29 septembre 1636. — Etienne de Mongenet aux conseillers Matherot et Brun, à Gray.

Le pays est au désespoir ; tout est au pillage, même de la part des troupes nationales.

...... Estant icy seul, accablé de toutes les affaires, en l'absence de tous mes consorts, je trouve impossible l'exécution du repartiment de grains que l'on demande sur nostre report, d'autant que, par les volleries journalières des trouppes estrangères et encor plus de celles du pays, il est réduit à une impuissance d'y satisfaire. Il n'y a plus de chevaulx pour charrue ny de grains pour fournir. Car ou les gerbières sont battus, enlevez ou bruslez, et tout a passé à la mercy du soldat, avec telle désolation que mesme nous n'espérons pas de voir semer le dixiesme de ce qu'on se promettoit. Si tost qu'une compagnie part d'un lieu, l'autre y rentre, et toutes vivent à discrétion et se font payer des sommes si immenses par les pauvres paysans, qu'ils ne peuvent plus subsister ny fournir ce qu'on veut exiger d'eux......

Champlitte, 30 septembre 1636. — Bresson aux conseillers Matherot et Brun.

Il parle des vivres commandés pour Gallass et de ses démêlés avec lui pour les malades de l'armée.

(*Nous donnons le sens de cette dépêche, qui est un jargon presque indéchiffrable.*)

Bresson sollicite de pouvoir lever cinquante maîtres de cavalerie, tant pour son service que pour des gardes et l'escorte des convois. Après s'être entendu avec le baron de Savoyeux, il a fait part à Gallass et à Vermérade, commissaire général, et au quartier maître général, des autres ordres donnés par les conseillers de Gray pour la levée des grains. Il leur a dit qu'il avait envoyé un commis exprès pour commander six mille mesures de froment sur les terres du roi, à savoir, sur celles de Morey, Vellexon et Beaujeu. A quoi Gallass et ses officiers ont répondu : « Nous avons appris qu'il se trouve en magasin à Champlitte assez de blé pour nourrir l'armée trois ou quatre mois, et vous le gardez pour la province. Nous ferons visiter les greniers. » Il s'y trouve en effet cinq à six mille mesures de grains ou de farine. On distribue la farine aux soldats, qui la font cuire chez les bourgeois. Plusieurs des chefs négligent de venir chercher des rations, témoignant assez par là qu'il n'y a pas de besoins ; et souvent, au lieu de la distribuer aux soldats, ils la vendent aux bourgeois.

Quant aux malades, il faudrait les loger à Fouvent et dans les autres petits villages de France qui sont voisins. Il y en a deux mille pour le moment, dont plusieurs en convalescence ; du reste, ce nombre croît tous les jours. Mais il semble que l'on voudrait asservir la province à garder continuellement l'ambulance. Outre les quartiers que l'on donnera aux malades sur la terre de France, Gallass, Vermérade et le quartier maître général veulent encore les loger sur la terre de Rupt. Je les ai priés, dit Bresson, de n'y point songer, vu que cette terre est l'un des quartiers généraux des levées bourguignonnes, leur observant que du reste je ne pouvais permettre cela sans l'avis de la Cour; et comme ils déclaraient vouloir passer outre à l'instant, je leur ai dit que j'en dresserais mes verbaux et que je les quitterais. Je ne sais ce qu'ils en feront.

Camp de Champlitte, 2 octobre 1636. — Le baron de Scey à la Cour.

Gallass ne veut absolument pas avancer en France qu'il n'ait tout son monde. Pourquoi n'a-t-on pas armé plus tôt ?

..... Le seul prétexte que M. de Gallas a permis de faire une si longue halte autour de Champlite, est pour attendre son artillerie et le corps d'armée du marquis de Bade, en disant que la perte de la bataille de Lespsic avoit esté causée pour ce que le général n'avoit pas attendu le secours que luy debvoit arriver, et que pour luy il ne feroit pas semblable faute.....

Le bailliage d'Amont est dans une entière désolation. Presque impossible de semer... Qu'il eust mieux vaillu à bonne heure armer puissamment contre nos ennemys, que d'avoir esté contraincts d'appeler des estrangers, qui nous traictent comme ils ont accoustumé de faire les provinces rebelles ! au lieu que nous debvrions attendre de grandes récompenses et un traictement plain de douceur, pour nostre fidélité et pour nos grands services.....

Vous avez desseing de mettre des trouppes sur pied ; mais je vois, Messeigneurs, que tous ces projects que vous faites tyrent tellement à la longue, que le retardement est d'un préjudice notable. J'ai heu l'honneur de vous escrire plusieurs fois, et j'ay receu souvent vos responses unze jours ou douze jours après la datte. Je sçay bien que vous n'estes pas assemblés, et qu'avant que d'avoir pris les sentiments de ceulx qui sont esloignés, le temps qui est bien cher se passe.....

J'ay dépesché, selon votre agrément, le sieur de Gohelans vers le roy de Hongrie et l'ambassadeur d'Espagne.

Cendrecourt, 6 octobre 1636. — *Le capitaine Warrods du Magny à la Cour.*

Il n'a pu sauver Jussey, le 12 septembre, malgré ses efforts. Il demande des ordres et du renfort pour garder le pays contre les courses et les ravages de l'armée de Gallass.

Messeigneurs, comme le quartier qu'il vous avois pleust m'octroyer à Jussez pour douze jours est expiré, j'ay voulust vous en advertir, affin que Messeigneurs me renvoye un ordre tel qu'il leur plairast ; comme aussy je les supplie m'esclaircir si je doibt reprendre ordre de M. le marquis de Confland, m'en ayant envoyé un, ses jours passés, comme le recognoytré si joinct ; ce que je n'ay voulust effectuer qu'au préalable je ne vous en aye donné advis. Et l'ayant estez treuvé à la Charité, exprès pour lui faire entendre que le dernier ordre que j'avois receu provenoit de Messeigneurs, il m'a fort rudement traicté de parole, disant que je ne debvoiet m'addresser qu'à luy. C'est pourquoy je vous supplie très humblement me mander ce que je debvrés faire à ce subject, et quel poste je debvrés tenir, avec ma compagnie, laquelle est encore à présent de cinquante maistre effectifs, en ayant perdu trente, depuis que l'armée du cardinal de la Vallette vient à Jussez, pour m'y surprendre, avec quinze cents chevaulx et quinze cents hommes de pied et trois pièces de canon. Mais nonobstant telle force, après avoir escarmouché jusques à mydy avec eulx, je me retirast, sans perdre que trois soldats, où il y demeurast de leurs costé un cornette. Et mesme trois jours auparavant, je leurs avoit enlevé un cartier, dans un village de Lorraine nommé Blondefontainne, où il demeurast soixante hommes sur la place et quelques prisonniers, ausquels je donnast cartier, pour sçavoir la force de leurs armés. Aussitost je donnast advis à M. de Gallas. Mais comme ma compagnie a esté levé par ordre de M. le marquis (de Conflans) et de M. de Beauchemin, pendant le siége de Dole, pour la conservation de la province, le tout à mes fraists et sans avoir receu un sols, jusques au nombre de quatre-vingt-treize maistre, comme je le ferés veoir par la monstre que j'en ay faict par devant lesdicts seigneurs, laquelle j'ay conservé en son entier, nonobstant la rupture des aultres, qui se fist en allant à Chaussin. Et pour payement et satisfaction de mon travail et de mon bien, que j'ay fourny pour le service de la province, ledict seigneur marquis voudroit encore que je remette ma trouppe à mes fraist sur pied, dans le mesme estat qu'elle estoit auparavant. Ce que je ne puis faire, si Messeigneurs aussy ne le désire, et qu'au préalable vous n'ordonniés aux communautés de me les remettre en main, sur peine telle qu'il vous plairat.

Or comme l'armée de M. de Gallas est logé aux environs de Champlite, distans de quatre lieux de la Saône, et que ses Croates et Alemand courent nécesairement sur icelle, et mesme la passe à la neige, en ayans ses jours passés, avec ma compagnie, faict reppassé jusques au nombre de plus de deux cents, qui emmenoient quantité de femmes et filles, qu'ils avoient prist dans le bois de Jussés, lesquelles je retiré d'entre leurs mains, comme aussy les chevaulx qu'ils emmenoient, que je fist restituer aux paysans. C'est pourquoy il seroist nécessaire encor de quelques aultres trouppes de cavalerie sur le bord de la Saône, pour les empescher de passer dans le bailliage d'Amont, et envoyer une ordonnance à tous les villages, depuis Port-sur-Saône jusques à Jonvelle, de rompre les guets et les bacce, en telle sorte que point de cavalerie n'y puisse passé. Car dorénavant, comme le vivre commence à leur manqué où ils sont, ils feront de fortes parties pour courir en ceste province ; et ma compagnie seule ne peult empescher tel désordre, ny se transporter en tous les passages où il se présente. C'est pourquoy, si désirés faire encor quelques compagnies pour obvier à ce que dessus, mon frère de Cuve s'offre à faire cinquante cheveaulx deans huict jours, en luy donnant la terre de Faverné pour cartier, ou aultres, tel qu'il vous plairast.

Attendant une entière résolution de Messeigneurs touchant ce que dessus, je suis, etc.

DE WARODS-MAGNY, dit LE GAUCHÉS.

Camp de Champlitte, 7 octobre 1636. — Bresson aux conseillers Matherot et Brun.

Il fait part des plaintes que font les officiers des régiments de Grane et de Beck, et il les réfute en rappelant leurs excès et l'abus qu'ils font des munitions. Les chiffres établissent le mauvais droit de leurs réclamations.

Messeigneurs, Son Excellance le marquis de Grane m'ayant cejourd'huy rencontré à la cour (au quartier général de Gallass), m'a tiré en particulier et m'a dit que je deust l'aller treuver en son quartier estant aux Augustins des faulbourgs de Champlite ; où estant allé, il m'a fait veoir ung mémorial que ses lieutenants collouelles de son régiment et de celuy du seigneur de Beck avoit présenté à Son Exc. comte de Gallas, portant plainte qu'estant en ce pays venus pour le secour, qu'on ne leur avoit forny les munitions journalières de pain, vin et chair, selon que l'on leur avoit promis avant que d'y entrer, moings deux payes le mois de gage que Messieurs les commis au gouvernement leur avoient aussy promis, tellement qu'il leur restoit à payer notable somme qu'ils désiroient avoir ; que plustost lesd. régiments restoient résoubs d'en retourner à S. A. R., voeir mesme en Espagne.....

Et luy ayant respondu que s'il y avoit heu du manquement, il seroit arrivé par le deffaut des charriots et hatelages des munitions, que les soldats prenoient sur les chemins, alors que l'on les amenoit au quartier;..... qu'en effet ils ont tousjours heu le pain, vin et chair, jusques l'on recongneu que la promende que l'on leur donnoit de chair n'empeschoit qu'ils ne prinsent les bestiaulx du pays partout où ils les pouvoient avoir ; que d'ailleurs estans postés en la prérie de Gray, ils seroient allés en nombre de quatre ou cinq cents desd. deux régiments des lieux de Dampierre, et de là avoient surprins à l'aube du jour le village de Denèvre, où ils avoient prins tous les bleds, vins, meubles et la plupart des bestiaulx, et faict dommage estimé de plus de dix-huict mille francs, et mesme emmenés dudit village tous les chevaulx, cherriots et harnois..... Que le pain a si peu manqué qu'il y en avoit lors encore plus de cinquante mille livre de cuit, qui a esté la plus part perdu pour n'y avoir heu moyen de trouver des harnois à l'effect de les conduire à l'armée. Et se verra par les comptes des munitionnaires que neul aultre des régiments de l'armée, tant de Bourgongne que aultres, n'avoient esté servy si promptement et avec tant d'affection que les susd. régiments, et que pas ung seul des aultres n'avoit heu chair ny vin, que lorsque l'on voulu se joindre pour aller au ravitaillement de Dole.

Et comme il fesoit une supputation d'une somme excessive, la faisant revenir à plus de 36,000 fr. par régiment (1), je leur ay faict veoir que, quand bien l'on leur avouheroit ce qu'ils demandent en pain, vin et chair,..... néantmoings, prenant la libvre de pain à ung carolu, selon que je leur ay faict veoir qu'elle vailloit lors, le vin à six blancs le pot, et la libvre de chair à deux blancs (lesquels prix ils m'ont accordé), chascun régiment ne pouvoit toucher plus de 18,735 fr. Sur quoy ou sur leurs gages prétendus fauldroit rabattre la moitié de 17,000 fr. que lesd. deux régiments ont receu de paye ; et desfalquans la chair que revient par chasque régiment, prenant la libvre seullement à deux

---

(1) Les deux régiments réclamaient des arriérés depuis leur entrée dans la province, 16 juin 1636, jusqu'au 6 août, époque où ils passèrent le pont de Rochefort pour aller en France. A chaque régiment, selon le mémoire des chefs, il était dû pour ce temps, 248,000 livres de pain, 186,000 livres de viande et 124,000 pots de vin. Sur quoy ils disaient avoir reçu seulement 120,999 livres de pain, 18,862 livres de viande et 31,980 pots de vin.

blancs, à 5,480 fr., resteroit dehu à chasque régiment 12,000 et qq. 200 fr. Sur quoy rabattans les 8,500 fr., s'ils veuillent appliquer lad. somme ausd. munitions, ne leur resteroit dehus que environ à chascun 4,000 fr. Et en ung seul village, comme dict est, de Denèvre, les habitans où estoit priuse l'estape de S. A. de Loreines, ils en furent excusez par mon honoré seigneur monsieur de Champvans, sur la plainte qu'ils me firent d'avoir perdu en ung jour plus de 18,000 fr.

M. le comte de Croy, seigneur flamand de la maison d'Ascot, qui a un régiment en ceste armée, m'a expressément requis en toutes rencontres de vous mander qu'il estoit du tout acqùis à la province, comme estant féodal à S. M. Catholique, et que si Messieurs les commis gouverneurs ont affaire de luy, aussitost il se dettachera pour accourir à eulx et servir le pays.

J. BRESSON.

Besançon, 8 octobre 1636. — Le capitaine de Mandre, commandant la garnison de Besançon, à la Cour.

Il s'excuse d'aller à la frontière de Jonvelle avec ses deux compagnies, qui sont incomplètes, et qui seront trop faibles contre un ennemi si puissant. Il obéira cependant, mais qu'on lui grossisse ses compagnies.

Luxeuil, 15 octobre 1636. — Etienne de Mongenet et Jean Clerc.

Ils attestent que Bresson ayant amassé à Luxeuil des vivres pour l'armée royale, conduite par le marquis de Saint-Martin, il n'a pu les lui faire tenir, faute de chevaux, et qu'il a été contraint de laisser ce pain en dépôt à Luxeuil.

Nous, Estienne de Mongenet, docteur ès droits, lieutenant local du bailliage d'Amont, siége de Vesoul, et Jean Clerc, aussi docteur ès droits, commis et députés de Messieurs les commis du gouvernement de la province, sçavoir faisons que le sieur Bresson, de Jonvelle, commissaire et surintendant général des vivres et munitions pour S. M. en Bourgongne, s'estant à nous adressé et aux officiers et cognatre (sic) eschevins de Luxeu, nous auroit représenté qu'il avoit faict préparer quantités de munitions pour la subsistance de l'armée conduitte par M. le marquis de Sainct-Martin, tant pour le passage que séjour; desquelles munitions il en reste aud. Luxeu 2,700 pains, que font 5,400 rations qu'il auroit creu debvoir délibvrer en ce lieu, selon que le sieur commissaire dud. Sainct-Martin luy avoit faict espérer; néantmoings, ayant surattendu jusques à deux heures après midi, pour faire charger lesd. munitions, et comme l'on avoit envoyé aulcun charriot, jaçoit qu'il heust faict entendre, selon que de nostre part nous aurions aussy faict, impossibilité d'en trouver, pour avoir esté tous les chevaulx de ces quartiers enlevés, et que il n'y avoit qu'une heure de distans dès les quartiers jusques aud. Luxeu; il nous auroit requis de trouver moyen de faire suyvre lad. munition jusques au lieu de Conflandés; ou à ce deffault, estant contrainct de passer en lad. estappe, il nous auroit requis à acter de la diligence et debvoir qu'il auroit faict à nostre assistans d'en trouver. Ce que n'ayant pcheu, à nostre veue et conspect, et nonobstant tous les commandements faicts à ce subject, acquiesçant à sa juste pétition, luy avons octroyé acte testimonial de ce que dessus et de la charge qu'il a donné à Mre Pierre Bernard, de tenir compte des pains qu'il a laissé ès mains et puissans de suyvants aud. Luxeu, sçavoir dud. Bernard, mil huict cents, de la damoiselle Gueritot, 250, et Claude-Anthoine Hymette, 157 pains, et 50 pains en bouche, que font deux pour un; et à Nicolas Baguet et consors, 500; faisant 5,460 rations, pour estre distribué suyvant les ordres qu'il aura de nous ou de luy. Et que les présentes luy servent comme il trouvera convenir.

Faict aud. Luxeu, le quinzième jour d'octobre 1636, soubs nos seins. Est. DE MONGENET. Jean CLERC.

Dole, 27 décembre 1636. — *La Cour à Fauquier d'Aboncourt.*

On le félicite de sa bonne conduite dans la défense de Jonvelle.
Qu'il garde Chauvirey comme il pourra.

Monsieur d'Aboncour, nous avions apprins, avant le restour des vostres, comme vous vous estiez comporté en homme de bien et d'honneur, avec beaucoup de courage, à la défense de la ville de Jonvelle, que vous aviez en charge ; ce dont nous ne mancquerons pas aux occasions d'en avoir le souvenir qu'il conviendra.

Nous avons leu volontiers la relacion que nous avez envoyé de ce qui s'est passé au siége d'icelle. (Cette pièce manque au recueil.) Quant à ce qui touche les desseings que pressentez des ennemys sur vostre chasteau de Chauvirey, sur les considéracions que vous alléguez, nous vous dirons que, comme disent les vostres, nous voyons la face des choses bien changée, et que nous avons conféré avec Monsieur le baron de Scey, pour adviser à ce qui sera jugé à propos debvoir estre faict pour cela en ces occasions présentes. Et sur quoy nous attendrons les advis qu'il nous doibt donner au plustost pour ce regard, pour y pourveoir. Vous ferez bien cependant de faire tout ce que vous cognoistrez nécessaire pour prévenir tous pernicieux desseings que pourroient estre mis à exécution sur vostre dict chasteau. Concernant les debvoirs que vous avez rendus au service de S. M. et au bien de la province, en espérant que vous n'y manquerez pas, pour les affections que vous y avez tousjours rescogneu, nous prions Nostre Seigneur vous avoir en sa saincte garde.

Dole, 27 décembre 1636. — *La Cour à Gallass.*

On le félicite de ses succès contre l'ennemi, en particulier du recouvrement de Jonvelle. On le prie de décharger la province autant que possible du séjour de ses troupes, en leur donnant quartier chez l'ennemi.

Monsieur, nous avons apris avec extrême contentement, premièrement par la bouche du sieur baron de Scey, l'heureux exploict de V. E. au recouvrement de la ville de Jonvelle et occupation de quelques chasteaux sur l'ennemy, et la chasse qu'elle a donnée à l'armée françoise. De quoy nous félicitons le succès de V. E. et souhaittons une suitte encor plus glorieuse de tous ses généreux desseins, à l'honneur de Dieu, au service de Sa Majesté impériale et de toute sa très auguste maison, et à l'advancement de la cause commune.

Nous avons prié ledict sieur baron de Scey de repasser promptement auprès de V. E., pour lui faire entendre ce que nous pouvons pour le logement et quartiers des trouppes impériales, et pour la supplier de, suyvant la bonne intention que S. M. impériale nous a tesmoignée, par les lettres dont Elle nous a honorez, vouloir advancer ses quartiers sur la frontière de l'ennemy, pour l'endommager en même temps et couvrir ceste province, nous deschargeant de partie de ses trouppes, et agréant que les places qui sont suffisamment fournies et deffendues par ceux du pays, demeurent exemptes des quartiers; avec autres points que led. sieur baron de Scey lui représentera, qui ne tendent qu'au service de Leurs Majestés, en conservant entière une partie de ceste province, pour restaurer le surplus et la rendre capable de les servir à l'advenir, et se maintenir en l'obéissance du Roy, nostre souverain, contre les puissances ennemies.....

De quoy maintenant nous nous remettons à ce que V. E. jugera plus expédient à ce regard, pour le service de Leurs Majestés. Sur quoy luy baisant très humblement les mains et lui souhaittant une heureuse fin de ceste année, et une plus heureuse entrée de la suivante et suitte de grand nombre d'autres, en toute prospérité, nous prions la divine Majesté la conserver, Monsieur, en très parfaite santé et comble de tous bonheurs.

Besançon, 8 février 1637.

(Résumé de cette pièce.)

Traité passé entre le sieur capitaine Jean Bresson le *Viel*, de Jonvelle, commissaire et surintendant général des vivres pour Sa Majesté, d'une part, et les conseillers Buzon et Lampinet, agissant au nom de la Cour souveraine du parlement, d'autre part, pour la fourniture des vivres aux troupes auxiliaires, pendant trente et un jours. Ce traité fut passé par-devant Antoine Tinseau, greffier de la cour archiépiscopale et tabellion général du comté de Bourgogne.

L'effectif des troupes royales était : infanterie, 2,000 h.; cavalerie, 800 h. Troupes impériales : infanterie, 2,000 h.; cavalerie, 1,000 h. Troupes de Lorraine : infanterie, 1,260 h.; cavalerie, 1,800 h.

Les rations quotidiennes, marchandées à 13 blancs l'une, ou 5 sols 3 deniers 1/3 de monnaie française, seront faites de froment bien *panneté*, d'une livre et demie ou 24 onces, et délivrées en pains de trois livres, tous les quatre jours. La distribution sera faite par les échevins de chaque quartier.

« Pour la cuitte, le sieur Bresson se pourra servir des bois communaulx ou de ceulx de Sa Majesté et plus prochains des lieux et villes des quartiers ; des quels il usera modérément et civilement, pour ladicte cuitte tant seulement. »

Il sera tenu de continuer ses fournitures même en cas d'invasion ennemie. Le roi ou la province répondent des accidents de force majeure, par exemple, s'il arrivait que les magasins fussent pillés, ou que les meuniers et boulangers employés par le fournisseur fussent faits prisonniers.

On prévoit que les fournitures de Bresson iront à 67,750 fr., qui lui seront payés au bout du mois.

La solde de ces troupes avait été fixée à 3 gros et 1/2 ou 3 sols 4 deniers pour l'infanterie, et à 8 gros ou 9 sols pour la cavalerie ; dépense prévue pour un mois, 118,882 fr.

De plus, l'état-major de Lorraine devait toucher 500 fr. par jour ; ceux de l'empereur et du roi, 450 fr. : dépense prévue pour un mois, 29,150 fr.

Les rations d'avoine étaient d'un 1/4 de mesure, et la mesure à 2 fr. : dépense prévue pour un mois, 24,800 fr.

En tout, ce mois d'occupation par les alliés devait coûter à la province la somme énorme de 239,733 fr.

Vesoul, 26 septembre 1641. — Le conseil de Vesoul à la Cour.

L'armée française, après avoir pris Jonvelle, s'avance victorieuse. Vesoul est sans défense. Que le Parlement permette qu'on écarte les Français par une composition.

Très honorés et révérends seigneurs, ces jours passés nous avons resservit la Cour du misérable estat de nostre ressort, par la reddition lasche des ville et chasteau de Jonvelle, et de la juste appréhension que nous avions d'estre enveloppé dans la mesme ruine. Dès lors nous sont arrivés d'heure à autre divers advis de bonne part que nous en sommes fort menacés, et qu'à présent l'armée ennemye, dès Chauvirey, prend sa route devers deçà, ayant desjà occupé les chasteaux de Suaulcourt, Artaufontaine, Bethoncourt, Villers-Vaudey, Ray et aultres, sans aucune résistance ; en sorte que nous sommes à la veille d'une entière désolation, puisque desjà plusieurs bourgeois de ceste ville ont absentés, et la pluspart des autres minutent leur retraicte ; et que d'ailleurs nous ne voyons aucune apparence de secours, quelque poursuytte que nous en ayons faict pour en obtenir. Mesme Son Excellence nous ayant faict l'honneur de nous visiter vendredy dernier, elle en partit le lendemain, sans avoir moyen de nous assister d'aucune gendarmerie, ny donner ordre de ce que nous avions affaire en ceste extrémité ; tellement que nous voyants si foibles et desnués de tout secours, nous serons à la fin contraincts d'embrasser le dernier remède, et tascher de divertir l'armée à prix d'argent, tel que nostre pauvreté le peut permettre, exposant une partie du peu qui nous reste pour sauver l'autre, sans toutefois nous eslongner tant soit peu des debvoirs que nous avons à S. M. et à la Cour, puisque nous sommes résolus, quoy qu'arrive, de ne recepvoir aucune garnison ny prester serment contraire à nostre ancienne et inviolable fidélité. Et pour ce supplions très humblement la Cour de ne désaggréer nostre procédé, et de croire que nous serons à jamais, très honorés et révérends seigneurs, de VV. SS., les très humbles et très obéissants serviteurs, les vicomte maïeur, eschevins et conseil de la ville de Vesoul.

Par ordonnance : **Symart**.

Vesoul, 30 septembre 1641. — Etienne de Mongenet à la Cour.

Il lui apprend la composition de Vesoul et les progrès de l'armée française. Si Jonvelle eût résisté, le bailliage n'aurait pas été envahi.

Très honorés seigneurs, il y a quelques jours que le magistrat de ceste ville escrivit à la Cour le malheur qui nous menaçoit par l'approche de l'armée du comte de Grancey, qui faisoit des progrès devers deçà, gaignant de bonnes places, sans aucune résistence. Depuis, il nous auroit avoisiné de si près, par la prise des chasteaux de Chemilli et Scey, rendus à la première sommation, samedy dernier, que nous avons esté sur le penchant de nostre désolation entière, si dans ceste extrémité l'on ne luy eust faict un pont d'argent, jusques à trois milles pistoles, pour asseurance desquelles il a voulu avoir douze otages, et les faict conduire à Grancey, sçavoir, les sieurs Froment, Damedor, Pernelle, Flavigni, Ber, Terrier, Favière, J.-François Buretel, Odo Mercier le jeune, Ant. Aymonet, Ant. Clerc et Georges de Mongenet. Il a esté impossible d'eschapper par aultre moyen, à moins de se résoudre à la défense dans la foiblesse de lad. ville, petit nombre d'habitants et manquement de toute ayde et secours par le dehors. Si ce lasche et infâme qui défendoit Jonvelle eust tenu bon, comme il pouvoit, c'estoit là où l'ennemy terminoit ses conquestes et n'eust jamais songé de passer plus avant, dans la créance que, ceste place l'entretenant trois ou quatre sepmaines, il auroit assez faict pour se retirer après l'avoir gaigné. Mais la facilité de la prise et l'abandonnement des aultres places luy enflèrent le cueur et firent résoudre d'en advertir son Roy et obtenir ordre de poursuivre, tant qu'il pourroit, ainsi que l'ont asseuré les principaux de ceste armée.

Nous ne sçavons encor quelle route elle prendra, bien que le capitaine de Chemilli, qui arriva hier icy, suivant sa composition, me dit que seroit du costé d'Oisellay ou Gy. Néantmoins il est eschappé à quelqu'un de ceux-là de dire qu'il y avoit jà commandement de passer en Lorraine, crainte de quelques mouvements du duc Charles.

Voilà ce que j'ai jugé à propos de resservir lad. Cour par l'occasion de ce porteur, attendant que nous en escrivions plus amplement, après que nous sçaurons au vray la marche de lad. armée, demeurans, très-honorés seigneurs, de VV. SS., etc.

Est. DE MONGENET.

Vesoul, 1er octobre 1641.— Le Conseil de cette ville à la Cour.

Il lui donne avis que, pour éviter de se soumettre ou d'éprouver une ruine totale, ils ont composé avec le comte de Grancey pour 3,000 pistoles.

Très honorés et révérends seigneurs, ses jours passés nous

avons resservi la Cour du misérable estat où nous estions, dans les vives appréhensions d'une ruine totale, par les menaces de l'armée qui nous avoisinoit. Dès lors elle a faict progrès si avant, qu'ayant gaigné les chasteaux de Scey et Chemilly, samedy à soir et dimanche matin, elle tournoit teste devers nous, à desseing de nous engloutir dans nostre foiblesse et manquement de tout secours humain, si Dieu ne nous eust suggéré l'expédient de nous tirer de ce naufrage à prix d'argent, sans ternir tant soit peu l'honneur de nostre inviolable fidélité. L'accord fut arresté samedy à soir (28 septembre) avec le comte de Grandcey, moyennant trois mille pistoles, pour lesquels il a douze ostages. Il deffend à tous ceux qui sont soubz ses commandements et prie tous autres du mesme party de ne practiquer en nostre endroit aucun acte d'hostilité, ains qu'ils nous laissent librement aller et venir, négocier et traficquer en toute liberté et asseurance, et n'approcher nostre ville et villages voisins d'une lieue la ronde. La somme est véritablement immense et espuisera tout le peu qui nous restoit pour subsister. Mais encore avons-nous mieux aymé tirer jusques à la dernière pièce, et fussions plus tost péris l'un sur l'autre que d'en eschapper pour rien, recepvant petite garnison et prester le serment auquel il nous invitoit. Dès lors ceste armée n'a point quicté son poste, et a envoyé aujourd'huy sommer Luxeulx par un trompette, et ne sçavons quelle route elle prendra. Cy-après nous suplions très humblement la Cour de prendre de bonne part nostre procédé dans ceste extrême destroit, pour nous maintenir au service de nos souverains, et au debvoir que nous avons de demeurer, très honorés et RR. SS., etc.

Besançon, 5 et 9 octobre. — *Girardot à la Cour.*

Après quelques détails sur les mouvements de l'armée française autour de Scey-sur-Saône, il ajoute : « Son Excellence (le gouverneur de la province) faict cacher en ceste ville de Besançon l'argent du Gaucher. Aussy font Mess. de la cité pour le conserver à celluy à qui il debvra escheoir, si son procès criminel pendant à la Cour ou la lasche reddition de Jonvelle rendent led. argent confiscable..... S. A. de Lorraine escrit à S. E. que l'affaire de Jonvelle est une menée de madame de Remiremont et autres mal intentionnés.... S. E. faict préparer du bled pour la subsistance des troupes ; à quoy il destine les meubles de Gaucher ici retreuvés, et travaille pour recouvrer l'argent qu'on en a distraict..... Luxeuil a traicté à cinq cens pistoles. Tous les autres contribuent ; les traictés se sont faicts à Remiremont.....

Faucogney, 21 *octobre* 1641.

Les mayeur, échevins et conseil de cette ville exposent à la Cour que les communautés de leur terre, entourées de forces françaises, vont être saccagées et ruinées, si on ne leur permet pas de composer avec l'ennemi.

Vesoul, 23 *octobre* 1641. — *Le Conseil de cette ville à la Cour.*

Ils ont fait un manifeste pour justifier leur composition du 29 septembre, et ils supplient la Cour de les exempter de la garnison dont ils sont menacés.

Très honorés et révérendissimes Seigneurs, les advis que nous avons cy-devant donné à la Cour des progrès de l'armée ennemye dans ceste province et des approches qu'elle faisoit de nostre ville, menaceant de l'ensepvelir dans ses ruines, ont faict veoir que nous n'avons espargné aucun soing ny diligence pour y obvier à nostre possible ; mais que, ne prévoyant aucuns secours pour nostre conservation, nous avons embrassé les remèdes que la nécessité du temps nous a fournis, la violence et presse de l'ennemy nous a permis et la raison nous a suggéré, dans nos disgraces. De quoy nous rendons un compte très fidèle par un escript en forme de manifeste, que nous avons joinct aux présentes, et que nous suplions très humblement la Cour de considérer et y adjouster foy, puisque nous en voulons soustenir la vérité au péril de nos propres vies ; et mesme, pour nostre entière justification, nous en avons envoyé un double à S. E., afin de luy oster toutes les sinistres impressions que la calomnie de nos malveillants luy avoit peu donner au contraire.

Mais comme nous avons encore une juste appréhension d'un logement de soldats tant de cavalerie que d'infanterie pour un quartier d'hyver, selon les menaces qui nous en sont faictes et les advis que nous en avons receu, nous avons subject de suplier, comme nous faisons très humblement, lad. Cour d'employer son crédit et son pouvoir pour en divertir le malheur, puisque ce seroit l'unique moyen de nous boulverser de fond en comble, nous enlever le pouvoir de vendre, de débiter un peu de meubles qui nous reste, pour employer en acquittement d'une partie de la rançon excessive que nous avons esté contraincts d'accorder, pour nous conserver dans nostre ancienne fidélité, et oster l'espérance à nos ostages de se reveoir un jour dans la liberté qu'ils ont quicté volontairement pour le salut publicque de leurs compatriotes. Nous croions indubitablement qu'il plaira à la Cour d'escouter et prendre esgard à nos misères, et que nous recepvant soubz sa protection et compatissant à nos afflictions, elle ne nous escondira de nos justes prières, comme nous lui demeurerons inviolablement, etc.

Vesoul, 23 octobre 1641. — *Le Conseil de cette ville à la Cour.*

Rapport détaillé et justificatif de la composition faite avec le comte de Grancey.

Les vicomte maïeur, eschevins et conseil de la ville de Vesoul, dessirant manifester à tout le monde la sincérité de leurs intentions au procédé qu'ils ont tenuz pour la rachepter d'une entière désolation, la maintenir au service de Sa Majesté et saulver l'honneur et libertés de leurs personnes, supplient très humblement V. S., la Côur souveraine et parlement, et aultres qui verront le présent discours, y adjouster foyd comme à une vérité pure, sans fard ou déguisement, pour laquelle soustenir ils sont prests de porter leurs testes là part où il leur sera ordonné par justice.

Il y a desjà longtemps que les fréquentes courses que la garnison de Jonvelle, tant de cavalerie que d'infanterie, faisoit au voisinage ennemy et bien avant dans la France, auroient occasionné ceux qui en resentoient le dommage implorer les forces de leur roy pour en estre délivrés. Et de faict deux ou trois campagnes sont passées avec des menasses et préparatifs d'attacquer la place, sans venir à aulcune exécution, jusqu'à ce que, le quinziesme septembre mil six cent quarante-un, ayant esté assiégée par une armée, soubz la conduitte du conte de Grandcey, et le lendemain laschement rendue, Son Exc., voulant pourvoir au reste du plat pays, se mit promptement en campagne, print cartier à Charriez, puis à Vesoul. Le vendredy vingtiesme du mesme mois, pour recongnoistre l'estat de la ville et rasseurer par sa présence le peuple grandement esfrayé de l'entrée si soudaine de ceste armée et pour mieux sçavoir la contenance de mouvements de l'ennemy, elle auroit envoyé d'heure à aultre des coureurs et espies qui luy en rapportoient les particularités, comme ils firent le sambedy suyvant au matin de la prise du chasteau de Saint-Remy et de l'invasion et saccagement du bourg de Faverney, où l'abbaye ne fut espargnée. Sur ceste nouvelle, S. E. touchée de compacion et d'un soin paternel en ceste extrémité, voyant les femmes et enffants et aultres personnes incapables de se deffendre courir le mesme risque, escrivit avant son départ à M. de Maudre, à la prière du sieur maïeur de ladicte ville, pour envoyer gens de la garnison de Besançon à Sourans, au rencontre de ceux qui se vouldroient retirer, et oulfrit jusques audict lieu une trouppe de ses cavaliers pour les y convoyer. Mais l'espouvante estoit telle dans l'esprit de la bourgeoisie, qu'elle n'y print aulcune résolution.

Et sependant Son Exc. commanda aud. vic. maïeur d'envoyer un messager aux capucins de Jussey, avec ordre qu'aussitost que l'armée marcheroit soit d'un costé ou d'un aultre, l'un d'eux s'en dheut venir icy donner advis en toute diligence. Cela fut exécuté ponctuellement. Le messager despesché sans lettre rend compte de sa commission. Le mercredy l'un desd. religieux vint à la ville rapporter qu'elle marche en deçà et s'est saisy des chasteaux d'Artaufontaine et Rey abandonnés, et que, pour estre mieux instruict, il a esté au camp à Chauvirey, à prétexte d'y visiter deux Pères de sa robe, qui l'accompagnent continuellement, et obtenir par leurs faveurs saulvegarde pour le couvent de Jussey. Le comte de Grandcey l'ayant apperceu l'interroge, luy faict ouverture de son desseing et enfin tombe en propos de la ville de Vesoul, et luy déclaire ouvertement qu'il la destine à ses trouppes pour une bonne curée, si elle ne luy treuve six mille pistoles en dernier mot et recepvant garnison. Ce bon religieux, nommé P. Symon, de Gray, prend de son mieux nostre party, remonstre nostre pauvreté qui nous renforce le courage, n'ayant plus rien à perdre ny à donner, et qu'il n'y avoit à gaigner que des coups. De quoy l'ennemy ne faisant estat, apprès plusieurs discours et replicques, enfin il aborna la somme à 10,000 escus, qui font trois mille pistoles, à sa supputation, à moins desquelles il jure que lundy suyvant il sera à nos portes, luy donnant charge de nous en advertir, affin de l'aller veoir et traicter avant que le canon passe la Saône pour venir à nous; car aultrement il ne serait plus temps d'y pancer, pour l'honneur des armées du roy. Et sur ce, de son mouvement il escrivit et soubsigna un pasport, en date du vingt-quatriesme dudict mois, qu'il mit en mains à ce Père, pour le nous délivrer.

A ce discours, le peuple troublé d'espouvante, desnué de tout secours au dehors, resduicts en petit nombre dans l'enclos de faibles murailles, disposant déjà sa retraicte dans les bois, à l'exemple des chasteaux susmentionnés, fut un peu remis et se détint, cognoissant qu'il pouvoit esvader à prix d'argent; tellement que, s'estant assemblé solempnellement, il fut d'une commune voix jugé nécessaire de prévenir ceste borasque, députant deux commis pour y travailler à meilleur prix qu'ils pourront, sans charger la ville d'aulcunes garnisons, contributions ou prestation de sairement, comme portent leurs instructions incérées dans le livre du conseil. Ensuitte de ce, le lendemain ils se mettent en chemin, prenant avec eux led. Père Symon et Père Chrisostome, gardien du couvent de Vesoul, et vont coucher à Rupt, pour delà prendre langue de l'ennemy et ne point passer oultre qu'ils ne le sçachent venir à nous. De quoy n'ayant peu rien apprendre de certain, ils envoient ses Pères devers Artaufontaine et Rey pour rapporter nouvelles asseurées. Eux, un peu trop zélés selon la saison, passent à Morey, où ils descouvrent estre le cartier de la Cour, se font introduire auprès du conte de Grandcey et luy tiennent assez long propos de ce négoce, taschant de luy faire congnoistre nostre pauvreté, par les grandes fournitures et deniers excédants trois cent mille francs, délivrés par ordre et acquits pour le service de nos souverains, la perte de nos biens et héritages sans revenuz. Et font ce qu'ils peuvent imaginer de relevant pour nostre soulagement; nonobstant quoy il demeure ferme en sa première résolution et demande, les congédiants pour en venir faire rapport.

Cela faict, le Père Chrisostome, retourné à Rupt, déclairat aux députés qu'il a passé plus avant qu'il ne croyoit, mais qu'il avoit si bien entablé l'affaire qu'ils en recepvroient du contentement, attendu la parolle donnée par le conte de Grandcey qu'il ne permettroit point de garnison dans Vesoul et lieux comprins dans sa saulvegarde, qu'ils seroient exempts de courses et actes d'hostillités, et procureroit une ratiffication effectuée par le roy son maistre. Et les laissant sur ce frais, les quitte et retourne en son couvent.

Eux au contraire, sortant de Rupt avec un trompette que ledict Père leur avoit amené pour les escorter, et prenant leur chemin devers Rey, rencontrent l'armée qui en sortoit pour le mesme soir gaigner le bourg de Scey-sur-Saône, esloigné de nous de deux heures du chemin, où le conte les amena avec soy. Et après avoir quelque temps discourut du subject de leur voyage, il couppa tout cour qu'il vouloit avoir les dix mille escus, mettre garnison et se tenir à ce qu'il avoit déterminé au Père, sans en rien rabattre. Ils deffendent et prient au mieux qu'ils peuvent, protestent qu'il leur est impossible de scatisfaire, et qu'ils n'ont point de commission d'accorder si grande somme, et qu'absolument nous périrons plus tost que de recepvoir garnison ou prester serment, et aultres semblables remonstrances. Sur lesquelles il conclut enfin qu'il dispenceroit encor ses deux derniers articles, mais que pour le surplus s'estoit à eux de l'accepter ou reffuser, et que, si au lendemain, partout le jour, il n'avoit nouvelle de nostre volonté et douze ostage pour garands, l'armée seroit lundy matin à l'entour de la ville, où ils entreroient par bresches en moins d'une heure.

Ils rapportent cest arrest sambedy à dix heures du soir et le font savoir au peuple le matin suyvant. Lequel assemblé comme devant bourcille tout ce qu'il peut, et ayant amassé quelque trois cent pistoles, en diverses espèces, les faict présenter à l'ennemy, soubz espoir que ce peu de contant opéreroit quelque diminution d'une somme si excessive, qu'il ne voulut diviser ni retrancher, résolut de l'avoir entière ou lesdicts ostages au lendemain, à peine de tout rompre. De manière que le peuple se voyant si estroitement pressé nomma douze des principaux habitants qui passarent franchement à l'ennemy, lequel les envoya au bourg et chasteau de Grandcey, d'où par nostre impuissance ils ne sont pas prests de sortir, encore que nous y travaillons incessemment, bien résoluz d'ailleurs jusqu'à la dernière pièce qui nous reste, pour tirer de servitude ceux qui l'ont si courageusement accepté pour le service de la patrie. Et ne croyons avoir mespris si pour commencer nous avons vendu bien chèrement quelques pièces de vin à deux convoys de ceste armée, qui le sont venus charger depuis Scey, pendant dix jours entiers qu'elle y a esté campée; auxquels d'ailleurs nous n'estions pas en estat de le refuser sans risque de le donner pour néant, avec le surplus qui estoit en nostre pouvoir.

Voylà toutes les circonstances naïfvement déduictes de cest accommodement, et auquel nous n'avons pas esté portés par une terreur légèrement prinse et fondée sur le simple rapport d'un religieux. Le chanoine Villard estant allé à Jonvelle, et en depuis à Chauvirey, pour les affaires de la dame de Saint-Remy, sa maîtresse, fut requis par le conte de Grandcey de nous faire la mesme sommation, mais avec des termes bien plus rigoureux: au lieu de trois mille pistoles, il en prétendoit absolument cinq mille, ou que la ville saulteroit embrasée. Aultant en fut dict à Lévigny, commandant à Senoncourt; et tous deux s'excusèrent de telle commission trop hodieuse en excès et en énormité de la demande. Et de telle heure le siége de Jonvelle commencea que nous receumes advis de touttes parts, mesme de France et Lorraine, par personnes interposées, confidantes et dignes de créance, qu'infailliblement le torrent desborderoit jusqu'à nous et qu'il estoit temps de pancer à nostre salut. Le mesme nous a esté escrit à bon escient dans le péis par ceux qui, ayant encore de la conférence avec le party contraire, en estoient bien advertis. Un de nos bourgeois, homme de condition, desclairoit, plus de trois jours auparavant, qu'il le sçavoit très certainement par un billet, duquel il n'osa nommer l'auteur. Le discours en estoit tout commung dans Vauvillers, Rupt et Senoncourt, provenant d'une source irréprochable. L'on pourroit icy desclairer en détails tous ceux qui nous ont obligé de ses advertissements, n'estoit le danger de les désacréditer et perdre les moyens d'en recepvoir d'aultres en pareilles nécessités.

Par le discours que dessus, l'on découvre assez clairement la malice de ceux qui nous imposent d'avoir esté au devant de l'ennemy jusques à Chauvirey, et que nous l'avons attiré par nostre facillité de traicter et donner occasion de gaigner pays, veu qu'au contraire nous avons arresté ses conquestes et conservée une ville assez considérable, avec trois lieues de pays, dans la pureté de l'obéissance deue à nos souverains; au lieu qu'elle se voyoit au point de leur demeurer à jamais inutile, comme Poligny, Lons-le-Saulnier, Jonvelle et aultres, réduictes en cendres par le mesme sort. Et heut faillut témérairement perdre la vye et l'honneur du sexe féminin, ou laisser en proye à l'ennemy tout le butin et subsistance, qui estoit pour luy donner l'apétit d'entreprendre ultérieurement. Mais nous ne sommes pas les premiers qui ont prévenuz l'orage en semblables occasions, veoir en celle dont il se agist, où nous avons faict le mesme que nos prochains voisins, qui se sont mis en saulvegarde, à descouvert, ne pouvant eschapper aultrement, et n'en ont esté ni blasmés ni repris. Et fauldroit encore passer par ce destroit ou morir misérablement dans noz maisons, depuis que les garnisons de Saint-Remy et Scey occupent les passages qui nous fournissoient la plus part de nostre entretien et ne seroient plus ouverts qu'à force de contributions, desquelles nous n'avons jamais voulu entendre par le passé, aymant mieux les avoir franchi pour ceste fois et accepter si cher la liberté de la campagne, avec asseurance que, moyennant icelle, nous pourrons accomoder nos voisins des villes principales des denrées qu'elle nous produira, protestant de tous nos cœurs que nous ferons tousjours gloire de sacrifier au service de Sa Majesté et de la province nos biens et nos vyes, et de garder jusques à la mort nostre ancienne et invyolable fidélité.

Par ordonnance, SYMARD.

1774-1779.

Requête adressée au roi par la communauté de Jonvelle contre le fermier du domaine.

Le roi avait acensé au sieur Bigot, receveur du grenier à sel, son domaine de Jonvelle, qui comprenait en particulier l'emplacement de l'ancien château et la vigne dite *des Murs*, contenant vingt-quatre ouvrées. Bigot, prétendant que Jonvelle n'avait pas cessé d'être ville de guerre, s'était emparé du fossé de la ville, comme faisant partie du domaine, et avait fait démolir quelques restes des anciens remparts, servant alors de clôture à des propriétés particulières. De plus, il avait intercepté plusieurs chemins qui traversaient les fossés et anticipé en divers endroits, au grand préjudice de quelques individus et même de toute la communauté. Celle-ci représente au roi qu'en effet ces fossés, comblés depuis cent trente-trois ans, ont servi de promenades aux habitants et de pâturages aux bestiaux; que, d'ailleurs, dans les reconnaissances qui ont été faites par les habitants envers le roi d'Espagne, il n'a jamais été fait mention des fossés; qu'une grande partie de ces murs existait encore quand Bigot les a fait démolir; qu'en droit Jonvelle n'est plus une ville de guerre en 1774, puisqu'elle a été brûlée et détruite de fond en comble en 1641; que le village actuel a été reconstruit sur les ruines de la ville, et qu'ainsi Bigot doit être condamné.

La communauté fut déboutée de ses demandes par arrêt de 1779.

INDICATION

DES SOURCES HISTORIQUES DE CET OUVRAGE.

I. — Archives.

Archives départementales de la Haute-Saône : abbayes de Cherlieu, de Clairefontaine, etc.

Archives du Doubs : Chambre des comptes, correspondance du parlement de Franche-Comté, cartulaires de Saint-Marcel, de Saint-Vincent, de Saint-Vivant, etc., papiers du greffe et de l'intendance.

Archives de la Côte-d'Or : Jonvelle, Jussey, etc.

Archives de la Haute-Marne : Prieuré d'Enfonvelle.

Archives des villes de Langres, Bourbonne, Jussey, etc.

Archives des châteaux de Chauvirey et de Gevigney, des villages de Jonvelle, Bougey, Villars-Saint-Marcellin, Voisey, etc.

II. — Manuscrits.

Journal de messire Clément Macheret, curé d'Hortes, manuscrit in-folio de 165 feuillets, appartenant à

M. Thiberge, membre du conseil général de la Haute-Marne et maire de Bussières.

Mémoire historique sur l'abbaye de Clairefontaine, par M. l'abbé Brultey, curé de Senargent. (Archives de l'Académie de Besançon.)

Mémoire sur les antiquités de Port-Abucin et de Purgerot, par M. l'abbé Coudriet (ibidem).

Mémoire sur les antiquités des cantons de Jussey, Vitrey et Combeaufontaine, par Pratbernon.

Mémoire sur les antiquités du canton de Vitrey, par Bouillerot, de Cintrey.

Pouillés diocésains.

Mémoires ou correspondance de Frédéric Perrenot de Granvelle, comte de Champagney. (Bibliothèque de la ville de Besançon.)

Cartulaire de Bourgogne (ibidem).

Ebauches sur quelques villes et villages de Franche-Comté, par Perreciot (ibidem).

Bibliothèque séquanaise, par D. Payen, bénédictin, de Cendrecourt. (Bibliothèque de la ville de Vesoul.)

Généalogie des familles nobles de Franche-Comté, 1678 (ibidem).

III. — Ouvrages imprimés.

Annales de Tacite.
De gestis Francorum, Aymoin.
Géographie ancienne des Gaules, Walckenaer.
La Franche-Comté à l'époque romaine, M. Ed. Clerc.
Mémoire sur les antiquités de la Haute-Saône, Marc.
Découverte de la ville d'Antre, P. Dunod.

Notice sur les antiquités de Corre, Eusèbe Salverte.
Chronique de Bèze, Achéry.
Chronique et cartulaire de Saint-Bénigne, Achéry.
Annales de Mabillon.
Trésor des chartes.
Recueil de Pérard.
Mémoires de la république séquanaise, Gollut.
Histoire du comté de Bourgogne, Dunod.
Nobiliaire, le même.
Histoire de Bourgogne, Droz.
Histoire de Bourgogne, D. Plancher.
Histoire de Lorraine, D. Calmet.
Histoire de l'université de Bourgogne, Labbé de Billy.
Etat civil des personnes, Perreciot.
Recès des Etats.
Ordonnances du parlement de Franche-Comté.
Essai sur les monnaies, D. Grappin.
Essai sur l'histoire de Franche-Comté, M. Ed. Clerc.
Histoire des diocèses de Besançon et de Saint-Claude, M. l'abbé Richard.
Vies des Saints de Franche-Comté, par les professeurs du collége Saint-François-Xavier de Besançon.
Mémoires de l'Académie de Besançon.
Documents inédits publiés par l'Académie de Besançon.
Almanachs de Franche-Comté, D. Grappin.
Annuaires de la Haute-Saône.
Glanures, M. Longchamps.
Mémoires des commissions archéologiques de la Haute-Saône et de la Haute-Marne.
La Haute-Marne ancienne et moderne, M. Jolibois.

Histoire de France, Velly.

Additions aux mémoires de Commines.

Guerres de Louis XIII, Béguillet.

Guerres du XVIᵉ et du XVIIᵉ siècle, D. Grappin.

Guerre de dix ans, Girardot de Nozeroy.

Siége de Dole, Boyvin.

Histoire généalogique des seigneurs du Châtelet, D. Calmet.

Histoire des sires de Salins, l'abbé Guillaume.

Histoire des sires de Vergy, Duchesne.

Histoire de Poligny, Chevalier.

Histoire de Gray, MM. Gatin et Besson.

Histoire de Fayl-Billot, M. l'abbé Briffaut.

Histoire de Faverney, D. Grappin.

Faverney et la Sainte Hostie, Mlle Fanny de Poinctes-Gevigney.

Mémoire historique sur l'abbaye de Cherlieu, M. l'abbé Besson.

Mémoire historique sur l'abbaye de Lure, le même.

Notice sur Coiffy, M. Bonvallet.

La vérité sur l'origine de la famille Perrenot de Granvelle, M. Ad. Marlet.

Bourbonne et ses eaux minérales, M. Athanase Renard.

Le guide des baigneurs aux eaux minérales de Bourbonne, M. R.-A. Athénas.

Relation du grand incendie arrivé à Bourbonne en 1717, publiée par M. le docteur E. Bougard.

FIN.

CORRECTIONS.

Page 10, ligne 14, *au lieu de* 1608, *lisez* 1598.

Page 17, ligne 8, *au lieu de* oue, *lisez* on.

Page 48, ligne 19, *au lieu de* qui ne peut être le résultat, *lisez* qui ne peut être que le résultat.

Page 92, ligne 25, *supprimez la phrase*: Ce dernier article étendait à toute la seigneurie le bénéfice de l'affranchissement.

Page 107, dernière ligne, *au lieu de* chambell(1).an, *lisez* chambellan (1).

Page 112, en bas, *au lieu de* Guy fut fait prisonnier avec Jean et Philibert, etc., *lisez* Guy fut repoussé, laissant aux mains des Lorrains Jean et Philibert, etc.

Page 167, note, *au lieu de* M. Adrien Marlet, *lisez* M. Adolphe Marlet.

Page 211, *corriger ainsi la dernière ligne* : celle du sieur de Mandre, qui devint commissaire général de la cavalerie au printemps de 1636.

Page 224, ligne 9, *au lieu de* l'assassinat récent de Philippe du Châtelet, seigneur de Chauvirey-le-Vieil, *lisez* l'assassinat récent d'un seigneur de Chauvirey, dont les annales contemporaines ne disent pas le nom.

Page 299, ligne 2 de la note 2, *supprimez les mots* tué en 1636.

Page 362, ligne 3, *au lieu de* Soilley, *lisez* Soilly.

Page 440, ligne 8, *au lieu de* N. de Cicon, *lisez* Claire de Cicon-Vy, et *ajoutez en note*: fille d'Anne d'Achey et de Claude de Cicon, seigneur de Richecourt, Gevigney, Mercey, Purgerot, etc, parent de Frédéric Perrenot-Granvelle, comte de Champagney.

Page 458, ligne 4, *au lieu de* couchant, *lisez* levant.

Page 483, ligne 25, *au lieu de* meneaux, *lisez* panneaux.

TABLE DES MATIÈRES.

	Pages.
Préface	1

PREMIÈRE ÉPOQUE.

TEMPS GALLO-ROMAINS.

CHAPITRE Ier. Dénominations, importance des lieux principaux	9
§ Ier. Jonvelle	9
§ II. Corre.	12
§ III. Bourbonne.	17
CHAPITRE II. Voies romaines, voie nautique.	19
CHAPITRE III. Castella, châteaux, retranchements . . .	28
CHAPITRE IV. Monuments	33
§ Ier. Damoncourt	33
§ II. Corre.	34
§ III. Bourbonne	46

SECONDE ÉPOQUE.

MOYEN AGE

Pages

CHAPITRE Ier. Châteaux forts élevés après la domination romaine. — Description du château de Jonvelle . . . 50

CHAPITRE II. Première maison de Jonvelle.

Guy Ier. — Fondation de Clairefontaine. — Plaids de Faverney. — Duel entre Olivier de Jonvelle et Louis de Jussey. — Bertrand. — Guy II. — Formalités nombreuses des actes de donations. — (1124-1224.) 55

CHAPITRE III. Autres branches de la maison de Jonvelle.

Elisabeth de Jonvelle épouse Simon Ier de Saissefontaine. — Etat du commerce. — Elisabeth remariée à Thiébaud de Neufchâteau. — Charles de Villars-Saint-Marcellin et d'Enfonvelle. — Simon II de Saissefontaine. — Guy III et Simon III. — Guy IV et Simon IV. — Château de Richecourt. — (1224-1300.) 68

CHAPITRE IV. Quatrième maison de Jonvelle; branche de Chauvirey.

Catherine, Jean et Philippe. — Charte de l'abbaye de Saint-Vincent. — Affranchissement de Jonvelle et de sa seigneurie. — Guerres du quatorzième siècle; ravages des Grandes Compagnies. — Jean de Bourgogne. — La comtesse Marguerite. — Guillemette de Charny, dame de Jonvelle. — Le fief est confisqué. — Violences exercées par Thomas de la Rochelle. — La terre de Jonvelle donnée à Guy de la Trémouille. — (1300-1378.) . . . 80

TROISIÈME ÉPOQUE.

SIÈCLES MODERNES.

CHAPITRE Ier. Seigneurs étrangers de Jonvelle. — Les sires de la Trémouille.

Guy Ier de la Trémouille. — Affaire de Polaincourt. — Désastre de Nicopolis. — Georges Ier de la Trémouille.

— Jonvelle occupé par le comte de Savoie. — Conférences de Jonvelle et de Châtillon. — Enquête au sujet de la cession de Jonvelle. — Jean de la Trémouille. — Assassinat de Jean sans Peur. — Guerre de la succession de Lorraine. — Le sire de Jonvelle avec ses frères trahit le duc de Bourgogne. — Dévastations des Ecorcheurs et des Armagnacs. — Nouvelles conférences de Jonvelle et de Châtillon. — Le fief de Jonvelle retiré à la maison de la Trémouille. — Comptes de la seigneurie. — Compositions pour meurtre et vol de gibier. — (1378-1448.) 109

CHAPITRE II. LA TERRE DE JONVELLE RENTRÉE MOMENTANÉMENT DANS LE DOMAINE DU SOUVERAIN.

La duchesse Isabelle, dame de Jonvelle. — Navigation de la Saône supérieure. — Marguerite d'Angleterre, dame de Jonvelle. — Guerres de Louis XI contre Charles le Téméraire. — Dévastations de Georges de la Trémouille et de Charles d'Amboise. — Georges II et Louis de la Trémouille, seigneurs de Jonvelle. — La maison de Bourgogne rentre en possession de ce fief. — La paix. — (1448-1509.) 136

CHAPITRE III. LA TERRE DE JONVELLE TENUE PAR DES SEIGNEURS ENGAGISTES.

Les seigneurs de Ghénaraz. — Nouvelle reconnaissance des droits seigneuriaux. — Les nobles d'Andelot. — Tentatives du protestantisme sur la frontière de Jonvelle. — Invasion de Wolfgang et du prince d'Orange. — (1509-1574.) 158

CHAPITRE IV. LA SEIGNEURIE DE JONVELLE DÉFINITIVEMENT RENTRÉE DANS LE DOMAINE DES SOUVERAINS.

Le pont de Jonvelle. — Le prieuré aux Jésuites. — Invasion de Tremblecourt. — La Villeneuve, capitaine. — Stratagème de Thierry la Valeur. — Claude de Vergy, gouverneur du Comté. — La trahison livre Jonvelle et les places voisines. — Villeneuve remplacé par Fauquier de Chauvirey. — Traité de Lyon. — Jonvelle recouvré. — Réclamations de Biron. — Désordres des gendarmeries. —

Paix de Vervins. — Albert et Isabelle. — Miracle de Faverney. — Autres franchises de Jonvelle. — Milices de la seigneurie. — Réunion de la châtellenie au bailliage. — (1570-1631.) 177

CHAPITRE V. Guerres du xviie siècle.
§ 1er. *Premières années de la guerre de dix ans.*
Richelieu attaque la Franche-Comté. — Sac de Jonvelle. — Weymar et la Force menacent la frontière. — La peste. — Dégâts des coureurs. — De Mandre. — Fauquier d'Aboncourt emprisonné. — Grachaut de Raucourt. — Invasion des Suédois. — Warrods du Magny. — De Mandre renvoyé à la frontière de Jonvelle. — Siége de Dole. — (1632-1636.) 210

§ II. *Séjour de Gallass en Franche-Comté.*
Gallass arrive sur la Saône. — Jussey saccagé par Turenne. — Excès des impériaux. — Camp de Champlitte. — Conseil de guerre sur le mont de Morey. — Déroute de Gallass en Bourgogne — Il reprend aux Suédois Jussey et Jonvelle. — Son départ, après les conférences de Colombier et de Charriez. — (1er septembre 1636 au 21 janvier 1637) 240

§ III. *Continuation de la guerre. — Ruine de Jonvelle.*
Le bailliage d'Amont ravagé par ses propres garnisons. — Les Suédois y rentrent par Champlitte. — Famine et dépopulation. — Les partisans. — Jonvelle est la terreur du Langrois et du Bassigny. — Fauquier de Chauvirey est tué. — Gaucher du Magny, son successeur, livre Jonvelle, dont la ruine ouvre tout le pays aux Français. — Capitulation de Vesoul. — Le baron de Scey reprend les places perdues. — Il est battu devant Ray. — Les courses continuent leurs dévastations réciproques. — Exploits de Gaucher. — Ruine de la Mothe. — La paix. — (1637-1659.) 274

CHAPITRE VI. *Jonvelle après sa ruine.*
Nouvelle reconnaissance des droits féodaux. — La Franche-Comté passe à la France. — Jonvelle au dix-huitième et au dix-neuvième siècle. — (1659-1864.). 329

	Pages.
Notices particulières	339
Bichin de Cendrecourt	341
Bougey	343
Bourbévelle	348
Bourbonne	357
Châtillon	371
Chauvirey	379
Corre	401
Demangevelle	407
Enfonvelle	420
Eglises de Jonvelle	423
Gardienneté de Jonvelle	431
Le Joyant	433
De Mandre	437
Montdoré	444
Oigney	448
De Poinctes-Gevigney	452
Raincourt	454
Richecourt	457
Saint-Marcel	462
Saissefontaine	471
Villars-Saint-Marcellin	473
Voisey	479
Armorial des principales familles citées dans l'histoire de Jonvelle	485
Preuves ou pièces justificatives	491
Indication des sources historiques	585
Corrections	589

BESANÇON, IMPR. J. JACQUIN.

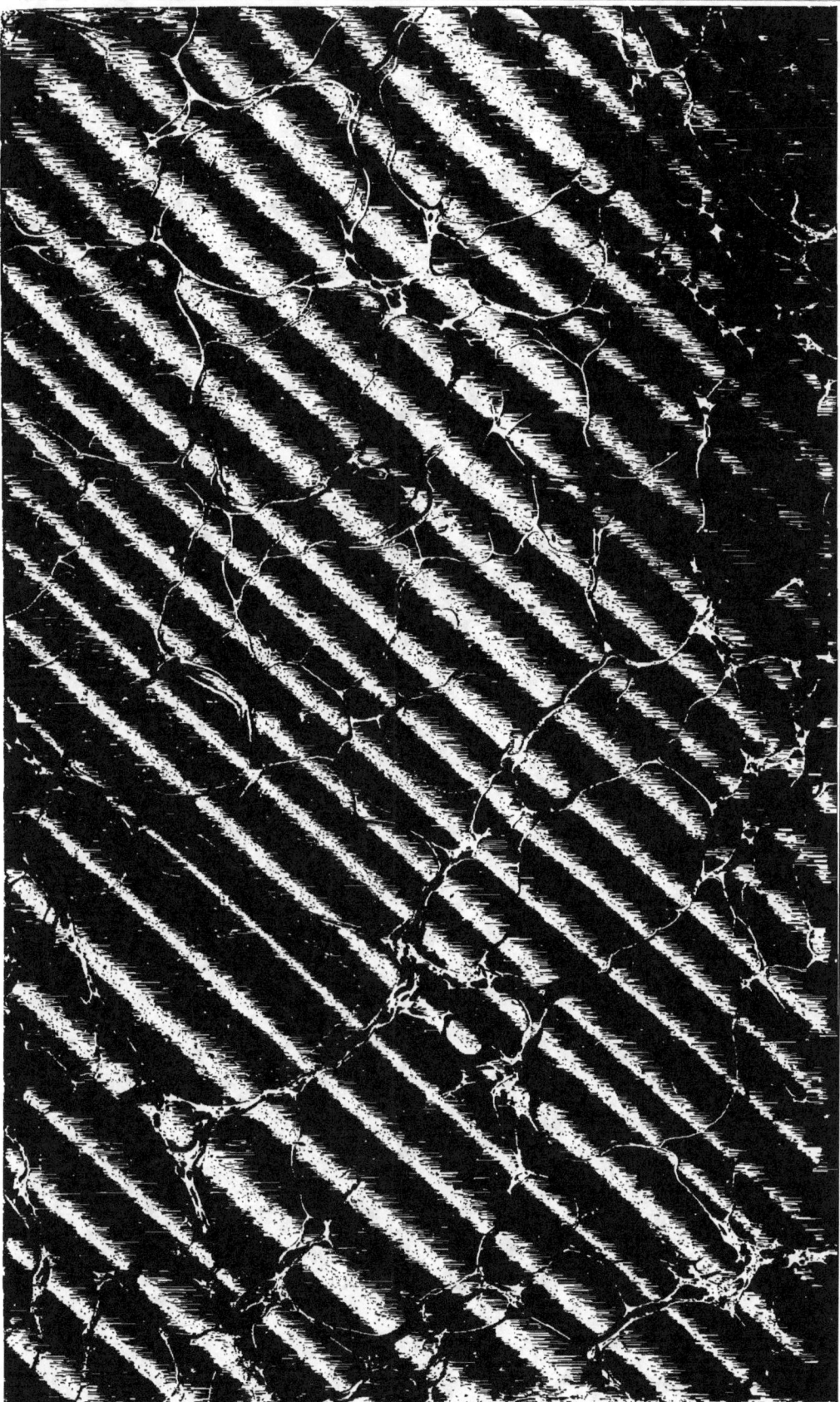

www.ingramcontent.com/pod-product-compliance
Lightning Source LLC
Chambersburg PA
CBHW071240240426
43668CB00033B/981